Alexander Tsolkas | Klaus Schmidt

Rollen und Berechtigungskonzepte

ex libris

Edition <kes>

herausgegeben von Peter Hohl

Mit der allgegenwärtigen Computertechnik ist auch die Bedeutung der Sicherheit von Informationen und IT-Systemen immens gestiegen. Angesichts der komplexen Materie und des schnellen Fortschritts der Informationstechnik benötigen IT-Profis dazu fundiertes und gut aufbereitetes Wissen.

Die Buchreihe Edition <kes> liefert das notwendige Know-how, fördert das Risikobewusstsein und hilft bei der Entwicklung und Umsetzung von Lösungen zur Sicherheit von IT-Systemen und ihrer Umgebung.

Herausgeber der Reihe ist Peter Hohl. Er ist darüber hinaus Herausgeber der <kes>– Die Zeitschrift für Informations-Sicherheit (s. a. www.kes.info), die seit 1985 im SecuMedia Verlag erscheint. Die <kes> behandelt alle sicherheitsrelevanten Themen von Audits über Sicherheits-Policies bis hin zu Verschlüsselung und Zugangskontrolle. Außerdem liefert sie Informationen über neue Sicherheits-Hard- und -Software sowie die einschlägige Gesetzgebung zu Multimedia und Datenschutz.

Konfliktmanagement für Sicherheitsprofis
Von Sebastian Klipper

Security Awareness
Von Michael Helisch und Dietmar Pokoyski

Mehr IT-Sicherheit durch Pen-Tests
Von Enno Rey, Michael Thumann und Dominick Baier

Der IT Security Manager
Von Heinrich Kersten und Gerhard Klett

ITIL Security Management realisieren
Von Jochen Brunnstein

IT-Sicherheit kompakt und verständlich
Von Bernhard C. Witt

IT-Risiko-Management mit System
Von Hans-Peter Königs

Praxis des IT-Rechts
Von Horst Speichert

IT-Sicherheitsmanagement nach ISO 27001 und Grundschutz
Von Heinrich Kersten, Jürgen Reuter und Klaus-Werner Schröder

Datenschutz kompakt und verständlich
Von Bernhard C. Witt

Profikurs Sicherheit von Web-Servern
Von Volker Hockmann und Heinz-Dieter Knöll

www.viewegteubner.de

Alexander Tsolkas | Klaus Schmidt

Rollen und Berechtigungskonzepte

Ansätze für das Identity- und Access Management im Unternehmen

Mit 121 Abbildungen

PRAXIS

VIEWEG+
TEUBNER

Bibliografische Information der Deutschen Nationalbibliothek
Die Deutsche Nationalbibliothek verzeichnet diese Publikation in der
Deutschen Nationalbibliografie; detaillierte bibliografische Daten sind im Internet über
<http://dnb.d-nb.de> abrufbar.

Das in diesem Werk enthaltene Programm-Material ist mit keiner Verpflichtung oder Garantie irgendeiner Art verbunden. Der Autor übernimmt infolgedessen keine Verantwortung und wird keine daraus folgende oder sonstige Haftung übernehmen, die auf irgendeine Art aus der Benutzung dieses Programm-Materials oder Teilen davon entsteht.

Höchste inhaltliche und technische Qualität unserer Produkte ist unser Ziel. Bei der Produktion und Auslieferung unserer Bücher wollen wir die Umwelt schonen: Dieses Buch ist auf säurefreiem und chlorfrei gebleichtem Papier gedruckt. Die Einschweißfolie besteht aus Polyäthylen und damit aus organischen Grundstoffen, die weder bei der Herstellung noch bei der Verbrennung Schadstoffe freisetzen.

1. Auflage 2010

Alle Rechte vorbehalten
© Vieweg+Teubner Verlag | Springer Fachmedien Wiesbaden GmbH 2010

Lektorat: Christel Roß | Maren Mithöfer

Vieweg+Teubner Verlag ist eine Marke von Springer Fachmedien.
Springer Fachmedien ist Teil der Fachverlagsgruppe Springer Science+Business Media.
www.viewegteubner.de

Das Werk einschließlich aller seiner Teile ist urheberrechtlich geschützt. Jede Verwertung außerhalb der engen Grenzen des Urheberrechtsgesetzes ist ohne Zustimmung des Verlags unzulässig und strafbar. Das gilt insbesondere für Vervielfältigungen, Übersetzungen, Mikroverfilmungen und die Einspeicherung und Verarbeitung in elektronischen Systemen.

Die Wiedergabe von Gebrauchsnamen, Handelsnamen, Warenbezeichnungen usw. in diesem Werk berechtigt auch ohne besondere Kennzeichnung nicht zu der Annahme, dass solche Namen im Sinne der Warenzeichen- und Markenschutz-Gesetzgebung als frei zu betrachten wären und daher von jedermann benutzt werden dürften.

Umschlaggestaltung: KünkelLopka Medienentwicklung, Heidelberg
Druck und buchbinderische Verarbeitung: MercedesDruck, Berlin
Gedruckt auf säurefreiem und chlorfrei gebleichtem Papier.
Printed in Germany

ISBN 978-3-8348-1243-8

Dieses Buch widme ich Susanne Slater, die eine große Bedeutung in meinem Leben hat.

Dieses Buch widme ich meiner lieben Familie, Franzi, Helen und Olivia. Es tut mir sehr leid, dass ihr in der Zeit der Erstellung dieses Buches weniger von mir hattet, und ich weniger von euch hatte. Dies sei nun wieder anders.
☺

Vorwort

Berechtigungen begegnen uns täglich in unserem Leben und jeder von uns besitzt eine Menge davon. Es sind Berechtigungen, Türen zu öffnen, Fahrzeuge zu führen oder in ein Land einzureisen. Auch im Unternehmen[1] und am Arbeitsplatz finden sich viele Berechtigungen für Dinge, die nur bestimmte Mitarbeiter[2] tun oder sehen dürfen. In diesem Buch konzentrieren wir uns auf IT-gestützte Berechtigungen im Unternehmen und deren unternehmensweite Organisation, Verwaltung und Steuerung.

Es wird zu sehen sein, dass das Thema Rollen- und Berechtigungskonzepte kein vorwiegend technisches Thema ist, obwohl es um IT-Berechtigungen geht und die Verwaltung und Steuerung natürlich mit Hilfe der IT erfolgt. Es sind vor allem die organisatorischen und konzeptionellen Teile, die über Erfolg und Misserfolg der Berechtigungsverwaltung entscheiden. Daher kommt der Planung der Berechtigungsorganisation eine besondere Bedeutung zu.

In *Kapitel 1* stellen wir zunächst die Grundelemente der Berechtigungsthematik vor, beginnend mit der Klärung, was eine Berechtigung ist und aus was sie besteht. Auch das Wesen von Rollen, Attributen oder Gruppen wird hier erläutert. Einsteiger lernen hier die Elemente kennen, mit denen später gearbeitet wird, aber auch für Profis ist vielleicht der eine oder andere interessante Aspekt dabei.

Kapitel 2 widmet sich dem Management von Identitäten und es wird erklärt, warum man nicht von Benutzern, sondern von Identitäten spricht. Dort wird auch klar, dass der Begriff Identity Management nicht eindeutig verwendet wird.

Ein wichtiges Element in der Berechtigungsthematik ist die Rolle. Aus diesem Grund behandelt *Kapitel 3* das Thema Rollenkonzept, darin geht es um die Fragen, warum Rollen sinnvoll sind und wie Rollen gefunden, organisiert und eingesetzt werden können. Für Fortgeschrittene werden auch komplexere Dinge wie Rollenhierarchien, Rollenebenen und Vererbung angesprochen.

Kapitel 4 stellt mit dem Standard der rollenbasierten Zugriffskontrolle (Role Based Access Control, RBAC) den eher theoretischen Überbau der Berechtigungssteuerung vor. Zugriffsbedingungen und -elemente lassen sich mathematisch beschreiben, und über Regeln können auf diese Weise vollständige Zugriffspolicies definiert werden.

---

[1] Wenn in diesem Buch von Unternehmen die Rede ist, sind damit gleichermaßen auch andere Organisationen, Behörden usw. gemeint.

[2] Wenn in diesem Buch die männliche Form der Bezeichnung einer Person gewählt wurde, so sind damit in gleicher Weise Frauen und Männer gemeint.

Vorwort

In *Kapitel 5* geht es zur Sache, und der Weg von der Identität zu den Ressourcen wird mit Hilfe der in Kapitel 1 vorgestellten Elemente gestaltet. Schnell wird hier klar, dass es dazu ganz verschiedene Möglichkeiten gibt und dass es auf die Situation und die Strategie im jeweiligen Unternehmen ankommt, welche der bestehenden Möglichkeiten als passend zu betrachten ist.

Den Prozess des Berechtigens, also die Frage, wie kommt eine Identität zu den Berechtigungen, wird in *Kapitel 6* betrachtet, in dem sich alles um das Thema Provisioning dreht. Die einzelnen Arten von Provisioning, sei es das User-, Resource-, Server- oder Service Provisioning werden besprochen und die Anwendung von Regeln und Policies im Provisioning gezeigt.

Vor der Nutzung eines Systems bzw. einer Anwendung tritt oftmals mit dem Login eine erste, relativ globale Berechtigung auf, nämlich das System bzw. die Anwendung überhaupt „betreten" zu dürfen. *Kapitel 7* zeigt, welche Möglichkeiten für diese Authentifizierung zu finden sind, bevor in *Kapitel 8* die Autorisierung thematisiert wird, d.h. die Zugriffskontrolle im System bzw. der Anwendung.

Eine für viele Unternehmen spannende Sache ist das Thema Single Sign On, bei dem eine Identität mit dem Login Zugang zu allen Ressourcen bekommt, für die sie berechtigt ist. *Kapitel 9* beleuchtet die Ansätze zu diesem Konzept.

Mit *Kapitel 10* wird ein systemnahes Berechtigungskonzept mittels des Großrechnersicherheitssystem CA-ACF2 unter die Lupe genommen. Es wird beschrieben, wie man die Sicherheit mittels des von ACF2 bereitgestellten User Identification Strings –UID einer ganzen Organisation einfach abbilden kann.

Eine weitere, spannende Technologie im Bezug auf Berechtigungssysteme sind Meta Directories, denen *Kapitel 11* gewidmet ist. Dazu wird das Konzept von Verzeichnisdiensten erklärt und gezeigt, wie ein Meta Directory für die Berechtigungsverwaltung eingesetzt werden kann.

Den Trend, Berechtigungen nicht nur innerhalb des Unternehmens, sondern unternehmensübergreifend zu verwalten, greift *Kapitel 12* auf, in dem das Thema Identity Federation besprochen wird. Neben dem allgemeinen Konzept finden sich auch die technischen Protokolle wie SAML, SPML oder DSML, so dass verständlich wird, wie mit Hilfe von XML-basierter Kommunikation Berechtigungen systemunabhängig formuliert und verwaltet werden können.

Kapitel 13 schließt das Buch mit Betrachtungen zu den rechtlichen Rahmenbedingungen ab. Dabei werden wichtige rechtliche Grundlagen aufgezeigt, die nicht nur im Hinblick auf die Berechtigungsthematik Relevanz besitzen.

Vorwort

Neben den Autoren haben noch viele andere Personen Anteil an der Entstehung eines Buches, und so ist es auch bei diesem Buch. Das Seminar „Rollen- und Berechtigungskonzepte" des Management Circle, geleitet vom Autor Klaus Schmidt, gab ihm den Anstoß zu diesem Buch, daher seien an dieser Stelle auch die Referenten Wolfgang Scholz von der FinanzIT und Christian Himmer von der Bayerischen Landesbank erwähnt.

Alexander Tsolkas hatte den Antrieb, dieses Buch zu veröffentlichen aus der betrieblichen Praxis, da er in vielen Firmen, die er beraten hat und berät, zum Teil unstrukturierte Zustände im Identitätsmanagement vorfand. Erwähnt sei Michael Louis Smith, ehemals EDS Xerox Account in Rochester, N.Y., USA, mit dem der Autor 1994 in 2 Monaten vor Ort ein Rollen- und Autorisierungskonzept für ganz Xerox USA/Mexiko für die Mainframes unter ACF2 erstellen durfte. Hilfreich für dieses Buch war auch die Planung des Rollen- und Berechtigungskonzepts im Rahmen des Sicherheits- und Betriebskonzeptes für das Outsourcing der Bürokommunikationssysteme Land Baden-Württemberg, erwähnt sei Herr Grell von der Staabsstelle für Verwaltungsreform BaWü, von dem ich viel gelernt habe. Weiterhin möchte ich gerne erinnern an Otto Schell von General Motors Europe und Dr. alias Doc. Hildebrandt, damals Opel Revision, mit denen der Autor das Berechtigungskonzept der damals größten SAP-Installation in Europa für GME mit korrigieren durfte. Auch der Job meiner letzten Festanstellung als CSO der Schenker AG, der es mir damals möglich machte, 5 ganze Jahre weltweit einen Einblick in die Sicherheit von Unternehmen zu gewinnen, trug zu diesem Buch bei.

Die Autoren möchten sich bei allen bedanken, die in Gesprächen und Diskussionen einen Beitrag zu diesem Buch geleistet haben. Allen, die Ratschläge erteilt, konstruktive Kritik geübt und Hinweise gegeben haben: Ein herzliches Dankeschön dafür. Lieber Johannes, ein spezielles Dankeschön an den „Rechtsgelehrten" für den Review von Kapitel 15.

Unser Dank geht herzlichst an Fr. Dr. Roß vom Vieweg+Teubner Verlag für die Betreuung dieses Buchprojekts.

Neuhof und Riedstadt, im Frühjahr 2010

Klaus Schmidt

Alexander Tsolkas

Inhaltsverzeichnis

Vorwort VII

1   Elemente zur Berechtigungssteuerung 1
      1.1   Berechtigung 1
      1.2   Rolle 10
            1.2.1   Business-Rolle 10
            1.2.2   Technische Rolle 12
      1.3   Attribut 12
      1.4   Gruppe 14
      1.5   Arbeitsplatzprofil 15
      1.6   Workset 15
      1.7   Profil 16
      1.8   Sammelprofil 19

2   Identitätsmanagement 21
      2.1   Der Identitätsbegriff 21
      2.2   Identitätsarten 23
      2.3   Identitätsträger 25
      2.4   Identifizierung einer Identität 29
            2.4.1   Identifizierung über Namen 29
            2.4.2   Identifizierung mit abstrakten Bezeichnern 31
            2.4.3   Fazit 33
      2.5   Schutz der Privatheit 33
            2.5.1   Identitätsgefahren 34
            2.5.2   Identitätsmanagement 35

3 Rollenkonzept 41
3.1 Motivation für die Verwendung von Rollen 41
3.2 Rollenfindung und Rollenbildung 45
3.2.1 Auswertung von Dokumentationen 45
3.2.2 Aufnahme der Tätigkeiten 47
3.3 Rollenhierarchie 55
3.3.1 Rollenbeziehungen 55
3.3.2 Vererbung von Rollen 59
3.4 Anwendungsbeispiel der Rollenhierarchie 60
3.5 Rollenmodelle 67
3.5.1 Multiple Role Model 67
3.5.2 Single Role Model 68

4 Role Based Access Control 69
4.1 Core RBAC 70
4.1.1 Referenzmodell 70
4.1.2 Funktionale Spezifikation 71
4.2 Hierarchical RBAC 75
4.2.1 Referenzmodell 75
4.2.2 Funktionale Spezifikation für das General Hierarchical RBAC ...76
4.3 Constrained RBAC 77

5 Berechtigungssteuerung 81
5.1 Die zwei Seiten der Berechtigungsthematik 81
5.1.1 Seite der Identitäten 81
5.1.2 Seite der Ressourcen 82
5.2 Quelldaten 84
5.2.1 Personaldaten 85
5.2.2 Organisationsdaten 87
5.2.3 Systemdaten 87
5.2.4 Applikationsdaten 88

	5.3	Rollenbasierte Berechtigungssteuerung	88
	5.4	Attributsbasierte Berechtigungssteuerung	93
	5.5	Gruppenbasierte Berechtigungssteuerung	95
	5.6	Kombinierte Berechtigungssteuerung	96
	5.7	Granularität der Berechtigungssteuerung	104
	5.8	Berechtigungsmodelle	109

6 Provisioning 115

	6.1	User und Ressource Provisioning	116
		6.1.1 User Provisioning	116
		6.1.1. 120	
		6.1.2 Ressource-Provisioning	120
	6.2	Server Provisioning	123
	6.3	Service Provisioning	124
	6.4	Mobile Subscriber Provisioning	126
	6.5	Mobile Content Provisioning	126

7 Zugriffskontrolle über Authentifizierung 127

	7.1	UserID und Passwort	128
	7.2	Splitted Password	132
	7.3	Challenge Response	133
	7.4	Ticket-Systeme	136
	7.5	Authentifizierung nach Needham und Schroeder	136
		7.5.1 Kerberos	137
		7.5.2 SESAME	140
		7.5.3 DCE – Distributed Computer Environment	141
	7.6	Authentifizierung über Token	141
		7.6.1 Synchrone Token-Erstellung	142
		7.6.2 Asynchrone Token-Erstellung	143
		7.6.3 Duale Authentifizierung	143

	7.7	Digitale Zertifikate und Signaturen	144
		7.7.1 Digitale Zertifikate	144
		7.7.2 Digitale Signatur	146
	7.8	Biometrie	148
		7.8.1 Biometrie in der praktischen Anwendung	149
	7.9	PKI – Public Key Infrastructure	152
	7.10	Anforderungen an Authentifizierungsdienste	154
8		**Zugriffskontrolle über Autorisierung**	**159**
	8.1	Identitätsbezogene Zugriffskontrolle	162
	8.2	Ressourcenorientierte Zugriffskontrolle	162
	8.3	Klassifizierungsorientiert am Objekt und Subjekt (Macintosh) – Sensitivity Labels	164
	8.4	Rollenbasierte Zugriffskontrolle	164
	8.5	Zugriffskontrolltechnologien	165
		8.5.1 Rollenbasierte Zugriffskontrolle	165
		8.5.2 Regelbasierte Zugriffskontrolle	166
		8.5.3 Schnittstellen mit eingeschränkten Rechten	166
		8.5.4 Zugriffskontrollmatrix	167
		8.5.5 Autorisierungstabellen	167
		8.5.6 Zugriffskontrolllisten – ACL – Access Control List	168
		8.5.7 Inhaltsabhängige Zugriffskontrolle	168
	8.6	Verwaltung der Zugriffskontrolle	168
		8.6.1 Zentralisierte Verwaltung	169
		8.6.2 RADIUS	170
		8.6.3 TACACS	170
		8.6.4 Dezentralisierte Verwaltung	171
		8.6.5 Hybride Verwaltung	172
	8.7	Methoden der Zugriffskontrolle	173

Inhaltsverzeichnis

8.8	Zugriffskontrollstufen	173
	8.8.1 Physische Kontrolle	173
	8.8.2 Technische Kontrolle	174
	8.8.3 Adminstrative Kontrollen	176

9. Single Sign On **181**

9.1	Problematik multipler Zugänge	181
	9.1.1 Erhöhter Helpdesk-Aufwand	181
	9.1.2 Produktivitätsverlust durch Mehrfachanwendungen	182
	9.1.3 Steigende Kompromittierungsgefahren	183
	9.1.4 Sinkende Anwenderakzeptanz und sinkende Transparenz	183
9.2	Entwicklung von SSO	185
	9.2.1 Passwortsynchronisierung durch den Benutzer	185
	9.2.2 Passwortzentralisierung über die Plattform-Anmeldung	186
	9.2.3 Passwortsynchronisierung im Backend	188
	9.2.4 Erste echte SSO-Ansätze	189
	9.2.5 Grenzen von SSO bei Legacy-Systemen	190
9.3	Aufbau eines Single Sign On-Systems	191
	9.3.1 Repository der Zugangsdaten	193
	9.3.2 Verwaltungssystem für die Zugangsdaten	195
	9.3.3 Schnittstellen (APIs, Logon-Clients, Scripting Engines)	196
	9.3.4 Strenge Authentifizierung der zentralen Anmeldung	199
	9.3.5 Verwaltung der strengen Authentifizierung	200
9.4	Single-Sign-On – Die Realisierungsvarianten	201
	9.4.1 Multifunktionale Smartcards	201
	9.4.2 SSO über Kerberos	202
	9.4.3 SSO über Portallösungen	203
	9.4.4 SSO über Ticketsysteme	204
	9.4.5 SSO über lokale Systeme	205
	9.4.6 SSO mittels PKI	205
	9.4.7 SSO über Firewall-Erweiterungen	205

Inhaltsverzeichnis

		9.4.8 SSO über IdM-Systeme	206
		9.4.9 SSO über RAS-Zugänge	206
		9.4.10 SSO für Webanwendungen mit Authentication Tokens	207
	9.5	Technologie und Herstelleransätze für die Realisierung von SSO	207
		9.5.1 Microsoft Passport	207
		9.5.2 Das Liberty Alliance Project	208
		9.5.3 Shibboleth	209
		9.5.4 OpenID	209
		9.5.5 Der Central Authentication Server (CAS)	210
	9.6	Realisierung von SSO im Unternehmen	211
		9.6.1 Vor- und Nachteile SSO	211
		9.6.2 Kosten und Nutzen SSO	212
		9.6.3 Auswahl eines SSO Systems	213
		9.6.4 Wie kann man schnell SSO einführen	213
10	**Systemnahes Berechtigungskonzept**		**215**
	10.1	Der Aufbau von ACF2	215
		10.1.1 BenutzerID-Record	216
		10.1.2 Der UID- User Identification String	219
		10.1.3 Die Data Set Rule	220
		10.1.4 Die Resource Rule	224
		10.1.5 Resumé	225
11	**Meta Directory**		**229**
	11.1	Die neue Zentralität	229
	11.2	Zentrales Repository	236
	11.3	Aufbau eines Berechtigungssystems	239
		11.3.1 Datenablage (Repository)	239
		11.3.2 Zugangsschnittstelle für die Administration	240
		11.3.3 Rule Engine	240
		11.3.4 Provisioning-Komponente	240

	11.3.5 Verwaltungssystem	243
	11.3.6 Kommunikationskomponente	243
11.4	Grundkonzept Verzeichnisdienst	244
11.5	Verzeichnisstandards	250
11.6	Meta-Funktionalität	252
11.7	Meta Directory im Berechtigungsmanagement	254
12	**Förderierte Identitäten – Identity Federation**	**259**
12.1	Problem der Identitätsgrenze	260
12.2	Unternehmensübergreifende Kommunikation	261
	12.2.1 Klassische Kommunikationsmittel	261
	12.2.2 Übertragung elektronischer Informationen	262
	12.2.3 Übertragung strukturierter elektronischer Informationen	262
12.3	Konzept des Service-Netzes	263
	12.3.1 Webservices	263
	12.3.2 Anwendungsszenarien	263
	12.3.3 Zugriff auf externe Anwendungen	263
12.4	Aufbau des Protokollstacks	265
	12.4.1 Hypertext Transfer Protrocol und Extensible Markup Language	265
	12.4.2 SOAP – Simple Object Access Protocol	265
	12.4.3 WSDL – Web Services Description Services	266
	12.4.4 SAML – Security Assertion Markup Language	268
	12.4.5 SPML – Service Provisioning Markup Language	270
	12.4.6 DSML – Directory Service Markup Languge	272
	12.4.7 XACML – eXtensible Access Control Markup Language	275
	12.4.8 WS-Security	276
	12.4.9 ID-FF – Identity Federation Framework	276
	12.4.10 ADFS - Active Directory Federation Services	278
	12.4.11 FIDIS – Future of Identity in the Information Society	278
	12.4.12 Zukunftsausblick Quantenverschlüsselung	278

Inhaltsverzeichnis

13 Rechtliche Rahmenbedingungen **281**
    13.1   SOX 283
    13.2   KonTraG 285
    13.3   GoBS 287
    13.4   Datenschutzrechtliche Einflüsse 287
    13.5   Weitere Vorschriften und Richtlinien 291
            13.5.1 Das Internet und die GEZ 291
            13.5.2 Neue Gesetze 292
            13.5.3 Informations- und Risikomanagement 293
            13.5.4 Basel II 294
            13.5.5 MaRisk 295
            13.5.6 Die Rechtsfolgen von Non-Compliance 296
            13.5.7 Strafverfolgung der Emittlungsbehörden 297
            13.5.8 Vorratsdatenspeicherung 297
            13.5.9 Haftungsfragen 297
            13.5.10 Identitätsdiebstahl 300
            13.5.11 Archivierungspflichten und digitale Betriebsprüfung 300
            13.5.12 Elektronische Rechnungen 301
            13.5.13 Mitarbeiterkontrolle 302
            13.5.14 Einsatz rechtssicherer Spam und Contentfilter 303
            13.5.15 Gestaltung von Betriebsvereinbarungen 304
            13.5.16 Abwesentheit von Mitarbeitern 305

1 Elemente zur Berechtigungssteuerung

Eines der primären Ziele von unternehmensweiten Rollen- und Berechtigungskonzepten ist eine elegante und effiziente Berechtigungssteuerung. Die Grundlage für die Steuerung ist die Systematik, nach der die Berechtigungen organisiert und strukturiert sind. Die Strukturierung erfolgt mit Hilfe von Gestaltungs- oder Steuerungselementen, denen Identitäten und Berechtigungen zugeordnet werden.

Das primäre Ziel der Berechtigungssystematik ist es, einzelne Berechtigungen in größere Einheiten zusammen zu fassen, um sie damit schneller, übersichtlicher und eleganter zuordnen zu können. Mit einer durchdachten Gestaltung dieser Elemente lassen sich die erwähnten Steuerungsziele auch dann erreichen, wenn eine große Anzahl von Berechtigungen zu steuern ist oder die Berechtigungen miteinander verknüpft und/oder ineinander verschachtelt werden müssen.

Bevor in Kapitel 5 auf die Berechtigungsvergabe und -steuerung unter Verwendung dieser Elemente näher eingegangen wird, erscheint es sinnvoll, zunächst das Wesen und die Bedeutung dieser Elemente vorzustellen und ihre Funktionsweise zu erläutern. Dies ist die Aufgabe dieses Kapitels.

1.1 Berechtigung

Das elementarste Element für die Strukturierung von Berechtigungen ist die Berechtigung selbst. Berechtigungen schützen Ressourcen vor unbefugtem Zugriff, so dass nur demjenigen der Zugriff gestattet wird, der über die benötigten Berechtigungen verfügt. Da es sich sowohl beim Ausführen von IT-Funktionen als auch beim Aufrufen von IT-Inhalten um IT-Zugriffe handelt, spricht man auch von *Zugriffsberechtigungen*.

Möchte man zum Ausdruck bringen, dass es sich um eine Berechtigung handelt, die sich auf eine IT-Funktion bezieht, wird auch der Begriff *Ausführungsberechtigung* verwendet. Er besitzt noch eine weitere Bedeutung, denn mit diesem Begriff wird auch die Berechtigung zum Starten einer ausführbaren Datei (Programm oder Skript) bezeichnet.

Aufbau einer Berechtigung

Eine Berechtigung besteht aus zwei Komponenten:

1. *Zu berechtigendes Objekt*
   Die erste Komponente gibt an, welches Objekt mit der Berechtigung geschützt wird. Das Objekt kann entweder ein Inhalt sein, auf den über eine IT-Applikation zugegriffen wird, oder eine Funktion, die ausgeführt wird. Um den Bezug zu dem zu schützenden Objekt zu verdeutlichen, wird hierfür auch der Begriff Berechtigungsobjekt verwendet.
   Das Objekt selbst wird auch als *Ressource* bezeichnet, da es Funktionen und Inhalte

bereitstellt, die von den Identitäten (z.B. Benutzern) genutzt werden können. Ressourcen werden in *Funktionsressourcen* und *Inhaltsressourcen* unterschieden, je nachdem was durch die Ressource bereitgestellt wird. Eine Ressource kann dabei auch gleichzeitig Funktions- und Inhaltsressource sein, nämlich dann, wenn beides durch die Ressource bereitgestellt wird.

In prozessorientierten Betrachtungen findet man auch den Begriff *Berechtigungspunkt*. Er gibt an, wann (an welcher Stelle) man beim Arbeiten mit der Ressource auf die jeweilige Berechtigungsprüfung trifft. Der Berechtigungspunkt kann dabei eher global (z.B. beim Start einer IT-Anwendung) oder eher atomar sein (z.B. beim Aufruf einer einzelnen Funktion in einer IT-Anwendung), je nachdem wie fein der Schutz der Ressource gestaltet sein muss.

In der Realität hat man es nicht nur mit voneinander losgelösten Objekten zu tun, sondern auch mit hierarchisch angeordneten, d.h. über- und untergeordneten Objekten. So kann ein Telefon als Ganzes ein zu berechtigendes Objekt sein, aber auch jede Zifferntaste auf dem Telefon kann ein zu berechtigendes Objekt darstellen.

2. *Zu berechtigende Operation*

   Als zweite Komponente muss noch angegeben werden, welche Operation bzw. Aktion in Bezug auf das Berechtigungsobjekt mittels der jeweiligen Berechtigung freigegeben bzw. gesperrt werden soll. Während es bei einer Inhaltsressource wie z.B. einer Festplatte bzw. einem Dateisystem meist einen einheitlichen Satz von Operationen gibt, orientieren sich die Operationen bei Funktionsressourcen an der jeweiligen Funktionalität, so dass es dort keine Einheitlichkeit geben kann.

Anhand eines Beispiels sollen die Komponenten verdeutlicht werden (siehe Abbildung 1.1). Die **Ressource** im weiteren Sinne ist hier die TK-Anlage mit den angeschlossenen Nebenstellen. Im engeren Sinne ist die Ressource die Nebenstelle 746.

Im Hinblick auf das **zu berechtigende Objekt** bzw. den Berechtigungspunkt ergibt sich eine dreistufige Objekthierarchie. Die oberste Ebene bildet die TK-Anlage als Ganzes, die zweite Ebene besteht in der Nebenstelle 746, die dritte Ebene ist die jeweilige Verbindungsart (Verbindungen im Ortsnetz, zu Mobilfunknetzen usw.) in der Nebenstelle 746.

Innerhalb der Berechtigungsplanung muss entschieden werden, auf welcher Ebene die Berechtigungen verwaltet und gesteuert werden sollen bzw. müssen. Im Beispiel der TK-Anlage wird beispielsweise die Berechtigung für interne Gespräche in der Regel auf der Ebene der TK-Anlage gesteuert, d.h. sie wird global für jede Nebenstelle vergeben.

Die **zu berechtigende Operation** besteht darin, über die jeweilige Verbindungskategorie zu kommunizieren. Die Operation „kommunizieren" ist dabei keine atomare Operation. Sie kann weiter zerlegt werden in die Operationen „Verbindungen der jeweiligen Verbindungskategorie aufbauen", „Informationen austauschen" und „Verbindung abbauen". Es macht in den meisten Fällen bei einer TK-Anlage aber keinen Sinn, die Operationen auf dieser atomaren Ebene zu schützen, so dass die atomaren Operationen zusammengefasst und als eine einzige Operation behandelt werden.

1.1 Berechtigung

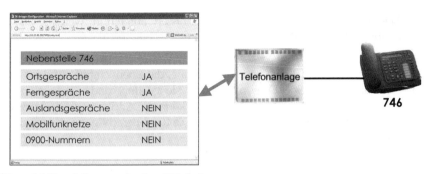

Abbildung 1.1: Berechtigungen in einer TK-Anlage

Das gezeigte Beispiel verdeutlicht die spezifischen Operationen bei Funktionsressourcen, denn die Operation „über eine Verbindungskategorie kommunizieren" wird man in dieser Form in anderen IT-Systemen nicht finden. Bei Inhaltsressourcen lassen sich dagegen einige, oft verwendete Operationen identifizieren. Berechtigungen für sensible Operationen wie das Löschen von Inhalten schließen oft Berechtigungen für weniger sensible Operationen mit ein, weshalb auch von Berechtigungsstufen gesprochen wird. Die meistgebrauchten Operationen im IT-Umfeld sind:

- *Entdecken (Detect)*
  Mit dem Besitz der Berechtigung zur Durchführung der Detect-Operation (kurz: Detect-Berechtigung) darf die Existenz des jeweiligen Objekts festgestellt werden, auf das sich die Detect-Berechtigung bezieht. Weitere Rechte sind damit nicht verbunden, d.h. das Objekt darf weder gelistet noch angezeigt werden.

- *Suchen (Search / Find)*
  Während bei der Detect-Berechtigung der Ablageort des Objekts genau bekannt sein muss, gestattet es die Search-Berechtigung, nach dem Objekt zu suchen. Auch eine unscharfe Suche kann möglich sein, so dass das Objekt auch dann lokalisiert werden kann, wenn der genaue Bezeichner des Objekts nicht bekannt ist. Die Search-Berechtigung schließt die Detect-Berechtigung mit ein.

- *Vergleichen (Compare)*
  Die Compare-Berechtigung gestattet es, Vergleiche durchzuführen. Das bekannteste Beispiel für ein Objekt mit Compare-Berechtigung ist das Passwort. Es darf nicht gelesen werden, aber eine Passwort-Eingabe darf mit dem gespeicherten Passwort verglichen werden. Desgleichen ist es mit der Compare-Berechtigung möglich, Vergleiche zwischen Objekten durchzuführen, z.B. zwei Dateien zu vergleichen und festzustellen, welche Datei mehr Speicherplatz verbraucht. Die Compare-Berechtigung schließt die Detect-Berechtigung mit ein.

- *Darstellen oder Zeigen (Show)*
  Während bei den vorhergegangenen Operationen das Objekt selbst noch relativ „im Dunkeln lag", gestattet es die Show-Berechtigung, das Objekt als Ganzes anzuzeigen. Es

1 Elemente zur Berechtigungssteuerung

darf beispielsweise in Listen und Verzeichnissen aufgeführt werden. Die Show-Berechtigung schließt die Search- und Compare-Berechtigung mit ein.

- *Lesen (Read)*
  Die Read-Berechtigung ist die erste Berechtigung, die einen Zugriff auf das Objekt gestattet. Ist das Objekt eine Datei, dann darf sie geöffnet und der Inhalt angezeigt und/oder ausgelesen werden. Weiterhin können Attribute und Verwaltungsinformationen des Objekts angezeigt werden. Die Read-Berechtigung schließt die Show-Berechtigung mit ein.

- *Hinzufügen (Add)*
  Bei den bislang beschriebenen Operationen blieb der Zustand der Inhaltsressource unverändert. Mit der Add-Berechtigung ist es nun jedoch möglich, neue Objekte in die Ressource aufzunehmen, z.B. eine neue Datei im Dateisystem abzulegen.
  Damit wird der Zustand der Ressource verändert. Dies ist besonders für die IT-Security von Bedeutung, denn mit der Add-Berechtigung entstehen Bedrohungen wie die Überflutung (Flooding) durch massenhaft angelegte Dateien oder die Blockierung (Blocking) durch einzelne, aber sehr umfangreiche Dateien.
  Die Add-Berechtigung schließt nur die Detect-Berechtigung mit ein, was zu der kuriosen Situation führen kann, dass ein Benutzer zwar in einem Dateiverzeichnis eine Datei anlegen kann, diese dann aber nicht lesen darf. Viele IT-Systeme fangen dies dadurch ab, dass sie der anlegenden Identität automatisch entsprechende Berechtigungen vergeben.

- *Ändern (Change / Modify)*
  Mit der Change- bzw. Modify-Operation beginnen die kritischen Operationen, denn mit dieser Operation können Inhalte manipuliert und zerstört werden. Die Change-Berechtigung gestattet es, die Inhalte der Ressource zu verändern. Es können neue Inhalte hinzugefügt und bestehende Inhalte weggenommen werden.
  Bei einer Datei ist es damit möglich, durch Wegnahme des gesamten Inhalts die Datei faktisch zu löschen, auch wenn keine Löschberechtigung für die Datei besteht. Aus diesem Grund wird die Change-Berechtigung oft mit der Löschberechtigung kombiniert, was zu der Operation „schreiben" (write) führt. Die Change-Berechtigung schließt die Read-Berechtigung mit ein.

- *Löschen (Delete)*
  Um ein Objekt als Ganzes vollständig zu entfernen, wird die Operation Delete (löschen) verwendet. Die Delete-Berechtigung schließt die Detect-Berechtigung mit ein.

- *Ausführen (Execute)*
  Die Execute-Operation wird verwendet, um ausführbare Inhalte wie Programme oder Skripte zu starten. Die entsprechende Execute-Berechtigung schließt die Detect- und oft auch die Show-Berechtigung mit ein.

Die weiter oben beschriebenen Komponenten einer Berechtigung lassen sich mit der folgenden Frage gut merken: „Welches Objekt soll genutzt und damit was getan werden?". Ist das Objekt in ein übergeordnetes Objekt eingebettet (z.B. wenn es sich bei dem Objekt um eine Funktion einer Anwendung handelt), dann lässt sich die Frage zu „Welche Ressource soll genutzt und darin an welcher Stelle was getan werden?" erweitern.

Die Berechtigung an sich sagt jedoch noch nichts darüber aus, *für wen* die Funktion bzw. der Inhalt freigegeben wird. Dies lässt sich erst dann sagen, wenn die Berechtigung einer Identität zugeordnet wurde. Dieser Schritt wird als Berechtigungsvergabe bezeichnet und in Kapitel 5 dargestellt.

Beispiel: UNIX-Dateisystem

Das UNIX-Dateisystem verwaltet die Dateien in einem UNIX-System. Jedes Objekt (Datei) wird über den Zugriffsschutzmechanismus des Dateisystems vor unbefugtem Zugriff geschützt. Jede Datei besitzt einen Eintrag im Dateikatalog und wird durch den Dateinamen im Dateisystem repräsentiert. Daraus ergibt sich, dass der Dateiname innerhalb eines Dateiverzeichnisses eindeutig sein muss.

Gemäß dem bereits dargestellten Aufbau von Berechtigungen, bestehen auch UNIX-Berechtigungen aus den beiden Komponenten Objekt und Operation. Wie Abbildung 1.2 zeigt, ist das Objekt die Datei, die durch den Dateieintrag repräsentiert wird. Als Operationen stellt das Dateisystem die drei Operationen read, write und execute zur Verfügung.

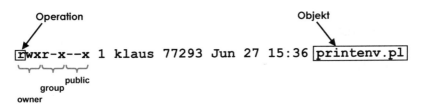

Abbildung 1.2: Berechtigungen im UNIX-Dateisystem

Um die Berechtigungen besser strukturieren bzw. steuern zu können, sind im UNIX-Dateisystem drei technische Rollen vorgesehen (zum Begriff der technischen Rolle siehe Abschnitt 1.2.2):

- *Owner*
  Als Besitzer einer Datei wird zunächst die Identität angesehen, die die Datei erzeugt bzw. im Dateisystem anlegt. Die Eigentümerschaft kann mit der Systemfunktion change owner (chown) nachträglich auf eine andere Identität übertragen werden. In der Regel verfügt der Besitzer über die umfangreichsten Berechtigungen zu einer Datei.
- *Group*
  Im UNIX-Dateisystem kann eine Datei einer Gruppe zugeordnet werden. Für die Mitglieder der Gruppe lassen sich zu der Datei eigene Zugriffsberechtigungen festlegen. In UNIX ist die Verwendung der Gruppen die einzige Möglichkeit, um Berechtigungen zu

1 Elemente zur Berechtigungssteuerung

strukturieren. Das muss beim Aufbau des Berechtigungswesens und bei der Abbildung der Gestaltungselemente berücksichtigt und entsprechend realisiert werden.

- *Public*
  Die Bezeichnung „public" (öffentlich) ist etwas irreführend, denn sie suggeriert, dass jedermann gemäß der vergebenen Berechtigungen zugreifen kann. Das ist jedoch nicht der Fall. Der Begriff Public meint vielmehr: „Alle authentifizierten Benutzer des Sytems".

Beispiel: Zugriffskontrollliste

Eine Zugriffskontrollliste (Access Control List, ACL) ist eine Zusammenfassung von Berechtigungen, die sich auf ein gemeinsames Objekt beziehen. Als Beispiel wird hier die Zugriffsverwaltung einer frühen Verzeichnisdienstimplementierung gezeigt (zu Verzeichnisdiensten bzw. Meta-Directory siehe Kapitel 11).

In Abbildung 1.3 sieht man links oben eine Dateneinheit (Eintrag) im Sinne einer elektronischen Visitenkarte im Verzeichnisdienst. Darunter sind die Berechtigungen zu sehen, die die Zugriffskontrollliste bilden. Die Komponenten Objekt und Operation sind auch hier zu finden. Zusätzlich zur Berechtigung wird in der Zugriffskontrollliste auch vermerkt, wer diese Berechtigung ausüben darf.

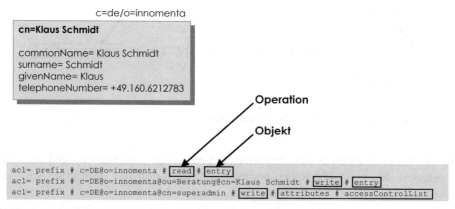

Abbildung 1.3: Zugriffskontrollliste

Die erste Zeile in der Zugriffskontrollliste berechtigt alle Benutzer, deren Verzeichnisdienst-Name mit „c=de/o=innomenta" beginnt (z.B. alle Mitarbeiter der Firma Innomenta), zum Lesen des dargestellten Eintrags. Den Eintrag ändern darf nur Klaus Schmidt selbst (Zeile 2). Änderungen an der Zugriffskontrollliste hingegen darf nur der Administrator vornehmen (Zeile 3).

Arten von Berechtigungen

In der einfachsten und konkretesten Form ist eine Berechtigung eine **binäre Berechtigung**, d.h. sie bezieht sich auf genau ein Objekt und eine Operation. Binäre Berechtigungen werden deshalb auch als Einzelberechtigungen bezeichnet. Die Berechtigung „Ortsgespräche führen" in der Nebenstelle 746 der TK-Anlage ist ein Beispiel für eine solche binäre Berechtigung. Entweder eine Identität besitzt diese Berechtigung und darf zugreifen oder eben nicht.

Die Tatsache, dass eine binäre Berechtigung nur diese zwei Zustände kennt (darf / darf nicht) und sich nur auf ein Objekt und eine Operation bezieht, wird für die Berechtigungsprüfung genutzt. Komplexe Berechtigungen, die sich beispielsweise auf mehrere Operationen beziehen, werden vor der Prüfung in binäre Berechtigungen aufgelöst und die Prüfung dann gegenüber den binären Berechtigungen durchgeführt.

Das gleiche gilt für die anderen Gestaltungs-/Steuerungselemente wie z.B. Profile. Diese werden zunächst auf Berechtigungen zurückgeführt und münden in viele einzelne, binäre Berechtigungen, auf deren Grundlage der Zugriff gestattet oder verweigert wird.

Wertberechtigungen legen anhand eines Wertes fest, welche Operationen mit dem zu berechtigenden Objekt durchgeführt werden dürfen. Ein Beispiel hierfür sind die Werte für Berechtigungen im UNIX-Filesystem. Dort steht der Wert 7 für den Vollzugriff auf eine Datei. Die Ziffer 7 steht für die Summe aus 1+2+4, mit deren Hilfe die drei Operationen ausführen, schreiben und lesen kodiert werden, so wie es in Abbildung 1.4 zu sehen ist.

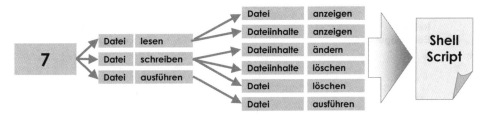

Abbildung 1.4: Von der Wertberechtigung zu den binären Berechtigungen der Ressource

Damit wird deutlich, dass sich mit Wertberechtigungen mehrere binäre Berechtigungen zusammenfassen lassen, ohne dass weitere Gestaltungs-/Steuerungselemente verwendet werden müssten.

1 Elemente zur Berechtigungssteuerung

Scope von Berechtigungen

Eine wichtiger Punkt in Bezug auf die Platzierung und Gestaltung von Berechtigungen ist die Frage, welche Zugriffe aufgrund einer Berechtigung freigegeben werden sollen. Man spricht in diesem Zusammenhang auch von der Granularität von Berechtigungen.

Ausgangspunkt für die Platzierung der Berechtigungen ist der Schutzbedarf der Ressource, der üblicherweise in einer Schutzbedarfsanalyse ermittelt wird. In diese Analyse fließen mehrere Faktoren ein, die die Wichtigkeit und Kritikalität der Ressource bzw. ihrer Funktionen und Inhalte determinieren (z.B. der Geschäftseinfluss).

Der Schutzbedarf wird hinsichtlich des Zugriffsschutzes innerhalb der Berechtigungsplanung umgesetzt. Dort wird festgelegt, wie fein (granular) der Schutz realisiert sein muss und welche Funktionen durch Berechtigungen geschützt werden müssen. Ebenso wird dort beschrieben, wie stark der Zugriffsschutz ausgeprägt sein muss, z.B. ob starke Authentifikationsmechanismen zum Einsatz kommen müssen.

Berechtigungsstufen

Eine Möglichkeit, Berechtigungen möglichst einfach vergeben zu können, besteht in der Verwendung von Berechtigungsstufen. Sie teilen die Spanne zwischen „über gar keine Berechtigung verfügend" und „über alle Berechtigungen verfügend" in mehrere Bereiche ein. In Abbildung 1.5 beziehen sich die Stufen ausschließlich auf die Operationen, es können aber auch einzelne Funktionen und Inhalte mit einbezogen werden.

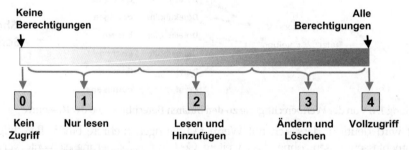

Abbildung 1.5: Berechtigungsstufen

Wenn die Berechtigungsstufen definiert sind, genügt es zur Berechtigungsvergabe, die Ziffer der Berechtigungsstufe anzugeben, die über ein berechtigungssteuerndes Element (eine Rolle, eine Gruppe usw.) an die Identität vergeben wird. Sollen verschiedene Kombinationen von Operationen möglich sein, so muss bei dem sich ergebenden Wert immer eindeutig sein, welche Operationen sich dahinter verbergen. Für jede Identität wird vermerkt, welche Berechtigungsstufe ihr zugeordnet ist:

Identität	Business-Funktion	Berechtigungsstufe
Susanne Kopp	Sachbearbeiterin	2
Klaus Schmidt	Manager	3
Alexander Tsolkas	Administrator	4

Der Vorteil der Verwendung von Berechtigungsstufen ist es, dass die Einzelberechtigungen nicht mehr in Erscheinung treten. Durch die Zuordnung einer Stufe ist bereits eindeutig festgelegt, über welchen Berechtigungsumfang die Identität verfügt. Dies vereinfacht die Berechtigungsvergabe.

Berechtigungsgrad und Berechtigungskette

Ist die Wahrnehmung einer Berechtigung abhängig von der Erlangung einer anderen Berechtigung, so spricht man von einer Berechtigung 2. Grades.

Im Beispiel der TK-Anlage ergibt sich für das Führen von Ferngesprächen beispielsweise:

1. Der Mitarbeiter muss berechtigt sein, die Nebenstelle 746 zu nutzen (Berechtigung 1. Grades).
2. Die Nebenstelle 746 muss so konfiguriert sein, dass für sie Ferngespräche freigeschaltet sind (Berechtigung 2. Grades).

Solange der Mitarbeiter nicht berechtigt ist, das Telefon an sich zu benutzen, sind die konfigurierten Verbindungskategorien irrelevant. Sie kommen erst dann zum Tragen, wenn die Berechtigung 1. Grades gegeben ist.

In der Praxis findet man oft die Situation, dass eine Berechtigung von mehreren anderen Berechtigungen abhängt. Nun könnte man das Prinzip des Berechtigungsgrades weiterführen und von Berechtigungen dritten, vierten oder fünften Grades sprechen. Sinnvoller erscheint es aber, in diesem Fall die gesamt Kette von aufeinander aufbauenden Berechtigungen zu betrachten, was zu dem Begriff der *Berechtigungskette* führt.

Bei der Berechtigungsplanung und Berechtigungsverwaltung ist es wichtig, auch die operativen Prozesse zu betrachten, in denen die Benutzer bzw. Identitäten die Berechtigungen nutzen. Es muss gewährleistet werden, dass eine vergebene Berechtigung auch wahrgenommen werden kann, d.h. alle vorher benötigten Berechtigungen müssen ebenfalls vergeben sein oder, falls sie das nicht sind, im Zuge der Berechtigungsvergabe mit vergeben werden.

Besonders dann, wenn das Prinzip des „Need to know" umgesetzt werden soll, das heißt ein Benutzer nur über die Berechtigungen verfügen soll, die er für seine Tätigkeit benötigt, ist die Sicherstellung der Berechtigungsketten wichtig.

In vielen Fällen werden die Anwendungsprozesse nicht durchdacht, was dazu führt, dass spezielle Berechtigungskombinationen, die in bestimmten Arbeitssituationen benötigt werden, nicht zur Verfügung stehen. Die Folge ist, dass der Benutzer sich Fehlermeldungen gegenüber sieht, die er weder verstehen noch zuordnen kann, da die fehlende Berechtigung

1 Elemente zur Berechtigungssteuerung

nicht an der Stelle existieren muss, an der sich der Benutzer befindet, sondern an einer völlig anderen Stelle irgendwo in der Berechtigungskette.

Das ist nicht nur ärgerlich für den Benutzer, sondern auch für die Berechtigungsverwaltung, denn die Fehlersuche gestaltet sich u.U. schwierig und selbst dann, wenn fehlende Berechtigungen gefunden werden, können sie nicht so ohne weiteres vergeben werden, weil dadurch Seiteneffekte entstehen können, die wiederum dem „Need to know"-Prinzip widersprechen.

1.2 Rolle

Eines der wichtigsten Gestaltungs- und Steuerelemente für IT-gestützte Berechtigungen ist die Rolle. Entsprechend viel Raum nimmt die Beschäftigung mit Rollen in diesem Buch ein. So widmet sich mit Kapitel 3 ein ganzes Kapitel dem Rollenkonzept und dem Arbeiten mit Rollen innerhalb der Berechtigungsthematik.

Dort und in Kapitel 4 wird mit der Vorstellung des Prinzips der rollenbasierten Zugriffskontrolle (RBAC) auch gezeigt, warum Rollen für die Berechtigungsthematik so wichtig sind: Sie ermöglichen die Entkopplung der Berechtigungen von den Identitäten. Diese Möglichkeit ist so entscheidend, dass alle führenden Hersteller von modernen Softwaresystemen dazu übergegangen sind, dieses Prinzip in ihren Produkten abzubilden.

1.2.1 Business-Rolle

Eine Business-Rolle im Sinne des Berechtigungskonzepts beschreibt eine Funktion, die der Rolleninhaber für das Unternehmen ausübt. Die Funktion bezieht sich dabei entweder statisch auf ein bestimmtes Aufgabengebiet bzw. einen definierten Verantwortungsbereich oder dynamisch auf ein bestimmtes Tätigkeitsspektrum.

Für die Formulierung der Rollenbezeichnungen finden sich vier Varianten:

- *Orientiert an der Art der Funktion*
  Bei der Formulierung nach der Funktionsart steht nicht im Vordergrund, für welchen Bereich im Unternehmen der Rolleninhaber tätig ist, sondern auf welche Weise er tätig ist.
  Besteht die Funktion zum großen Teil darin, Beschlüsse zu treffen, dann könnte als Rolle „Entscheider" formuliert werden. Ob die Beschlüsse den Einkauf von Blechen oder die Vergabe von Dienstleistungen betreffen, ist bei dieser Formulierung unerheblich. Gleiches gilt für Rollen wie „Entwickler", „Projektleiter" oder „Manager".
- *Orientiert an dem Zuständigkeitsbereich*
  Diese Variante formuliert die Rolle danach, für welchen Bereich der Rolleninhaber zuständig ist. Der Bereich kann sich dabei direkt aus der Aufbauorganisation ergeben oder daraus abgeleitet werden. Beispiele für solche Bereiche sind der Einkauf, das Facility Management, das Controlling, usw.

Die Bezeichnungen der Rollen können in diesem Fall direkt von dem jeweiligen Bereich übernommen werden. Damit ergeben sich Rollen wie „Einkauf" oder „Facility Management".

- *Orientiert an der Bezeichnung des Funktionsträgers*
  Alternativ kann eine Rolle auch nach der Bezeichnung des Funktionsträgers benannt werden. Ein Beispiel ist die Rolle „Kassierer" in einer Bank. Natürlich wäre hierfür auch eine Rolle „Bargeldverkehr" denkbar, doch die Formulierung nach dem Funktionsträger ist in diesem Fall verständlicher.
  Die Funktionsträger-Variante wird häufig auch dann gewählt, wenn die Formulierung nach dem Funktionsbereich zu abstrakt wäre. So sind Rollenbezeichnungen wie „Verwaltung", „Sachbearbeitung" oder „Kontoführung" ungeeignet, da sie zu abstrakt sind und es schwierig bis unmöglich ist, konkrete Berechtigungen zuzuordnen.
- *Orientiert an einem Geschäftsprozess oder einem Tätigkeitsablauf*
  Steht die Dynamik im Vordergrund, d.h. sollen vor allem die Prozesse durch Rollen abgebildet werden, so kann es sinnvoll sein, die Formulierung der Rollen an den Prozessbezeichnungen zu orientieren. Dadurch entstehen Rollen wie „Datenschutzaudit" oder „Produktionsüberwachung".

Abstrakte Rollen beschreiben auf allgemeine Art eine organisatorische Funktion. Die Rolle „Sachbearbeitung" beschreibt als Beispiel eine abstrakte Funktion. Abstrakte Rollen sind für die Berechtigungssteuerung ungeeignet, da nicht klar ist, welche konkreten Tätigkeiten die Rolle enthält. Daher werden abstrakte Rollen vor allem im Rollenkonzept als Füllobjekte eingesetzt, um eine vollständige Hierarchie zu erhalten.

Für die Berechtigungssteuerung muss eine abstrakte Rolle durch weitere Unterteilung konkretisiert werden. Beispielsweise könnte der Rolle „Sachbearbeitung" ein Zusatz hinzugefügt werden, auf welchen Bereich sich die Sachbearbeitung bezieht: „Sachbearbeitung Immobiliendarlehen". Kann eine Rolle mit einzelnen Tätigkeiten unterlegt werden, die nicht weiter gegliedert werden müssen, so spricht man von konkreten bzw. **operativen Rollen**.

Es ist möglich, top-down zunächst die abstrakten Rollen zu formulieren und diese dann in operative Rollen zu verfeinern. Genauso möglich ist es, aus dem operativen Geschäft die operativen Rollen zu gewinnen und dann die abstrakteren Rollen im Sinne von Container-Objekten zu nutzen, um die operativen Rollen zusammenzufassen und ein geschlossenes Rollenkonzept zu erstellen.

Primärrollen (primary roles) besitzen direkten Einfluss auf die Geschäftstätigkeit und berühren unmittelbar die Wertschöpfungskette. Rollen, die parallel zu diesen Primärrollen existieren oder diesen zuarbeiten, nennt man **Sekundärrollen** (secondary roles) oder unterstützende Rollen (Support-Rollen).

Welche Business-Rollen im Unternehmen existieren und wie Tätigkeiten und Rechte den Rollen zugeordnet werden, wird durch das Rollenkonzept festgelegt, das in Kapitel 3 näher betrachtet wird.

Business-Rollen in der Berechtigungssteuerung

Die Business-Rolle ist, wie der Name schon andeutet, sehr nah an der Identität und ihrer geschäftlichen Funktion angesiedelt. Damit ist sie eines der besten Gestaltungselemente, wenn es darum geht, ganze Berechtigungsbündel tätigkeitsorientiert einer Identität zuzuordnen. Die Rolle ist dabei nur ein Mittler zwischen der Identität und den Ressourcen. Der Frage, wie Rollen innerhalb der Berechtigungssteuerung eingesetzt werden können, wird in Kapitel 5 weiter nachgegangen.

1.2.2 Technische Rolle

Technische Rollen beziehen sich auf die zu berechtigenden Objekte und nicht auf die Identitäten. Sie haben demnach mit den Benutzern und ihren geschäftlichen Tätigkeiten nichts zu tun. Technische Rollen werden in IT-Anwendungen eingesetzt, um Funktionen in der jeweiligen IT-Anwendung zu beschreiben und zu berechtigen.

Ein Beispiel für eine technische Rolle ist die Rolle „Systemverwalter" (root) in UNIX-Systemen. Die Rolle drückt zwar wie die Business-Rolle auch eine Funktion aus, jedoch bezieht sich diese Funktion ausschließlich auf das UNIX-System und nicht, wie bei der Business-Rolle, auf das Unternehmen.

Technische Rollen werden in den Systemen und Anwendungen mit Hilfe von technischen Benutzerkonten abgebildet. Durch die Anmeldung am System unter dem jeweiligen Benutzerkonto wird gegenüber dem System die damit verbundene technische Rolle übernommen, und die damit verknüpften Berechtigungen können genutzt werden.

Technische Rollen in der Berechtigungssteuerung

Im Gegensatz zur Business-Rolle ist eine technische Rolle nicht bei der Identität, sondern bei der Ressource angesiedelt. Eine technische Rolle kennt keine geschäftlichen Tätigkeiten von Identitäten, sie ist losgelöst von jeglicher organisatorischer Einbindung und betrachtet lediglich Benutzer des eigenen Systems.

Somit existiert eine technische Rolle als Mittler zwischen dem Systembenutzer und den Berechtigungen im System, wobei sie näher am Systembenutzer und dessen Funktion im System angesiedelt ist.

Die Verwendung von technischen Rollen in der Berechtigungssteuerung wird in Kapitel 5 näher beschrieben.

1.3 Attribut

Attribute sind einzelne Informationen, die einem Objekt hinzugefügt werden und die dazu verwendet werden, das jeweilige Objekt zu beschreiben oder zu charakterisieren. Um das Wesen von Attributen zu erläutern, greifen wir das Beispiel aus Abbildung 1.3 noch einmal auf. Das Objekt in der realen Welt ist eine Person, die durch die Information „Klaus

Schmidt" identifiziert wird. Der Name einer Person ist dabei keine Information, die eindeutig mit Merkmalen der Person abgeleitet wird, sondern sie ist eine von der Person selbst bzw. ihren Eltern bestimmte Information. Aus diesem Grund existieren meist mehrere Personen mit diesem Namen.

Das Objekt der realen Welt wird nun mit einem IT-Objekt in der IT abgebildet (siehe nachfolgende Abbildung). Als Technologie wird hier ein Verzeichnisdienst gewählt, in dem die Person mit einem Verzeichniseintrag geführt wird.

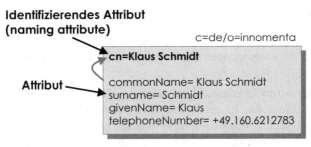

Abbildung 1.6: Attribute eines Objekts

Es ist meist nicht sinnvoll, das Objekt in seiner realen Komplexität abbilden zu wollen, daher werden einige, für den jeweiligen Zweck wichtige, Informationen ausgewählt und als Attribute in den Eintrag aufgenommen.

Attribute können völlig unterschiedliche Eigenschaften eines Objekts abbilden. Zu einer Person könnten neben alltäglichen Informationen wie Telefonnummer oder Geburtsdatum auch Neigungen (z.B. das Lieblingsgetränk), Gefühle (z.B. Träume), der Klang der Stimme (Stimmprobe), die visuelle Erscheinung (Foto, Video), Zugangsberechtigungen (Passworte, Zertifikate) und vieles mehr abgebildet werden.

Welche Attribute ausgewählt und aufgenommen werden, hängt davon ab, welche Anwendungen durch diese Attribute bedient werden sollen. Ein elektronisches Telefonbuch benötigt als Attribute nur den Namen, evtl. Zusatzattribute für die Eindeutigkeit des Namens (z.B. Abteilung) und die Telefonnummer. Eine Anwendung zur Hauspostzustellung benötigt zusätzlich den Standort und die Raumnummer.

Ebenso wie ein Objekt der realen Welt muss auch ein IT-Objekt identifiziert werden. Dies geschieht mit Hilfe eines Bezeichners (Identifier). Dazu wird ein Attribut des Objekts ausgewählt und zum identifizierenden Attribut (naming attribute) erhoben. In unserem Beispiel wird dafür ebenfalls der Name benutzt, es könnte aber auch eine andere Information verwendet werden. Wichtig dabei ist, dass das ausgewählte Attribut das Objekt eindeutig identifiziert.

1 Elemente zur Berechtigungssteuerung

Berechtigungssteuernde Attribute

In Abschnitt 1.2.1 wurde die Frage, welchen Identitäten welche Berechtigungen zugeordnet werden sollen, tätigkeitsorientiert beantwortet. Im Vordergrund stand die Frage: „Was tut die Identität im Unternehmen?". In der Praxis reicht die reine tätigkeitsorientierte Betrachtung aber oft nicht aus. In diesen Fällen können Attribute weiterhelfen, denn wenn Attribute Informationen über Objekte sind, die von verschiedenen Anwendungen genutzt werden können, dann liegt es nahe, diese Informationen auch für die Berechtigungssteuerung zu verwenden.

So könnten bestimmte Berechtigungen alleine aufgrund der Tatsache vergeben werden, dass ein Mitarbeiter am Standort Frankfurt am Main geführt wird. Welche Tätigkeit er dort ausführt, hätte für diese Berechtigungen keine Bedeutung. Die Systematik, Berechtigungen aufgrund von Attributsausprägungen zu vergeben, wird als attributbasierte Rechtevergabe bezeichnet.

Der Auswahl der Attribute kommt damit auch im Hinblick auf die Berechtigungsvergabe eine große Bedeutung zu. Es muss sorgfältig betrachtet werden, welche bestehenden Attribute für die Berechtigungssteuerung verwendet werden können und welche Attribute für die Berechtigungssteuerung neu konzipiert werden müssen.

Die Konzeption eines neuen Attributs umfasst mehrere Punkte. Zunächst wird eine Datenquelle gesucht, in der die passende Information enthalten ist. Ist sie gefunden, wird der entsprechende Datenbestand auf Vollständigkeit und Datenqualität (z.B. Konsistenz, Namensraum) untersucht. Im Anschluss daran wird das Attribut, das die Information führen soll, angelegt und die Daten in das attributführende System (Verzeichnisdienst, Datenbank o.ä.) importiert. Wichtig ist, dass festgelegt wird, welches System nun das führende System wird, auf welchem Weg neue Daten aufgenommen werden, wer die Daten in welcher Qualität pflegt und wie die Daten ausgetauscht bzw. synchronisiert werden.

1.4 Gruppe

Bei einer Gruppe handelt es sich ganz allgemein um mehrere Einzelobjekte (Personen, Maschinen, Fahrzeuge, Rechnungen usw.), die aufgrund einer oder mehrerer Gemeinsamkeiten eine Einheit bilden. Alle unbezahlten Rechnungen könnten beispielsweise zu einer Gruppe zusammengefasst werden oder auch alle Mitarbeiter, die länger als fünf Jahre im Unternehmen beschäftigt sind.

In der Berechtigungsthematik können Gruppen in zwei Lager geteilt werden:

- *Identitätsgruppe*
  Bei einer Identitätsgruppe werden mehrere Identitäten zusammengefasst. In den meisten Fällen handelt es sich bei den Identitäten um Personen, die als IT-Benutzer berechtigt werden. Aus diesem Grund findet man auch oft den Begriff Benutzergruppe.

- *Ressourcegruppe*
  In einer Ressourcengruppe werden mehrere Ressourcen gebündelt und als eine Einheit behandelt. Beispielsweise könnten in einer Bank alle Girokonten im Rhein-Main Gebiet in einer Ressourcengruppe „Giro Rhein-Main" zusammengefasst werden.

Der Sinn einer Gruppe liegt darin, durch eine einzige Zuordnung eine Reihe von Identitäten und/oder Ressourcen berechtigen zu können. Wird eine Ressourcengruppe einer Identität zugeordnet, dann besitzt die Identität auf alle Ressourcen in der Gruppe die für die Gruppe definierten Berechtigungen. Wird eine Ressource einer Identitätsgruppe zugeordnet, dann besitzen alle Identitäten in der Gruppe die für die Gruppe definierten Berechtigungen auf die Ressource.

Gruppen werden vor allem dann eingesetzt, wenn viele gleichartige Identitäten bzw. Ressourcen vorhanden sind, die sich nach bestimmten Merkmalen gruppieren lassen.

1.5 Arbeitsplatzprofil

Der Gedanke, benötigte Berechtigungen auf der Grundlage der ausgeübten Tätigkeit zu vergeben, wurde bereits bei der Rolle aufgegriffen. Mit dem Gestaltungselement des Arbeitsplatzprofils wird dieser Gedanke noch fortgeführt. Nun wird nicht mehr nur ein einzelnes Aufgabenspektrum betrachtet, sondern alle Tätigkeiten, die eine Identität (z.B. Mitarbeiter) an ihrem Arbeitsplatz ausführt.

Für einen Typ von Arbeitsplatz werden alle benötigten Berechtigungen identifiziert und im Arbeitsplatzprofil gebündelt. Jeder Inhaber eines Arbeitsplatzes diesen Typs bekommt das Arbeitsplatzprofil zugewiesen und erhält damit alle Berechtigungen, die an diesem Arbeitsplatz benötigt werden.

Auf den ersten Blick scheint die Berechtigungsvergabe mittels Arbeitsplatzprofil am einfachsten und effizientesten zu sein, denn es wird ja nur ein einziges Arbeitsplatzprofil pro Arbeitsplatztyp benötigt. In der Tat ist die Vergabe relativ einfach, doch das Modell ist nur dann effizient, wenn viele gleichartige Arbeitsplätze vorhanden sind und sich standardisieren lassen. Ist das nicht der Fall, führt das zu vielen unterschiedlichen Arbeitsplatzprofilen, bei denen die umfangreichere Verwaltung den Vorteil der „Berechtigungsvergabe in einem Schritt" wieder zunichte macht.

Ein weiterer Faktor ist die Beständigkeit der definierten und vergebenen Berechtigungen. Je mehr Berechtigungen in einem Konstrukt kumuliert werden, desto unbeständiger wird das Konstrukt. Ändert sich eine Berechtigung, müssen alle Arbeitsplatzprofile aktualisiert werden. Schon aus diesem Grund sollte die Zahl der Arbeitsplatzprofile so klein wie möglich gehalten werden.

1.6 Workset

In der Praxis ist man auch mit der Situation konfrontiert, dass ein Mitarbeiter in mehrere Arbeitsbereiche involviert ist. Eine Mitarbeiterin könnte beispielsweise im Arbeitsbereich Einkauf und im Arbeitsbereich Kalkulation arbeiten.

1 Elemente zur Berechtigungssteuerung

Würde man für die Berechtigungssteuerung ein Arbeitsplatzprofil verwenden, könnte man die beiden Arbeitsbereiche nicht mehr unterscheiden. Die Einzelberechtigungen, die sie zum Arbeiten benötigt, würden in einem großen Bündel zusammengefasst und in einem Schritt zugeordnet. Zudem müsste eine griffige Bezeichnung für das Arbeitsplatzprofil gefunden werden, was bei mehreren Arbeitsbereichen nicht ganz einfach ist.

Verwendet man Rollen, so ist nicht mehr direkt erkennbar, welche Rollen welchen Arbeitsbereich betreffen. Die sich ergebende Vielzahl von unstrukturierten Rollen trägt außerdem nicht gerade zur Übersichtlichkeit bei.

Aus diesen Gründen wurde das Gestaltungselement des Workset eingeführt. Es ist im Vergleich zu anderen Gestaltungselementen (z.B. Gruppen) noch relativ jung. Ein Workset ist ein Container, mit dem die für einen Arbeitsbereich benötigte Berechtigungsstruktur zusammengefügt wird. Dem Workset können unterschiedliche Gestaltungselemente wie Rollen, Gruppen oder auch Einzelberechtigungen direkt zugeordnet werden. Damit lassen sich auch komplexe Berechtigungsstrukturen für eine Identität abbilden.

1.7 Profil

Wenn in der Berechtigungsthematik von einem Profil die Rede ist, so ist damit meist ein Berechtigungsprofil gemeint. Ein solches Berechtigungsprofil fasst mehrere Berechtigungen zusammen und verwaltet sie als eine Einheit mit einem einzigen Namen (Profilname). Wird das Berechtigungsprofil vergeben bzw. entzogen, dann werden damit automatisch alle Berechtigungen vergeben bzw. entzogen, die in diesem Berechtigungsprofil definiert sind. Mit einem Berechtigungsprofil lassen sich demnach größere Blöcke von Berechtigungen bilden, die dann in einem Schritt vergeben werden.

Als Beispiel soll wieder die TK-Anlage aus Abschnitt 1.1 dienen. In Abbildung 1.7 ist auf der linken Seite die Konfiguration der Berechtigungen zu sehen, so wie sie auch in Abschnitt 1.1 zu sehen ist.

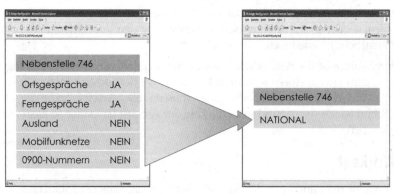

Abbildung 1.7: Berechtigungsprofil

Nun werden die fünf Einzelberechtigungen
- Über lokale Verbindungen kommunizieren (Ortsgespräche führen)
- Über nationale Verbindungen kommunizieren (Ferngespräche führen)
- Über internationale Verbindungen kommunizieren (Auslandsgespräche führen)
- Über Mobilfunkverbindungen kommunizieren (in Mobilfunknetze telefonieren)
- Über Sonderdienstverbindungen kommunizieren (0900-Nummern anrufen)

zu einem Profil zusammengefasst. Dabei gibt es zwei Möglichkeiten:

1. *Es werden nur die Objekte und Operationen zusammengefasst (Profil-Template).*
   In diesem Fall ist das Berechtigungsprofil vergleichbar mit einer Schablone, in der die verschiedenen Berechtigungsmöglichkeiten zusammengefasst sind, aber noch nicht definiert ist, welche Ausprägungen die Berechtigungen besitzen. Diese Art der Profilerstellung wird bevorzugt, wenn ein Profil-Template für viele gleichartige Objekte verwendet werden kann und sich nur die konkreten Ausprägungen unterscheiden.

2. *Es werden die Objekte, Operationen und auch die Berechtigungsausprägungen bzw. Berechtigungswerte zusammengefasst (operative Berechtigung).*
   Mit der Einbeziehung der Berechtigungswerte wird die Berechtigungsvergabe „in einem Schritt" möglich. Wird das Berechtigungsprofil einer Identität zugeordnet, dann verfügt die Identität alleine aufgrund der Zuordnung über die Einzelberechtigungen in den definierten Ausprägungen. Da die Identität damit arbeitsfähig wird, spricht man von operativen Berechtigungen.

Im Beispiel der TK-Anlage werden die Einzelberechtigungen inkl. ihrer Werte zum Berechtigungsprofil „National" zusammengefasst. Jede Nebenstelle, die intern, lokal und national telefonieren darf, bekommt einfach das Profil „National" eingetragen und verfügt damit über das passende Berechtigungsbündel.

Die Zusammenfassung von Einzelberechtigungen zu Profilen und die anschließende Verwaltung der Berechtigungen ausschließlich auf der Ebene der Profile ist sehr beliebt. Wie schon erwähnt, wird die Berechtigungsvergabe vereinfacht und beschleunigt, zudem steigt die Übersichtlichkeit, denn eine Nebenstellenliste mit den Profilnamen ist viel übersichtlicher als jeweils fünf Einzelwerte.

Die Verwaltung von Berechtigungen auf Profilebene birgt jedoch auch eine Gefahr, denn man verliert die Transparenz zu den Einzelberechtigungen. Es wurde schon gesagt, dass das technische System (im Beispiel war es die TK-Anlage) ausschließlich auf der Ebene der Einzelberechtigung arbeitet, d.h. die Berechtigungsprüfung findet nur auf der Ebene der Einzelberechtigung statt.

Abbildung 1.8 zeigt das Problem: Während im oberen Teil alles in Ordnung ist, wurde im unteren Teil die Einzelberechtigung für Auslandsgespräche geändert. Für den Administrator ist auch im unteren Teil alles in Ordnung (daher der Haken in der Abbildung), denn der Nebenstelle ist das richtige Profil zugeordnet. Die TK-Anlage prüft aber nicht auf der Profil-

1 Elemente zur Berechtigungssteuerung

ebene, sondern auf der Ebene der Einzelberechtigungen und gestattet demnach auch Auslandsgespräche.

Eine solche Abweichung zwischen dem Berechtigungsprofil und den Einzelberechtigungen bezeichnet man als *inkonsistentes Profil*. Moderne IT-Systeme verfügen deshalb über die Möglichkeit, die Profileinstellungen als Template abzulegen und die Einstellungen auf der Ebene der Einzelberechtigungen gegen dieses Template zu prüfen. Eine solche Prüfung sollte Bestandteil der Auditierung des Systems sein. In vielen Fällen ist eine solche automatisierte Prüfung noch nicht möglich und es muss eine manuelle, stichprobenhafte Überprüfung durchgeführt werden.

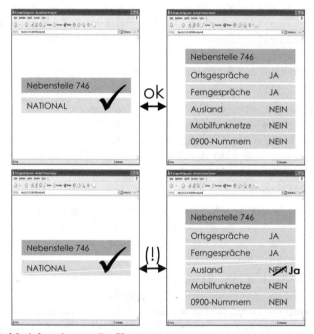

Abbildung 1.8: Gefahr inkonsistenter Profile

Um Inkonsistenzen bei Profilen zu vermeiden, sind mehrere Punkte wichtig:

- *Definition und Dokumentation*
  Schon bei der Definition von Profilen sollte geprüft und dokumentiert werden, wie kritisch die Einzelberechtigungen sind, die zu einem Profil zusammengefasst werden. Soll die Berechtigungsvergabe über operative Berechtigungen erfolgen, dann sollte ein Profil nicht zu viele Einzelberechtigungen enthalten, denn mit steigender Anzahl von Einzelberechtigungen steigt die Gefahr, dass das Profil nicht mehr richtig „passt". Vorsicht bei Profil-Kaskaden! Mehrere ineinander verschachtelte Profile erhöhen die Komplexität der Berechtigungsstruktur, das Erkennen von Inkonsistenzen wird erschwert.

- *Administrationsebene*
  Von Anfang an sollte die Vermeidung der Entstehung von Inkonsistenzen Bestandteil der Berechtigungsplanung sein. Von großer Bedeutung sind dabei die Administrationsvorgänge. Es sollte festgelegt sein, wer auf welcher Ebene welche Berechtigungen verwaltet. Wenn mehrere Administratoren unabgestimmt gleichzeitig auf mehreren Ebenen Berechtigungen verwalten, sind Unübersichtlichkeit, unerwünschte Berechtigungskombinationen und Inkonsistenzen vorprogrammiert.
  Die Hauptrichtung der Berechtigungsverwaltung sollte immer top-down sein, d.h. ausgehend von der Identität und ihren Berechtigungsbedürfnissen. Ressourcenseitige Änderungen von Einzelberechtigungen sollten nicht der Regelfall sein.
  Änderungen von Berechtigungen sollten immer mit einer Prüfung auf Seiteneffekte verbunden sein. Es sollte unkompliziert nachvollzogen werden können, in welchen Profilen die jeweilige Berechtigung vorhanden ist. Technische Möglichkeiten der Systeme zu Konsistenzprüfungen oder Warnungen, wenn auf der Ebene der Einzelberechtigungen geändert und dadurch Profile tangiert werden, sollten genutzt werden. Manche Systeme können auch die Bearbeitung von Einzelberechtigungen sperren, wenn auf der Profilebene gearbeitet werden soll.

- *Auditierung*
  Der dritte Punkt betrifft die Überprüfung der jeweiligen Berechtigungsverwaltung. Wenn der Aufbau der Profile dokumentiert ist, kann überprüft werden, ob die Einstellungen noch denen entsprechen, die bei der Definition des Profils geplant und konfiguriert wurden. Speziell kritische Einzelberechtigungen sollten unter besonderer Beobachtung stehen und regelmäßig kontrolliert werden. Aus diesem Grund sollten kritische Berechtigungen in der Dokumentation hervorgehoben werden.

Einige Systeme, die Profile in ihrer Berechtigungsverwaltung führen, besitzen die Möglichkeit, einem Profil nicht nur Einzelberechtigungen, sondern auch Profile zuzuordnen, wodurch Profilkaskaden entstehen. Damit lassen sich Profile ineinander verschachteln. Bei dieser Verschachtelung ist Vorsicht geboten, denn schnell verliert man den Überblick über das Gesamtkonstrukt und muss mit viel Aufwand ein Redesign der Berechtigungsstruktur durchführen.

1.8 Sammelprofil

In einem Sammelprofil können mehrere Berechtigungsprofile (in diesem Zusammenhang wird auch von Einzelprofilen gesprochen) zusammengefasst werden. Es stellt demnach ressourcenseitig das nächstgrößere Element nach dem Profil dar. Bei Systemen, die über eine Profilkaskadierung verfügen, wird das Gestaltungselement des Sammelprofils nicht benötigt, da auch ein Profil diese Aufgabe übernehmen kann.

Um komplexe und mehrstufig hierarchische Berechtigungsstrukturen abbilden zu können, sehen manche Systeme die Kaskadierung auf der Ebene des Sammelprofils vor, d.h. Sammelprofile lassen sich ineinander verschachteln. Für diesen Fall gilt das gleiche wie für die Kaskadierung von Einzelprofilen.

1 Elemente zur Berechtigungssteuerung

Mit Sammelprofilen lassen sich ressourcenseitig die Berechtigungen so weit konzentrieren, dass sie mittels einer 1:1-Beziehung zugeordnet werden können, d.h. eine Business-Rolle bekommt genau ein Sammelprofil zugeordnet und verfügt dann über die passenden Berechtigungen.

2 Identitätsmanagement

In Kapitel 1 wurde bereits an vielen Stellen von Identitäten gesprochen und beispielhaft dafür immer Benutzer angegeben. Der Grund dafür, dass man nicht einfach von Benutzern spricht liegt darin, dass Benutzer bzw. Personen nicht die einzigen sind, die Berechtigungen besitzen. Es ist die Aufgabe dieses Kapitels, den Begriff der Identität näher zu definieren und darzustellen, welche Auswirkungen sich aus den Begriffsbedeutungen ergeben.

2.1 Der Identitätsbegriff

Die Informatik beschäftigt sich in der Regel nicht mit dem Wesen von Identitäten und überlässt dieses Feld der Soziologie. Daher finden sich die meisten Definitionen für den Begriff der Identität in soziologischen Dokumentationen. In diesem Buch spielen soziologische Überlegungen zwar keine Rolle, jedoch lassen sich in den Definitionen einige wichtige Aspekte erkennen. Nachfolgend sind einige der Definitionen aufgeführt, die wichtigen Aspekte sind unterstrichen. Identität ist demnach:

- *„The distinct personality of an individual regarded as a persisting entity"*
  Hier wird die Statik einer Identität betont. Eine natürliche Person kann ihre Identität nicht einfach und dauerhaft ablegen. Selbst Schauspieler, die vorübergehend eine andere Identität annehmen, bringen ihre eigenen Identität und Persönlichkeit mit ein. Das gleiche gilt für Benutzer, die vom Eintritt in das Unternehmen bis zum Austritt eine persistente personelle Identität besitzen

- *„The collective aspect of the set of characteristics by which a thing is definitively recognizable or known"*
  Das weist darauf hin, dass Eigenschaften (Attribute) bei der Bestimmung der Identität wichtig sind. Eigenschaften von Mitarbeitern sind beispielsweise die Gehaltsklasse oder der Standort.
  In Kapitel 1 wurde gezeigt, dass Berechtigungen auch an Eigenschaften geknüpft sein können. Nun wird klar, dass dadurch auch eine Identität gebildet werden kann.

- *„The set of behavioral or personal characteristics by which an individual is recognizable as a member of a group"*
  Diese Definition geht einen Schritt weiter und betrachtet den Begriff der Identität (die sich wiederum an Eigenschaften festmacht) als Ausdruck der Zugehörigkeit zu einer bestimmten Gruppe. Gruppen als Gestaltungsmöglichkeit für Berechtigungen wurden in Kapitel 1 bereits vorgestellt. Über eine Gruppe können viele Identitäten gleichzeitig angesprochen und gesteuert werden.

2 Identitätsmanagement

- *„Die Kontinuität des Selbsterlebens eines Individuums, die durch die dauerhafte Übernahme bestimmter sozialer Rollen hergestellt wird"*
Hier wird nicht mehr vom statischen Begriff ausgegangen, vielmehr kann eine Identität nun durch die Übernahme von Rollen gebildet werden. Das ist im Hinblick auf die rollenbasierte Berechtigungssteuerung interessant.

- *„In computer technology, the unique name of a person, device, or the combination of both that is recognized by a system."*
Die Notwendigkeit der Eindeutigkeit von identitätsbezeichnenden Namen wurde bereits angeführt. Dabei wird zwischen der physischen und der logischen Identität unterschieden.

Aus diesen Definitionen lassen sich folgende Schlüsse ziehen:

- Eine Identität repräsentiert eine bestimmte Kombination von Eigenschaften und Rollen eines Objekts (physisch, kontextuell, logisch), die mit einem eindeutigen Bezeichner benannt wird. Die einzelnen Rollen und Eigenschaften bestimmen die Art, wie eine Identität agiert und interagiert (z.B. welche Informationen mit anderen Identitäten ausgetauscht werden).
- Es lassen sich Gruppen von Identitäten bilden, die über die gleichen Eigenschaften verfügen.
- Durch die Übernahme von Rollen kann eine Person mehrere kontextuelle und logische Identitäten besitzen. Ein Mitarbeiter kann demnach im Unternehmen mehrere Identitäten leben, indem er andere Rollen und Eigenschaften annimmt.

Identitätsbildende Rollen und Eigenschaften zeigt Abbildung 2.1. In diesem Beispiel besitzt die Mitarbeiterin mehrere Rollen und Attribute.

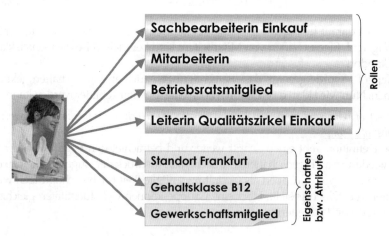

Abbildung 2.1: Identitätsbildende Rollen und Eigenschaften

Der Unterschied zwischen Rollen und Eigenschaften liegt darin, dass in einer Rolle aktiv agiert wird, dagegen sind Eigenschaften nur passive Merkmale. Durch die Übernahme der Rollen und die Ausprägung der Eigenschaften bildet sich die gelebte Identität im Unternehmen. Eine Mitarbeiterin, die als Betriebsratsmitglied agiert, wird eine andere Identität leben und die Rollen anders ausfüllen als eine leitende Angestellte. Sie wird andere Informationen austauschen und andere Berechtigungen besitzen. Doch sie kann auch ihre kontextuelle Identität wechseln, einen „anderen Hut aufsetzen" und dann in dieser anderen Funktion andere Rollen ausüben, andere Informationen austauschen und andere Berechtigungen besitzen. Dies zeigt Abbildung 2.2

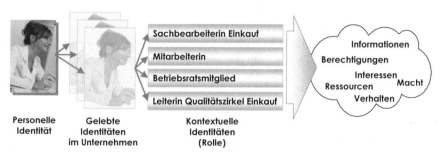

Abbildung 2.2: Personelle, gelebte und kontextuelle Identität

Zu beachten ist, dass zu einer Zeit nur eine einzige Identität im Unternehmen gelebt werden kann (alles andere wäre Schizophrenie). Das unterscheidet die Identität von den Rollen, denn es können durchaus mehrere Rollen gleichzeitig wahrgenommen werden.

2.2 Identitätsarten

Im vorherigen Abschnitt wurde bereits von personellen und kontextuellen Identitäten gesprochen. In diesem Abschnitt wird auf die einzelnen Identitätsarten noch etwas näher eingegangen.

Physische Identität

Die einfachste Identitätsart ist die physische Identität. Eine Person stellt alleine aufgrund ihrer physischen Existenz eine eigenständige Identität dar, mit angeborenen, sozialisierten, erworbenen und verliehenen Körper- und Charaktereigenschaften und übernommenen Rollen. Bei Personen spricht man im Falle einer physischen Identität auch von der „personellen Identität".

Die personelle Identität ist auch der Ausgangspunkt für das Agieren eines Mitarbeiters im Unternehmensbereich. Bei der Person als solche laufen die Berechtigungsstränge zusammen, die durch die einzelnen Rollen und Funktionen begründet werden. Die personelle Identität stellt für das Unternehmen in der Regel eine unveränderliche Größe dar.

2 Identitätsmanagement

Gelebte Identität

Die gelebte Identität eines Mitarbeiters im Unternehmen ergibt sich aus seiner Position im Unternehmen und der oder den von ihm übernommenen Rolle(n) und Funktion(en) in dieser Position. Wenn ein Mitarbeiter zum Chef befördert wird, lässt sich oft deutlich nachvollziehen, wie er nicht nur die Aufgabe wechselt, sondern tatsächlich eine ganz andere Identität lebt.

Im Berechtigungsmanagement verwendet man die gelebte Identität, um ganze Rollenpakete einer personellen Identität zuzuordnen und dabei zu kapseln, d.h. sicherzustellen, dass ausschließlich diese Rollenkombination genutzt werden kann. In der dynamischen Betrachtung könnte ein Mitarbeiter vormittags eine andere Identität leben als nachmittags. Inwieweit das sinnvoll ist, muss man von Fall zu Fall entscheiden.

Die Ebene der gelebten Identität kann auch weggelassen und der personellen Identität direkt Rollen zugeordnet werden. Dies wurde der leichteren Verständlichkeit wegen in Kapitel 1 getan.

Kontextuelle Identität

Eine kontextuelle Identität bezieht sich, wie der Name schon sagt, auf einen bestimmten Kontext, d.h. die Identität gilt nur in einer bestimmten Beziehung. In der Erzählung „Der kleine Prinz" heißt es: „Für den Händler sind alle Menschen Käufer". Die Identität beschränkt sich bei einer kontextuellen Identität folglich auf einen oder einige wenige Aspekte, alles andere wird ausgeblendet.

Da die Identität in einem Kontext eine bestimmte Rolle einnimmt, drücken die Begriffe kontextuelle Identität und Rolle hier das gleiche aus und werden synonym verwendet. Daher kann man auch sagen, dass eine gelebte Identität mehrere kontextuelle Identitäten umfasst bzw. umfassen kann.

Logische Identität

Eine logische bzw. virtuelle oder technische Identität ist die Abbildung einer physischen Identität in eine nicht-reale Umgebung. Ein gutes Beispiel dafür ist die virtuelle Welt „Second Life". Die dort existierenden Identitäten existieren auf einer erzeugten, berechneten, logischen Ebene, werden aber von physischen Identitäten gesteuert.

In der Informationstechnik ist eine logische Identität die Repräsentation einer physischen (meist personellen) Identität oder einer kontextuellen Identität bzw. Rolle in einem Informationssystem. Dies zeigt Abbildung 2.3.

2.3 Identitätsträger

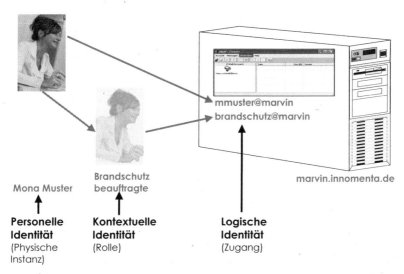

Abbildung 2.3: Personelle, kontextuelle und logische Identität

Eine solche logische Identität wird auch als technische Identität bezeichnet. Technische Identitäten werden in Informationssystemen in Form von Konten (Accounts) verwaltet. Man sagt, dass die Person „im Konto mmuster" arbeitet oder eine Anwendung „unter dem root-Account läuft".

In der Abbildung sieht man, dass die Person Mona Muster mehrere logische bzw. technische Identitäten besitzt. Zum einen ist sie im System als mmuster bekannt und agiert unter diesem Bezeichner, zum anderen nutzt sie einen funktionalen Account „brandschutz".

2.3 Identitätsträger

Eine der Anforderungen an ein unternehmensweites Berechtigungskonzept besteht darin, zu jedem Zeitpunkt eindeutig bestimmen zu können, wer welche Berechtigungen besitzt. Unter dem Wort „Wer" werden dabei meist menschliche Benutzer (z.B. Mitarbeiter) verstanden, so wie dies in Kapitel 1 getan wurde.

In der Praxis zeigt sich aber, dass dieses Verständnis zu kurz greift, da auch Berechtigungen existieren, die nicht an eine natürliche Person gebunden sind. Aus diesem Grund werden in diesem Buch die Begriffe „Benutzer" oder „Mitarbeiter" nur dort verwendet, wo natürliche Personen gemeint sind oder wo es für das Verständnis sinnvoll erscheint, ansonsten steht der neutrale Begriff „Identität" im Vordergrund.

Die Art bzw. Typ des Trägers einer Identität bietet eine erste Möglichkeit der Berechtigungssteuerung. So könnte man sich vorstellen, dass technische Berechtigungen (z.B. zum Aufbau von Low-Level-Netzwerkverbindungen) ausschließlich an IT-Systeme vergeben werden,

2 Identitätsmanagement

während andere Berechtigungen manuelle Vorgänge erfordern und nur an Personen vergeben werden. Damit kann bereits diese Information für eine Plausibilitätsprüfung im Provisioning (siehe Kapitel 6) verwendet werden. Wichtige Identitätsträger sind:

Natürliche Personen

Diese bereits genannten Identitätsträger sind in der Praxis am häufigsten anzutreffen. Dabei erhält eine *Person* Berechtigungen zugeordnet.

Die Zuordnung einer Berechtigung ist von der Nutzung der Berechtigung zu unterscheiden, denn die grundsätzliche Zuordnung sagt noch nichts darüber aus, ob und unter welchen Bedingungen die entsprechende Person die Berechtigung auch nutzen kann. Wie in Kapitel 5 gezeigt wird, kann die Ausübung einer zugeordneten Berechtigung aufgrund von Regeln oder der dynamischen Rechtesituation blockiert werden.

IT-System

Auch ein IT-System (z.B. Server oder Client) kann eine eigenständige Identität darstellen und über Berechtigungen verfügen. Dazu zwei Beispiele:

1. *Das Lotus Notes System*
   Dort werden Identitäten mit Hilfe von ID-Dateien abgebildet. Mit seiner ID kann sich ein Benutzer an einem Notes-Server anmelden. Auch ein Notes-Server verfügt über eine solche ID (Server-ID), kann sich als Server an einem anderen Server anmelden und besitzt aufgrund seiner Identität bestimmte Berechtigungen im System.

2. *Server im Netzwerk*
   Im Architekturmanagement werden technische Policies eingesetzt, mit denen Kommunikationsbeziehungen und Datenflüsse gesteuert werden. Jeder Server besitzt in der Architektur eine Serveridentität. Diese Serveridentität bildet sich u.a. aus dem Servertyp (z.B. File-Server), der Plattform (z.B. Linux-Server), den vom Server angebotenen IT-Diensten und dem IT-Sicherheitsbedarf. Eine Serveridentität wird in der Architektur über einen eindeutigen Bezeichner (Hostname oder IP-Adresse) identifiziert und verwaltet.
   Aufgrund der Serveridentität kann zum Beispiel entschieden werden, ob der jeweilige Server berechtigt ist, bestimmte Datenarten zu empfangen oder weiterzuleiten. Auch virtuelle Systeme können eine Identität darstellen, die als solche angesprochen werden kann.

IT-Applikation

Ähnlich einem IT-System werden auch einzelne IT-Applikationen (z.B. Software-Anwendungen, Tools) als Identität verwaltet. Hierfür gibt es zwei Möglichkeiten:

1. Die Verwaltung wird auf der Systemebene durch das Betriebssystem als Laufzeitumgebung für die Applikation realisiert. In diesem Fall „läuft" die Applikation unter einem bestimmten Systemaccount und die Berechtigungen werden dem Account zugeordnet.
Arbeitet eine UNIX-Applikation beispielsweise unter dem root-Account, dann verfügt die Applikation über alle Systemrechte. Gelingt es, die Kontrolle über eine solche Applikation zu gewinnen, dann stehen alle Systemrechte zur Verfügung. Diese Möglichkeit wird oft von Hackern genutzt, die mittels der Erzeugung von Ausnahmezuständen (z.B. Pufferüberläufe) die Applikationskontrollen zum Absturz bringen und so die Applikation bzw. das System übernehmen.

2. Die Verwaltung erfolgt auf der Applikationsebene entweder durch die Applikation selbst (Was darf die Applikation als solche beispielsweise in einer angeschlossenen Datenbank tun, die die Datenbasis der Applikation hält) oder durch angeschlossene Berechtigungssysteme.
Für die Funktion der Applikation werden unter Umständen noch weitere Berechtigungen auf anderen Ebenen benötigt. So benötigt eine webbasierte Applikation auf der Netzwerkebene beispielsweise die Freischaltung des HTTP-Ports im Firewallsystem, wenn sie außerhalb des entsprechenden Netzwerks genutzt werden soll.

Die Steuerungsmöglichkeit solcher Applikationsidentitäten ist immer dann wichtig, wenn Applikationen automatisiert Aktionen ausführen können (in der Applikation selbst, im System, im Netzwerk, usw.). Dabei ist es nicht von Bedeutung, welche Benutzer mit der Applikation arbeiten, denn die Berechtigungen werden direkt der Applikation zugeordnet.

Rollen und Funktionen im Unternehmen

In Kapitel 1 wurde der Einsatz von Rollen als Gestaltungselement gezeigt. Rollen werden definiert, den Rollen werden auf der einen Seite Berechtigungen und auf der anderen Seite Identitäten zugeordnet.

Dies lässt sich noch verkürzen, indem die Rolle selbst als logische Identität geführt wird. Typische Vertreter solcher Identitäten sind Funktions-Accounts bzw. gemeinsame Accounts. Dabei existiert beispielsweise eine Rolle Administration, der Berechtigungen zugeordnet werden. Anschließend wird eine logische Identität „Admin" erzeugt, die über die Berechtigungen der Rolle Administration verfügt.

Die logische Identität kann nun von jedem genutzt werden, der Zugang zum Admin-Account besitzt, die Nutzung erfolgt also nicht personalisiert. Deshalb sind Funktions- bzw. gemeinsame Accounts nicht gerne gesehen, sie verhindern die Feststellung der Usprünglichkeit von IT-Aktionen (Welche Person hat die Aktion veranlasst) und untergraben damit die Nachvollziehbarkeit.

Gegenstände

Identitätsträger, die nicht sofort mit Berechtigungen assoziiert werden, sind Gegenstände. Der Grund hierfür scheint darin zu liegen, dass Gegenstände nicht von sich aus aktiv sind, d.h. nicht eigenständig agieren. Doch dies ist für das Wesen einer Identität nicht erforderlich. Entscheidend für eine Identität ist, ob ihr Berechtigungen zugeordnet sind, was bei Gegenständen durchaus der Fall sein kann. Auch hier sollen zwei Beispiele diese Aussage verdeutlichen:

1. *Fahrzeuge*
   Die Berechtigungen, wo sich ein Fahrzeug in welcher Weise bewegen darf, sind im öffentlichen Straßenverkehr in vielen Fällen an das Fahrzeug bzw. die Art des Fahrzeugs selbst gekoppelt und nicht an den Halter oder den Führer des Fahrzeugs.
   So hat ein PKW die Berechtigung, auf bundesdeutschen Autobahnstrecken ohne Tempolimit die Geschwindigkeit selbst zu wählen. Ein PKW mit Anhänger hat diese Berechtigung nicht. Außer solchen statischen Berechtigungen gibt es auch dynamische Berechtigungen. Ein Einsatzfahrzeug einer BOS (Behörden und Organisationen mit Sicherheitsaufgaben, z.B. Polizei, Feuerwehr, Rettungsdienst, THW, etc.) beispielsweise hat während eines Einsatzfalls aufgrund der Sondersignale („Blaulicht" und „Martinshorn") Sonderberechtigungen, aber auch nur während des Einsatzes.
   Scheinbar spielt dies bei einem unternehmensweiten Rollen- und Berechtigungskonzept keine Rolle, da solche Berechtigungen statischer Natur sind und nicht verwaltet werden müssen, doch das ist nur teilweise zutreffend. Als Beispiel mag ein Flughafen dienen. Dort werden Fahrberechtigungen für das Vorfeld ebenfalls an die Fahrzeuge gebunden. Diese Berechtigungen sind, sofern sie im Scope des unternehmensweiten Rollen- und Berechtigungskonzepts liegen, Bestandteil der Berechtigungsverwaltung des Unternehmens.

2. *Uniformen*
   Eine Uniform ist ein gutes Beispiel für indirekte Berechtigungen (auch als Berechtigungen 2. Grades bezeichnet). Eine Uniform verleiht bzw. dokumentiert bestimmte Berechtigungen (2. Grad), das Tragen der Uniform setzt jedoch wiederum eine personelle Berechtigung voraus (1. Grad). In der Ausübung der Berechtigungen wird aber oft die personelle Berechtigung (1. Grad) nicht mehr hinterfragt[1].
   Welche Berechtigungen mit der Uniform verbunden sind, hängt von der Art und Ausführung der Uniform ab. Denkt man z.B. an den militärischen Bereich, so gibt es dort zahlreiche Dienstgrade mit unterschiedlichen Berechtigungen, die durch Rangabzeichen an der Uniform kenntlich gemacht werden.

Juristische Personen und Organisationseinheiten

Ähnlich wie ein Unternehmen eine juristische Person darstellen und dadurch rechtlich handeln kann, können auch Berechtigungen einer Organisation zugeordnet werden, die dann als eine einzige Identität behandelt wird. Eine solche organisatorische Identität kann eine Gruppe, eine Abteilung, ein Bereich oder auch ein ganzes Unternehmen sein.

---

[1] Diese Tatsache findet sich beim „Hauptmann von Köpenick" in einer humoristischen Form.

Genutzt wird diese Identitätsart zum Beispiel bei Abteilungsverzeichnissen oder virtuellen Bereichsnetzwerken. Mit dem unternehmensübergreifenden Berechtigungsmanagement (Identity Federation, siehe Kapitel 12) in Verbindung mit unternehmensübergreifenden Prozessen und automatisierten Kopplungen von Systemen in unterschiedlichen Unternehmen gewinnt diese Identitätsart an Bedeutung.

2.4 Identifizierung einer Identität

Eine Identität führt im Kontext des Rollen- und Berechtigungskonzeptes Aktionen durch, zu denen sie aufgrund der ihr zugeordneten Berechtigungen befugt ist (z.B. das Löschen einer Datei). Vor der Ausübung einer solchen Aktion muss geprüft werden, ob die Identität über die entsprechende Berechtigung verfügt. Es liegt auf der Hand, dass sichergestellt sein muss, dass die Identität eindeutig identifiziert werden kann.

Zur Identifizierung wird ein Datum verwendet, mit dem die Identität eindeutig bezeichnet wird und das folgerichtig „Bezeichner" genannt wird. Die beiden wichtigsten Arten zur Identifizierung von Identitäten werden nachfolgend beschrieben.

2.4.1 Identifizierung über Namen

Namen entstanden im Zuge der Entwicklung der menschlichen Kommunikation, wo es notwendig wurde, für Subjekte spezifische Lautfolgen (bzw. in der Schriftsprache Worte) zu definieren, die die Subjekte bezeichnen.

Die Systematik der Vergabe von Namen wird auch im IT-Zeitalter beibehalten. Personen haben Benutzernamen, Softwareanwendungen tragen Applikationsnamen und IT-Systeme besitzen Hostnamen. Dies zeigt Abbildung 2.4.

Benutzer **Software-Anwendung** **IT-System**

Vor- und Anwendungsname Hostname
Nachname

Abbildung 2.4: Identifizierung von Identitäten durch Namen

Der Vorteil bei der Verwendung von solchen gebräuchlichen, allgemeinen Namen (common names) ist, dass es mit Namen leichter fällt, im realen Leben die Identität zu assoziieren.

Das Problem der common names liegt darin, dass sie eine Identität in vielen Fällen nicht eindeutig identifiziert. Als Beispiel sollen die Autorennamen dienen. Während die Eindeutigkeit des Namens „Alexander Tsolkas" in vielen Unternehmen gegeben sein dürfte, ist dies beim Namen „Klaus Schmidt" schon sehr fraglich, besonders wenn man sich dabei bundesweite Großunternehmen vorstellt.

Aus diesem Grund müssen Namen vor der Verwendung als Identifizierungselement eindeutig gemacht werden. Für die Herstellung der Eindeutigkeit gibt es mehrere Ansätze:

Hinzufügen von weiteren Informationen

Dieses Verfahren ist sehr alt. Zur Zeit von Jesu Geburt gab es viele Personen mit dem Namen Jesus, deshalb wurden weitere Informationen hinzugefügt. Der vollständige Name war: „Jesus von Nazareth Josef des Zimmermanns Sohn".

Bei dieser Strategie wird also der Kreis der in Frage kommenden Identitäten durch Hinzufügen von weiteren Informationen immer weiter eingeengt, bis die Identität eindeutig identifiziert werden kann.

Bei dem Namen eines Mitarbeiters könnte beispielsweise die Abteilung hinzugenommen werden. Die Wahrscheinlichkeit, zwei Mitarbeiter mit dem Namen „Klaus Schmidt" in einer Abteilung zu finden, ist schon sehr viel geringer als im gesamten Unternehmen. Der Ansatz besitzt neben der Schwäche, dass die Namen sehr lang werden können, zwei weitere wichtige Nachteile:

1. Ändert sich die Abteilung durch Versetzung, Beförderung oder Umstrukturierung, dann ist dadurch auch das Identifizierungselement der Identität betroffen. Das Element, das eine Identität identifiziert, sollte aber von solchen Änderungen unabhängig sein und möglichst lange konstant sein, damit zum einen der Änderungsaufwand minimiert wird und man zum anderen nicht regelmäßig durch neue Bezeichner verwirrt wird.
2. Möchte ich eine bestimmte Identität gezielt ansprechen, so muss ich die Information über die Abteilung besitzen. In einigen Unternehmen gehören die Abteilungsbezeichnungen zu den schützenswerten Daten im Unternehmen und können damit für solche Zwecke überhaupt nicht verwendet werden.

Hinzufügen von Zweitnamen und Initialen

Hierbei werden z.B. zweite Vornamen genutzt, um die Wahrscheinlichkeit von Namensgleichheiten zu reduzieren. So würde aus „Klaus Schmidt" bei einem zweiten Vornamen „Dieter" der Name „Klaus D Schmidt"[2]. Mit steigender Anzahl von Personen steigt auch hier die Wahrscheinlichkeit, mehrere Identitäten zu finden, die außer dem gleichen Vornamen auch das gleiche Initial des zweiten Vornamens (middle initial) besitzen. Auf Unternehmens-

---

[2] Zu beachten ist, dass solche zweiten Vornamen auch als Bestandteil des Rufnamens vorkommen (z.B. Klaus-Dieter, Klaus-Peter, Hans-Dieter usw.) und damit bereits im common name auftreten.

ebene in großen Unternehmen wird mit diesem Ansatz also das Problem nur eingegrenzt und verlagert: Statt mehreren „Klaus Schmidt" gibt es dann mehrere „Klaus D Schmidt".

Durchzählen

Die einfachste Möglichkeit ist das Anfügen einer laufenden Nummer. So ergeben sich Namen wie „Klaus Schmidt1" oder Klaus 1 Schmidt". Während für Außenstehende bei einer hinzugefügten Abteilung noch einigermaßen nachvollziehbar ist, welche Identität bzw. Person gemeint ist, geht dies beim Hinzufügen einer laufenden Nummer völlig verloren.

Um eine Identität gezielt anzusprechen, muss nun die laufende Nummer bekannt sein, die sich aus anderen Informationen nicht ableiten lässt. Damit verliert aber auch die Verwendung des Namens als Bezeichner seinen Vorteil. Nur Insider, denen die Zuordnung der laufenden Nummer bekannt ist, können die Identitäten leicht identifizieren.

2.4.2 Identifizierung mit abstrakten Bezeichnern

Die Probleme mit den Namen lassen sich umgehen, wenn statt der gebräuchlichen Namen abstrakte Bezeichner (z.B. Nummern) verwendet werden. Bei diesem Vorgehen gibt es keine vordefinierten Bezeichner.

Vorteile:
- Die Eindeutigkeit ist sehr leicht herzustellen.
- Man ist unabhängig von Namensänderungen (z.B. durch Heirat).
- Die datenschutzrechtliche Situation wird verbessert, da kein intuitives personenbezogenes Datum zur Identifizierung benutzt wird.
- Es lassen sich zusätzliche Informationen in die Nummer packen (Klassifizierender Schlüssel als Bezeichner).

Nachteile:
- Die intuitive Zuordnung des Identifizierungselements zur Identität, d.h. der Vorteil, dass man mit dem Namen die Person verbindet, geht verloren. Für Außenstehende ist die Zuordnung schwierig bis unmöglich.
- Da die Identifizierung der Identität im realen Leben nach wie vor über den Namen geht (z.B. in Telefonverzeichnissen, Personalakten usw.), muss ein Mapping zwischen dem abstrakten Bezeichner und der Identität geschaffen werden. Dadurch ergibt sich ein höherer Aufwand bei der Verwaltung und Verifizierung der Identität.
- Es wird einfacher, eine falsche Identität inmitten der anderen Identitäten zu „verstecken".

Beispiele für solche abstrakten Bezeichner sind Zeichenketten wie etwa „ex00725" oder „ad340873".

2 Identitätsmanagement

Personalnummer als Bezeichner

Ein beliebtes Datum zur Identifizierung von Personen im Unternehmen ist die Personalnummer. Sie wird bereits beim Eintritt des Mitarbeiters in das Unternehmen vergeben und ist im Unternehmen eindeutig.

Bei der Verwendung der Personalnummer ist jedoch Vorsicht geboten. In einigen Unternehmen wird die Personalnummer vom Datenschutzbeauftragten als datenschutzrelevantes Datum angesehen, da sie genau einer personellen Identität zugeordnet ist und über sie Rückschlüsse auf die Person gezogen werden können (sie ist Schlüssel zu vielen weiteren, u.a. sensitiven personenbezogenen Daten). Die Verwendung der Personalnummer als Bezeichner käme bei diesem Standpunkt nicht in Frage, da der Bezeichner kein geschütztes Datum darstellt.

Desweiteren ist zu beachten, dass die Personalnummer ein Datum ist, auf das die IT keinen verwaltenden Einfluss besitzt. Ist die Personalnummer 10stellig und ein IT-System kann nur 8stellige Bezeichner verwalten, wird ein u.U. umständliches Mapping notwendig.

Klassifizierende Schlüssel als Bezeichner

In der Praxis beliebt sind klassifizierende Schlüssel als Bezeichner, d.h. die Integration von weiteren Informationen in den Bezeichner. Der Bezeichner hat dabei einen genau spezifizierten Aufbau, bei dem jede Stelle eine definierte Bedeutung besitzt.

Nehmen wir an, ein Unternehmen möchte einen Standard für Bezeichner schaffen, mit denen externe Mitarbeiter des Unternehmens identifiziert werden sollen. Aus dem Bezeichner soll zumindest ersichtlich sein, dass es sich um einen externen Mitarbeiter handelt und von welchem Unternehmen er kommt. Eine Möglichkeit hierfür wäre die in Abbildung 2.5 gezeigte.

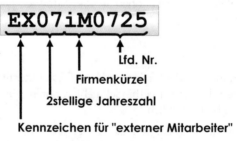

Abbildung 2.5: Klassifizierender Schlüssel als Bezeichner

Der Bezeichner beginnt mit der Buchstabenkombination „EX", aus der ersichtlich ist, dass es sich um einen externen Mitarbeiter handelt, mit zwei Ziffern wird das Jahr aufgenommen, in dem der Bezeichner ausgestellt wurde, das Unternehmen wird als zweistelliges Kürzel geführt und eine laufende Nummer sorgt für die Eindeutigkeit des Mitarbeiters innerhalb des Lieferanten-Unternehmens.

Bei der Verwendung von klassifizierenden Schlüsseln ist die Forderung zu stellen, dass der Schlüssel ausreichend, aber auch nicht maßlos dimensioniert wird.

Im gezeigten Schlüssel ist die laufende Nummer mit vier Stellen sehr groß dimensioniert. Der Schlüssel bietet Platz für 9999 externe Mitarbeiter, die alle von einem einzigen externen Unternehmen kommen. Selbst für Top200-Unternehmen ist das nicht realistisch. Dagegen sind zwei Stellen für das Unternehmenskürzel sehr knapp bemessen, denn in diesen zwei Stellen müssen die Unternehmen ja eindeutig identifiziert werden, was bei einer breiten Streuung der Lieferanten-Unternehmen bei nur zwei Stellen problematisch werden kann (denn das Unternehmen soll ja aus dem Kürzel ersichtlich sein). Es ist weiterhin zu hinterfragen, welcher Grund in der Aufnahme des Ausstellungsjahres liegt und ob diese Information unbedingt im Bezeichner auftauchen muss oder nicht eher als Sekundärinformation an einer anderen Stelle hinterlegt werden kann.

2.4.3 Fazit

Aus den Ausführungen lassen sich mehrere Schlüsse im Hinblick auf die Identifizierung einer Identität ziehen:

- Falls Attribute der Identität hinzugezogen werden, um die Identität eindeutig zu identifizieren, dann sollten diese Attribute über die Zeit möglichst konstant bleiben. Jede Änderung erfordert eine Synchronisation mit allen Stellen, an denen der Bezeichner verwendet wird.
- Bei rein statischen Berechtigungen muss darauf geachtet werden, dass durch das Leben mehrerer Identitäten keine unzulässige Berechtigungssituation auftritt. Bei der Vergabe muss daher immer die Gesamt-Berechtigungssituation der Identität geprüft werden. Oft wird in der Praxis jedoch nur geprüft, ob die jeweilige Berechtigung für die Tätigkeit des Mitarbeiters notwendig ist oder nicht.
- Bei dem Management der Identitätsdaten muss der Datenschutz beachtet werden. Datenschutzrelevante und damit zu schützende Informationen haben in Bezeichnern nichts zu suchen.
- Klassifizierende Schlüssel müssen sorgfältig geplant werden, damit sie weder unter- noch überdimensioniert werden. Es muss geprüft werden, ob alle technischen Systeme in der Lage sind, die Bezeichner zu verarbeiten bzw. zu speichern.

2.5 Schutz der Privatheit

In der Berechtigungsthematik hat sich, vor allem aus Marketinggründen, als Schlagwort der Begriff „Identity Management" verfestigt. Streng genommen werden dabei aber nicht die Identitäten, sondern die Berechtigungen und deren Zuordnung zu den Identitäten gemanagt.

Die eigentliche Bedeutung des Begriffs liegt im Schutz der Privatheit von personellen Identitäten. Dazu müssen die kontextuellen Identitäten gemanagt werden (daher der Begriff

2 Identitätsmanagement

"Identitätsmanagement"). Dieses Thema soll in diesem Buch nicht unterschlagen werden, auch wenn es etwas außerhalb der Berechtigungsthematik liegt.

2.5.1 Identitätsgefahren

Mit personellen Identitäten lässt sich eine Menge Unfug treiben. Mittlerweile ist die Sensibilität dafür in der Öffentlichkeit, aber auch innerhalb von Unternehmen, stark gestiegen. Die wichtigsten Gefahren im Hinblick auf Identitäten sind die Identitätsverkettung, Identitätsdiebstahl und Identitätsmanipulation.

Identitätsverkettung

Bei der Identitätsverkettung werden Informationen über die Identität gesammelt und daraus ein Identitätsprofil gebildet. Es wird verfolgt, welche Aktionen eine Identität durchführt, welche Informationen sich die Identität besorgt, mit welchen anderen Identitäten die Identität kommuniziert, usw.

Aufgrund des Identitätsprofils werden dann Entscheidungen getroffen und genau da liegt die Gefahr. Zum einen die Gefahr der Missinterpretation und damit das Treffen von Fehlentscheidungen, zum anderen die von vielen als unrechtmäßig empfundene Beschränkung der Persönlichkeit.

Identitätsdiebstahl

Eine personelle Identität basiert auf bestimmten Informationen, wie amtliche Dokumente (Geburtsurkunde, Personalausweis, etc.). Wenn es gelingt, diese Informationen zu entziehen, verliert die Person ihre personelle Identität. Dies wird (mit der entsprechenden Hollywood-Dramatik auf die Spitze getrieben) sehr schön im Spielfilm "Das Netz" mit Sandra Bullock dargestellt. Im Unternehmensumfeld geht es weniger dramatisch zu, jedoch besteht die Gefahr des Identitätsdiebstahls auch dort, beispielsweise wenn im Provisioning unrechtmäßig ein Benutzer gelöscht wird. Das gleiche gilt für falsche Rollenzuordnungen oder entzogene Zertifikate.

Desgleichen kann eine Identität vorgespiegelt werden. Diese Tatsache nutzt beispielsweise das Social Engineering, bei dem unternehmensfremde Personen das Verhalten von internen Mitarbeitern nachahmen, um Informationen wie Passworte zu gewinnen.

Identitätsmanipulation

Bei der Identitätsgefahr der Identitätsmanipulation werden Attribute der Identität bewusst verändert. So könnte beispielsweise die Bonitätsinformation einer Person manipuliert werden. Auch im Hinblick auf Berechtigungen gibt es die Identitätsmanipulation, z.B. wenn Berechtigungen oder deren Grundlage verändert werden.

2.5.2 Identitätsmanagement

Die Maßnahmen, die konzipiert werden, um den Identitätsgefahren im elektronischen Geschäftsverkehr zu begegnen, konzentrieren sich vor allem auf den Aspekt der Identitätsverkettung und umfassen die folgenden Aspekte.

Kapselung von Informationen

Es wurde bereits beschrieben, dass eine Identität in verschiedenen Kontexten unterschiedliche Informationen austauscht. Ein Ansatz des Identitätsmanagements ist es, dafür zu sorgen, dass jeweils nur diejenigen Informationen ausgetauscht werden, die im jeweiligen Kontext benötigt werden.

Abbildung 2.6 zeigt eine personelle Identität mit mehreren verschiedenen Kontexten (berufliche, geschäftliche und private Kontexte). Um im jeweiligen Kontext agieren zu können, ist der Austausch bestimmter Informationen notwendig bzw. sinnvoll.

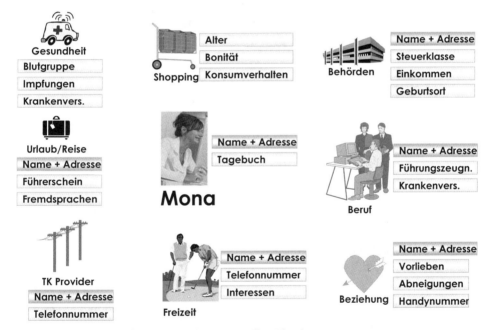

Abbildung 2.6: Kontextinformationen einer personellen Identität

In der Realität werden jedoch oft viel mehr Informationen erhoben. Man denke nur an die vielen umfangreichen Webformulare, mit denen man sich für einen bestimmten Service anmeldet und darin eine Vielzahl personenbezogener Daten angeben soll, die in dem jeweiligen Kontext überhaupt nicht benötigt bzw. verwendet werden.

2 Identitätsmanagement

Aus diesem Grund wurden und werden eine Vielzahl von Ansätzen entwickelt, die sicherstellen, dass nur die jeweils benötigten Informationen ausgetauscht werden. Die Informationen werden also im jeweiligen Kontext gekapselt.

Mobile Identity Management

Einige der Ansätze kombinieren die Kapselung von Informationen mit einem intelligenten, mobilen Endgerät (Notebook, PDA, Smartphone oder Handy). Damit kann dann unterwegs eine E-Mail abgerufen und gelesen oder eine Platzreservierung durchgeführt werden.

Abbildung 2.7 zeigt die Wirkungsweise des Mobile Identity Managements. Das Endgerät verfügt zum einen über die Funktionalität, um die Verbindung zum jeweiligen Service zu etablieren und besitzt zusätzlich die Funktionalität des Identitätsmanagements, das die Informationen kapselt.

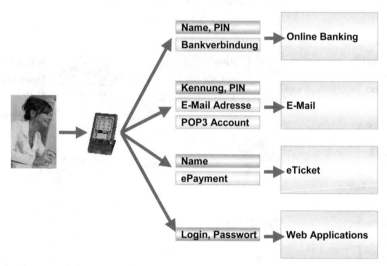

Abbildung 2.7: Mobile Identity Management

Wie bereits erwähnt, existieren eine Reihe von Produktansätzen für das Identity Management, wie z.B. TrueSign, iPrivacy, atusID oder Nsure. Abbildung 2.8 zeigt den atusID-Manager als ein Beispiel für einen solchen Ansatz.

2.5 Schutz der Privatheit

Abbildung 2.8: Anwendungen und Kontext-Identitäten im atusID-Manager

Im ID-Manager können mehrere Anwendungen angelegt werden (Abbildung 2.8, links), mit denen elektronische Geschäftsaktionen durchgeführt werden können, z.B. online einkaufen, Tickets bestellen oder Plätze reservieren. Das sind die Kontexte der personellen Identität. Im ID-Manager werden nun mehrere kontextuelle Identitäten angelegt (Abbildung 2.8, rechts). Die Bank-ID wird für Online-Überweisungen, Kontoabfragen o.ä. verwendet, die Kauf-ID für Online-Shopping, usw.

2 Identitätsmanagement

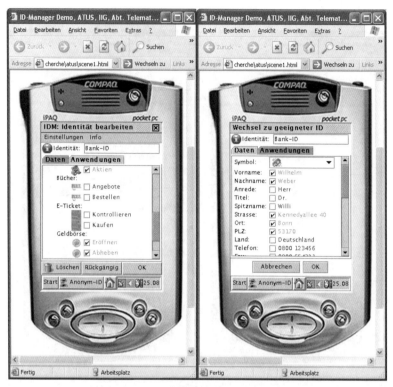

Abbildung 2.9: Anwendungskonfiguration und Daten im atusID-Manager

Zu jeder hinterlegten Identität werden Anwendungen zugeordnet und die Geschäftsaktionen konfiguriert, die innerhalb einer Anwendung durchgeführt werden können (Abbildung 2.9, links). Schließlich werden die Daten festgelegt, die in dem jeweiligen Kontext ausgetauscht werden sollen (Abbildung 2.9, rechts).

Noch stecken solche Ansätze in den Kinderschuhen, in den nächsten Jahren könnten sie im Zuge der Verbreitung von Mobile Business-Anwendungen an Bedeutung gewinnen.

Pseudonyme

Eine weitere Maßnahme zum Schutz der Privatheit bzw. zur Verhinderung der Identitätsgefahren ist die Verwendung von Pseudonymen. Ein Pseudonym identifiziert eine (meist personelle) Identität, ohne die personelle Identität selbst preisgeben zu müssen. Aus dem Pseudonym kann also nicht ohne weitere Informationen auf die physische Identität geschlossen werden.

Im Falle von Personen tritt die Person unter einem anderen Namen auf. Sie bleibt jedoch die gleiche Person und sie wird eindeutig identifiziert. Das ist ein großer Vorteil, denn auf diese Weise kann auch eine pseudonymisierte Identität Reputation gewinnen, ein Profil besitzen,

2.5 Schutz der Privatheit

spezifische Eigenschaften haben usw. Angaben zur personellen Identität lassen sich nur über eine gemeinsame, vertrauenswürdige dritte Instanz verifizieren, der die personelle Identität bekannt ist. Man kennt dieses Phänomen aus dem Internet-Chat, wenn das Pseudonym „Schmusekatze" angeblich eine 23-jährige Studentin aus Fulda ist, in Wirklichkeit aber Horst heißt und in Castrop-Rauxel wohnt.

Bezüglich der Sichtbarkeit von Pseudonymen gibt es mehrere Kategorien:

- *Öffentliche Pseudonyme mit Offenlegung der personellen Identität*
  Der bekannteste Vertreter dieser Kategorie sind Künstlernamen. Der bürgerliche Name der Person bleibt verborgen (wer kennt schon Hansi Hölzel?), aber die personelle Identität und natürlich das Pseudonym (wie beispielsweise Falco) werden offengelegt. Das Pseudonym bietet in dieser Verwendung nur einen sehr geringen Beitrag zum Schutz der Privatheit.

- *Öffentliche Pseudonyme mit Verbergung der personellen Identität*
  Diese Kategorie wurde mit dem Beispiel aus dem Internet-Chat bereits angesprochen. Das Pseudonym dient hier zum Verstecken der personellen Identität. Denkbar wäre es, über ein Pseudonym Geschäfte abzuwickeln, ohne dass man als personelle Identität in Erscheinung tritt.

- *Nicht-öffentliche Pseudonyme*
  Bei dieser Art von Pseudonymen wird selbst das Pseudonym nicht offengelegt. Ein Beispiel hierfür wäre die Nummer eines Bankkontos in der Schweiz. Die Kontonummer ist zwar auch ein Bezeichner, der das Konto eindeutig identifiziert, stellt aber keine logische Identität dar, weil keine Informationen über die personelle Identität hinterlegt wird. Das gleiche gilt für initial nicht zuordenbare Pseudonyme wie Fingerabdrücke oder DNA-Spuren.

Die Multimediagesetze (z.B. das Signaturgesetz) sehen die Möglichkeit vor, ein Pseudonym statt des echten Namens zu verwenden. Mit der Verwendung signaturgesetzkonformer Pseudonyme kann der Nutzer rechtsverbindlich agieren, ohne die personelle Identität preisgeben zu müssen.

Ein Käufer bezieht dabei von einem Treuhänder nach Hinterlegung einer Haftungssumme (oder der personellen Identität) ein Pseudonym und ein Zertifikat über die Bonität und kann damit Käufe gegenüber Händlern tätigen. Gleicht der Käufer Forderungen nicht aus, kann sich der Händler an den Treuhänder wenden und einen Teil der Haftungssumme beanspruchen.

Anonymität

Bei der Anonymität tritt eine Identität unter gar keinem Namen auf. Eine Identität kann so nicht identifiziert werden, es gibt keinen Wiedererkennungswert. Das Beispiel mit dem Käufer aus dem vorherigen Abschnitt kann bei Anonymität nicht funktionieren, da der Händler nicht mehr zuordnen kann, wohin die Forderung zu richten ist.

2 Identitätsmanagement

Anonyme Käufe sind daher immer Barzahlungskäufe, bei denen die Forderung sofort an Ort und Stelle ausgeglichen wird. Auch im elektronischen Geschäftsverkehr arbeitet man an der Durchsetzung von Payment-Konzepten, die dem Barkauf in der Realität entsprechen.

Aus Sicht der Privatheit ist die Anonymität der beste Schutz. Bei vielen Vorgängen ist die Kenntnis der personellen Identität und selbst die Verwendung eines Pseudonyms auch nicht notwendig. Bei einer Unterschriftenaktion beispielsweise ist es wichtig, dass jede Unterschrift berechtigt und nur einmal gegeben wird, nicht aber, welche Person sie gibt.

3 Rollenkonzept

In Kapitel 1 wurde der Begriff der Rolle eingeführt und erwähnt, dass moderne IT-Anwendungen die Möglichkeit bieten, Rollen zu definieren und zu hinterlegen. In diesem Kapitel soll erläutert werden, warum die Verwendung von Rollen sinnvoll ist, wie man Rollen gewinnen bzw. definieren kann und wie die Gesamtheit der Rollen in einem Unternehmen gestaltet werden kann.

3.1 Motivation für die Verwendung von Rollen

Die klassische Art, Identitäten auf Ressourcen zuzulassen, besteht darin, jeder Ressource die Identität zuzuordnen. Diese direkte Zuordnung besitzt zwei Vorteile:

- *Direkte Beziehung zwischen Identität und Ressource*
  Da die Identitäten in der Ressource eingetragen sind, ist es in der Ressource sehr leicht nachvollziehbar, welche Identitäten zugelassen sind. Voraussetzung ist, dass es eine klare Systematik für die Bezeichnung von Identitäten gibt und daraus leicht die physische Identität gewonnen werden kann.

- *Einfache Berechtigungsstruktur*
  Die Einrichtung einer Identitäts-Ressourcen-Beziehung und die operative Berechtigungsprüfung sind einfach. Es müssen keine Gestaltungselemente geplant, zugeordnet, verwaltet und für die Berechtigungsprüfung aufgelöst werden.

Zur Veranschaulichung dieser Systematik wurde in Abbildung 3.1 das Beispiel der drei Musketiere verwendet. Die Identitäten Athos, Porthos und Aramis benötigen drei Ressourcen: Das Schloss, in dem sie wohnen, die Uniform und die Waffenausrüstung. Das Beispiel ist vereinfacht, denn in der Praxis werden natürlich noch wesentlich mehr Ressourcen (z.B. ein Pferd, usw.) benötigt.

3 Rollenkonzept

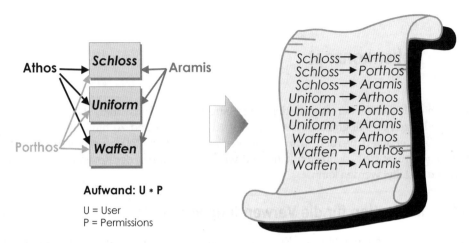

Abbildung 3.1: Identitätsbasierte Rechtezuordnung

Jede Identität bekommt nun die benötigten Ressourcen direkt zugeordnet. In Abbildung 3.1 entsprechen die Pfeile auf der linken Seite den Zuordnungen. Damit ergibt sich eine Berechtigungsliste, wie sie in Abbildung 3.1 auf der rechten Seite abgebildet ist.

Kommt eine weitere Identität hinzu, die die gleichen Ressourcen benötigt, so werden die entsprechenden Zuordnungen für diese Identität hinzugefügt (Abbildung 3.2).

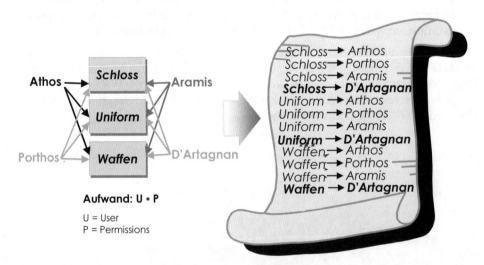

Abbildung 3.2: Erweiterung der Berechtigungsliste

Der große Nachteil der identitätsbasierten Rechtezuordnung ist die Menge an Zuordnungen, die bei dieser Systematik verwaltet werden muss. Man sieht in Abbildung 3.2, dass aufgrund

3.1 Motivation für die Verwendung von Rollen

des multiplikativen Aufwands bereits bei 4 Identitäten und 3 Ressourcen 12 Zuordnungen verwaltet werden müssen. Das Einrichten neuer Identitäten ist nicht sehr effizient, da für jede Ressource eine Identitäts-Ressourcen-Beziehung eingerichtet werden muss.

Überträgt man das auf ein großes Unternehmen, in dem man es mit Tausenden von Identitäten und Hunderten von Ressourcen zu tun hat, dann wird schnell klar, dass mit dieser Systematik eine unüberschaubare Menge an Zuordnungen entsteht. Fehler, die beim Ein- oder Austragen von Zuordnungen entstehen, werden oft nicht bemerkt und führen zu Sicherheitsproblemen und zu steigender Verwirrung in der Gesamtstruktur.

Gerade für größere Umgebungen besteht die Zielsetzung deshalb in der Reduzierung der Zuordnungen und dem Schaffen von Transparenz und Klarheit in den Zuordnungen. Dies führt zu der Forderung, die Identitätsseite von der Ressourcenseite zu entkoppeln, was in Abbildung 3.3 zu sehen ist.

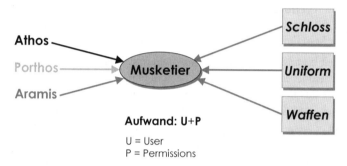

Abbildung 3.3: Entkopplung durch Rollen

Durch den Einsatz der Rolle „Musketier" werden beide Zielsetzungen erreicht. Zum einen sinkt aufgrund des nun additiven Aufwands die Zahl der Zuordnungen von neun auf sechs, zum anderen steigt die Klarheit im gesamten Gebilde.

Ein weiterer Vorteil ergibt sich, wenn man den Einrichtungsaufwand für den Fall betrachtet, dass eine neue Identität hinzukommt. Bei der Verwendung von Rollen wird der Identität lediglich die Rolle zugeordnet und damit werden alle mit der Rolle verknüpften Ressourcen auf der Ressourcenseite zugeordnet (Abbildung 3.4).

3 Rollenkonzept

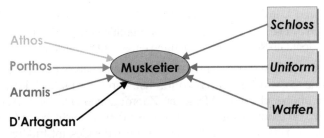

Abbildung 3.4: Erweiterung um eine neue Identität

Soweit die Theorie. In der Praxis tauchen Schwierigkeiten auf, wenn man dieses Modell in der gezeigten Reinform anwenden möchte. Vielleicht soll die neue Identität zwar im Schloss wohnen und die Uniform tragen, ist aber nicht mit Kampfaufgaben betraut und soll daher über keine Waffen verfügen. Was dann? Durch die Zuordnung der Rolle werden die Waffen ja automatisch mit zugeordnet. Auf der Identitätsseite kann infolge der Entkopplung auf die Ressourcenseite kein Einfluss mehr ausgeübt werden.

Eine Möglichkeit besteht darin, zwei Rollen „Musketier, kämpfend" und „Musketier, nichtkämpfend" zu definieren. Solange sich die Anzahl von Ausprägungen für einen Musketier in Grenzen hält, ist das in Ordnung, ansonsten kann sich eine unüberschaubare Vielzahl von Rollen entwickeln und der Vorteile der Komplexitätsverringerung ist zunichte gemacht.

Eine zweite Möglichkeit wäre, die Ressource „Waffen" einer eigenen Rolle „Kämpfer" zuzuordnen und aus der Rolle „Musketier" herauszunehmen. Eine kämpfende Musketier-Identität würde dann über die zwei Rollen „Musketier" und „Kämpfer" verfügen. Bei wenigen Rollen ist das ist in Ordnung, ansonsten muss man aufpassen, dass durch die Zusammenführung von Rollen keine unzulässigen Rechte-Kombinationen entstehen.

Eine weitere Möglichkeit besteht darin, das Problem in der Berechtigungssteuerung zu lösen und verschiedene Gestaltungselemente miteinander zu verknüpfen (näheres dazu in Kapitel 5). So könnte es eine Rolle „Musketier" und ein Attribut „Kampfstatus" mit den folgenden, möglichen Attributwerten geben:

- *Nicht relevant*
  Die Identität hat mit Kämpfen nichts zu tun. Sie besitzt keine Kampfausbildung und keine Kampferfahrung. Sie trägt keine Waffen und soll auch keine tragen.

- *Inaktiv*
  Die Identität besitzt eine Kampfausbildung, hat aber schon länger nicht mehr gekämpft (ist im Ruhestand, hatte psychische Probleme o.ä.).

- *Nicht verfügbar*
  Die Identität kann zur Zeit nicht kämpfen (ist beispielsweise verletzt oder in Urlaub) und benötigt daher zur Zeit keine Waffen.

- *In Bereitschaft*
  Die Identität ist kampfbereit, wird aber zur Zeit nicht für Kämpfe benötigt und braucht daher zur Zeit keine Waffen.
- *Aktiv*
  Die Identität wird in Kämpfen eingesetzt und benötigt Waffen.

Die UND-Verknüpfung zwischen Rolle und passendem Attributwert würde dann zur Freigabe der Ressource „Waffen" führen.

Der Ansatz besitzt den Vorteil, dass die Ressource „Waffen" über die Attributwerte feiner gesteuert werden kann als über die Rolle. Bei der Rolle würde ein Musketier immer den Waffenzugriff besitzen, beim Attribut nur, wenn er tatsächlich notwendig ist.

3.2 Rollenfindung und Rollenbildung

In Kapitel 1 und in diesem Kapitel wurde das Wesen von Rollen aufgegriffen und mit Rollen gearbeitet. Die Rollen waren dabei einfach vorhanden, es wurde nicht hinterfragt, woher die Rollen kommen bzw. wie man zu den Rollen kommt. Diese Frage ist aber in der Praxis nicht unerheblich, daher soll ihr in diesem Abschnitt nachgegangen werden.

In Kapitel 1 fand sich der Begriff der Business-Rolle. Er drückte aus, dass die Funktion der Identität im Unternehmen abgebildet wird. Für die Rollenfindung über die Business-Rolle muss deshalb herausgefunden werden, welche Identitäten existieren und welche Funktion sie im Unternehmen wahrnehmen.

Diese Informationen sollten unabhängig von der Rollenfindung eigentlich in der Unternehmensdokumentation vorhanden sein. Im Idealfall kann man die Rollen 1:1 aus der Dokumentation entnehmen. Doch eine solch komfortable Situation ist meist nicht gegeben und die Informationen müssen mühevoll aus einzelnen Dokumentationen oder durch Aufnahmen ermittelt werden.

3.2.1 Auswertung von Dokumentationen

Stellenbeschreibungen

Man könnte vermuten, dass die beste Quelle für die Rollen eines Mitarbeiters seine Stellenbeschreibung wäre, denn schließlich sollten dort die Funktionen des Mitarbeiters beschrieben werden. Schaut man sich jedoch Stellenbeschreibungen an, so mangelt es oft an drei Punkten:

- *Aktualität*
  Viele Stellenbeschreibungen können mit der Dynamik im Unternehmen nicht mithalten. Sie beschreiben die Situation, so wie sie zum Zeitpunkt der Erstellung bzw. der letzten Änderung war, aber nicht wie sie aktuell ist. Das ist auch verständlich, denn es bedeutet einen enormen verwaltungstechnischen Aufwand, alle Beschreibungen zu pflegen. Restrukturierungen, Fusionen, Auslagerungen oder Eingliederungen finden in immer kürzer werdenden Abständen statt und lassen kaum mehr Zeit für eine vernünftige

organisatorische Dokumentation. Einer der Autoren kennt einen Mitarbeiter, der seit fünf Jahren am selben Schreibtisch sitzt, in dieser Zeit aber durch Aus- und Eingliederungen bereits in vier Unternehmen (der gleichen Gruppe) tätig war. In jedem dieser Unternehmen gab es zudem mehrfach Änderungen der Geschäftsprozesse.

Wenn man Rollen definieren möchte, auf denen die Berechtigungsvergabe basiert, muss man sicher sein können, dass man von einem relativ aktuellen Zustand ausgeht, damit es operativ keine Probleme gibt.

- *Vollständigkeit*
  In Verbindung mit der Aktualität steht die Vollständigkeit. Eine Stellenbeschreibung soll den Arbeitsplatz in seinem vollen funktionalen Umfang beschreiben, in der Praxis macht sich dieser Umfang aber allzu gerne an den Eigenschaften und der Qualifikation des Stelleninhabers fest. So mancher IT-Sicherheitsverantwortlicher hat irgendwann auch die Funktion des Datenschutzbeauftragten bekommen, aber nicht, weil die Stellenplanung dies vorsah, sondern weil „der Herr Wehner das schon schafft und es ja irgendwie auch zusammen gehört".

- *Prozessbezug*
  Berechtigungen besitzen einen direkten Bezug zu den Prozessen, da sie benötigt werden, um bestimmte Prozessschritte durchführen zu können. Wenn man von einer Stellenbeschreibung ausgeht, die nicht mit diesen Prozessen korrespondiert, dann erhält man Rollen, die in der operativen Steuerung nicht passen.

Diese drei Punkte machen deutlich, dass Stellenbeschreibungen, sofern sie nicht strikt gepflegt werden, nur eine erste Näherung sein können.

Prozessdokumentation

Wenn schon nicht die Stellenbeschreibungen, dann müsste doch zumindest die Prozessdokumentation die beschriebenen Anforderungen erfüllen und damit zur Rollenfindung eingesetzt werden können.

In der Tat ist die Prozessdokumentation eine nützliche Informationsquelle für die Gewinnung von Rollen, vorausgesetzt sie existiert. Zwar steigt angesichts eines zunehmenden Kontrolldrucks von außen (Basel II, Corporate Governance) selbst in mittelständischen Unternehmen die Prozessdurchdringung, oft findet sich aber auch eine bereichs- und abteilungsorientierte Organisation.

Selbst in prozessorientierten Unternehmen muss die Prozessorientierung nicht bis in den letzten Winkel gehen. Manche Unternehmen konzentrieren sich auf die Kernprozesse der Wertschöpfungskette und lassen andere Bereiche außen vor. „Die Fahrzeugwartung in der betriebseigenen Werkstatt muss doch nun wirklich nicht auch noch prozessmäßig organisiert werden!"

Die Problematik der Aktualität stellt sich auch bei der Prozessdokumentation. Wird eine Prozesssteuerung eingesetzt, die das Geschäft unterstützt, so ist die Wahrscheinlichkeit allerdings hoch, dass die in der Steuerung definierten Prozesse aktuell sind. Eine ganz andere Frage ist es, ob die Prozesse auch so gelebt werden, wie sie definiert und dokumentiert sind.

Ein weiteres Problem ist, dass Prozesse nicht danach gegliedert sind, welche Prozessschritte in einer Identität gebündelt sind. Eine reine Prozessbeschreibung beschränkt sich auf die Definition der Prozessschritte (Tätigkeiten, Entscheidungen usw.) und deren zeitliche und logische Abfolge. Erweiterte Prozessbeschreibungen beziehen die Aufbauorganisation mit ein und zeigen, in welchen Organisationseinheiten welche Schritte durchgeführt werden. Eine identitätsorientierte Darstellung findet sich dagegen meist erst nach der Rollenbildung, vorher nicht.

Verfahrensbeschreibungen

Neben einer detaillierten Prozessdokumentation existieren in Form von Verfahrensbeschreibungen, Arbeitsanweisungen, Funktionsdiagrammen, Handbüchern, Übersichtsdiagrammen usw. oft gröbere Dokumentationen im Unternehmen, die einen Rückschluss auf die Abläufe und Inhalte zulassen. Auch daraus lassen sich Funktionen und damit Rollen ableiten.

Organigramm

Etwas schwieriger wird es, wenn nur aufbauorganisatorische Dokumentationen wie beispielsweise Organigramme zur Verfügung stehen. Darin finden sich zwar die Verantwortlichkeiten für einzelne Bereiche im Unternehmen, in der Regel ist das Organigramm aber nicht so fein aufgeschlüsselt, dass sich daraus alle Rollen ableiten lassen würden.

Ein großer Vorteil des Organigramms ist die Tatsache, dass es auch die hierarchischen Beziehungen zwischen den Verantwortlichkeiten darstellt. Daher ist es ein guter Ausgangspunkt, um eine Übersicht über das Unternehmen zu bekommen.

3.2.2 Aufnahme der Tätigkeiten

Die Sichtung und Analyse der im Unternehmen existierenden Dokumentationen ist nur der erste Schritt in der Rollenbildung. An der Tätigkeitsanalyse führt meist kein Weg vorbei. Wie man dabei vorgehen kann und welche Methodiken zum Einsatz kommen können, das soll in diesem Abschnitt beschrieben werden.

Vorgehensmodell der geschäftsorientierten Aufnahme

Bei der Aufnahme empfiehlt es sich, nach einem Top-down-Schema vorzugehen. Man beginnt bei der Geschäftstätigkeit. Womit verdient das Unternehmen das Geld? Das ist eine der ersten Fragen. Bei einem Automobilkonzern wäre die Antwort naturgemäß „Autos bauen und verkaufen". Doch bei näherem Hinsehen ist man manchmal überrascht, mit welchen Geschäftstätigkeiten ein solcher Konzern darüber hinaus noch so alles Geld verdient.

Honda beispielsweise baut nicht nur Autos und Motorräder, sondern auch Boote, Bootsmotoren, Flugzeugtriebwerke und vieles mehr. Auch abseits der Produkte wird Geld verdient. So haben viele Großunternehmen eine eigene Bank oder eigene Dienstleistungsunternehmen.

3 Rollenkonzept

Diese Informationen führen zur Prozesshierarchie. Startpunkt sind die Kernprozesse, die die jeweilige Geschäftstätigkeit umsetzen. Es folgen die unterstützenden Prozesse (Supportprozesse), sowie Begleitprozesse. Aus den Prozessen lassen sich die Tätigkeiten extrahieren und daraus die Rollen formen.

Abbildung 3.5 zeigt ein Beispiel für das beschriebene Vorgehen aus der Containerschifffahrt. Ausgegangen wird von der Geschäftstätigkeit, die darin besteht, Güter in Containern mit dem Schiff zu transportieren.

Kernprozesse könnten sein: „Schiff vorbereiten", „Schiff beladen", „Schiff vom Starthafen zum Zielhafen bringen", „Schiff entladen".

Ein wichtiger Teilprozess des Kernprozesses „Schiff beladen" ist der Prozess „Frachtraum planen". Eine Tätigkeit in diesem Teilprozess könnte sein: „Containerstellplatz suchen". Dabei müssen viele Rahmenbedingungen geprüft werden: Ist es ein Kühlcontainer, der an das Kühlsystem des Schiffes angeschlossen werden muss? Wann soll der Container entladen werden? Wie ist die aktuelle Gewichtsverteilung auf dem Schiff? usw.

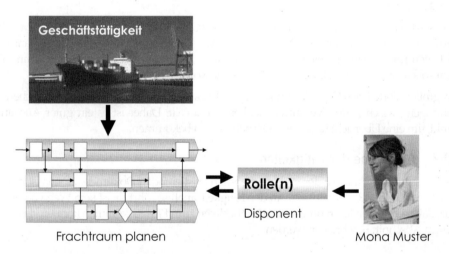

Abbildung 3.5: Von der Geschäftstätigkeit zu den Rollen

Die nächste Frage ist: Welche Funktion im Unternehmen soll die Tätigkeiten (oder auch ganze Prozesse) durchführen? Im gezeigten Beispiel könnte es für die Frachtraumplanung drei Rollen „Kühldisponent", „Streckendisponent" und „Verantwortlicher für die statische Sicherheit" geben. Die drei Rollen könnten aber auch in einer einzigen Rolle „Disponent" gebündelt werden, so wie es in Abbildung 3.5 dargestellt ist.

Es ist deshalb wichtig zu verstehen:

1. *Wie ist das Unternehmen aufgebaut?*
   Wenn es einen eigenen Bereich „Kühltransporte" gibt, dann ist die Wahrscheinlichkeit hoch, dass auch in Richtung eines Kühldisponenten gedacht wird. Wird nicht unterschieden, dann wird auch kein eigener Kühldisponent gebraucht, die Kühlung ist dann nur eine Randbedingung.

2. *Welche Tätigkeiten können sinnvoll in einer Rolle zusammengeführt werden?*
   Tätigkeiten, die eine Funktionstrennung benötigen, lassen sich nicht in einer Rolle bündeln. Tätigkeiten, die völlig unterschiedliche Qualifikationen voraussetzen, sollte man auch nicht in eine Rolle fassen, sonst wird es schwer, einen Rolleninhaber zu finden. Ebenso muss es für den Rolleninhaber zeitlich, räumlich und sachlich möglich sein, die Rolle auszuüben. Es kann also nicht sein, dass eine Rolle Tätigkeiten auf dem Schiff hat (z.B. Kontrolle der Kühltemperatur) und gleichzeitig Tätigkeiten im Hafen (Planung der Kühlkette mit dem Lagerleiter).

3. *Wie mächtig kann, sollte und darf eine Rolle werden?*
   Macht wird in einem Unternehmen zum einen formal verliehen (durch die Position, Entscheidungsbefugnis usw.) und zum anderen de facto geschaffen (durch Einflussnahme, Seilschaften, Schaffen von Abhängigkeiten). Letzteres kann auch eine operative Rolle sehr mächtig machen. Das sollte bei der Rollenbildung bedacht werden.

Hinzu kommen weitere Einflüsse. Wird die Frachtraumplanung in der ganzen Flotte einheitlich durchgeführt oder gibt es Unterschiede bei Schiffen verschiedener Größenklassen? Bedeutet die Rolle Disponent überall das gleiche oder muss man Rollendifferenzierungen (z.B. die Rolle Container-Disponent) einführen?

Immer sollte man im Blick haben, wie sich die Rollenbildung auf die Anzahl der Rollen auswirkt (je differenzierter, desto mehr Rollen ergeben sich). Wäre es beispielsweise notwendig, für jeden Hafen eine eigene Rolle zu definieren, weil sich die Disposition je nach Hafen unterscheidet, dann würde man recht viele Disponentenrollen erhalten, die sich zudem recht dynamisch verhalten und damit öfters ändern könnten.

Aufnahme mit Fragebögen

Wenn für die Rollenbildung viele Bereiche im Unternehmen befragt werden müssen und man in kurzer Zeit einen grundlegenden Überblick über die den Rollen zugrundeliegenden Abläufe und Tätigkeiten erhalten möchte, bietet sich die Aufnahme mit Hilfe von Fragebögen an. Vor der Befragung mittels Fragebogen sollte man natürlich vorhandene Dokumentationen angefordert und gesichtet haben (das ist immer der erste Schritt).

Die Grundtechnik des Fragebogens ist allgemein bekannt und einfach: Es handelt sich um eine Liste von Fragen, mit denen die benötigten Informationen erhoben werden. Es gibt verschiedene Fragenarten, die dabei zum Einsatz kommen können:

- *Tatsachenfragen*
  Mit diesen Fragen werden Fakten erhoben, die nachprüfbar sind. Beispiel: „Wie viele Kollegen arbeiten in Ihrer Abteilung?"

- *Wissensfragen*
  Sie prüfen den Kenntnisstand des Befragten. Beispiel: „Was ist für Sie eine Berechtigung?"

- *Einschätzungsfragen*
  Mit diesen Fragen soll uns der Befragte seine Wahrnehmung mitteilen, wobei er eine Schätzung abgibt. Beispiel: „Wie wichtig ist die Frachtraumplanung für Ihren Bereich?"

- *Bewertungsfragen*
  Hier steht im Vordergrund, in welcher Beziehung der Befragte zu dem Frageninhalt steht. Es soll ein Werturteil abgegeben werden. Beispiel: „Wie beurteilen Sie die Leistungsfähigkeit der Disposition?"

- *Einstellungsfragen*
  Auch bei den Einstellungsfragen soll der Befragte eine Bewertung abgeben. Nun steht aber nicht ein Objekt im Vordergrund (im Beispiel für die Bewertungsfragen war es die Disposition), vielmehr wird ein Standpunkt vorgegeben und die Einstellung des Befragten dazu ermittelt. Beispiel: „Der gesamte Prozess der Frachtraumplanung kann von einer Person durchgeführt werden" [Dem stimme ich zu] [Ich bin unentschieden][Dem stimme ich nicht zu]

- *Handlungsfragen*
  Hierunter werden Fragen nach dem Verhalten des Befragten verstanden. Es gibt zwei Varianten dieser Fragenart:
  a) Fragen nach dem Verhalten in der Gegenwart / Vergangenheit / Zukunft. Beispiele: „Kontrollieren Sie die Qualität der Disposition?", „Wann haben Sie zuletzt ein Audit der Disposition durchgeführt?", „Für wann ist das nächste Audit geplant?"
  b) Fragen nach dem hypothetischen Verhalten. Beispiel: „Was würden Sie tun, wenn Sie merken, dass das Schiff durch ungünstige Frachtraumplanung Schlagseite bekommen würde?
  a) Nichts b) Die Fracht umplanen c) Die Ausgleichstanks entsprechend voll pumpen

Die Fragebogentechnik birgt einige Probleme. Sie liegen unter anderem darin, dass der Fragebogen an einen Menschen gerichtet ist und damit viele psychologische Einflussfaktoren zum Tragen kommen. Beispiele:

- *Trägheit und fehlende Motivation*
  Dieser Faktor zeigt sich besonders bei Umfragen und Fragebogenaktionen. Der Anteil an Fragebögen, die von den Befragten vollständig ausgefüllt zurückgesendet werden, ist meist nicht sehr hoch. Wenn der Fragebogen für den Befragten nicht interessant und/oder das Ausfüllen mit Aufwand verbunden ist, wird die Bereitschaft zur Mitarbeit nicht sehr hoch sein.

3.2 Rollenfindung und Rollenbildung

- *Vorsicht*
  Die meisten Antworten in einem Fragebogen stellen Meinungsäußerungen dar, die nach dem Motto „Alles was Sie antworten kann gegen Sie verwendet werden" den Befragten unter Umständen vorsichtig werden lassen.

- *„Sich Luft machen"*
  Der Fragebogen kann vom Befragten dazu umfunktioniert werden, „mal richtig die Meinung zu sagen". Dabei bleiben wenig bis gar keine verwertbaren Informationen übrig.

- *Fehlender Durchblick*
  Ein großes Problem bei der Fragebogentechnik ist, dass die Fragen vom Befragten nicht verstanden und deshalb nicht oder auf ungewünschte Weise beantwortet werden könnten.

- *Manipulation*
  Der Befragte kann bewusst falsche Antworten im Fragebogen geben und somit unbrauchbare Informationen liefern.

Sie als Befragender können auf diese Punkte nur bei der Erstellung des Fragebogens Einfluss nehmen. Dafür einige Tipps:

- Bei der Erstellung des Fragebogens möchten viele Befrager die Fragen so sprachgewandt wie möglich formulieren, besonders wenn der Fragebogen an leitende Personen im Management gerichtet ist. Auch wenn dieses Bestreben nachvollziehbar ist: Formulieren Sie die Fragen so einfach wie möglich!

- Erläutern Sie genau die Zielsetzung des Fragebogens. Was soll damit erreicht werden? Für was wird er verwendet? Das kann dem Befragten ein Stück weit die Angst nehmen, dass seine Antworten zweckentfremdet verwendet werden.

- Bauen Sie die Fragen logisch auf. Ist die Zielsetzung, dass Sie ergründen wollen, wie das Qualitätsbewusstsein ausgeprägt ist, dann überlegen Sie: Woran würden Sie ein großes Qualitätsbewusstsein erkennen? Welche Fragen müssen Sie also stellen, um Hinweise auf diese Merkmale zu bekommen? Fragen Sie nicht direkt nach dem Qualitätsbewusstsein! Erstens besteht die Manipulationsgefahr, da die Zielsetzung offensichtlich ist, zweitens legt jeder den Begriff anders aus.

- Bauen Sie Plausibilitätsprüfungen in Ihren Fragebogen ein, um vorsätzlich falsche Antworten zu erkennen. Das heißt, bauen Sie Fragen ein, die auf eine bereits gestellte Frage aufbauen. Solche Fragen sollten nicht direkt aufeinander folgen.

- Sorgen Sie dafür, dass Sie auf den Fragebogen eine Rückmeldung bekommen. Sie können schon bei der Versendung des Fragebogens eine Nachfrage nach einem bestimmten Zeitraum ankündigen.

- Stellen Sie zuerst eine oder mehrere einleitende Fragen, dann die wichtigsten Fragen im Hinblick auf die Zielsetzung.

- Stellen Sie nicht zu viele Fragen. Nichts ist demotivierender als ein sehr langer Fragebogen. Konzentrieren Sie sich auf das Wesentliche.
- Wenn Sie die Fragebogen eindeutig und schnell auswerten möchten, müssen Sie standardisierte Fragen stellen oder vordefinierte Antwortmöglichkeiten vorsehen. Mit offenen Fragen erfahren Sie dagegen mehr, sie sind aber schwieriger auszuwerten.

Aufnahme mit Interviews

Die Aufnahme mit Hilfe von Interviews ist neben der Auswertung von Dokumentationen die am meisten angewandte Aufnahmemethodik. Gegenüber einem Fragebogen besitzt die Interviewtechnik einige Vorteile:

- Der Befragte kann zeitnah nachfragen, wenn er eine Frage nicht versteht, so dass die Frage erläutert werden kann.
- Das Interviewgespräch hat zwar einen roten Faden, aber kein starres, festes Schema. Die Beiträge des Befragten beschränken sich nicht auf die Antworten zu den Fragen und man erhält als Interviewer auch abseits der Fragen viele wertvolle Informationen.
- Der Interviewer ist zum Zeitpunkt der Befragung anwesend und sichert so die Aufmerksamkeit des Interviewten. Er kann das Interview steuern und nachfragen, wenn ihm eine Antwort ungenügend erscheint.
- Der Interviewer bekommt außer der inhaltlichen Antwort über die Körpersprache, Mimik, Gestik, den Ton der Antwort und die Reaktion auf die Frage weitere Informationen.

Die Interviewpartner auswählen

Der Erfolg eines Interviews hängt stark davon ab, *wer mit wem* das Interview führt. Die Auswahl der interviewten Personen richtet sich danach, welche Informationen benötigt werden. Wenn möglich, sollte dann ein geeigneter Interviewer eingesetzt werden.

Interviewt ein Laie mit geringer Fachkompetenz, dann ist der Interviewte im Vorteil. Er wird eher Vorträge halten als Fragen beantworten. Er kann den Interviewer vorführen, väterlich zum Interviewer sein oder ihn auf's Glatteis führen.

Besitzt der Interviewer eine disziplinarische oder fachliche Autorität (Höhere Fachkompetenz oder „Chef"), dann ist der Interviewer im Vorteil. Er wird zu einem autoritären Fragestil neigen, den Interviewten unterbrechen und kritische Nachfragen stellen. Der Interviewte kommt in Legitimationszwänge, wird zur Selbstdarstellung neigen oder kritische Sachverhalte aus Angst vor den Folgen verschweigen.

Ist der Interviewer ein Vertrauter des Interviewten, dann sorgt die Bekanntschaft und der gemeinsame Erfahrungshintergrund für ein hohes Vertrauen. Geheimes Wissen kann offengelegt werden, aber kritische Punkte werden auch unter den Teppich gekehrt und aus einem Gefallen heraus verschwiegen.

3.2 Rollenfindung und Rollenbildung

Führt ein potenzieller Kritiker (Interviewter vermutet Vorurteile, Übervorteilung o.ä.) das Interview durch, kommt es oft dazu, dass der Interviewte den Interviewer ablehnt. Der Interviewte wird kurze Antworten geben, kritische Gegenfragen stellen, die Fragen des Interviewers vorwegnehmen, den Interviewer weder verbal noch körpersprachlich bestätigen. Diese Konstellation kann zum Abbruch des Interviews führen und ist nicht sehr empfehlenswert.

Am einfachsten ist die Situation, wenn der Interviewer über die gleiche Fachkompetenz wie der Interviewte verfügt und keine der beiden Seiten disziplinarisch abhängig ist. Beide Partner verstehen die Fachbegriffe, es kommt zu einem Dialog mit Nach- und Gegenfragen.

Hinweise für die Vorbereitung und Durchführung von Interviews

Folgende Punkte sollten in der Vorbereitung und Durchführung von Interviews berücksichtigt werden:

- Überlegen Sie sich im Vorfeld, welche Informationen Sie von dem Interview erwarten.
- Erstellen Sie einen Interviewleitfaden, aus dem hervorgeht, mit welchen Fragen die Informationen erhoben werden sollen.
- Sorgen Sie dafür, dass Sie als Interviewer akzeptiert werden und die Bereitschaft zu antworten vorhanden ist. Es ist wichtig, dass Sie wissen, wen Sie interviewen (Persönlichkeit, Position, Interessen etc.).
- Sprechen Sie die zu interviewenden Personen frühzeitig genug an (Terminplanung, Möglichkeit für die Interviewpartner sich vorzubereiten).
- Informieren Sie die zu befragenden Personen über den Zweck des Interviews (Abbau von Hemmungen), sowie zum Rahmen, zum Ort und zur Dauer des Interviews.
- Für ruhige, störungsfreie Atmosphäre sorgen (Keine Telefonate, Besuche, laute Maschinen o.ä.), deshalb lieber nicht direkt am Arbeitsplatz des Befragten interviewen, aber in der Nähe, damit Unterlagen geholt werden können.
- Keine Verhör-Atmosphäre, aber auch kein Kaffeekränzchen, in dem der Interviewte abschweift, seine Lebensgeschichte und unwichtige Details erzählt. Das mag interessant sein, aber es bringt nicht die benötigten Informationen.
- Lassen Sie es nicht zu, dass der Interviewte den Spieß herumdreht und anfängt, Sie zu interviewen. Einzelne Gegenfragen sind in Ordnung, mehr nicht.
- Keine Suggestivfragen, d.h. Fragen, bei denen man eine bestimmt Antwort bekommen möchte ("Sie sind doch sicher auch der Meinung, dass..."), keine eigene Meinung einbringen ("Das ist doch viel zu umständlich..."), möglichst offene Fragen (W-Fragen wie: Warum? Welche? Wie?) stellen statt geschlossene (Fragen, die nur mit Ja oder Nein beantwortet werden können).
- Es ist zu beachten, dass jede Antwort auch eine politische Wirkung hat. Bei politisch ungeschickt oder zu brisant gestellten Fragen wird der Interviewte sehr vorsichtig werden, ausweichen oder sich verweigern. Das Interview soll möglichst politisch neutral die IST-Situation erheben und keine anderen Interessen verfolgen, Schuldige suchen o.ä.

- Die Aussagen des Interviewten sollten sofort protokolliert werden. Die Mitschrift sollte vor dem Interviewten nicht verborgen werden. Wo es möglich ist, visualisieren Sie zusammen mit dem Interviewten die Informationen (Bei Prozessen z.B. durch ein Prozessdiagramm).
  Lassen Sie Ihr Protokoll vom Interviewten verifizieren. Nicht immer ist das, was Sie als Interviewer verstanden haben, deckungsgleich mit dem, was der Interviewpartner tatsächlich gesagt oder gemeint hat. Dabei besteht die Gefahr, dass Aussagen nachträglich interessengeleitet zensiert werden (besonders, wenn der Vorgesetzte des Interviewten verifiziert).

Ein Interview sollte nicht länger als zwei Stunden dauern. Benötigt man mehr Zeit, ist es besser zwei Interviewtermine zu vereinbaren.

Ablaufverfolgung

Wenn keine aktuellen Dokumentationen vorhanden sind und die Abläufe nicht durch Fragebögen oder Interviews erhoben werden können (z.B. weil keine Ansprechpartner existieren, die einen Überblick über die Abläufe besitzen), ist eine Ablaufverfolgung ein mögliches Mittel zur Rollenfindung. Es gibt zwei Arten der Ablaufverfolgung:

Wenn ein Objekt durch einen Ablauf geschleust wird, dann kann ein Testobjekt in den Ablauf eingeführt und die Bearbeitungsschritte verfolgt werden. Beispiel: Geht es in dem Ablauf darum, Container zu verschiffen, dann könnte in Hamburg ein Testcontainer aufgegeben und dessen Transport nach Shanghai verfolgt werden. Welche Stationen bzw. Prozessschritte durchläuft er? Wie lange dauert der Transport? Wurde die Temperatur konstant gehalten?

Wenn sich in einem Ablauf Start- und Zielpunkt ausmachen lassen, dann werden zeitlich die Phasen und Schritte verfolgt, die zwischen dem Start- und Zielpunkt liegen. Die zwei Hauptfragen bei der Verfolgung sind: „Was passiert wenn...?" und „Was passiert dann?". Für die Rollenfindung ist die Frage „Wer (welche Funktion) macht es?" führend.
Beispiel: Es geht wieder um den Container-Transport. Startpunkt ist die Anlieferung der Container im Hafen. *Was passiert dann?* Die Container werden von einem Hafenmeister registriert und gewogen. *Was passiert dann?* Die Containerdaten werden vom Hafenmeister in die Dispo-Anwendung eingespeist, in der sich auch die aktuelle Ladesituation des Schiffes befindet usw.

Die Frage „Was wäre wenn..." kann zu mehreren, alternativen Abläufen führen. Beispiel: *Was passiert, wenn ein Kühlcontainer eine hohe Transportpriorität hat, aber kein Kühlstellplatz mehr frei ist?* Entweder ein anderer Kühlcontainer bleibt stehen oder der Kühlcontainer wird auf ein anderes Schiff umgeplant oder er bleibt stehen.

Die Ablaufverfolgung verursacht im Vergleich zu den anderen Aufnahmemethodiken relativ viel Aufwand und wird daher nur angewendet, wenn es anders nicht geht oder wenn ein Reality-Check durchgeführt werden soll.

Role Mining

Ein Verfahren, das den umgekehrten Weg geht, ist das Role Mining (Rollen zutage fördern). Das Role Mining geht von der Ressource aus und analysiert dort das bestehende Berechtigungswesen. Zugrunde liegt die Überlegung, dass ja bereits Rollen, Profile und andere Gestaltungselemente in den Systemen definiert sind, die einen Rückschluss auf die Funktionen im Unternehmen erlauben.

Role Mining-Komponenten findet man in Identity-Management (IdM) bzw. Identity & Access Management (IAM)-Systemen. Man darf sich das Role Mining aber nicht so vorstellen, dass man als Ergebnis eine komplette Liste der Businessrollen erhält. Derzeit ist das Role Mining eher ein weitere Hilfestellung beim Finden von Rollen.

3.3 Rollenhierarchie

Um effektiv mit den Rollen zu arbeiten und Mechanismen wie Vererbung nutzen zu können, werden die Rollen in hierarchische Ordnung gebracht. Im Folgenden sollen drei Ordnungsmöglichkeiten für eine solche Hierarchie dargestellt werden.

3.3.1 Rollenbeziehungen

Nach der Rollenfindung und Rollenbildung sind die Rollen noch zusammenhangslos. Das entspricht jedoch nicht der Wirklichkeit, denn tatsächlich stehen die Rollen in einem Unternehmen in Beziehungen zueinander. Nachfolgend werden drei verschiedene Arten dieser Beziehungen beschrieben:

Disziplinarischer Rang

Innerhalb einer Organisation gibt es über- und untergeordnete Rollen hinsichtlich der Weisungsbefugnis bzw. Befehlsgewalt. Die hierarchischen Beziehungen sind relativ einfach zu erheben, da sie meistens aus Organigrammen oder anderen Übersichten über die aufbauorganisatorische Struktur abgeleitet werden können. Zudem sind sie im Unternehmen aufgrund der Relation Vorgesetzter – Untergebener sehr sichtbar.

Abbildung 3.6 zeigt ein einfaches Beispiel, so wie man es allgemein kennt. Zwischen den disziplinarischen Ebenen besteht im klassischen Fall ein 1:n Verhältnis, d.h. ein Vorgesetzter kann mehrere Untergebene haben, aber ein Untergebener nur einen disziplinarischen Vorgesetzten.

Abbildung 3.6: Disziplinarische Rollenbeziehung

3 Rollenkonzept

Berücksichtigt man andere Organisationsmodelle wie die Matrixorganisation, dann könnte ein Mitarbeiter auch mehrere Vorgesetzte haben (disziplinarisch und fachlich), was ein n:n Verhältnis zur Folge hat.

Die in der Rollenfindung ermittelten und in Beziehung gesetzten Rollen werden zu einem Gesamtgebilde zusammengesetzt. Als Ergebnis entsteht bei 1:n Beziehungen, die meist verwendet werden, eine Baumstruktur, so wie sie in Abbildung 3.7 zu sehen ist.

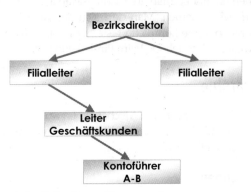

Abbildung 3.7: Disziplinarische Rollenhierarchie

Wichtig ist, dass die Rollenhierarchie nicht einfach nur das Organigramm wiederspiegelt, sondern dass die Rollen in eine hierarchische Beziehung gebracht werden, die für die Berechtigungssteuerung genutzt werden kann. Dabei kann es geschehen, dass an der einen oder anderen Stelle eine abstrakte Rolle eingefügt werden muss, um eine durchgängige Struktur zu erhalten.

Funktionale Beziehung

Die funktionale Beziehung geht von einer Rolle aus und fragt nach den verschiedenen Ausprägung, die sich hinter dieser Rolle verbergen. Dieses Prinzip zeigt Abbildung 3.8.

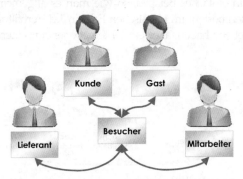

Abbildung 3.8: Funktionale Rollenbeziehung

3.3 Rollenhierarchie

Startpunkt im Beispiel von Abbildung 3.8 ist die Rolle „Besucher". Wenn das Unternehmen eine Bank ist, könnte diese Rolle eine Person beschreiben, die die Bank betritt. Benötigt wird diese Rolle beispielsweise im Umfeld der Zutrittsverwaltung, denn zum Zeitpunkt des Betretens der Bank steht ja noch nicht fest, welche Funktion der Besucher besitzt[1].

Im nächsten Schritt werden die Rollen beschrieben, die sich aus der Rolle Besucher ergeben und deren Ausprägungen angeben. Im gezeigten Beispiel sind das die Rollen:

- Mitarbeiter (Angestellter der Bank)
- Gast (z.B. eingeladene Person zu einer Ausstellung im Foyer)
- Kunde (Inhaber eines Kontos bei der Bank)
- Lieferant (z.B. Anlieferung von Büromaterial)

In der Praxis finden sich natürlich viele weitere Rollen wie „Interessent" (potenzieller Kunde) oder „Wartungspersonal" (z.B. Mechaniker für den Geldautomaten).

Abbildung 3.9 zeigt eine an das Beispiel angelehnte funktionale Hierarchie.

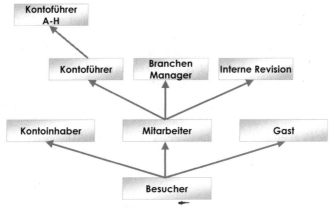

Abbildung 3.9: Funktionale Rollenhierarchie

Der Vorteil der funktionalen Hierarchie besteht darin, dass auch Rollen erfasst werden, die außerhalb des Unternehmens liegen. Rollen innerhalb des Unternehmens werden in der disziplinarischen und der funktionalen Hierarchie gleichermaßen erfasst, nur die Richtung, aus der man sich der Rolle nähert, ist eine andere, wie in Abbildung 3.10 zu sehen ist.

---

[1] Ausnahme könnte die Rolle Mitarbeiter sein, wenn sich ein Mitarbeiter beim Betreten der Bank über ein Zutrittskontrollsystem authentifiziert.

3 Rollenkonzept

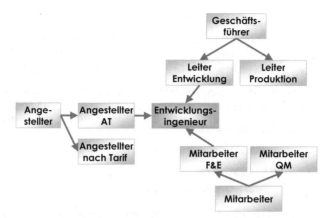

Abbildung 3.10: Zusammenführung von über- und untergeordneten Rollen

Spezialisierung

Eine weitere Rollenbeziehung bezieht sich auf die Reichweiten von Zuständigkeiten oder Verantwortlichkeiten. Diese Beziehung kann in Verbindung mit dem disziplinarischen Rang stehen (dies wäre der Fall, wenn der Vorgesetzte über eine größere Reichweite verfügt als seine Untergebenen), muss es aber nicht. Auch auf ein und derselben disziplinarischen Ebene („unter Kollegen") gibt es verschiedene Reichweiten.

Abbildung 3.11 zeigt dazu ein Beispiel aus einem Reisebüro. Dort könnten sich die Zuständigkeiten zunächst an der Reiseart orientieren. Eine der Reisearten wäre „Pauschalreisen". Für diese Reiseart könnte es eine Rolle „Verkäufer Pauschalreisen" geben.

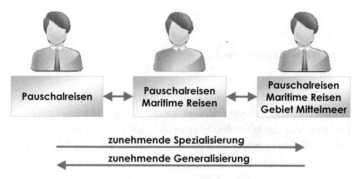

Abbildung 3.11: Zuständigkeitsreichweiten im Touristik-Bereich

Ein speziellerer Zuständigkeitsbereich innerhalb der Pauschalreisen könnten maritime Reisen sein, z.B. Kreuzfahrten. Dies würde zur Rolle „Verkäufer maritime Reisen" führen.

3.3 Rollenhierarchie

Noch spezieller ist die Hinzunahme der Region, z.B. Karibik oder wie im Beispiel, das Mittelmeer. Die entsprechende Rolle könnte „Verkäufer Mittelmeerkreuzfahrten" heißen.

Abbildung 3.12 greift das Beispiel auf und bringt es in einen operativen Zusammenhang, so wie er bei einem Reiseunternehmen tatsächlich in der Praxis existiert.

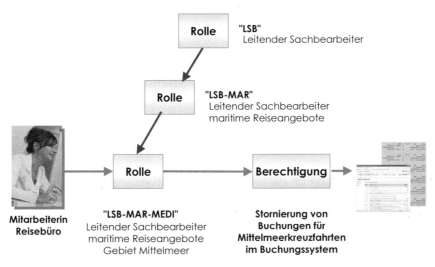

Abbildung 3.12: Abbildung über Rollenhierarchie

Die Rolle „LSB-MAR-MEDI" ist ein Beispiel für eine Rolle, in der die organisatorische Position („Leitender Sachbearbeiter") mit dem Zuständigkeitsbereich („maritime Reiseangebote im Mittelmeer") gekoppelt wurde. Es ist also nicht unbedingt notwendig, zwei Gestaltungselemente zu definieren (Position und Zuständigkeit) und diese über eine UND-Verknüpfung zu verbinden. Die Kopplung kann auch direkt im Rollennamen erfolgen.

3.3.2 Vererbung von Rollen

Eine Motivation zur Bildung und Verwendung von Rollenhierarchien ist die Möglichkeit der Vererbung. Vererbung bedeutet in diesem Fall, dass eine Rolle ihre zugeordneten Berechtigungen an die Rollen weitergibt, die ihr in der Rollenhierarchie nachgeordnet sind. Abbildung 3.13 zeigt dazu ein Beispiel. Die Rolle „Kreuzfahrtkoordinator" erbt die Berechtigungen der Rollen „LSB" und „MAR". Die Rolle selbst kann darüber hinaus auch noch eigene Zuordnungen zu Berechtigungen besitzen.

3 Rollenkonzept

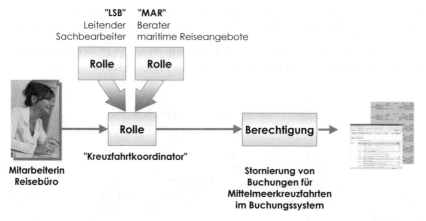

Abbildung 3.13: Rollenvererbung

Ein Vorteil der Vererbung ist, dass Änderungen von Berechtigungszuordnungen grundlegender Rollen nur an einer Stelle in der Rollenhierarchie durchgeführt werden müssen. Eine Anwendung ist das Definieren von Basisrollen mit Basis-Berechtigungen, die von sehr vielen Benutzern genutzt werden und nicht immer extra verwaltet werden sollen.

Der Vorteil ist gleichzeitig auch eine Gefahr. Wird an einer grundlegenden Rolle eine Änderung der Berechtigungen vorgenommen, dann wirkt sich diese in allen Nachfolgern der Rolle aus und verursacht unter Umständen ungewollte Effekte in den nachgeordneten Rollen. Daher sollte man mit Vererbung vorsichtig umgehen und genau wissen, was man tut und welche Auswirkungen sich ergeben.

3.4 Anwendungsbeispiel der Rollenhierarchie

Mit einem einfachen, aus dem Leben gegriffenen Beispiel soll die Entwicklung und Anwendung der Rollenhierarchie gezeigt werden. Für das Verständnis ist es vorteilhaft, sich zunächst das RBAC-Modell anzuschauen, das in Kapitel 4 vorgestellt wird.

Ausgangspunkt jeder Überlegung ist die Ressource. Im ersten Schritt werden die Objekte identifiziert, auf die sich die Berechtigungen beziehen.

Im Vorfeld der Definition der Zugriffskontrolle hat das Sicherheitsmanagement dazu den Schutzbedarf ermittelt und Sicherheitsanforderungen gestellt. Damit ist klar, an welchen Stellen der Ressource Berechtigungen benötigt werden.

Als Ressource verwenden wir im Beispiel eine Tür und identifizieren die in Abbildung 3.14 dargestellten Objekte Spion, Türknauf, Klingel, Türschloss und Briefschlitz. Wir nehmen an, das Sicherheitsmanagement hat festgelegt, dass für das Objekt Briefschlitz keine Berechtigungen benötigt werden, da jedermann dort etwas einwerfen darf. Es wird daher für die Berechtigungen nicht weiter betrachtet.

3.4 Anwendungsbeispiel der Rollenhierarchie

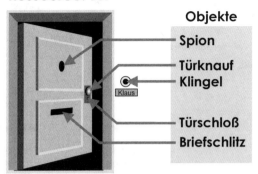

Abbildung 3.14: Objekte in der Ressource „Tür"

Als Nächstes werden die möglichen Operationen definiert. Was kann man mit den Objekten tun? In unserem Beispiel finden wir folgende Operationen:

Öffnen	Aufschließen
Schließen	Schauen
Abschließen	Klingeln

Die Operationen werden nun mit den Objekten in Beziehung gesetzt, d.h. es wird vermerkt, welche Operationen mit welchen Objekten ausgeführt werden können. Die Kombinationen aus den Operationen und Objekten stellen die Berechtigungen dar. Für unser Beispiel zeigt Abbildung 3.15 diese Zuordnungen.

3 Rollenkonzept

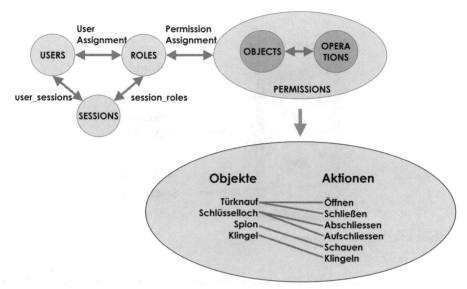

Abbildung 3.15: Berechtigungsentwurf

Jetzt kommen die Rollen in's Spiel. Welche Rollen gibt es überhaupt, die auf die Ressource zugreifen müssen oder sollen und auf welche Objekte müssen oder sollen sie dort welche Operationen anwenden? Diese Fragen werden durch die Rollenliste und das Anlegen der Zuordnungen „Rolle-zu-Berechtigung" beantwortet. Abbildung 3.16 zeigt diese Zuordnungen für unser Beispiel.

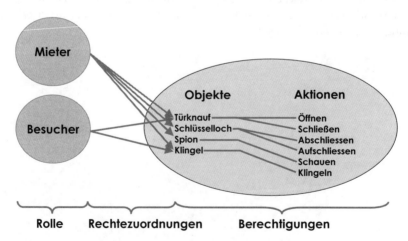

Abbildung 3.16: Zuordnung von Rollen zu Berechtigungen

3.4 Anwendungsbeispiel der Rollenhierarchie

Den Rollen müssen jetzt nur noch Identitäten zugeordnet werden, dann ist das Modell funktionsfähig. In der Praxis reicht eine Rollenebene für eine effiziente Berechtigungsvergabe aber oft nicht aus, weshalb sich eine zweite Ebene ergibt. In Abbildung 3.17 sehen wir dazu ein Beispiel.

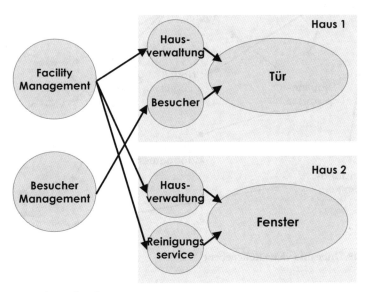

Abbildung 3.17: Zweite Rollenebene

Mit der Rolle „Facility Management" lassen sich mehrere Rollen zusammenfassen und in einem Schritt an eine Identität vergeben. Die Berechtigungsverwaltung wird damit vereinfacht. Wie in Abbildung 3.18 zu sehen ist, kann es durchaus auch mehr als zwei Rollenebenen geben.

Identitäten können jeder Rollenebene zugeordnet werden. Damit lassen sich die Berechtigungen mehr oder weniger abstrakt vergeben.

3 Rollenkonzept

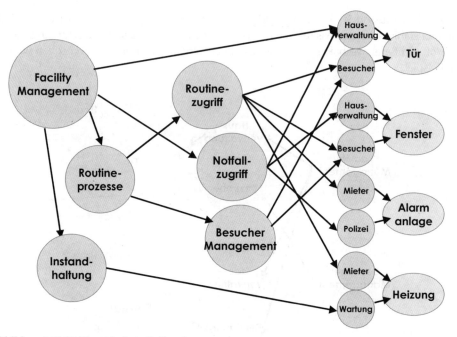

Abbildung 3.18: Dritte und vierte Rollenebene

Die Rollen bilden eine hierarchische Struktur, die Rollenhierarchie. Meist bildet die Rollenhierarchie eine einfache Baumstruktur mit 1:n Beziehungen, aber auch n:n Beziehungen sind möglich. Abbildung 3.19 zeigt ein Beispiel für eine solche Baumstruktur.

Abbildung 3.19: Rollen-Hierarchie

Bislang wurde davon ausgegangen, dass ausschließlich die Rollen bestimmen, ob Berechtigungen erteilt werden oder nicht. In der Praxis reicht das jedoch nicht aus. Eine weitere wichtige Grundlage für die Berechtigungsentscheidung sind Regeln, die angeben, welche Bedingungen erfüllt sein müssen, damit eine bestimmte Berechtigung erteilt wird oder nicht.

3.4 Anwendungsbeispiel der Rollenhierarchie

Die Gesamtheit der Regeln bildet die Zugriffspolitik (Access Policy), die in Form eines Regelwerkes hinterlegt wird.

Die Policy-Regeln werden in der Regel geprüft, wenn eine Rolle eine Berechtigung anfordert, d.h. während einer Sitzung. Abbildung 3.20 zeigt das bereits entwickelte Beispiel mit der Ergänzung um den Policyeinfluss.

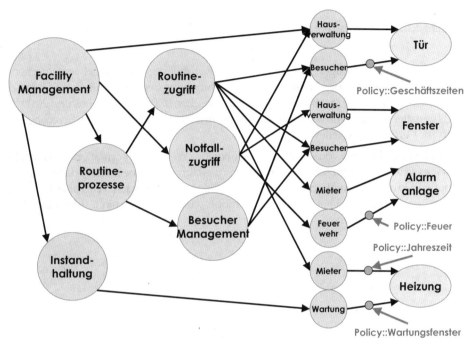

Abbildung 3.20: Ergänzung um Policy

Nicht nur die Rollen, auch die Policyregeln können eine Hierarchie bilden. Damit lassen sich die Regeln in logische Blöcke teilen und Abhängigkeiten zwischen Regeln oder aufeinander aufbauende Regeln formulieren.

Eine solche Policy-Hierarchie, wiederum bezogen auf das entwickelte Beispiel, zeigt die nachfolgende Abbildung 3.21.

3 Rollenkonzept

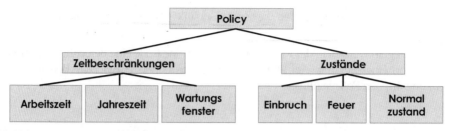

Abbildung 3.21: Policy-Hierarchie

Die Policy-Regeln benötigen zur Prüfung der Erfüllung der Regel entsprechende Informationen. Wird beispielsweise eine Zeitbeschränkungsregel formuliert, nach der der Zutritt zu einem Büro nur in den Geschäftszeiten zwischen 07:00 Uhr morgens und 20:00 Uhr abends gestattet ist, dann muss die Uhrzeit als Information ermittelt und dem Berechtigungssystem zur Verfügung gestellt werden.

Oft geschieht dies in Form von Attributen, die über ihre Werte die Informationen bereithalten. Handelt es sich um dynamische Informationen (die Uhrzeit ist eine solche), dann muss der Attributwert in ausreichend kurzen Zeitintervallen aktualisiert werden. Wird also die Uhrzeit minutengenau benötigt, dann muss das Attribut „currentTime" mindestens einmal pro Minute aktualisiert werden.

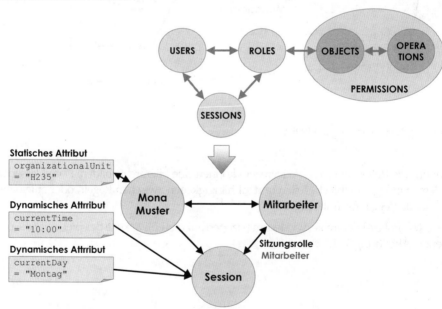

Abbildung 3.22: Erweiterung um Attribute

Die Identität Mona Muster eröffnet als Inhaberin der Rolle Mitarbeiter eine Benutzersitzung. Innerhalb der Sitzung möchte sie auf eine bestimmte Ressource zugreifen. Die Berechtigungsprüfung nimmt nun einerseits die Sitzungsrollen, andererseits die Attribute und prüft damit die Zugriffsregeln für die angeforderte Ressource.

Im Beispiel von Abbildung 3.22 könnten folgende Bedingungen vorhanden sein:

- Die Identität muss die aktive Sitzungsrolle „Mitarbeiter" besitzen
- Die Identität muss der Abteilung H235 angehören
- Das Attribut „currentDay" muss den Wert „Montag" oder „Mittwoch" haben
- Das Attribut „currentTime" muss einen Wert zwischen „08:00" und „20:00" haben

Alle Bedingungen sind in Abbildung 3.22 erfüllt, daher wird der Zugriff gewährt. Die Regeln und ihre Bedingungen können je nach Bedarf zunächst mathematisch ausformuliert, in einer Berechtigungssoftware über Masken eingegeben oder direkt in einer Programmiersprache kodiert werden.

3.5 Rollenmodelle

3.5.1 Multiple Role Model

Das Multiple Role Model geht davon aus, dass ein Mitarbeiter in der Regel mehrere Funktionen im Unternehmen wahrnimmt, so wie es in Abbildung 3.23 gezeigt wird. Der Vorteil des Modells liegt in der hohen Flexibilität. Scheidet beispielsweise die Mitarbeiterin aus dem Betriebsrat aus, so muss lediglich die Rollenzuordnung zur Rolle „Betriebsratsmitglied" aufgehoben werden, alles andere bleibt bestehen.

Abbildung 3.23: Multiple Role Model

Das Modell kann jedoch auch sehr komplex werden, wenn eine Identität nur mit Hilfe vieler Einzelrollen abgebildet werden kann.

Basisrollen

Es gibt grundlegende Rollen, wie beispielsweise die Rolle „Mitarbeiter", denen grundlegende Berechtigungen zugeordnet werden. Die Rolle „Mitarbeiter" versorgt den Rolleninhaber mit

3 Rollenkonzept

allen Berechtigungen, die er als interner Mitarbeiter benötigt. In dieser Rolle darf er das Firmengelände betreten, seinen Arbeitsplatz in Betrieb nehmen, bekommt eine E-Mail-Adresse und Internetzugriff[1] und darf die Betriebseinrichtungen nutzen.

Basisrollen lassen sich daran erkennen, dass eine Rolle sehr vielen Identitäten im Unternehmen zugewiesen ist.

Funktionsrollen

Eine Funktionsrolle beschreibt eine spezielle Businessfunktion im Unternehmen. Funktionsrollen können je nach Bedarf eher generell oder eher speziell formuliert werden. Bei spezieller Formulierung gibt es den Nachteil, dass sehr viele Einzelrollen entstehen. Das erhöht den Verwaltungsaufwand und erschwert den Überblick. Funktionsrollen sind meist nur einem beschränkten Kreis von Identitäten zugeordnet.

3.5.2 Single Role Model

Im Gegensatz zum Multiple Role Model gibt es in diesem Modell, wie der Name schon sagt, nur eine einzige Rolle. Alle benötigten grundlegenden und Business-Funktionen werden in einer Rolle zusammengefasst.

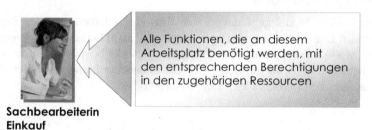

Sachbearbeiterin Einkauf

Abbildung 3.24: Single Role Model

Voraussetzung für die Anwendung des Single Role Models ist, dass sich die Arbeitsplätze standardisieren lassen. Ohne Standardisierung entstehen zu viele Einzelrollen, die sich zu einem hohen Prozentsatz gleichen, aber dennoch in Nuancen unterscheiden. Es ist jedoch auch möglich, in einer solchen Situation die Vererbung anzuwenden.

---

[1] sofern es sich um PC-Arbeitsplätze handelt.

4 Role Based Access Control

In den Gremien, die sich mit den verschiedenen Aspekten der Informationstechnik beschäftigen, werden rollenbasierte Berechtigungsansätze schon seit langer Zeit diskutiert.

Im Jahr 1992 veröffentlichen David Ferraiolo und Richard Kuhn vom National Institute of Standards and Technology (NIST) einen Beitrag zu einer Konferenz über Computersicherheit in den USA mit dem Titel „Role-Based Access Control[1]". Darin beschreiben sie die grundlegende Systematik der Berechtigungsvergabe mit Hilfe von Rollen und damit verbundene Thematiken wie z.B. Funktionstrennung.

Vier Jahre später entwickelt Ravi Sandhu von der George Mason University in Fairfax ein Framework für die Zugriffskontrolle in informationstechnischen Systemen.

Beides fließt in einen Entwurf für einen Standard bezüglich der rollenbasierten Zugriffskontrolle ein, der im Jahr 2000 vorgestellt und in den „ACM Transactions on Information and System Security" publiziert wird. In der Folgezeit wird dieser Entwurf verfeinert und weiterentwickelt, bevor er vom American National Standard Institute (ANSI) übernommen und am 19. Februar 2004 zum ANSI-Standard ANSI INCITS[2] 359-2004 erhoben wird.

Implementationen des Standards sind besonders bei den großen System- und Software-Herstellern zu finden. IBM hat ein eigenes, patentiertes RBAC in seinem Produkt „Tivoli" umgesetzt, Sybase setzte das RBAC-Modell des NIST um, und die damalige Siemens-Nixdorf realisierte Teile des NIST RBAC-Modells im „Trusted Web".

Für das angesprochene RBAC-Modell kennt der RBAC-Standard drei verschiedene Ausprägungen:

- Core RBAC
- Hierarchical RBAC
- Constrained RBAC

Die RBAC-Modellausprägungen bauen in der gezeigten Reihenfolge aufeinander auf, d.h. das hierarchische RBAC schließt das Core RBAC ein und das Constrained RBAC ergänzt das Hierarchical RBAC.

Jede Modellausprägung enthält zwei inhaltliche Bereiche:

---

[1] Im Folgenden wird die gebräuchliche Abkürzung RBAC verwendet.
[2] INCITS steht für **IN**ternational **C**ommittee for **I**nformation **T**echnology **S**tandards

4 Role Based Access Control

- *RBAC Referenzmodell*
  Im Referenzmodell wird beschrieben, aus welchen einzelnen Elementen die RBAC-Modellausprägung besteht. In der Darstellung der Systematik der Ausprägung wird gezeigt, in welcher Beziehung diese Elemente miteinander stehen.

- *RBAC Funktionale Spezifikation*
  Die Funktionale Spezifikation definiert die Funktionalitäten von RBAC-fähigen Systemen, d.h. welche Funktionen zur Verfügung stehen, um die Modellausprägung aufzubauen und zu verwalten.

4.1 Core RBAC

Wie der Name vermuten lässt, bildet das Core RBAC-Modell den Kern der rollenbasierten Philosophie. Die Struktur des Modells zeigt Abbildung 4.1.

4.1.1 Referenzmodell

Als grundlegende Komponenten des Core RBAC nennt der Standard folgende Elemente:

- *Benutzer (User)*
  Der Standard spricht durchgängig von Benutzern, daher könnte man meinen, es wären nur Personen gemeint. Dem ist jedoch nicht so. Ein User ist eine Instanz, die Berechtigungen erlangen und nutzen kann. Er entspricht damit dem in diesem Buch verwendeten Begriff der Identität.

- *Rolle (Role)*
  Der Begriff der Rolle wird im RBAC-Standard allgemein gehalten und semantisch nicht weiter aufgeschlüsselt. Eine Rolle ist ein Element, dem auf der einen Seite Berechtigungen und auf der anderen Seite Benutzer zugeordnet werden können.

- *Benutzersitzung (User session)*
  Während der Benutzer und die Rolle statische Elemente darstellen, kommt mit der Benutzersitzung ein dynamisches Element in das Modell. Eine Benutzersitzung besteht nur zeitlich begrenzt und ermöglicht es, dass dynamische Aspekte der Berechtigungsthematik in das Modell einfließen können (z.B. die gleichzeitige Nutzung mehrerer Rollen).

- *Objekt (Object)*
  Hierunter werden Objekte verstanden, die durch Berechtigungen geschützt werden. Sie entsprechen den Ressourcen. Ein Beispiel wäre eine Datei auf einer Festplatte.

- *Operation (Operation)*
  Mit dem Begriff der Operation wird beschrieben, auf welche Weise auf die Objekte zugegriffen wird. So könnte eine Datei auf der Festplatte gelesen oder geschrieben werden.

- *Berechtigung (Permission)*
  Bei der Berechtigung handelt es sich nicht um ein eigenständiges Element, sondern um eine Kombination der Elemente „Objekt" und „Operation".

Die einzelnen Elemente bilden durch Verknüpfung nach Abbildung 4.1 das Modell des Core RBAC.

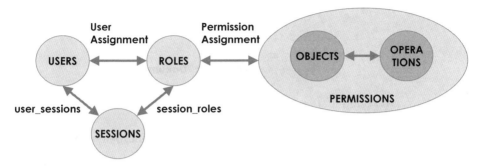

Abbildung 4.1: Core RBAC

Benutzer bekommen in diesem Modell Rollen zugeordnet. Das Verhältnis zwischen Benutzern und Rollen ist n:n, d.h. ein Benutzer kann über mehrere Rollen verfügen und eine Rolle kann mehreren Benutzern zugeordnet werden.

Die Benutzer eröffnen Benutzersitzungen (user_sessions) für ihre Arbeit. Innerhalb der Sitzungen wenden sie die Rollen an. Die zur Zeit der Sitzung gültigen Rollen werden als Sitzungsrollen (session_roles) bezeichnet.

Die Kombination aus Objekten und Operationen bilden die Berechtigungen, die den Rollen zugeordnet werden. Auch zwischen den Berechtigungen und den Rollen gilt das Verhältnis n:n. Eine Rolle kann somit mehrere Berechtigung enthalten und eine Berechtigung kann mehreren Rollen zugeordnet werden.

4.1.2 Funktionale Spezifikation

Die administrativen Funktionen, die im Core RBAC benötigt werden, sind Funktionen, um die Elemente zu erzeugen und zu verwalten. Die Elemente Objekt und Operation werden in der Regel von der IT-Instanz (z.B. Anwendungsprogramm oder Betriebssystem) vordefiniert, auf die das Modell angewendet werden soll. Abbildung 4.2 zeigt ein Beispiel mit einer Textverarbeitung als IT-Instanz.

4 Role Based Access Control

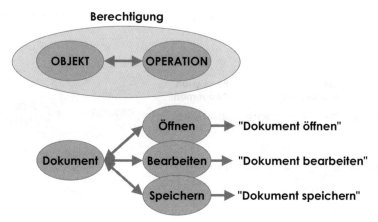

Abbildung 4.2: Core RBAC Berechtigungen

In dem Beispiel existiert ein Objekt „Dokument", für das es die Aktionen „Öffnen", „Bearbeiten" und „Speichern" gibt. Daraus ergeben sich die dargestellten Berechtigungen „Dokument öffnen", „Dokument bearbeiten" und „Dokument speichern".

Es bleibt dem Hersteller der IT-Instanz überlassen, welche Berechtigungen er in seinem Produkt vorsieht und wie granular einzelne Funktionen im Produkt durch Berechtigungen geschützt werden können. Damit beschränkt sich die Administration auf die Elemente Benutzer und Rollen.

Administrative Funktionen

Für das Element „Benutzer" werden zumindest drei Funktionen benötigt:

- *AddUser* legt einen neuen Benutzer an.
- *ChangeUser* ändert Attribute des Benutzers, z.B. seinen Namen.
- *DeleteUser* löscht den Benutzer.

Das gleiche gilt für das Element „Rolle", für das sich entsprechend die Funktionen „AddRole", „ChangeRole" und „DeleteRole" ergeben.

Für jede Funktion wird im Standard formal beschrieben, welche Wirkung sie besitzt und welche Bedingungen erfüllt sein müssen, um die Funktion erfolgreich durchführen zu können. Dies geschieht in der Form:

Funktion(Parameter:Typ) ◁ Wirkung und Bedingungen ▷

Als Beispiel soll die Funktion AddUser dienen. Die Funktion erzeugt eine neue logische Identität „user" und benötigt dazu die Information, unter welchem Namen die neue Identität geführt werden soll:

AddUser(user:NAME)

Bei der Implementierung der Funktion können aufgrund des Typs weitere Regeln definiert werden. So könnte die Syntax von Namen festgelegt sein, d.h. welche Zeichen er enthalten darf, wie viele Zeichen er umfassen darf usw. Nehmen wir an, der neue Benutzer soll als „klaus" geführt werden, dann lautet die Funktion: AddUser(klaus).

Nun kommen die Bedingungen und Wirkungen zum Tragen. Der angegebene Name darf noch nicht in der Benutzerdatenbasis existieren, da sonst ein Name auf zwei Identitäten verweist und die eindeutige Identifizierung nicht mehr gegeben ist. Daher wird gefordert, dass die neue Identität „user" noch nicht Element der Menge der bereits eingetragenen Benutzer „USERS" ist:

```
user ∉ USERS
```

Wenn diese Bedingung erfüllt ist, kann die neue Identität „user" der Menge der bereits eingetragenen Benutzern „USERS" hinzugefügt werden. Dadurch entsteht eine neue Benutzermenge USERS'.

```
USERS' = USERS ∪ {user}
```

Der neu angelegte Benutzer verfügt direkt nach dem Anlegen noch über keine Sitzung, was formal über folgende Zeile ausgedrückt wird:

```
user_sessions' = user_sessions ∪ {user→∅}
```

Weitere Bedingungen liegen nicht vor, sodass sich für die Funktion folgende formale Gesamtbeschreibung ergibt:

```
    AddUser(user:NAME) ◁
      user ∉ USERS
      USERS' = USERS ∪ {user}
      user_sessions' = user_sessions ∪ {user→∅} ▷
```

Abbildung 4.3: Formale Beschreibung des AddUser Kommandos

Auf die Wiedergabe der formalen Beschreibungen aller anderen Funktionen muss an dieser Stelle aus Platzgründen verzichtet werden, sie können im Anhang des RBAC-Standards bei Bedarf nachgelesen werden.

Mit den administrativen Funktionen können zwar die Elemente verwaltet werden, aber es fehlt noch die Verwaltung der Zuordnungen zwischen den Elementen. Einer neu angelegten Rolle müssen schließlich auch Benutzer und Berechtigungen zugeordnet werden können. Dafür werden vier Funktionen benötigt:

- *AssignUser* ordnet einer Rolle einen Benutzer zu.
- *DeassignUser* hebt die Zuordnung zwischen Rolle und Benutzer wieder auf.

- *GrantPermission* etabliert eine Zuordnung zwischen Rolle und Berechtigung.
- *RevokePermission* hebt die Zuordnung zwischen Rolle und Berechtigung wieder auf.

Auch diese Funktionen werden formal beschrieben (sprach- und plattformunabhängig) und dann in der jeweiligen Systemumgebung implementiert.

Unterstützende Systemfunktionen

Hinzu kommt das Verwalten der Dynamik, die, wie bereits erwähnt, durch das Element der Benutzersitzung in das Modell eingebracht wird. Mit der Funktion „CreateSession" kann eine Sitzung eröffnet werden. Wenn die Sitzung startet, sorgt die Create-Funktion dafür, dass bestimmte Rollen als Sitzungsrollen (session_roles) automatisch aktiviert werden.

Der Benutzer kann im Rahmen seiner Möglichkeiten während der Sitzung mit der Funktion „AddActiveRole" eine neue Rolle als Sitzungsrolle für die Sitzung aktivieren oder eine bereits aktivierte Sitzungsrolle mit der Funktion „DropActiveRole" deaktivieren.

Mit der Funktion „CheckAccess" ist eine Hilfsfunktion vorgesehen, mit der geprüft werden kann, ob der Benutzer in der Sitzung eine bestimmte Operation auf einem bestimmten Objekt ausführen könnte.

Berichtsfunktionen

Die Berichtsfunktionen tragen dazu bei, den Überblick über die Elemente und Zuordnungen zu behalten. Zwingend notwendig sind Funktionen, mit denen eine Liste der Zuordnungen zwischen Benutzern und Rollen erzeugt werden kann. Diese Aufgabe wird von zwei Funktionen wahrgenommen:

- *AssignedUsers* gibt die Benutzer zurück, die einer bestimmten Rolle zugeordnet sind.
- *AssignedRoles* gibt die Rollen zurück, die einem bestimmten Benutzer zugeordnet sind.

Daneben existieren sechs optionale Berichtsfunktionen:

- *RolePermissions* gibt die Berechtigungen zurück, die einer bestimmten Rolle zugeordnet sind.
- *UserPermissions* löst die Rollen auf und gibt die Berechtigungen zurück, die ein bestimmter Benutzer aufgrund seiner Rollen besitzt.
- *SessionRoles* gibt die Sitzungsrollen einer bestimmten Benutzersitzung zurück, d.h. die während der Sitzung aktiven Rollen.
- *SessionPermissions* löst die Sitzungsrollen auf und gibt die Berechtigungen zurück, die ein bestimmter Benutzer aufgrund der in der Sitzung aktiven Rollen besitzt.
- *RoleOperationsOnObject* gibt zurück, welche Aktionen eine bestimmte Rolle an einem bestimmten Objekt durchführen darf.
- *UserOperationsOnObject* gibt zurück, welche Aktionen ein bestimmter Benutzer aufgrund der ihm zugeordneten Rollen an einem bestimmten Objekt durchführen darf.

4.2 Hierarchical RBAC

Das Hierarchical RBAC kann als Erweiterung des Core RBAC angesehen werden. Die Struktur des Modells zeigt Abbildung 4.4.

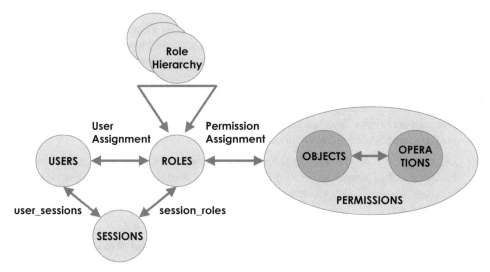

Abbildung 4.4: **Hierarchisches RBAC**

4.2.1 Referenzmodell

Die grundsätzliche Struktur des Core RBAC bleibt beim Hierarchical RBAC erhalten. Hinzu kommt die Fähigkeit, die Rollen in einer Hierarchie anzuordnen, diese Rollenhierarchie zu verwalten und Rollen zu vererben. Das Wesen von Rollenhierarchien wird in Kapitel 3 beschrieben.

Der Standard unterscheidet zwei Arten des Hierarchical RBAC:

- *General Hierarchical RBAC*
  Die Rollen können willkürliche hierarchische Beziehungen eingehen. Das bedeutet, dass eine Rolle mehrere übergeordnete Rollen besitzen kann (Multiple Inheritance).

- *Limited Hierarchical RBAC*
  Eine Reihe von Systemen sind nicht in der Lage, willkürliche hierarchische Beziehungen zu verwalten. Sie beschränken daher die hierarchischen Beziehungen entweder auf ein 1:n Verhältnis, d.h. eine Rolle darf n untergeordnete Rollen, aber nur eine übergeordnete Rolle besitzen, oder auf ein n:1 Verhältnis, d.h. eine Rolle darf nur eine untergeordnete Rolle besitzen. Damit ergibt sich eine einfache oder eine invertierte Baumstruktur .

4.2.2 Funktionale Spezifikation für das General Hierarchical RBAC

Administrative Funktionen

Da die Grundstruktur des Hierarchical RBAC und des Core RBAC identisch ist, finden die administrativen Kommandos des Core RBAC auch beim Hierarchical RBAC Anwendung. Darüber hinaus gibt es einige neue Funktionen:

- *AddInheritance* erzeugt eine neue direkte hierarchische Beziehung (r_asc >> r_desc) zwischen den beiden Rollen r_asc[3] und r_desc[4]. Der erste Parameter der Funktion gibt die übergeordnete Rolle r_asc an, der zweite die untergeordnete Rolle r_desc.
  Beide Rollen müssen als Element der Menge aller angelegten Rollen existieren und dürfen noch keine hierarchische Beziehung miteinander haben. Bestünde schon eine hierarchische Beziehung r_asc >> r_desc, dann wäre das Ausführen der Funktion obsolet. Bestünde schon eine Beziehung r_desc >> r_asc, dann entstünde mit dem Ausführen der Funktion eine Schleife, was verhindert werden muss.

- *DeleteInheritance* löscht die bestehende hierarchische Beziehung zwischen den im Funktionsaufruf angegebenen zwei Rollen. Beide Rollen müssen als Element der Menge aller angelegten Rollen existieren und r_asc muss r_desc direkt hierarchisch übergeordnet sein.

- *AddAscendant* Diese Funktion ist eine zusammengesetzte Funktion aus den Funktionen AddRole und AddInheritance. Sie legt eine neue Rolle an und platziert sie direkt übergeordnet zu der im Funktionsaufruf angegebenen Rolle.

- *AddAscendant* arbeitet analog zur Funktion AddAscendant, nur dass die neue Rolle nicht übergeordnet, sondern untergeordnet wird.

Unterstützende Systemfunktionen

Die Systemfunktionen des Core RBAC sind auch für das Hierarchical RBAC gültig. Die Funktionen CreateSession und AddActiveRole weisen gegenüber dem Core RBAC einige Änderungen auf.

Berichtsfunktionen

Auch für die Berichtsfunktionen gilt, dass die Funktionen des Core RBAC verfügbar sind. Zusätzlich sieht der Standard folgende Berichtsfunktionen vor:

- *AuthorizedUsers* liefert eine Liste der Benutzer, die für die angegebene Rolle autorisiert sind. Entweder sie haben die Rolle direkt zugeordnet (das entspräche dem Core RBAC) oder sie haben eine Rolle zugeordnet, die die angegebene Rolle geerbt hat.

---

[3] Von engl.: Ascendant (Überlegener)

[4] Von engl.: Descendant (Nachkomme)

- *AuthorizedRoles* macht das gleiche in umgekehrter Richtung, d.h. es wird eine Liste der Rollen zurückgeliefert, die für den angegebenen Benutzer autorisiert sind.

Die optionalen Berichtsfunktionen des Core RBAC bleiben gültig, aber dort, wo Rollen involviert sind, finden sich entsprechende Anpassungen.

Besonderheiten des Limited Hierarchical RBAC

Bei der administrativen Funktion *AddInheritance* ergibt sich durch die Beschränkung der Hierarchie eine zusätzliche Bedingung. Ist eine Beschränkung auf ein n:1 Verhältnis vorgesehen, darf die als übergeordnete Rolle vorgesehene Rolle keine untergeordneten Rollen besitzen.

Beim Löschen einer Rolle und dem damit verbundenen Löschen ihrer hierarchischen Beziehungen zu den ihr untergeordneten Rollen entsteht bei einer auf 1:n beschränkten Hierarchie das Problem, dass die untergeordneten Rollen die Anbindung in die Hierarchie verlieren und sozusagen „in der Luft hängen".

Daher werden für die untergeordneten Rollen nach dem Löschvorgang automatisch neue hierarchische Beziehungen erzeugt und zwar mit der Rolle, die der gelöschten Rolle übergeordnet ist.

4.3 Constrained RBAC

Das Constrained RBAC fügt dem RBAC-Modell eine in der Praxis wichtige Erweiterung hinzu: Funktionstrennung (Separation of Duty, SOD). Der RBAC-Standard unterscheidet zwei Arten von Funktionstrennung:

- Statische Funktionstrennung (Static Separation of Duty, SSD)
- Dynamische Funktionstrennung (Dynamic Separation of Duty, DSD)

Mit dem Prinzip der Funktionstrennung wird verhindert, dass ein Benutzer zwei Rollen ausübt, die in dieser Kombination nicht zusammenwirken dürfen. Ein einfach nachvollziehbares Beispiel sind die zwei Rollen „Antragsteller" und „Antrag-Genehmiger", die nicht in einer Person vereint werden dürfen, da sie sich sonst die eigenen Anträge genehmigen könnte.

Statische Funktionstrennung

Bei der Funktionalität der statischen Funktionstrennung werden die Rollenkombinationen zum Zeitpunkt des Anlegens der Rollenzuordnung geprüft. Abbildung 4.5 zeigt den Aufbau des RBAC-Modells mit statischer Funktionstrennung.

4 Role Based Access Control

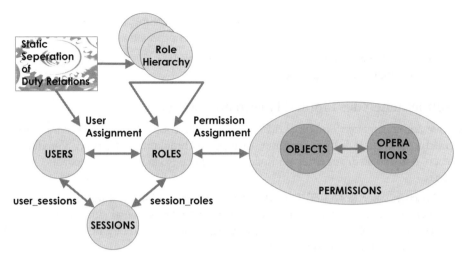

Abbildung 4.5: Statische Funktionstrennung

Wird versucht, einem Benutzer eine neue Rolle zuzuordnen, die mit einer bereits zugeordneten Rolle eine unzulässige Kombination bildet, dann wird das Anlegen der neuen Rolle verweigert.

Die statische Funktionstrennung eignet sich dann, wenn sich Rollen gänzlich ausschließen, d.h. wenn aus Gründen der Funktionstrennung auch ausgeschlossen ist, dass die Rollen sequentiell genutzt werden dürfen. Dies ist beim obigen Beispiel mit dem Antrag gegeben.

Dynamische Funktionstrennung

Für eine Reihe von Anwendungsfällen ist die statische Funktionstrennung eine zu starre Konstruktion. Tritt der Konflikt nur dann auf, wenn zwei sich ausschließende Rollen <u>gleichzeitig</u> genutzt werden, dann ist die dynamische Funktionstrennung das richtige Mittel.

Bei diesem Verfahren wird während der Sitzung geprüft, ob zwei Sitzungsrollen zusammenkommen, die nicht zusammenkommen dürfen. Diese zwei Rollen dürfen sehr wohl dem gleichen Benutzer zugeordnet und jede für sich (auch nacheinander) von der gleichen Person genutzt werden. Abbildung 4.6 zeigt den Aufbau des RBAC-Modells mit dynamischer Funktionstrennung. Es fällt auf, dass die Prüfung der Rollen im Vergleich zu Abbildung 4.5 an einer anderen Stelle stattfindet, nämlich bei den Sitzungsrollen, die ja nur während einer Benutzersitzung aktiv sind.

4..3 Constrained RBAC

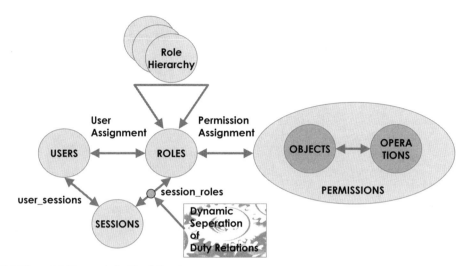

Abbildung 4.6: Dynamische Funktionstrennung

Ein Beispiel aus dem Alltag soll das verdeutlichen: Nehmen wir die beiden Rollen „Handy-Telefonierer" und „Autofahrer". Die statische Funktionstrennung würde sagen: Wenn du bereits die Rolle Autofahrer besitzt, verweigere ich die Zuordnung der Rolle Handy-Telefonierer und umgekehrt. Das bedeutet: Als Autofahrer bekomme ich erst gar kein Handy.

Die dynamische Funktionstrennung sagt: Du kannst mit dem Auto fahren. Du kannst mit dem Handy telefonieren. Während des Autofahrens darfst du aber nicht mit dem Handy telefonieren, also beides nicht gleichzeitig tun.

5 Berechtigungssteuerung

Eine der wichtigsten Aufgaben bei der Erstellung eines Berechtigungskonzepts ist die Konzeption der Berechtigungssteuerung. Die Berechtigungssteuerung legt den Weg von der Identität bis zur Berechtigung fest und sorgt dafür, dass die Berechtigungen unter Verwendung der in Kapitel 1 vorgestellten Gestaltungselemente schnell und effektiv vergeben werden können. Die Vergabe erfolgt durch Zuordnung der Identität bzw. Ressource zu den Gestaltungselementen oder Zuordnungen zwischen den einzelnen Gestaltungselementen.

5.1 Die zwei Seiten der Berechtigungsthematik

Wenn man in einem Satz zusammenfassen sollte, worum es in der Berechtigungsthematik geht, so könnte man sagen: „Es wird festgelegt, WER WO Berechtigungen besitzt". Damit ergeben sich zwei Seiten: Die Seite des „WER" bezieht sich auf die Identitäten, die Seite des „WO" dagegen auf die Ressourcen. Diese beiden Seiten sind in Abbildung 5.1 dargestellt.

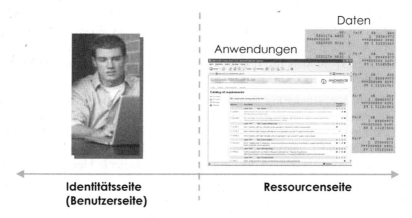

Abbildung 5.1: Identitäts- und Ressourcenseite

Der Grund für die Bildung dieser beiden Seiten liegt darin, dass jede Seite mit unterschiedlichen Steuerungsansätzen arbeitet. In der Konzeption der Berechtigungssteuerung wird festgelegt, welche dieser Steuerungsansätze auf welche Weise verwendet werden soll.

5.1.1 Seite der Identitäten

Wie der Name schon andeutet, ist auf dieser Seite der Ausgangspunkt die Identität. Identitätsbezogene Aspekte, wie beispielsweise die eindeutige Bezeichnung der Identitäten, werden auf dieser Seite bereits innerhalb des Identity Managements behandelt und sind daher nicht mehr Bestandteil der Konzeption der Berechtigungssteuerung.

Der Weg oder Pfad von der Identität bis zur Berechtigung startet in der identitätsbezogenen Sicht bei der Identität. Es werden daher zunächst Merkmale der Identitäten ermittelt, die zur Berechtigungssteuerung verwendet werden können. Solche Merkmale sind:

- *Eigenschaften*
  Jede Identität verfügt über eine Menge von Eigenschaften. Aus der Vielzahl von Eigenschaften werden diejenigen ausgewählt, die für die Berechtigungssteuerung relevant sind. Jede von diesen Eigenschaften wird als Attribut abgebildet. Die Attribute werden dann im Repository der Berechtigungsdaten abgelegt. Beispiele für solche Attribute sind: Der Standort eines Mitarbeiters oder der von einem Vertriebsmitarbeiter generierte Umsatz.

- *Funktionen und Tätigkeiten*
  Ein wesentlicher Ausgangspunkt für die identitätsbezogene Steuerung von Berechtigungen sind die Tätigkeiten bzw. Funktionen der Identitäten. Es wird ermittelt, welche Aufgaben eine Identität in ihrer geschäftlichen Funktion zu erfüllen hat. Ein Kassierer in einer Bank hat beispielsweise einen definierten Tätigkeitsumfang, für den Berechtigungen benötigt werden.

- *Zugehörigkeiten*
  Jede Identität besitzt zahlreiche Zugehörigkeiten im Unternehmen. Eine Identität könnte beispielsweise Mitglied der Werksfeuerwehr sein oder in einem Qualitätszirkel mitarbeiten. Aufgrund dieser Zugehörigkeiten können dann Berechtigungen vergeben werden, die sich auf Ressourcen beziehen, die nur von den zugehörigen Identitäten genutzt werden dürfen (z.B. das Führen eines Feuerwehrfahrzeugs).

Für die Berechtigungssteuerung werden dann die Merkmale durch verschiedene, identitätsnahe Gestaltungselemente (siehe Abbildung 5.2) auf der Seite der Identitäten abgebildet. Eine Eigenschaft wird meist als Attribut abgebildet, könnte aber auch über eine Zugehörigkeit abgebildet werden. Beispiel: Die Eigenschaft „Standort Heidelberg" kann auch formuliert werden als „gehört der Gruppe aller Mitarbeiter in Heidelberg an", gleiches gilt umgekehrt.

Bis zu diesem Punkt erfolgt die Konzeption unabhängig von den Ressourcen, d.h. es spielt noch keine Rolle, wo die Identitäten Berechtigungen besitzen.

5.1.2 Seite der Ressourcen

Auf der Seite der Ressourcen geht man von den Objekten aus, die den Identitäten zur Verfügung gestellt werden können. Im Falle von IT-Objekten sind dies Funktionen von Systemen und Anwendungen oder Daten und Inhalte.

In einem ersten Schritt werden die Funktionen und Inhalte ermittelt, die durch Berechtigungen geschützt werden sollen. Anschließend werden die Einzelberechtigungen für diese Funktionen und Inhalte entworfen, d.h. die verfügbaren Operationen werden definiert.

5.1 Die zwei Seiten der Berechtigungsthematik

Im zweiten Schritt werden aus den Einzelberechtigungen die ressourcennahen Gestaltungselemente gebildet. Im Vordergrund steht dabei die Frage, welche sinnvollen Einheiten sich bilden lassen, die dann en Bloc vergeben werden können.

Im Falle von Standardanwendungen sind meist sowohl die Einzelberechtigungen als auch die ressourcennahen Gestaltungselemente bereits durch den Hersteller vordefiniert. Man ist damit von den Möglichkeiten der Berechtigungssteuerung abhängig, die der Hersteller vorgesehen hat. Abbildung 5.2 zeigt zusammenfassend die beiden Seiten und die Gestaltungselemente, die auf der jeweiligen Seite zum Einsatz kommen.

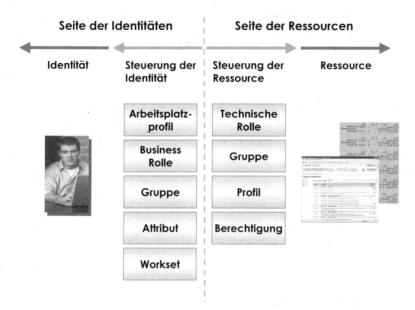

Abbildung 5.2: Gestaltungselemente in der Berechtigungssteuerung

Durch diese Struktur ergibt sich eine Dreistufigkeit zwischen der Identität und der Ressource, die oft als Pfad dargestellt wird. In Abbildung 5.3 ist ein solcher Pfad zu sehen. Dort besteht die erste und zweite Stufe der Einfachheit halber nur aus einem Gestaltungselement. In der Praxis finden sich dort mehrere Gestaltungselemente, die parallel und/oder seriell verknüpft sind.

5 Berechtigungssteuerung

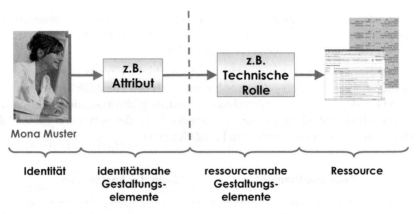

Abbildung 5.3: Berechtigungspfad

Ganz bewusst werden beide Seiten zunächst getrennt behandelt und erst dann verknüpft. Ziel ist es, die einzelnen Stufen voneinander zu entkoppeln und damit eine größere Unabhängigkeit und Flexibilität zu erzielen. Zudem wird die Berechtigungsstruktur einfacher.

5.2 Quelldaten

Die Berechtigungssteuerung basiert auf identitätsnahen und ressourcennahen Informationen. Diese Informationen werden in der Regel nicht durch das Berechtigungswesen angelegt bzw. geführt, sondern sind bereits im Unternehmen vorhanden. Es gilt daher, diese Informationen im Unternehmen zu ermitteln.

Beispiel: Aufgrund der Information, an welchem Standort ein Mitarbeiter beschäftigt ist, sollen Zugangsberechtigungen für Gebäude und Räume vergeben werden.

Die Standortinformation ist ein identitätsnahes Datum, das einer Identität einen Standort zuordnet. Entweder es existiert eine Datenbasis, die vom Standort ausgeht (z.B. eine Büroliste mit den Räumen und den ihnen zugeordneten Mitarbeitern oder ein Telefonbuch, in dem der Standort vermerkt ist) oder die Datenbasis geht von der Identität aus (z.B. Personalstammdaten, die den Standort enthalten).

In beiden Fällen muss sowohl die Identität als auch der Standort eindeutig identifiziert werden können. Das ist in der Praxis nicht ganz einfach. Betrachten wir die Büroliste in Abbildung 5.4. Die primären Informationen sind Ort und Raum, nach denen auch die Liste sortiert ist. Die aufgeführten Identitäten sind nur mit Vor- und Zuname geführt, was in größeren Unternehmen vor allem bei sehr gebräuchlichen Namen wie Schmidt, Müller usw. nicht für die Eindeutigkeit ausreicht.

Es darf für die Berechtigungssteuerung kein implizites Wissen verwendet werden. So könnte man implizit wissen, dass am Standort Petersberg die Marketingabteilung ihren Sitz hat und daher die Identität „Klaus Schmidt" nur ein Mitarbeiter der Marketingabteilung sein kann. Bei Umstrukturierungen, Umzügen o.ä. führt das aber immer zu Problemen.

Standort

Ort	Raum	Name	Vorname
Petersberg	B.108	Schmidt	Klaus
Petersberg	B.213	Kress	Diana
Petersberg	C.102	Tsolkas	Alexander
Petersberg	C.209	Schubert	Josef
Petersberg	E.102	Kopp	Susanne
Petersberg	G.322	Knöbl	Sabine

Abbildung 5.4: Büroliste

Daher muss mit der Stelle, die die Büroliste führt, abgesprochen werden, wie eine Identität eindeutig identifiziert werden kann. Falls ein unternehmensweites Schema für eindeutige Benutzernamen existiert (siehe dazu Kapitel 2), sollte es auf alle berechtigungsrelevanten Datenquellen angewendet werden.

Gibt es mehrere Datenquellen, in denen der Standort geführt wird, dann kann die Auswahl nach mehreren Kriterien erfolgen:

- Welche der Datenquellen ist vollständiger? Wo finden sich die meisten Mitarbeiter?
- Welche der Datenquellen besitzt die höhere Aktualität / Datenqualität? Wo ist der bessere Pflegeprozess implementiert?
- Welche Datenquelle ist technisch oder unternehmenspolitisch besser zugänglich oder leichter zu verarbeiten?

Wird die Standortinformation in keiner Datenquelle geführt, ist zu prüfen, ob der Standort aus anderen Informationen abgeleitet werden kann (z.B. Festnetznummer) oder als eigenes Datum erhoben werden soll. Bei der Erhebung muss der Pflegeprozess von Anfang an mit konzipiert werden.

5.2.1 Personaldaten

Die wichtigste Datenquelle für die identitätsnahe Berechtigungssteuerung ist das Personalverzeichnis, denn hier finden sich die Mitarbeiterdaten, die, was die Stammdaten angeht, auch meist aktuell sind. Änderungen von Personaldaten, wie etwa eine Namensänderung infolge einer Eheschließung, werden als Erstes im Personalwesen erfasst. Neue Mitarbeiter sind nur dort zu finden.

5 Berechtigungssteuerung

In welcher Form die Datenbasis geführt wird, d.h. ob die Daten in einem ERP-Modul, einem Personalsystem, einer Personaldatenbank oder einer eigenentwickelten Personalverwaltung existieren, ist vom konzeptionellen Standpunkt her unerheblich. Für die Umsetzung und technische Anbindung ist diese Frage später jedoch sehr wichtig.

Personaldatenbanken sind in vielen Unternehmen „heilige" Datenbestände und die Personalleiter ihre mächtigen Wächter. Das ist gut so, denn sonst wäre es um die Konsistenz der Personaldaten schlecht bestellt. Dennoch hat diese Sicht vor allem den Nachteil, dass alle in der Personaldatenbank geführten Daten vom Personalbereich gepflegt werden müssen. Besonders bei der laufenden Pflege von organisatorischen Personaldaten (z.B. die Telefonnummer) ist dies nicht sehr sinnvoll, denn die Änderungen solcher Daten entstehen an anderen Stellen im Unternehmen, so dass die dortigen Datenquellen aktueller sind.

Es wäre in vielen Fällen wünschenswert, solche Daten der Personaldatenbank mit anderen, besser gepflegten Datenbeständen zu synchronisieren. Doch automatische Synchronisationen haben auch so ihre Macken. Neben dem erwähnten Problem der eindeutigen Identifizierung der Identitäten sind es vor allem Software- oder Konzeptfehler, die bei automatisierten Prozessen dazu führen können, dass Daten gelöscht oder unsinnige Inhalte geschrieben werden. Ein schreibender Zugriff auf den Personaldatenbestand wird daher oft abgelehnt.

Was bleibt, ist ein Export der Daten, um sie als Grundlage für die Berechtigungssteuerung zu verwenden, was in den meisten Fällen möglich ist. Aus den Exporten müssen Veränderungen erkannt und in entsprechende Aktionen (anlegen, ändern, löschen) umgesetzt werden (siehe Abbildung 5.5).

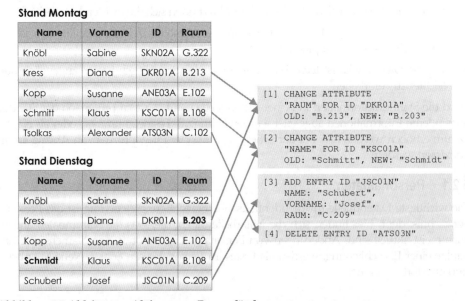

Abbildung 5.5: Ableiten von Aktionen aus Personaländerungen

Die aus den Datenexporten abgeleiteten Aktionen stellen lediglich Änderungsmeldungen dar. Es sind keine Kommandos, die unmittelbar umgesetzt werden, sondern stoßen die Verarbeitung im Provisioning an (siehe Kapitel 6). Dort wird auf der Grundlage von Regeln und Policies entschieden, ob die Änderungen umgesetzt werden.

5.2.2 Organisationsdaten

In der Regel basiert die Vergabe von Berechtigungen an eine Identität auf der organisatorischen Einbindung dieser Identität. Wie bei der klassischen Unternehmensorganisation werden auch hier die Aufbau- und die Ablauforganisation unterschieden.

- *Aufbauorganisation (Statik)*
  Berechtigungen basieren in diesem Fall auf der Position der Identität in der Unternehmensorganisation, so wie sie durch ein Organigramm o.ä. manifestiert ist. Auch die Zugehörigkeit zu einem Bereich, einer Abteilung o.ä. kann für die Berechtigungsvergabe verwendet werden.

- *Ablauforganisation (Dynamik)*
  Die Berechtigungen orientieren sich daran, wie die Identität im Unternehmenskontext agiert, d.h. welche Tätigkeiten sie durchführt, welche Aufgaben an sie gestellt werden und in welche Prozesse sie eingebunden ist.

Normalerweise arbeiten beide Organisationsarten zusammen, d.h. ein Mitarbeiter wird in der Aufbauorganisation mit den nötigen Kompetenzen ausgestattet, die er dann im Ablauf durch den Einsatz von Befugnissen zur Erfüllung seiner Aufgaben wahrnimmt.

Beispiel: Ein Gebäudeverantwortlicher wird aufgrund seiner aufbauorganisatorischen Position einen Generalschlüssel für das Gebäude erhalten, auch wenn seine Tätigkeit ablauforganisatorisch keine Aufgaben enthält, für die er alle Räume betreten muss. Für die Reinemachefrau gilt das gleiche umgekehrt. Sie erhält den Schlüssel, weil sie ablauforganisatorisch den Zutritt benötigt.

Die Informationen über die aufbauorganisatorischen Positionen und ablauforganisatorischen Funktionen stellen Organisationsdaten dar, für die es in vielen Unternehmen eigene Datenquellen gibt (Organisationsdatenbanken, Organisations-Informationssysteme usw.).

Die darin geführten Organisationsdaten dienen zum einen zur Dokumentation der Organisationsstruktur, zum anderen stellen die verwendeten Namen auch Bezeichner dar, die in anderen Datenquellen benützt werden, um auf die jeweilige Position oder Funktion zu verweisen (z.B. Stellenschlüssel, Filialnamen, Abteilungskennzeichen etc.). Es ist darauf zu achten, dass diese Bezeichnungen im ganzen Unternehmen einheitlich, d.h. überall gleich, verwendet werden.

5.2.3 Systemdaten

Systemdaten sind Daten, die die jeweilige IT-Ressource betreffen. Beispiele sind Accountdaten, Informationen über Benutzeraktivitäten oder Systemzustandsdaten. Die Ressource, in unserem Fall ein IT-System, kann im Bezug auf das Berechtigungskonzept sowohl Datenempfänger (z.B. bei Änderungen von Accountdaten) als auch Datengeber (z.B. für die aktuell ausgeübten Rollen) sein. Die vom System gelieferten Daten können im Berechtigungssystem in Form von Attributen in das Regelwerk eingebunden werden. Das ist wichtig, um Funktionen wie „Dynamic Separation of Duty" (DSD, siehe Abschnitt 5.3) realisieren zu können.

5.2.4 Applikationsdaten

Anders als plattformorientierte Systemdaten beziehen sich Applikationsdaten direkt auf die Anwendung. Ein Beispiel für solche Daten sind die in der Applikation verwalteten Berechtigungen. Auch eine Applikation kann datengebend sein, indem Daten über die Applikation oder die Identität in einem Repository abgelegt und über eine Schnittstelle zugreifbar gemacht werden. Beispiele sind der Zeitpunkt des letzten Login der Identität oder die Länge des verwendeten Passworts. Sind solche Daten auslesbar, können sie in der Berechtigungssteuerung verwendet oder auf Konformität mit bestehenden Policies geprüft werden.

5.3 Rollenbasierte Berechtigungssteuerung

Die Steuerung von Berechtigungen mit Hilfe von Rollen ist die derzeit populärste Art der Berechtigungssteuerung. Die Hersteller moderner Softwaresysteme sind dazu übergegangen, die Möglichkeit zur Rollensteuerung in ihre Systeme aufzunehmen. Man spricht in diesem Fall von einem RBAC-fähigen System. Der Begriff RBAC steht für Role Based Access Control. Dieses Konzept wird in Kapitel 4 näher erläutert.

Entkopplung von Identität und Berechtigung

Die Rollensteuerung entkoppelt die Identität von der Berechtigung. Eine Berechtigung wird nicht direkt an eine Identität vergeben, sondern an eine Rolle. Die Inhaber einer Rolle verfügen über alle Berechtigungen, die dieser Rolle zugewiesen wurden. Dieses Prinzip zeigt Abbildung 5.6.

5.3 Rollenbasierte Berechtigungssteuerung

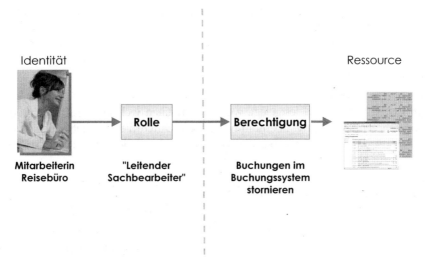

Abbildung 5.6: Rollenbasierte Berechtigungssteuerung

Die Ressourcen „kennen" keine Identitäten, nur Rollen. Andererseits werden die Identitäten im Regelfall nicht mit den Einzelberechtigungen konfrontiert. Diese Entkopplung besitzt mehrere Vorteile, die in Abschnitt 4.1 genannt werden.

Etablierung einer Rollensteuerung

Der Aufbau einer rollenbasierten Berechtigungssteuerung erfolgt in mehreren Schritten:

1. *Aufbau- und ablauforganisatorische Analyse*
   Berechtigungen schützen Ressourcen vor unberechtigtem Zugriff und erlauben den Zugriff für befugte Identitäten, damit diese ihre Tätigkeiten gemäß ihrer Position im Unternehmen wahrnehmen können. Dazu ist es notwendig, aus den Stellen, Prozessen und Tätigkeiten die genutzten Ressourcen und die in den Ressourcen benötigten Funktionen und Inhalte zu ermitteln. Dies geschieht in einer aufbau- und ablauforganisatorischen Analyse.

2. *Festlegen des Rechteumfangs*
   Aufgrund der ermittelten Ressourcen und den darin benötigten Funktionen und Inhalten werden die notwendigen Berechtigungen formuliert. Die für die Ausführung eines Arbeitsganges benötigten Berechtigungen werden auf der Ressourcenseite zusammengefasst.

3. *Definition von Rollen*
   Ebenfalls aus der Analyse heraus wird für ein bestimmtes Tätigkeitsprofil eine Business-Rolle geschaffen. Maßgebend für die neue Rolle ist das Rollenkonzept (siehe Kapitel 3).

5 Berechtigungssteuerung

4. *Zuordnung der Berechtigungen*
   Die zu dem jeweiligen Tätigkeitsprofil passenden Berechtigungsbündel für die Arbeitsgänge werden der entsprechenden Rolle zugeordnet. Durch die Zuordnung zur Rolle statt der Zuordnung zur Identität sinkt zum einen die Komplexität der Berechtigungspfade, zum anderen können die Berechtigungen eleganter und schneller vergeben werden.

5. *Zuordnung der Identitäten*
   Im letzten Schritt wird festgelegt, welche Identitäten welche Rollen im Unternehmen übernehmen sollen bzw. übernommen haben. Durch die identitätsseitige Zuordnung bekommt die Identität alle Berechtigungen, die der Rolle von Seiten der Ressourcen bereits zugeordnet wurden.

Zusammenspiel mit dem Provisioning

Wie in Kapitel 6 beschrieben wird, ist es die Aufgabe des Provisioning, eine Identität mit den erforderlichen Berechtigungen zu versorgen. Das Zusammenspiel zwischen Berechtigungssteuerung und Provisioning soll hier am Beispiel der rollenbasierten Berechtigungssteuerung dargestellt werden.

Abbildung 5.7 zeigt, an welchen Stellen im Berechtigungspfad das Provisioning anknüpft.

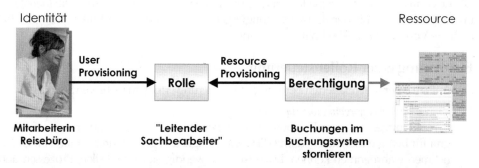

Abbildung 5.7: Zuordnung über das Provisioning

Weiter oben wurde erklärt, dass die auf der Ressourcenseite gebildeten Berechtigungsbündel oder -pakete der Rolle zugeordnet werden und dass aufgrund dieser Zuordnung die Rolle über diese Berechtigungen verfügt. Statisch gesehen ist das korrekt. Dass eine Rolle über eine Berechtigung verfügt heißt aber nicht, dass sie die Berechtigung auch zu jedem Zeitpunkt wahrnehmen darf. Dafür gibt es mehrere Gründe:

- *Unzulässige Rechtekombinationen*
  Einer Identität sind oft mehr als eine Rolle zugeordnet. Dadurch können auf der Ebene der Berechtigungen unzulässige Rechtekombinationen entstehen. Wird ein dynamisches Berechtigungs- bzw. Provisioningsystem eingesetzt, kann die dynamische Prüfung dazu

führen, dass die Ausübung bestimmter Berechtigungen nicht gestattet wird (dynamische Funktionstrennung, siehe Abschnitt 5.3).

- *Unerfüllte Policy-Bedingungen*
  Ein Provisioning-System arbeitet mit Policies. Diese Policies legen fest, unter welchen Bedingungen Berechtigungen genutzt werden dürfen. Ergibt die dynamische Prüfung, dass nicht alle Policy-Bedingungen erfüllt sind, dann kann die Ausübung bestimmter Rollen oder Berechtigungen verweigert werden.

- *Ausnahmezustände*
  Die Ausübung der Berechtigungen beziehen sich auf den Regelbetrieb. Ist der Regelbetrieb nicht mehr gegeben (z.B. indem sich die Umgebung in einem akuten Notfall befindet), dann kann die Ausübung von bestimmten oder von allen Rollen unterbunden sein.

- *Sicherheitssperren*
  Eine bekannte Maßnahme ist das Sperren von Zugängen nach einer festgelegten Anzahl von Fehlversuchen bei der Anmeldung. Es liegt auf der Hand, dass nach einer solchen Sperrung die Rollen nicht mehr ausgeübt werden können.

Das Resource Provisioning teilt sich in zwei Teile:

1. Der erste Teil ist der konzeptionelle Designprozess der Statik, der im Vorfeld der Berechtigungsvergabe stattfindet. Dabei werden die einzelnen Berechtigungspfade oft isoliert voneinander betrachtet und die Berechtigungen strikt bottom-up zusammengefasst.
   Doch bereits bei der Konstruktion der Statik ist zu empfehlen, diese auf unerwünschte Kombinationen von Berechtigungen zu kontrollieren. Unzulässige statische Rechtekombinationen sind Berechtigungskonstellationen, die nicht zusammenkommen dürfen und zwar unabhängig davon, ob sie gleichzeitig oder nacheinander genutzt werden (siehe Abschnitt 5.3).

2. Der zweite Teil besteht im dynamischen Prozess der Rechteprüfung und -freigabe. Zu dem Zeitpunkt, an dem eine Berechtigung angefordert wird, wird geprüft, ob mit der Freischaltung der Berechtigung eine unzulässige Rechtekombination entstehen würde. Unzulässige dynamische Rechtekombinationen sind Berechtigungskonstellationen, die zwar statisch in einer Identität vereint werden, aber nicht gleichzeitig genutzt werden dürfen (siehe Abschnitt 5.3).

Verwendung von technischen Rollen

Bislang wurde ausschließlich der allgemeine Begriff der „Rolle" verwendet und darunter die tätigkeitsorientierte Beschreibung einer Identität verstanden. Diese Begriffsdeutung soll nun etwas präziser als „Business-Rolle" bezeichnet werden. Der Grund dafür ist, dass mit der „technischen Rolle" noch eine weitere Rollenart existiert.

Das Gestaltungselement der technischen Rolle wird benutzt, um den Funktionsumfang in einer IT-Anwendung festzulegen, den eine Identität wahrnehmen kann, wenn sie diese technische Rolle besitzt. Eine der gebräuchlichsten technischen Rollen ist die Rolle „Administrator" in IT-Systemen, so wie sie auch in Abbildung 5.8 zu sehen ist.

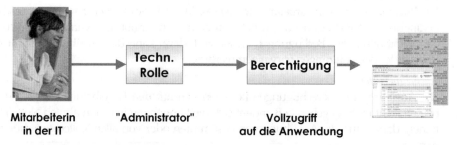

Abbildung 5.8: Einsatz von technischen Rollen in der Berechtigungssteuerung

Auch wenn die Darstellung in Abbildung 5.8 dazu verleitet, die technische Rolle auf der Seite der Identitäten zu sehen, so gehört sie doch auf die Seite der Ressourcen, denn sie ist unabhängig von identitätsbezogenen Merkmalen. Mit der technischen Rolle werden, ähnlich wie bei einem Profil, lediglich mehrere Einzelberechtigungen zusammengefasst und gemeinsam behandelt.

Denkt man den rollenbasierten Gedanken zu Ende, dann existiert auf der Identitätsseite die Business-Rolle, die über eine technische Rolle in die jeweilige IT-Anwendung abgebildet wird. Der sich ergebende Berechtigungspfad ist in Abbildung 5.9 dargestellt. Dort ist im Buchungssystem die technische Rolle „Reisemanager" vorhanden.

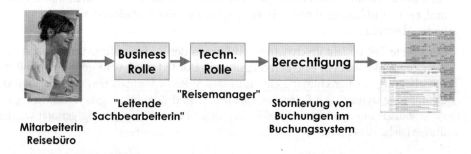

Abbildung 5.9: Kombination von Business-Rolle und technischer Rolle

In vielen IT-Systemen und -Anwendungen sind technische Rollen bereits standardmäßig vorhanden. Entweder sind sie fest vorgegeben oder es existieren vordefinierte Vorschläge.

5.4 Attributsbasierte Berechtigungssteuerung

Attribute wurden bereits im Zusammenhang mit identitätsbezogenen Merkmalen beschrieben. Diese Merkmale werden zur Berechtigungssteuerung derjenigen Berechtigungen verwendet, für die das Merkmal den entscheidenden Faktor darstellt. Ein Beispiel ist in Abbildung 5.10 zu sehen.

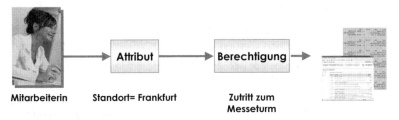

Abbildung 5.10: Attributsbasierter Berechtigungspfad

Ausgehend von der Annahme, dass das Unternehmen in Frankfurt nur ein Büro im Messeturm besitzt, könnte die Frage, ob die Mitarbeiterin eine Zutrittsberechtigung zum Messeturm erhält, aufgrund des Standortattributs beantwortet bzw. entschieden werden. Es wäre also unerheblich, welche Funktion die Identität (im Beispiel die Mitarbeiterin) im Unternehmen ausübt oder zu welcher Abteilung sie gehört.

Die für die Berechtigungssteuerung genutzten Attribute müssen zu den Berechtigungen passen, d.h. exakt den Kreis der Identitäten adressieren, die die Berechtigung besitzen sollen. Da oft bereits bestehende Attribute genutzt werden, die nicht für die Berechtigungssteuerung vorgesehen wurden, muss sorgfältig geprüft werden, welche Identitäten über diese Attribute verfügen, damit der Kreis der Identitäten für eine Berechtigung nur diejenigen Identitäten umfasst, die die Berechtigungen auch tatsächlich benötigen.

In Abbildung 5.11 ist am Beispiel einer Bank eine falsch gewählte Attributssteuerung zu sehen. Um zu verhindern, dass Mitarbeiter aus anderen Regionen Zugriff auf Konten im Rhein-Main Gebiet haben, wurde über das Standort-Attribut gesteuert. Über dieses Standortattribut, das Bestandteil der Personalstammdaten ist, verfügen jedoch alle Mitarbeiter.

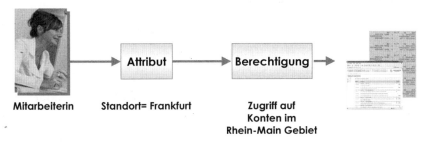

Abbildung 5.11: Unpassende Attributssteuerung

5 Berechtigungssteuerung

Daraus ergibt sich, dass auch Mitarbeiter, die mit der Kontoverwaltung nichts zu tun haben (Hausmeister, Sekretärin) auf Konten im Rhein-Main Gebiet zugreifen dürfen, was natürlich Unsinn ist. Hier passt der Kreis der Identitäten, die über das berechtigungsgebende Attribut verfügen, nicht. Für die beschriebene Situation gibt es mehrere Lösungen:

1. Es wird ein Attribut benutzt bzw. eingeführt, über das nur die zu berechtigenden Identitäten verfügen. So könnte es zum Beispiel das Attribut „Kontogebiet" geben, über das der Hausmeister nicht verfügt.
2. Statt die Berechtigungssteuerung nur auf ein einziges Attribut zu stützen, könnten zwei oder mehr Attribute genutzt werden. So könnte es zusätzlich zum Standortattribut noch ein Attribut „kontenberechtigt" geben. Nur Identitäten, die über beide Attribute verfügen, bekämen die Berechtigung.
3. Es werden mehrere, verschiedene Gestaltungselementen verwendet. Diesen Ansatz zeigt Abbildung 5.12, wo nur Kontoführer in Frankfurt berechtigt werden.

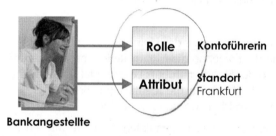

Abbildung 5.12: Verwendung mehrerer Gestaltungselemente

Die Verwaltung der Attribute spielt ebenfalls eine große Rolle in der attributsbasierten Berechtigungssteuerung. Es ist zu klären, woher die Attribute und ihre Werte kommen, wer sie nach welchen Kriterien pflegt und wie aktuell sie sind. In manchen Fällen ahnt derjenige, der ein Attribut pflegt, gar nicht, dass es auch für die Berechtigungssteuerung eingesetzt wird.

Wird die Struktur eines Attributwertes für die Berechtigungssteuerung ausgenutzt, dann müssen alle Attributwerte über diese Struktur verfügen und die Struktur muss über die Zeit konsistent gehalten werden (siehe Abbildung 5.13).

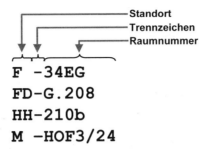

F -34EG
FD-G.208
HH-210b
M -HOF3/24

Abbildung 5.13: Ausnutzung der Attributsstruktur

Ein Attribut besteht hier aus den drei Komponenten Standort, Trennzeichen und Raumnummer. Damit die Attribute automatisiert ausgewertet werden können, muss jedes Attribut nach diesem Schema aufgebaut sein.

Für den Standort wurde hier das Kürzel des Autokennzeichens der jeweiligen Stadt (Frankfurt, Fulda, Hamburg und München) verwendet, so dass in kurzer, prägnanter Form klar wird, um welche Stadt es sich handelt. Käme aber ein neuer Standort hinzu, der über kein eigenes Autokennzeichen verfügt, sondern nur über ein Kreiskennzeichen (z.B. VB für Vogelsbergkreis), dann ginge dieser Vorteil verloren.

In Abbildung 5.13 ist es ausreichend, zwei Zeichen für den Standort vorzusehen. Reicht dies nicht mehr aus, weil ein dreistelliges Kennzeichen hinzukommt, wie z.B. für den Wartburgkreis (Kennzeichen WAK), dann muss die Struktur aller Attribute geändert und die Logik aller an der Verarbeitung der Attribute betroffenen Programme angepasst werden. Das kann in der Praxis recht aufwändig sein, daher ist es besser, von vornherein ausreichend Raum für die Daten einzuplanen.

5.5 Gruppenbasierte Berechtigungssteuerung

Das berechtigungssteuernde Merkmal bei der gruppenbasierten Berechtigungssteuerung ist, wie der Name schon andeutet, die Zugehörigkeit der Identität zu einer bestimmten Gruppe. Eine Gruppe ist die Zusammenfassung von mehreren Identitäten, die über eine Gemeinsamkeit verfügen. Dies kann eine gemeinsame Gehaltsgruppe, der gleiche Standort oder bestimmte Kompetenzen (z.B. Unterschriftsberechtigungen) sein. Im Unterschied zur Attributssteuerung müssen keine Daten bei der Identität geführt werden.

Abbildung 5.14 zeigt einen gruppenbasierten Berechtigungspfad. Alle Mitarbeiter mit außertariflicher Bezahlung (AT-Mitarbeiter) führen in diesem Beispiel ein persönliches Jahres-Zeitkonto mittels einer dafür genutzten IT-Anwendung. Umgekehrt heißt das: Der grundsätzliche Zugriff auf diese IT-Anwendung ist allen AT-Mitarbeitern gestattet.

5 Berechtigungssteuerung

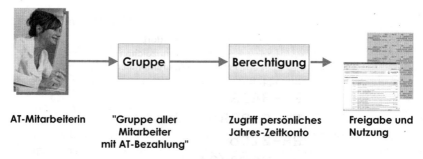

AT-Mitarbeiterin — "Gruppe aller Mitarbeiter mit AT-Bezahlung" — Zugriff persönliches Jahres-Zeitkonto — Freigabe und Nutzung

Abbildung 5.14: Gruppenbasierte Berechtigungssteuerung

Es wird zunächst die Gruppe „Alle Mitarbeiter mit AT-Bezahlung" gebildet. Der Bezeichner für die Gruppe muss eindeutig sein. Die Gruppe wird in den benötigten IT-Systemen angelegt und die entsprechenden Identitäten zugeordnet und damit in die Gruppe aufgenommen. Auch hier muss geprüft werden, aus welcher Quelle die Identitätsdaten stammen, die für die Aufnahme der Identität in die Gruppe genutzt werden, wer der Eigentümer dieser Quelle ist, in welcher Qualität die Daten vorliegen und wie der Pflegeprozess organisiert ist.

Da eine Gruppe eine lose Zusammenfassung von Identitäten darstellt, ist die gruppenbasierten Berechtigungssteuerung einfacher als beispielsweise die rollenbasierte Berechtigungssteuerung. Außerdem kann sie gut in der IT verankert werden, denn Gruppen werden schon seit langem in der IT verwendet (z.B. im UNIX-Betriebssystem). Das verführt dazu, sich auf die gruppenbasierte Berechtigungssteuerung zu konzentrieren, doch hier ist Vorsicht geboten. In der Praxis besteht die Gefahr, für jeden Zweck kurzerhand eine eigene Gruppe zu definieren. So entsteht schnell eine große Anzahl von Gruppen, die keiner mehr überblickt. Wenn dann komplexe Berechtigungslogiken auf die Gruppen angewendet werden, wird das Ganze undurchschaubar.

5.6 Kombinierte Berechtigungssteuerung

Dieser Ansatz wird verwendet, wenn eine reine rollen-, attributs- oder gruppenbasierte Berechtigungssteuerung allein nicht mehr ausreicht.

Verknüpfung von Gestaltungselementen

Fließen mehrere Elemente in die Berechtigungsentscheidung ein, dann müssen sie miteinander verknüpft werden. Dies geschieht mit Hilfe von Verknüpfungselementen, die innerhalb des Provisioning verwendet werden, um zu entscheiden, ob eine Berechtigung erteilt wird oder nicht. Abbildung 5.15 zeigt den Aufbau eines solchen Verknüpfungselements.

Ein Verknüpfungselement kann über mehrere Eingänge verfügen, besitzt aber nur einen einzigen Ausgang. An jedem Eingang eines Verknüpfungselements liegt ein Zustand

5.6 Kombinierte Berechtigungssteuerung

(condition) an, der eine Aussage darstellt. Beispiele: „Die Identität besitzt die Rolle Brandschutzbeauftragter" oder „Die aktuelle Uhrzeit ist 17:15 Uhr". Zustände können auch ausschließend formuliert sein, z.B.: „Standort ist nicht Frankfurt".

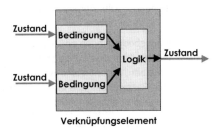

Abbildung 5.15: Aufbau eines Verknüpfungselements

Der Zustand alleine sagt jedoch noch nichts darüber aus, ob er geeignet ist, die Berechtigung zu erwirken. Deshalb existiert zu jedem Eingang eine Bedingung. Die Bedingung gibt an, welcher Zustand vorliegen muss, damit die Berechtigung erteilt wird.

Beispiel: Ein Eingangszustand sei „Die aktuelle Uhrzeit ist 17:15 Uhr". Die Eingangsbedingung könnte sein: „Die aktuelle Uhrzeit muss nach 18 Uhr liegen". Damit wäre die Bedingung nicht erfüllt und die Berechtigung würde nicht erteilt.

Die Bedingungen werden im Verknüpfungselement logisch miteinander verknüpft, so wie man es aus der Digitaltechnik[1] oder von Programmiersprachen her kennt. Infolge der Verknüpfung ergibt sich am Ausgang entweder ein berechtigungserteilender oder ein berechtigungsverweigernder Zustand. In Tabelle 1 sind die wichtigen Grundverknüpfungen aufgeführt.

Tabelle 1: Logische Elemente in der Berechtigungssteuerung

Kürzel und Symbol	Wirkung
UND &	Die Berechtigung wird erteilt, wenn alle Eingangsbedingungen erfüllt sind. Beispiel aus Abbildung 5.17: „Wenn die Identität über die Rolle Außendienstmitarbeiterin **UND** das Attribut ‚Umsatz ist größer als 15000€' verfügt, wird die Berechtigung für einen BMW-Roadster als Dienstwagen erteilt".
ODER ≥1	Für die Erteilung der Berechtigung muss die Identität mindestens eine der Eingangsbedingungen erfüllen. Beispiel: „Wenn das Verkaufsgebiet den Vogelsbergkreis **ODER** den Main-Kinzig Kreis ODER beide Kreise umfasst, dann wird die Berechtigung für das Bundesland Hessen in der Sales-Anwendung erteilt".

---

[1] Aus diesem Bereich stammt die Symbolik

5 Berechtigungssteuerung

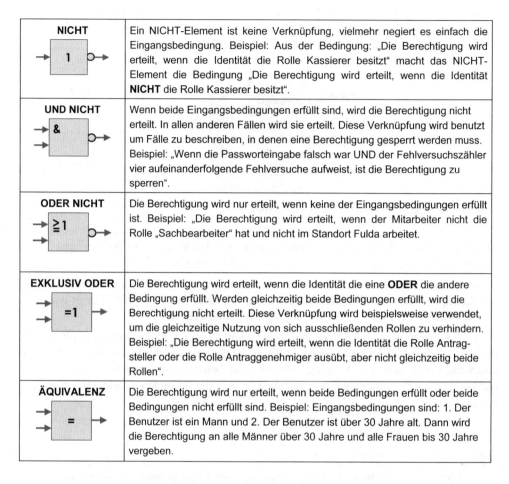

NICHT		Ein NICHT-Element ist keine Verknüpfung, vielmehr negiert es einfach die Eingangsbedingung. Beispiel: Aus der Bedingung: „Die Berechtigung wird erteilt, wenn die Identität die Rolle Kassierer besitzt" macht das NICHT-Element die Bedingung „Die Berechtigung wird erteilt, wenn die Identität **NICHT** die Rolle Kassierer besitzt".
UND NICHT		Wenn beide Eingangsbedingungen erfüllt sind, wird die Berechtigung nicht erteilt. In allen anderen Fällen wird sie erteilt. Diese Verknüpfung wird benutzt um Fälle zu beschreiben, in denen eine Berechtigung gesperrt werden muss. Beispiel: „Wenn die Passworteingabe falsch war UND der Fehlversuchszähler vier aufeinanderfolgende Fehlversuche aufweist, ist die Berechtigung zu sperren".
ODER NICHT		Die Berechtigung wird nur erteilt, wenn keine der Eingangsbedingungen erfüllt ist. Beispiel: „Die Berechtigung wird erteilt, wenn der Mitarbeiter nicht die Rolle „Sachbearbeiter" hat und nicht im Standort Fulda arbeitet.
EXKLUSIV ODER		Die Berechtigung wird erteilt, wenn die Identität die eine **ODER** die andere Bedingung erfüllt. Werden gleichzeitig beide Bedingungen erfüllt, wird die Berechtigung nicht erteilt. Diese Verknüpfung wird beispielsweise verwendet, um die gleichzeitige Nutzung von sich ausschließenden Rollen zu verhindern. Beispiel: „Die Berechtigung wird erteilt, wenn die Identität die Rolle Antragsteller oder die Rolle Antraggenehmiger ausübt, aber nicht gleichzeitig beide Rollen".
ÄQUIVALENZ		Die Berechtigung wird nur erteilt, wenn beide Bedingungen erfüllt oder beide Bedingungen nicht erfüllt sind. Beispiel: Eingangsbedingungen sind: 1. Der Benutzer ist ein Mann und 2. Der Benutzer ist über 30 Jahre alt. Dann wird die Berechtigung an alle Männer über 30 Jahre und alle Frauen bis 30 Jahre vergeben.

Die Formulierung der Bedingungen eines Berechtigungspfades wird als Regel (Rule) bezeichnet. Beispiele für Regeln sind die in Tabelle 1 formulierten Bedingungen. Spezialisierte Berechtigungssysteme verfügen über Eingabemasken, mit denen die Regeln softwaretechnisch hinterlegt werden. Abbildung 5.16 zeigt dazu ein Beispiel (Rule Builder der Fa. Novell).

5.6 Kombinierte Berechtigungssteuerung

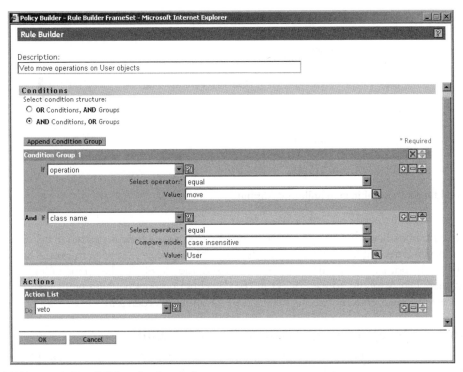

Abbildung 5.16: Regelbildung in einer Software

Die Gesamtheit aller Regeln formt das Regelwerk (Rule Engine), auf dem die Logik der Berechtigungssteuerung basiert. Je nach Philosophie des Regelwerks kann es Abhängigkeiten zwischen Regeln geben, Regeln können auf anderen Regeln aufbauen und ihrerseits andere Regeln beeinflussen.

Kombination zweier Gestaltungselemente

Eine Kombination, die man recht häufig antrifft, ist die Kombination der rollen- und attributsbasierten Berechtigungssteuerung, so wie sie in Abbildung 5.17 zu sehen ist.

5 Berechtigungssteuerung

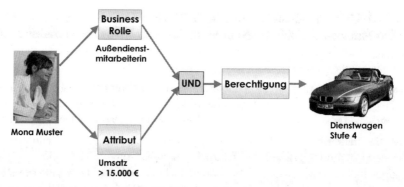

Abbildung 5.17: Kombination Rolle und Attribut

Diese Kombination wird oft verwendet, wenn eine Rollensteuerung angestrebt wird, aber für bestimmte Berechtigungen weitere Informationen hinzugezogen werden müssen. Die Rolle bleibt das primäre Gestaltungselement, während die Attribute das „Finetuning" übernehmen. Die Attribute können direkt in die Berechtigungsentscheidung einfließen oder in einem vorgelagerten Schritt bereits miteinander verknüpft worden sein.

Komplexere Steuerungsstruktur mit Zugriffspolitik

Eine Identität verfügt in der Regel über eine Vielzahl von Merkmalen, die zur Berechtigungssteuerung verwendet werden. Je nachdem, ob Zugehörigkeiten, Tätigkeiten oder Eigenschaften im Vordergrund stehen, werden als Gestaltungselemente Gruppen, Rollen oder Attribute benutzt.

Innerhalb der Berechtigungssteuerung speisen diese Elemente die Zustände in das Regelwerk (Rule Engine) ein. Das Regelwerk enthält die einzelnen Regeln (Policy Rules) der Zugriffspolitik (Access Policy). Die Regeln werden in der Rule Engine verarbeitet und sind die Grundlage für die Berechtigungsentscheidung.

Regel-Beispiel: „Die Berechtigung für Buchungsstornierungen von Mittelmeerkreuzfahrten besitzen nur leitende Sachbearbeiter außerhalb Münchens, die für Kreuzfahrten im Gebiet Mittelmeer zuständig sind. Stornierungen können nur während der Saison von April bis September durchgeführt werden".

Für die Umsetzung dieser Regel werden mehrere Informationen benötigt:

- Die aufbauorganisatorische Funktion der Mitarbeiter
- Die Standorte der Mitarbeiter
- Die Zuständigkeit nach der Reisekategorie (Pauschalreisen, Wellnessurlaub, Aktivurlaub, Kreuzfahrten, Clubreisen usw.)
- Die geografische bzw. regionale Zuständigkeit der Mitarbeiter
- Der aktuelle Monat zum Zeitpunkt der Zugriffsanforderung

5.6 Kombinierte Berechtigungssteuerung

Die Informationen müssen vorhanden, verfügbar, qualitativ hochwertig, vollständig und aktuell sein. Sie fließen nun in das Regelwerk ein, das die Bedingungen der Regeln enthält. Die folgende Notation verwendet die Symbolik, die in vielen Programmiersprachen für logische Operatoren verwendet wird (== ist gleich, != ist ungleich, > größer als, < kleiner als).

1. BUSINESS_ROLE == "LEITENDER SACHBEARBEITER"
2. NOT(LOCATION == "MÜNCHEN") führt zu: LOCATION != "MÜNCHEN"
3. CATEGORY == „KREUZFAHRTEN"
4. REGION == „MITTELMEER"
5. (MONTH_NOW > MÄRZ) AND (MONTH_NOW < OKTOBER)

Alle Bedingungen werden nun UND-verknüpft. Entsprechen alle Bedingungen den Anforderungen der Regel, wird die Stornierungsberechtigung erteilt. Abbildung 5.18 fasst das dargestellte Beispiel noch einmal grafisch zusammen:

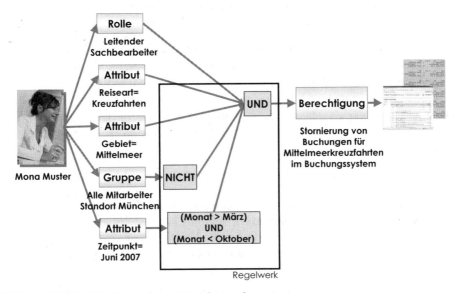

Abbildung 5.18: Kombination mehrerer Gestaltungselemente

Schaut man sich die Gesamtheit der Einflüsse auf die Berechtigungssteuerung und -entscheidung an, so wie sie in Abbildung 5.19 zu sehen ist, dann wird erkennbar, dass es sich um ein komplexes Gebilde handeln kann. Für die Berechtigungsentscheidung können viele Faktoren herangezogen werden.

5 Berechtigungssteuerung

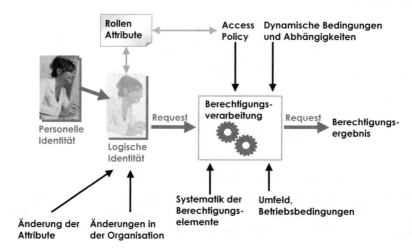

Abbildung 5.19: Einflussfaktoren für die Berechtigungsverarbeitung

Zu beachten ist auch, dass die dargestellte Systematik der Unternehmensdynamik standhalten muss. Ändert sich die Organisation, so müssen diese Änderungen in der Berechtigungssteuerung möglichst ohne viel Aufwand aufgefangen werden können.

Je komplexer das Gebilde wird, desto wichtiger wird die Transparenz. Wird eine Berechtigung verweigert, so sollte das Berechtigungssystem, das für die Steuerung eingesetzt wird, in der Lage sein, den genauen Grund für die Verweigerung auszugeben. Nur so kann adäquat reagiert werden.

Einsatz von Worksets

Wie in Kapitel 1 ausgeführt wurde, kann mit einem Workset ein ganzer Tätigkeitsbereich gesteuert werden. Im Grunde genommen stellt ein Workset lediglich eine Zusammenfassung mehrerer Business-Rollen dar. Der große Vorteil von einem Workset ist es, durch eine einzige Zuordnung bzw. umgekehrt durch eine einzige Deaktivierung eine große Anzahl von Berechtigungen freizuschalten bzw. zu sperren.

Die Einzelrollen, die das Workset bilden, werden als planerische Arbeit einmal definiert und dann operativ nicht mehr betrachtet. Bekommt ein Mitarbeiter einen Zuständigkeitsbereich übertragen, wird er durch eine einzige Zuordnung in die Lage versetzt, seine Zuständigkeit wahrzunehmen. Abbildung 5.20 zeigt ein Beispiel für die Berechtigungssteuerung mit Worksets.

5.6 Kombinierte Berechtigungssteuerung

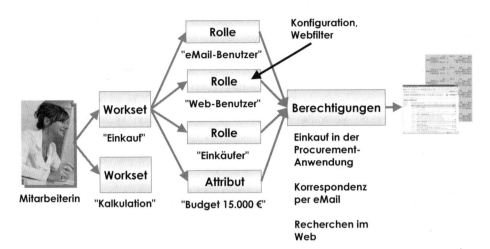

Abbildung 5.20: Berechtigungssteuerung mit Worksets

Der Einsatz von Worksets macht keinen Sinn, wenn in einem Tätigkeitsbereich eine hohe Dynamik herrscht, da ansonsten ständig die Definition des Worksets geändert werden müsste.

Einsatz von Arbeitsplatzprofilen

Noch einen Schritt weiter gehen Arbeitsplatzprofile, mit denen entsprechend der Darstellung in Kapitel 1 ein ganzer Arbeitsplatz abgebildet und damit gesteuert wird. Die Konzentration der Verwaltung ist noch stärker als beim Einsatz von Worksets, mit einer Zuordnung werden sämtliche benötigte Berechtigungen vergeben (siehe Abbildung 5.21).

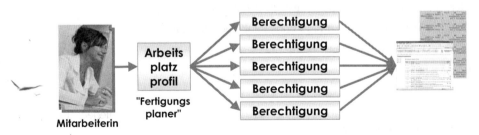

Abbildung 5.21: Berechtigungssteuerung mit Arbeitsplatzprofilen

Für die Berechtigungssteuerung heißt das, dass die Dynamik im Regelwerk erlischt. Es gibt keine Bedingungsprüfungen mehr, da die Entscheidung über die Berechtigungen bereits im

Planungsprozess getroffen wurden. Unvorhersehbare Rollenkombinationen, die dynamisch ausgeschlossen werden müssen, oder Änderungen von Ausprägungen von Gestaltungselementen werden bereits im Vorfeld abgefangen. Das mag starr erscheinen, doch genau diese Starrheit ist auch ein großer Vorteil, denn dadurch wird sowohl die Verwaltung als auch das operative Arbeiten sehr effizient.

Werden die Berechtigungen nicht durchstrukturiert, d.h. statt über mehrere Ebenen mit Hilfe von Rollen, Worksets o.ä. in einem Schritt zusammengefasst, dann leidet die Transparenz der Gesamtstruktur und die Verwaltung der Struktur wird erschwert. Werden sie aber durchstrukturiert, ergibt sich ein höherer Aufwand, da die Gestaltungselemente gepflegt werden müssen. Wie so oft gibt es auch hier nicht den Königsweg, sondern nur die Entscheidung zwischen mehreren Alternativen mit verschiedenen Vor- und Nachteilen.

5.7 Granularität der Berechtigungssteuerung

Die wichtigste Frage innerhalb der Berechtigungsthematik ist nach wie vor die Frage, was eine Identität im Unternehmen tut und welche Berechtigungen für welche Ressourcen sie dafür benötigt. Eine Teilproblematik ist dabei, wie fein man die Funktion oder den Arbeitsplatz zergliedern muss, um die Berechtigungen zuordnen zu können. Die Feinheit wird auch als Granularität bezeichnet.

Beispiel: Von einer Identität ist bekannt, dass sie die Funktion „Pilot" besitzt (Granularitätsstufe 1). Welche Berechtigungen können bereits auf dieser Stufe zugeordnet werden? Man würde vermuten, zumindest die Berechtigungen, die zum Fliegen des Flugzeugs benötigt werden, denn das ist ja die Aufgabe eines Piloten. Doch wenn wir in die Praxis sehen, merken wir, dass das gar nicht so einfach ist. Es ist ein Unterschied, ob er nur Frachtmaschinen fliegen soll oder auch Passagiermaschinen. Eine weitere Frage ist, welche Flugzeugtypen er überhaupt aufgrund seiner Ausbildung fliegen darf.

Berechtigungen auf dieser ersten Stufe zuordnen zu wollen, ist in den meisten Fällen problematisch, da die Funktionsbeschreibung alleine zu abstrakt ist. Daher wird die Funktion heruntergebrochen und/oder durch zusätzliche Informationen ergänzt.

Unser Pilot könnte zusätzlich zur Funktion „Pilot" die Attribute

- Verkehrskategorie = „Frachtverkehr"
- Reichweite = „europaweit"
- Flugzeugtypen = „Airbus 320"

bekommen. Ein anderer Ansatz wäre es, auf der zweiten Ebene verschiedene Rollen zu definieren. Ein Pilot könnte dann:

- Grundsätzlich die Rolle Mitarbeiter besitzen
- Nach der Verkehrskategorie ein Frachtpilot oder Passagierpilot sein
- Nach der Reichweite ein Langstreckenpilot oder ein Kurzstreckenpilot sein
- Nach dem Flugzeugtyp ein Airbus-Pilot oder ein Boing-Pilot sein

5.7 Granularität der Berechtigungssteuerung

Können die Berechtigungen auch auf dieser Ebene noch nicht zugeordnet werden, dann muss weiter verfeinert werden. Entweder es werden noch feinere Rollen gebildet oder es erfolgt ein Sprung in die Tätigkeiten, um konkreter zu beleuchten, was ein Airbus-Pilot in seinem Job an Tätigkeiten ausführt. In Abbildung 5.22 sind die verschiedenen Zuordnungsebenen zu sehen:

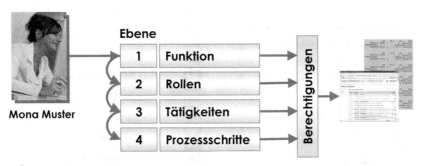

Abbildung 5.22: Zuordnungsebenen von Berechtigungen

Als zweites Beispiel nehmen wir einen Messaging-Administrator (siehe Abbildung 5.23). Schon der Begriff Messaging könnte unterschiedlich ausgelegt werden, daher wird es schwierig sein, auf der ersten Ebene Berechtigungen zuzuordnen.

Auf der zweiten Ebene bilden wir Rollen. Zunächst ist der Administrator ein Mitarbeiter und bekommt daher die grundsätzliche Rolle „Mitarbeiter". Als Messaging betrachten wir E-Mail und Fax und bilden die Rollen „E-Mail-Administrator" und „Fax-Administrator". Auf dieser zweiten Ebene können wir bereits Berechtigungen zuordnen, denn ein E-Mail Administrator benötigt auf alle Fälle Zugang zum E-Mail-System.

Nun erfolgt der Sprung zu den Tätigkeiten. Unser Administrator soll neue E-Mail-Benutzer einrichten. Dazu bekommt er die benötigten Software-Funktionen freigeschaltet. Auch die dritte Ebene kann noch zu abstrakt sein, dann muss weiter zu den Prozessschritten heruntergebrochen werden.

5 Berechtigungssteuerung

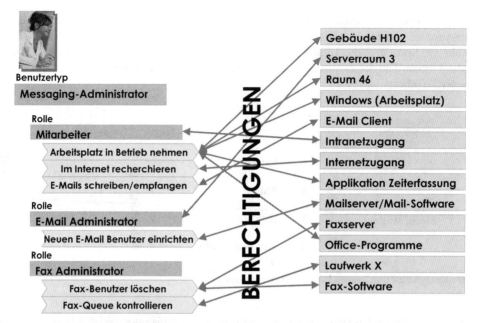

Abbildung 5.23: Zuordnungen auf den verschiedenen Ebenen

Je sicherheitskritischer eine Berechtigung ist, desto mehr wird man darauf achten, dass sie nur an Identitäten vergeben wird, die diese Berechtigung auch tatsächlich in dem jeweiligen Kontext benötigen. Man wird solche Berechtigungen demnach nicht auf einer relativ globalen Ebene (erste oder zweite Ebene) vergeben. Zusätzlich wird man die Nutzung mit Policy-Bedingungen möglichst weit einschränken (z.B. Beschränkungen hinsichtlich der Tageszeit) und die Zugriffe bzw. Zugriffsversuche detailliert protokollieren und diese Protokollierung regelmäßig auswerten.

Prozessorientiertes Zusammenspiel von Berechtigungen

Die Zergliederung der Funktion in einzelne Rollen und Tätigkeiten kann bei Bedarf weiter verfeinert werden. Dazu wird der Ablauf einer Tätigkeit analysiert und in einzelne Prozessschritte zerlegt. Für einen einzelnen Prozessschritt kann dann ermittelt werden, welche Berechtigungen benötigt werden.

Diese vierte Ebene ist schon sehr fein. Sollen die Berechtigungen auf dieser Ebene auch gesteuert werden, dann muss mit einem hohen Verwaltungsaufwand gerechnet werden. Das ist nur dann sinnvoll, wenn in sensiblen Bereichen das Prinzip „need-to-know" umgesetzt werden soll. In der Regel ist die vierte Ebene für die Berechtigungssteuerung bereits zu fein.

Abbildung 5.24 zeigt diesen Sachverhalt. Die Identität verfügt über mehrere Business-Rollen, denen Tätigkeiten und Abläufe zugrunde liegen. Ein Prozessschritt, in dem ein Formular ausgefüllt wird, das in einer Tabellenkalkulation vordefiniert wurde (Formularvorlage),

5.7 Granularität der Berechtigungssteuerung

wurde herausgegriffen und detailliert dargestellt. Um das Formular ausfüllen zu können, werden in dem systemspezifischen Prozess, d.h. in der Arbeit mit den IT-gestützten Abläufen, mehrere Berechtigungen benötigt. Die Identität benötigt:

- Alle äußeren Berechtigungen, die erforderlich sind, um mit der Tabellenkalkulation und den Daten arbeiten zu können. Das betrifft beispielsweise die Berechtigung zur generellen Nutzung eines PC-Arbeitsplatzes und die Anmeldeberechtigung am PC / im Netzwerk.
- Die Berechtigung zum Starten der Tabellenkalkulation.
- Die Berechtigung zum Ausführen der Funktion zum Öffnen eines vordefinierten Spreadsheets.
- Die Berechtigung für den lesenden Zugriff auf das Verzeichnis, in dem sich das vordefinierte Spreadsheet befindet.
- Die Berechtigung für den lesenden Zugriff auf die Datei der Formularvorlage.
- Die Berechtigung in der Tabellenkalkulation, Daten hinzuzufügen und diese hinzugefügten Daten korrigieren zu können.

An diesem Punkt ist das vordefinierte Formular geladen und kann bearbeitet werden. Nach der Bearbeitung werden weitere Berechtigungen benötigt:

- Die Berechtigung zum Ausführen der Funktion zum Speichern der aktuellen Tabelle.
- Die Berechtigung, im Verzeichnis, in dem das bearbeitete Formular abgelegt werden soll, eine neue Datei anzulegen.

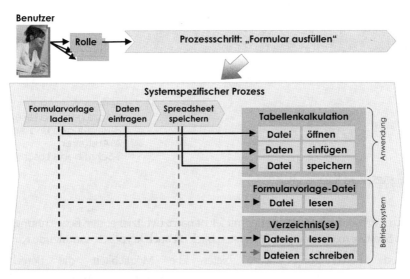

Abbildung 5.24: Berechtigungen in einem Prozessschritt

5 Berechtigungssteuerung

Alleine in diesem einfachen Prozessschritt sind sechs Berechtigungen erforderlich, die verwaltet werden müssen. Dies ist nur ein Prozessschritt von vielen in diesem einen Prozess, nur ein Prozess von vielen in einer Tätigkeit, nur eine Tätigkeit von vielen in einer Rolle, nur eine von mehreren Rollen. Der Umfang und die Komplexität, die sich in der Praxis ergibt, lässt sich erahnen, und mehrstufige Berechtigungspfade mit verknüpften Gestaltungselementen wurden hier noch ganz außer Acht gelassen.

Berechtigungsplan

Um den Überblick nicht zu verlieren, werden die Berechtigungen in den einzelnen Ebenen dokumentiert. Eine Möglichkeit hierzu ist der Berechtigungsplan, so wie er in Abbildung 5.25 zu sehen ist.

Rolle	Tätigkeit	Prozessschritt	Rechte-Profile
Brandschutz-beauftragter	Brandschutzaudit durchführen	Brandschutzformular ausfüllen	BRAND_01 BRAND_02

Rechte-Profile	Ressourcen	Berechtigungsstufe
BRAND_01	C:\bs\Vorlagen\ C:\bs\Vorlagen\brandform1.xls C:\bs\Audits\ G:\sys\proto.exe X:\home\bs	L L L,H,S A L,H,S
BRAND_02	...	...

Berechtigungsstufen:
L-Anzeigen und Lesen
H-Hinzufügen und Ändern
A-Ausführen
S-Schreiben / Löschen

Abbildung 5.25: Berechtigungsplan

In der Praxis arbeitet man nicht immer mit leicht nachzuvollziehenden Bezeichnungen in den einzelnen Spalten, man findet auf den ersten Blick oft auch kryptisch anmutende Kürzel.

Spezialisierte Berechtigungssysteme bieten die Möglichkeit, die Berechtigungsdokumentation und -strukturierung zu hinterlegen. Es finden sich hierfür aber auch Datenbanklösungen, eigenentwickelte Tools oder Spreadsheets.

5.8 Berechtigungsmodelle

Zentrales Berechtigungsmodell

Beim zentralen Modell gibt es ein zentrales Repository für die Daten, die innerhalb der Berechtigungsvergabe benötigt werden. Alle Berechtigungen liegen somit an einer zentralen Stelle. Abbildung 5.26 zeigt, welche Daten primär in einem solchen Repository zu finden sind.

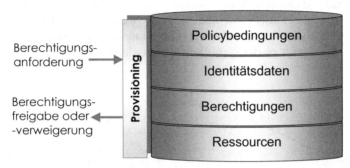

Abbildung 5.26: Aufbau des zentralen Repository

Als erstes werden die Ressourcen und ihre Berechtigungen in das Repository eingetragen. Dabei ist zu entscheiden, ob die Berechtigungsvergabe auf der Ebene der Einzelberechtigungen oder auf einer höheren Ebene (Profil, technische Rolle) stattfinden soll. Im letzteren Fall wird im Repository hinterlegt, welche Gestaltungselemente verwendet werden und welche Berechtigungen sich dahinter verbergen.

Moderne IT-Anwendungen unterstützen diesen Ansatz. Sie sind in der Lage, die Benutzer- und Rechteverwaltung auszulagern und in einem zentralen System zu führen. Meist wird dazu eine LDAP[2]-Schnittstelle implementiert, die mit einem LDAP-fähigen Repository (z.B. einem Verzeichnisdienst) korrespondiert.

Als nächstes werden Nutzungsbedingungen aufgestellt. Diese Nutzungsbedingungen legen in Form von Regeln fest, welche Voraussetzungen erfüllt sein müssen, damit die jeweilige Berechtigung vergeben werden kann. Die Nutzungsbedingungen bilden die Zugriffspolitik (Access Policy) und werden bei jeder Berechtigungsanforderung neu geprüft.

Nun folgen die Identitäten. Für den Fall, dass eine Identität eine Person ist, werden zuerst die berechtigungsrelevanten Personalstammdaten eingetragen. Anschließend werden die Zuordnungen zu den verwendeten Gestaltungselementen auf der Seite der Identitäten vermerkt.

---

[2] Lightweight Directory Access Protocol, siehe Kapitel 12

5 Berechtigungssteuerung

Hier liegt ein großer Vorteil des zentralen Modells: Eine Identität muss nur ein einziges Mal angelegt werden. Da nur ein einziger Namensraum existiert, muss die Eindeutigkeit nur einmal hergestellt werden. Die Identität ist leicht zu finden, Änderungen wirken sich aufgrund des zentralen Repository sofort aus (besonders wichtig ist dies bei der Sperrung einer Identität).

Für die Berechtigungsprüfung und -vergabe ergibt sich der folgende Ablauf. Die Identität ruft die Ressource auf und sendet damit eine Berechtigungsanforderung (Request). Ist das Zentrale System ein aktives Berechtigungssystem mit einer Provisioning-Komponente (Abbildung 5.27), dann sendet die Ressource die Identitätsdaten zusammen mit der Information zur angeforderten Funktion bzw. Inhalt zum Zentralsystem, wo die Provisioning-Komponente aufgrund des im Repository hinterlegten Regelwerks anhand der übergebenen Daten prüft, ob der Zugriff gewährt werden kann.

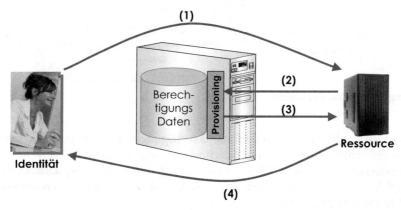

Abbildung 5.27: Zentrales Berechtigungsmodell

Ist das Zentrale System ein passives Berechtigungssystem (Abbildung 5.28), dann holt sich die Ressource lediglich die Berechtigungsinformation aus dem Repository. Sie ist dort statisch eingetragen oder wird von Drittsystemen (z.B. Policy-Servern) aktualisiert.

5.8 Berechtigungsmodelle

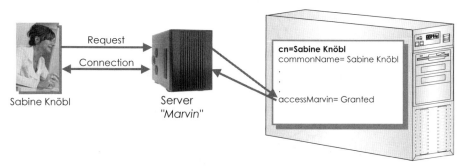

Abbildung 5.28: Berechtigungsprüfung beim zentralen Modell

Ein Nachteil des zentralen Modells ist die Kommunikation zwischen der Ressource und dem Zentralsystem und dem damit verbundenen Performanceverlust. Bei jeder Berechtigungsanforderung muss zunächst auf das Zentralsystem zurückgegriffen werden, was eine hohe Last entstehen lässt.

Ein weiterer Nachteil ist die Abhängigkeit vom Zentralsystem. Fällt das zentrale Berechtigungssystem aus, dann können die Ressourcen nicht eigenständig weiterarbeiten. Für die Ausfallsicherheit muss deshalb ein hoher Aufwand betrieben werden.

Dezentrales Modell

Einen entgegengesetzten Ansatz stellt das dezentrale Berechtigungsmodell dar. Hier sind die Berechtigungsdaten verteilt, jede Ressource führt einen eigenen kleinen Datenspeicher mit den Berechtigungsdaten, die die jeweilige Ressource für ihre Zwecke benötigt (siehe Abbildung 5.29).

Der Vorteil ist, dass die Ressource unabhängig von anderen Systemen autark über die Berechtigungen entscheiden kann und dies sehr effizient geschieht, da das Repository technisch an die Ressource sehr gut angepasst ist. Auf der anderen Seite müssen aber die Identitäten in jeder Ressource neu angelegt werden.

5 Berechtigungssteuerung

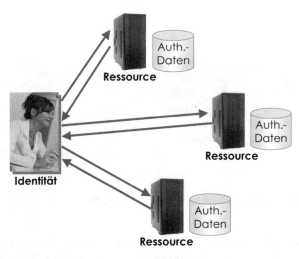

Abbildung 5.29: Dezentrales Modell

Das größte Problem des dezentralen Modells ist es, dass die verteilten Berechtigungsdaten unkoordiniert sind. Die Identitäten sind in der gesamten Architektur oft nicht einheitlich abgebildet. In Abbildung 5.30 sieht man, dass die gezeigte Identität in der einen Ressource die Bezeichnung „Diana" und in der anderen Ressource die Bezeichnung „1648" hat. Letzteres ist für die Berechtigungssteuerung besonders problematisch, da die Bezeichnung „1648" keine Rückschlüsse auf die Identität mehr zulässt. Man ist in diesem Fall auf eine Mapping-Tabelle o.ä. angewiesen, die wiederum gepflegt werden muss.

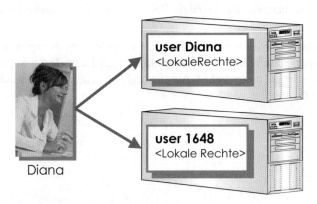

Abbildung 5.30: Problematik der unterschiedlichen Namensräume

Nicht nur die Bezeichnungen bzw. Namen von Identitäten sind uneinheitlich, auch die mit der Identität verbundenen Daten können aufgrund unterschiedlicher oder fehlender Pflege-

5.8 Berechtigungsmodelle

prozesse verschiedene Werte besitzen. Ein klassisches Beispiel ist die Telefonnummer, die in verschiedenen Datenquellen unterschiedlich aktuell ist oder in unterschiedlichen Formaten existiert.

Das dezentrale Modell ist das derzeit vorherrschende Berechtigungsmodell. Es ist aus der Sicht der unternehmensweiten Berechtigungssteuerung jedoch ein ungünstiges Modell. Aus diesem Grund wird versucht, die Vorteile des zentralen Modells mit den Vorteilen des dezentralen Modells zu verbinden. Dies führt zum nachfolgend dargestellten Modell.

Dezentrales Modell mit zentralisierten Managementkanälen

Das Ziel dieses Modells ist es, die Eigenständigkeit der Ressourcen zu erhalten und gleichzeitig eine Einheitlichkeit der Daten zu schaffen. In Bezug auf die operative Berechtigungsvergabe entspricht dieser Ansatz dem dezentralen Modell, das die Grundlage bildet. In Bezug auf das Berechtigungsmanagement entspricht es dagegen dem zentralen Modell, denn es schafft zentralisierte Managementkanäle und koordiniert somit die einzelnen Datenbestände, die den Ressourcen angegliedert sind.

Realisiert werden die zentralisierten Managementkanäle durch ein zentrales Berechtigungssystem (siehe Abbildung 5.31), das Verbindungen zu den einzelnen, verteilten Datenbeständen besitzt. Über diese Verbindungen werden die Datenquellen mit dem Datenbestand des zentralen Berechtigungssystems abgeglichen (Konsistenzsicherung).

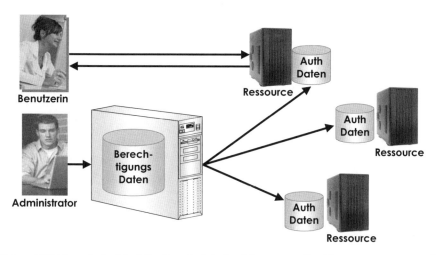

Abbildung 5.31: Dezentrales Modell mit zentralisierten Managementkanälen

Für den Abgleich gibt es zwei Strategien:

- *Master-Slave*
  Bei der Master-Slave-Strategie werden Änderungen, die die Identitäten betreffen, ausschließlich im zentralen Berechtigungssystem vorgenommen und in die betreffenden Datenbestände übertragen. Die Übertragung kann entweder sofort durch den Change-

5 Berechtigungssteuerung

Event angestoßen werden oder es finden in regelmäßigen Abständen Synchronisationsläufe statt. Änderungen, die in den verteilten Datenbeständen vorgenommen werden, werden mit dem nächsten Synchronisationslauf überschrieben und gehen verloren.

- *Multi-Master*
  Im Gegensatz dazu dürfen bei der Multi-Master-Strategie Änderungen in allen Datenbeständen vorgenommen werden. Auch hier kann der Abgleich durch die Change-Events oder mittels Synchronisationsläufen erfolgen. Anders als bei der Master-Slave-Strategie muss aber zunächst für jedes Datum entschieden werden, welcher der in den Datenquellen geführten Werte als der gültige anzusehen ist. In der Regel wird der zeitlich zuletzt eingetragene Wert als der gültige betrachtet. Er wird dann in alle Datenspeicher übertragen.

Das dezentrale Modell mit zentralisierten Managementkanälen ist das derzeit am häufigsten angestrebte Modell. Es besitzt den großen Vorteil, dass die bestehende Architektur in ihrer Struktur belassen werden kann und lediglich das zentrale Berechtigungssystem hinzugefügt wird.

6 Provisioning

Provisioning (zu Deutsch: Vorsorge, Maßnahme, Vorkehrung) hat im Umfeld der IT und der Telekommunikation die Bedeutung des Versorgens. In der Urform und in den meisten Fällen geht es darum, den Anwender eines IT-Systems oder das IT-System selbst, entweder direkt oder indirekt durch einen Prozess mit Daten und anderen Ressourcen zu versorgen. IT-Anwender werden durch einen oder mehrere Prozesse mit grundsätzlichen Voraussetzungen für ihre Tätigkeiten ausgestattet und versorgt. IT-Systeme oder Telekommunikationssysteme können auf diese Art und Weise zielorientiert mit Ressourcen ausgestattet werden.

Früher wurden Daten häufig auf Laufzetteln verfasst und danach manuell bzw. im Batchverfahren in eine zentrale oder dezentrale IT-Umgebung eingepflegt. Deshalb musste bei IT-Systemen oder Anwendungen ohne Provisioning die Verarbeitung meist unterbrochen werden. Mit Hilfe von Provisioning-Prozessen und -Systemen lassen sich diese Datenbrüche vermeiden. Sie sorgen dafür, die Datensätze zu laden oder Ressourcen bereitzustellen.

So war die Entwicklung des Provisionings eine Erleichterung, diente als Ersatz für fehlende Schnittstellen und half Datenbrüche zu umgehen.

Der Name Provisioning trat innerhalb der IT zum ersten Mal im Zusammenhang mit dem Identitätsmanagement, bei Verzeichnisdiensten (hier vor allem im Metaverzeichnisdienst, um Benutzerprofile mit anderen dezentralen Verzeichnisdiensten zu synchronisieren), sowie beim Single-Sign-On, auf. Identitätsmanagement, Verzeichnisdienste und Single-Sign-On lieferten über Provisioning vermehrt IT-Prozesse, die z.B. die Benutzerverwaltung im Unternehmen schneller und automatisierter ablaufen ließen. Die Urformen des Provisionings sind das User- und Ressource-Provisioning.

Im Telekommunikations- und Mobilfunkbereich ist das Provisioning zum Teil schon zu ganzen Service-Delivery-Plattformen herangewachsen, die seitens ihrer IT-Anforderungen weitaus anspruchsvoller anzusehen sind, als im klassischen IT-Bereich. Beispiele für Service-Delivery-Plattformen sind SMS, MMS, mobile Internetzugänge, Email und Faxdienste, sowie das gesamte benutzerorientierte Abrechnungssystem eines Mobilfunkanbieters.

De-Provisioning bedeutet in diesem Zusammenhang das Gegenteil zu Provisioning und meint den Umkehrprozess, d.h. das Entfernen von Benutzerinformationen bzw. Systemressourcen.

Es gibt mehrere Arten des Provisionings, die in den folgenden Abschnitten näher dargestellt werden sollen:

6 Provisioning

- User und Ressource Provisioning
- Server Provisioning
- Service Provisioning
- Mobile Subscriber Provisioning
- Mobile Content Provisioning

6.1 User und Ressource Provisioning

User- und Ressource-Provisioning sind die Urformen des Provisionings und damit die am häufigsten eingesetzten Formen. User-Provisioning sorgt im Allgemeinen dafür, dass Benutzer in zentralen oder verteilten IT-Systemen mittels automatisierter Prozesse eingefügt werden können, während das Ressource-Provisioning einen eingerichteten Benutzer mit allgemeinen IT-Ressourcen, wie zum Beispiel Anwendungen ausstattet.

6.1.1 User Provisioning

Das User-Provisioning sorgt dafür, dass für eine Identität (siehe Kapitel 3) die notwendigen identitätsbezogenen Gestaltungselemente (Rolle, Arbeitsplatzprofil, Bedienung der Geschäftsprozesse, etc.) korrekt und zeitnah zugewiesen und bei Veränderungen angepasst werden. Die Identität beschreibt einen Mitarbeiter, der eine geschäftsspezifische Rolle einnimmt und ausübt, die im Falle von User-Provisioning eindeutig auf den IT-Systemen organisatorisch und geschäftsprozesstechnisch zugewiesen wird. Die damit verbundenen Prozesse sollten möglichst automatisiert ablaufen.

Ein User-Provisioning-Prozess stellt sich wie folgt dar:

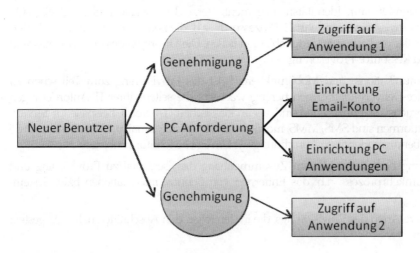

Abbildung 6.1: User-und Ressource-Provisiong-Prozesse

6.1 User und Ressource Provisioning

Die in Abb.6.1 dargestellten User- und Ressource-Provisioning-Prozesse beschreiben, wie ein neuer Benutzer (neue Identität) eingerichtet wird und für diesen die Ressourcen zugeordnet werden. In der Praxis wird ein PC für einen neuen Mitarbeiter (Benutzer) angefordert und bereitgestellt und danach die Anwendungen und das Email-Konto auf den IT-Systemen dem Benutzer zugeordnet, bzw. für ihn eingerichtet. Die Genehmigung kann manuell oder automatisiert erfolgen.

In den Unternehmen können Mitarbeiter unterschiedliche und auch gleiche Rollen einnehmen. In beiden Fällen eignen sich User-Provisioning-Prozesse und -systeme gut, um die Mitarbeiter und deren Rollen im IT-System zu verankern.

Die nächste Abbildung beleuchtet die Zusammenhänge des User-Provisionings bezüglich des Rollenkonzeptes ein wenig näher, wobei in der folgenden Abbildung 6.2 mehrere Mitarbeiter bzw. Benutzer eines IT-Systems die gleiche Rolle in der IT einnehmen können anhand des Beispiels der Musketiere.

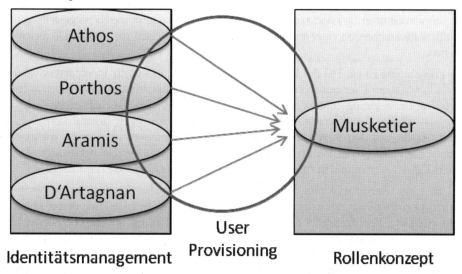

Abbildung 6.2:User-Provisioning

Die Identitäten Athos, Porthos, Aramis und D'Artagnan besetzen jeweils die Rolle Musketier.

Das User-Provisioning sorgt im Rahmen von automatisierten und interaktiven Geschäftsprozessen für die Erstellung, die Wartung und das Deaktivieren von Benutzerobjekten und Benutzerattributen, wie sie in einem oder mehreren IT-Systemen, Verzeichnisdiensten oder Anwendungen existieren.

Ein Beispiel aus der Praxis soll darstellen, was User-Provisioning im Einzelnen bedeuten kann.

Ein Unternehmen besetzt die Stelle eines Firewall-Administrators mit einem neuen Mitarbeiter. Dieser bekommt einen eigenen PC mit den Standardanwendungen (z.B. Office), die allen Administratoren im Unternehmen zur Verfügung gestellt werden. Er bekommt ein eigenes Email-Konto, damit er mit anderen Mitarbeitern kommunizieren kann, Internetzugriff, damit er sich über die neuesten Schwachstellen der zu administrierenden Firewalls informieren kann, und Zugriff auf alle Firewall-Server und Subsysteme, die für die Firewall-Administration von zentraler Bedeutung sind. Ohne automatisierte Provisioning-Prozesse mittels eines Provisioning-Systems müsste der Benutzer überall manuell eingerichtet werden, teilweise (auf den Firewall-Servern und deren Subsysteme) müssten dafür die gleichen Arbeitsgänge mehrfach ausgeführt werden. Hier können die Provisioning-Systeme und Prozesse ansetzen und diesen Teil automatisieren. Mittels Provisioning wird der Benutzer einmal eingerichtet, bekommt seine definierte Rolle und wird dann vom Provisioning-System automatisiert überall auf den für ihn relevanten IT-Systemen eingerichtet. Verlässt er einmal das Unternehmen, kann man seine Identität von allen IT-Systemen wieder einfach entfernen (De-Provisioning).

Weiterhin erfüllt User-Provisioning auch Teile des Asset-Managements (zu Deutsch: Anlagegüterverwaltung). So können dem einzelnen User auch Ressourcen bereitgestellt werden, wie z.B. Softwarelizenzen, oder andere Ressourcen (z.B. Drucker), die seinen IT-Arbeitsplatz betreffen.

User-Provisioning ist als Teil des Identity-Managements (zu Deutsch: Identitätsverwaltung) zu sehen. Muss ein User auf mehrere IT-Systeme und Anwendungen zugelassen werden, bietet User-Provisioning mittels Software die Möglichkeit, den Geschäftsprozess der Benutzerverwaltung zu automatisieren. Besitzt dabei der User eine Vielzahl von digitalen Identitäten, die auf den Systemen repräsentiert werden müssen, werden die mehrfachen digitalen Identitäten eines Benutzers z.B. auf Email-Server, in Verzeichnisdiensten, Datenbanken, Dateisystemen und in Anwendungen dem Benutzer eindeutig zugeordnet.

Mit Hilfe eines User-Provisioning-Systems kann der Prozess User-Provisioning automatisiert werden. User-Provisioning-Systeme haben eine zentrale Datenbasis, mit deren Hilfe die Benutzerobjekte, Benutzerattribute und digitalen Identitäten auf andere IT-Systeme bzw. Ressourcen übertragen werden. Sie verfügen in den meisten Fällen über Reporting-Funktionalitäten, damit man den Zustand der Berechtigungen von digitalen Identitäten zu jeder Zeit revisionssicher und nachvollziehbar dokumentieren kann. Dies hilft zur Erfüllung von Anforderungen aus gesetzlichen Regelungen und internen Richtlinien (Compliance).

Beim User- und Ressource-Provisioning sorgen Konnektoren auf der technischen Ebene dafür, dass der Austausch von User- und Berechtigungsinformationen zwischen einem zentralen System und mehreren Zielsystemen erfolgen kann. Konnektoren stellen eine rein technische Verbindung dar.

Einer der wichtigsten Prozesse, die zu einem User-Provisioning-System gehören, ist Propagation. Propagation meint die Ausbreitung von Informationen über verschiedene IT-Systeme und Anwendungen nach dafür definierten Regeln hinweg.

Durch den Einsatz eines User-Provisioning-Systems können die Help-Desk-Kosten eines Unternehmens reduziert werden, da in vielen Fällen System-Self-Service-Workflows integriert sind. Somit können Help-Desk-Dienstleistungen, wie z.B. das Zurücksetzen eines

Passwortes oder die Pflege der Benutzerstammdaten (Identitätsattribute) direkt an den Benutzer adressiert werden.

Es gibt zwei Kategorien von User-Provisioning-Systemen, zentrale und verteilte Systeme. Zentrale Systeme führen Provisioning-Anfragen und Änderungen in direkt angeschlossenen Systemen aus. In verteilten Systemen ist kein zentral autoritatives System vorhanden, sie werden in Föderationsszenarien und Vertrauenskreisen (auf Englisch: Circle of Trust) zusammengeführt. Die Systeme besitzen jeweils eigene Benutzerverwaltungen. Im letzten Fall verhält es sich wie bei zentralen Systemen, die Anfragen entgegennehmen, bzw. die Anfragen an andere Systeme weiterleiten.

In den meisten Unternehmen findet man eine Kombination beider Provisioning-Systemtypen vor. Dies hat vor allem damit zu tun, dass häufig nicht unternehmensweit unternehmensintern geregelt ist, wer die Hoheit über einen einzufügenden Datensatz hat. Die meisten Unternehmen sind noch weit von einem zentralen und damit unternehmensübergreifenden Provisioning-System entfernt. Hier sind Lösungsansätze mittels virtuellen Verzeichnisdiensten angebrachter.

In den meisten Unternehmen wird ein verteiltes Provisioning-System etabliert, das mit der Zeit durch ein zentrales und damit unternehmensübergreifendes Provisioning abgelöst wird. Hierzu bedienen sich die Unternehmen des Öfteren des Meta-Verzeichnisdienstes. Diese synchronisieren alle existierenden Verzeichnisdienste im Unternehmen mit Partialdaten, die überall abgeglichen werden. Somit werden nach und nach alle dezentralen Verzeichnisdienste in den Meta-Verzeichnisdienst übernommen und durch ihn abgelöst, bis der Metaverzeichnisdienst alle anderen Verzeichnisdienste ersetzt hat. In diesem Stadium kann das zentrale und damit unternehmensübergreifende User-Provisioning-System ganzheitlich und sehr sinnvoll eingesetzt werden.

Ein User-Provisioning-System sollte mindestens die folgenden Prozesse unterstützen:

- Veränderung der Propagation
- Self Service Workflow
- Konsolidierte Benutzerverwaltung
- Delegierte Benutzerverwaltung
- Föderiertes Änderungsmanagement (Change Control)

Die Benutzerobjekte, die ein derartiges System mindestens zur Verfügung stellen sollte, sind:

- Mitarbeiter
- Externe Mitarbeiter
- Hersteller / Zulieferer
- Partner
- Kunden
- Empfänger einer Dienstleistung

6 Provisioning

Dienste, die ein Provisioning-System mindestens zur Verfügung stellen sollte, sind:

- Electronic Mail
- Benutzerverzeichnis
- Zugriffe auf Datenbanken
- Zugriffe auf ein Netzwerk
- Zugriffe auf Mainframe Computer und andere Legacy-Systeme
- Zugriffe auf moderne Client/Server-Infrastrukturen
- Zugriffe auf zentrale und verteilte Anwendungen

User Provisioning Systeme machen in den Organisationen am meisten Sinn, in denen Benutzer durch mehrere Objekte auf mehreren Systemen vertreten werden. Weiterhin bietet es in solchen Unternehmensbereichen sinnvolle Unterstützung, in denen User Provisioning als Teil von Identity Management eingesetzt wird.

Datensätze, die dem User Provisioning zugeordnet werden können, sind:

- Personaldaten (Name, Vorname, Funktion, Sitz)
- Benutzername
- Passwort
- Zugang zu Anwendungen (Anwendungsmenü oder -namen)
- Zugang zu Gebäuden (per Ausweis oder elektronischer Zutrittskarte)
- Telefonnummer
- Faxnummer
- etc.

6.1.2 Ressource-Provisioning

Das Ressource-Provisioning sorgt dafür, dass die für die jeweiligen Ressourcen entsprechend ihrem Schutzbedarf benötigten Berechtigungen definiert werden. Mit Hilfe der ressourcenseitigen Gestaltungselemente werden handhabbare Berechtigungspakete gebildet. Die damit verbundenen Prozesse sollten möglichst automatisiert ablaufen. Die folgende Abbildung stellt die Zusammenhänge des Ressource-Provisionings anhand des Beispiels der Musketiere dar.

6.1 User und Ressource Provisioning

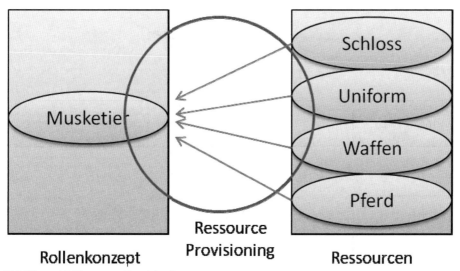

Abbildung 6.3: Ressource Provisioning

Ähnlich wie Musketiere mit Ressourcen wie einem Pferd, Waffen, einer Uniform und einem Schloss ausgestattet sein sollten, sollten IT-Benutzer mit IT-Ressourcen ausgestattet sein, damit sie ihre täglichen Geschäftsprozesse erledigen können. Was für D'Artagnan das Schloss, die Uniform, die Waffen und das Pferd sind, um für seine dienstliche Aufgabe gerüstet zu sein, sind für den IT-Benutzer z.B. die Berechtigungen in Anwendungen, die erlaubten Datenbankzugriffe und die Berechtigungen auf bestimmten Druckern zu drucken.

Ressource-Provisioning ordnet, wie der Begriff verdeutlicht, Ressourcen zu, mit denen ein User für den Geschäftsalltag ausgestattet werden soll. Im Wesentlichen werden beim Ressource-Provisioning einem User seine tätigkeits-, prozess- oder arbeitsplatzorientierten Rechte zugeordnet. Dies erfolgt in den folgenden Schritten:

- Benötigte Rechte tätigkeits-, prozess- oder arbeitsplatzorientiert ermitteln
- Rechte mit den vorhandenen Gestaltungselementen zusammenfassen
- Zuordnungen zur jeweiligen Identität genehmigen
- Genehmigte Zuordnungen in das Berechtigungssystem eines jeden IT-Systems einpflegen
- Wesentlich in diesem Zusammenhang ist eine regelbasierte Rechtevergabe, wie in Abbildung 6.4 gezeigt.

6 Provisioning

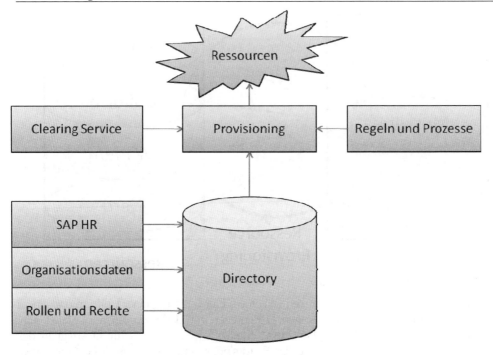

Abbildung 6.4: Regelbasierte Rechtevergabe

Der Zweck einer regelbasierten Rechtevergabe ist es, einem User den Zugang zu den für den Geschäftsalltag notwendigen Ressourcen zu gewährleisten. Damit dieser Vorgang der Versorgung automatisiert ablaufen kann, bedarf es einiger Voraussetzungen.

Das Beispiel in der Abbildung ist ein Modell, das für eine bessere Anschaulichkeit auf das Notwendigste reduziert wurde. Ein Directory (zu Deutsch: Verzeichnis) bildet die Basis eines Provisioning-Systems, in dem alle notwendigen Daten eines Users gespeichert werden. Dazu werden Daten eines Users aus Anwendungen in das Directory eingepflegt, in denen er initial angelegt wurde. In größeren Unternehmen ist das meistens – doch nicht ausschließlich – das Personalmodul HR von SAP, Peoplesoft, etc. Es können auch andere Anwendungen zum Tragen kommen, wie ein eigenentwickeltes Personalverwaltungssystem. Welche Anwendung dies ist, spielt für das Provisioning keine Rolle. Initiale Daten, die im SAP oder anderen Anwendungen über den User gespeichert wurden, sind z.B. sein Name, sein Geburtsdatum, seine Personalnummer, die Adresse, seine Telefonnummer, Bankverbindung, Lohnsteuerklasse, etc.. Die aus dieser Anwendung für das Directory relevanten Daten, werden aus der Anwendung in das Directory übertragen. Diese Übertragung kann manuell oder automatisiert stattfinden.

Aufbauorganisatorische Daten, mit denen der User im Directory beschrieben wird, sind z.B. seine Abteilung, seine Position, die Lokation und das Gebäude, in dem er sein Büro hat. Die aus den aufbauorganisatorischen Daten für das Directory relevanten Informationen werden aus der Datenbank in das Directory übertragen. Diese Übertragung kann manuell oder automatisiert stattfinden.

Rollen und Rechte beschreiben im Directory letztendlich die geschäftsrelevanten Aufgaben und Funktionen des Users, wie z.B. seine administrativen Rechte, Autorisierungsberechtigungen, Zeichnungsberechtigungen, Zugriffsberechtigungen, etc. Die aus dieser Datenbank für das Directory relevanten Daten werden in das Directory übertragen. Diese Übertragung kann manuell oder automatisiert stattfinden.

Im Ressource-Provisioning-System werden diese in den drei Datensätzen beschriebenen Daten über das Directory bereitgestellt und bilden die Basis der organisatorischen Beschreibung eines Users (Beispiel Mustermann, Tel.: 1234567, Abteilungsleiter Finanz, Gebäude F54, Administrator SAP FI, Zeichnungsberechtigt bis 10.000 Euro, autorisierte Person zur Genehmigung für Zugriffsanträge auf das SAP FI Modul, etc.).

Das Provisioning-System wiederum bedient sich eines Regelwerkes und fest definierten Prozessen, wie aus dem zugrunde liegenden Directory-Datensatz eines Users die Ressourcen bereitgestellt werden. Das Regelwerk und die Prozesse sind kodierte Algorithmen, die die Daten aus dem Directory einlesen, verarbeiten und auf den Zielsystemen, in denen der User eingerichtet werden soll, und seine Autorisierungen erhalten soll, umsetzen. Diese bedienen sich eines Repositories (zu Deutsch: Behältnis, gemeint ist eine Datenbank oder Datensätze) und des Regelwerkes, um mittels der Ablaufsteuerung (Algorithmen) über eine API-Schnittstelle (Application Programming Interface) das Regelwerk in die Zielsysteme zu übertragen.

Der Clearing-Mechanismus hat im Provisioning hauptsächlich die Aufgabe der Korrektur und Bereinigung. Durch regelmäßig eingeplante Batch-Verarbeitungsverfahren vergleicht dieser Soll- und Ist-Zustände im System anhand der im Regelwerk und der in den Prozessen festgelegten Algorithmen mittels Syntax- und Integritätsprüfungen. Für Abweichungen vom Soll-Zustand bedient er sich in den meisten Fällen eines integrierten oder externen Reportgenerators, der das Delta protokolliert und ausgibt. Es gibt Clearingmechanismen, die sich eines automatisierten Kontrollkreislaufes bedienen und Abweichungen von Soll-Ist-Zustand automatisiert rückgängig machen können. Sie sind selten, doch der Trend entwickelt sich in diese Richtung. Der Clearingmechanismus wurde nicht für De-Provisioning-Prozesse entwickelt, doch gibt es Beispiele in der Praxis, in denen er dafür verwendet wird, in den meisten Fällen bei eigenentwickelten Systemen.

6.2 Server Provisioning

Server Provisioning bedeutet einen Server für einen Zweck einzurichten, für den er benötigt wird. Dazu wird ein Server aus einer Serverfarm ausgewählt oder eingebracht, auf dem die notwendige Software wie z.B. das Betriebssystem, die Gerätereiber, Middleware und Anwendungen geladen werden. Weiterhin wird das Serversystem angepasst und konfiguriert.

6 Provisioning

Zur Anpassung und Konfiguration gehören das Erstellen einer Boot-Image-Datei, sowie die Anpassung seiner Parameter (Hostname, IP-Adresse, IP-Gateway, etc.), um Netzwerk und Speicherressourcen mit dem Server zu assoziieren.

Server Provisioning umfasst auch, den Lebenszyklus des Serversystems zu begleiten. Dies bezieht Tätigkeiten ein wie das regelmäßige Auditieren des Servers und die Prüfung auf gesetzeskonformen Betrieb (Compliance), die regelmäßige Überprüfung auf Sicherheitslücken und Schwachstellen (Vulnerability Management), sowie das Installieren von Sicherheits- und allgemeinen Softwarepatches.

Server Provisioning definiert die Serverkonfiguration und deren Lebenszyklus auf der Basis von Geschäftsanforderungen und des Verwendungszwecks der Servers. Server Provisioning berücksichtigt:

- Hardwareanforderung des Servers (Einzel- oder Mehrfachprozessor, Speicherkapazität RAM und HDD, eventuell RAID-Konfiguration, Netzwerkkarten, etc.)
- Management (wie z.B. sichere Administration, Change Control, Reporting, Performance- und Kapazitätsmanagement, Benutzerverwaltung, Risiko- und Sicherheitsmanagement, etc.)
- Verfügbarkeit (Disaster Recovery, Backups, Ausfallzeiten, etc.)
- Integrität (Softwarelizenzen, Anwendungen, Betriebs- und evt. Datenbanksystem, Inhalte, etc.)
- Vertraulichkeit (Klassifizierung der Inhalte, Zugangs- und Zugriffsautorisierung, Rechteverwaltung, Verschlüsselung, etc.)
- Verbindlichkeit (Zertifikate, Digitale Signatur, PKI, etc.)

Der Ausdruck des Server-Provisioning stammt aus dem Kontext des Outsourcings der IT, wo meist durch einen (Internet) Service Provider ein ganzheitliches Servermanagement angeboten wurde. Inzwischen werden die Terminologie und der Prozess auch für firmeninterne Dienstleistungen durch eigenes IT-Personal verwendet, da sich der Prozess bewährt hat.

Viele Ansätze von Virtualisierung in Server-Umgebungen sind eigentlich Server-Provisioning-Ansätze, und haben mit Virtualisierung nichts zu tun. Hier versteht der IT-Leiter meist nicht den Unterschied, vor allem IT-Leiter, die mehr eine wirtschaftswissenschaftliche Ausbildung genossen haben, und lassen sich von Providern Server-Provisioning als Virtualisierung verkaufen.

6.3 Service Provisioning

Beim Service Provisioning handelt es sich um die Bereitstellung von vertraglich festgelegten standardisierten Dienstleistungspaketen (z.B. das zentrale Sammeln und Auswerten von Firewall-Logdateien durch einen Dienstleister per Fernzugriff oder z.B. die Administration des Internet Bewerberportals eines Unternehmens durch eine externe Personalberatung, etc.)

zwischen einem Dienstleister und einem Kunden. Dies kann auch ein firmeninternes Vertragsverhältnis betreffen, in dem die Kunden die Abteilungen einer Firma sind, und durch die interne IT-Abteilung bedient werden. In den meisten Fällen werden die Systeme eines Kunden in der physischen Umgebung des Kunden remote bedient. In diesen Fällen erfolgt die Bereitstellung direkt über einen konfigurierten Zugang eines low-end Dienste-Anbieters über Secure FTP, Secure Shell, oder Virtual Private Network, um Konfigurationsänderungen in den festgelegten Grenzen (IT-Sicherheitskonzept bzw. IT-Sicherheitsrichtlinie für das Outsourcing) durchzuführen.

Bei high-end Dienste-Anbietern stehen die Serversysteme meist physisch in deren Rechenzentren und der Zugriff erfolgt direkt über ein SMC-Netzwerk (Service Management Center Netzwerk) innerhalb des Netzwerkes des Dienste-Anbieters.

Ähnlich wie beim Server Provisioning wird das Dienstleisterprinzip des Service Provisioning mittlerweile auch von internen IT-Abteilungen den Fachabteilungen bzw. anderen IT-Abteilungen eines Unternehmens eingesetzt. Dieses Dienstleisterprinzip wird verstärkt für interne IT-Dienstleistungen angewandt, weil es sich im Outsourcing bewährt hat.

Die folgenden Beispiele beschreiben die gängigsten Service Provisioning-Dienstleistungen:

- DNS inklusive des Namenservers beim Domain-Registrierungdienstleister
- Email – inklusive SMTP – Gateway, Mailing Lists und Weiterleitungsoption
- Anti-Spam-Lösungen für das Mailsystem
- Anti-Spim-Lösungen für IRC-Dienste
- Antivirusdienstleistungen
- Regelmäßiges Patchen von Schwachstellen
- Überwachung der Sicherheitsdomänen
- Http und Https-Dienste inklusive Zugriffsregelung auf passwortgeschützte Ordner
- FTP bzw. Secure FTP für den Zugriff auf Konfigurationsdateien
- Proxydienste für Internetzugänge
- Firewall-Konfigurationsdienstleistungen
- NAS bzw. SAN-Administration
- Tele-Softwareinstallationen und -De-Installationen
- Reporting von Sicherheitsevents, Korrelation, Forensik und Verteilung
- Change Control Management
- etc.

6.4 Mobile Subscriber Provisioning

Mobile Subscriber Provisioning bezieht sich auf neue Dienstleistungen wie GPRS, MMS, Instant Messaging für einen existierenden Nutzer eines Mobilfunknetzes, oder jedes anderen Gateways, das standardisierten Internet Chat (IRC) oder Maildienste anbietet.

Dabei sendet der Dienste-Anbieter die Ergebnisse aus einer Anforderung an die jeweiligen Dienste an das mobile Handgerät, in dem der Betreiber diejenigen Dienste nutzt, die das Gerät aufgrund des installierten Betriebssystems verstehen und verarbeiten kann, wie z.B. SMS, MMS oder WAP.

In der Hauptsache wird mobile Subscriber Provisioning von Telekommunikations- und Mobilfunkanbietern für ihre Kunden (z.B. Handybesitzer) betrieben (Lizenzinhaber für Telekommunikationsdienstleistungen). In besonderen Fällen nutzen auch in den Ländern, in denen privatwirtschaftliche Unternehmen eine Telekommunikations- bzw. Mobilfunklizenz erwerben können, Mobile Subscriber Provisioning in kleinerem Rahmen für ihre Geschäftsprozesse und Zwecke (z.B. können über einen privaten Telekommunikationssatelliten über GPRS-Dienste (Führeranweisung in Form von SMS) LKWs und andere Transportmittel eines Logistikdienstleisters weltweit koordiniert und gesteuert werden).

6.5 Mobile Content Provisioning

Mobile Content Provisioning bezieht sich auf die Dienstleistung der Bereitstellung von mobilen Inhalten, wie es z.B. die Kommunikation mit einem mobilen Internetdienst auf einem Mobiltelefon beschreibt. Dabei ist dem Dienst die Funktionalität eines betroffenen Gerätes unbekannt. Der Dienst versucht auf jedem Gerät, das er ansprechen kann, den Inhalt zu vermitteln, getreu nach dem Prinzip „funktioniert" oder „funktioniert nicht".

Es tangiert das Betriebssystem des Gerätes und dessen Version, Java Version, Browser Version, Bildschirmausgabemöglichkeiten, Audioausgabemöglichkeiten, Spracheinstellungen und eine Vielzahl anderer Charakteristika.

Es gibt mehr als 6000 Kombinationsmerkmale, die hierbei relevant sind. Mobile Content Provisioning trägt zu einer gemeinnützigen Benutzererfahrung bei, auch wenn es Inhalte auf sehr unterschiedlichen Endgeräten zur Verfügung zu stellen versucht. Nutzer sind hauptsächlich mobile Dienste-Benutzer (Handybenutzer, PDA-, MDA- bzw. Microcomputerbenutzer, Laptopbenutzer, etc.).

Beim Mobile Content Provisioning wird es durch technologische Weiterentwicklungen der Kleingeräte, die Mobile Content Provisioning empfangen können, zu einer Konsolidierung kommen, da in Zukunft ein noch so kleines Gerät alle Varianten verstehen wird und interagieren kann.

7 Zugriffskontrolle über Authentifizierung

Bei der Zugriffskontrolle über Authentifizierung werden während des Prozesses der Authentifizierung entweder eine Identität, eine Person oder ein Computersystem überprüft. Authentifizierung (v. griechischen „authentikos" für Urheber, der Echte, der Wirkliche), bedeutet, eine Identität durch eine identitätsgebundene Information zu überprüfen und zu bestätigen. Dies kann auf verschiedene Art und Weise erfolgen. Authentisierung wird im englischen Sprachgebrauch mit Authentifizierung gleichgesetzt. In der deutschen Sprache meint Authentisierung die eigene Identität zu überprüfen. Die älteste und am weitesten verbreitete Authentifizierung auf der Welt ist die des Namens durch den Nachnamen. Es gibt viele Alexander, aber nur wenige Alexander Tsolkas. In vielen Kulturen gibt es eine Reihe von Authentifizierungsmerkmalen im Namen, die natürlich auch zur Authentisierung dienen. Der aus dem Skandinavischen stammende Namen „Ericsson" meint den Sohn von Eric. Für die damalige Zeit war dies ausreichend, da man sich in der näheren Umgebung meist gut kannte. In der Namensgebung werden kulturbezogen viele Authentifizierungs- und Authentisierungsmerkmale verwendet. Ähnliches gilt auch für die Informationstechnologie. Die Authentifizierung kann mittels dreier Objekte durchgeführt werden:

- Preisgabe von Wissen (Passwort, PIN)
- Benutzung eines Besitzes (Token)
- Benutzung des eigenen Subjekts (z.B. Retinascan in der Biometrie)

Der Autor beschreibt in diesem Kapitel die folgenden Authentifizierungsformen der IT:

- UserID und Passwort
- Splitted Password
- Challenge Response
- Authentifizierung nach Needham - Schroeder
- Ticketsysteme
- Token
- Digitale Zertifikate und Signaturen
- Biometrie
- PKI
- Darüber hinaus widmet er ein weiteres Kapitel den Anforderungen an Authentisierungsdienste.

7.1 UserID und Passwort

Die Authentifizierung durch UserID (zu Deutsch Benutzerkennung, BenutzerID) und Passwort ist die älteste und gebräuchlichste Form in der Informationstechnologie. Beide Informationen werden auch Anmeldeinformationen genannt. Die Methode basiert auf Wissen.

Bei der Authentifizierung durch UserID und Passwort stellt die UserID nur einen Teil der Identität eines Benutzers dar, die durch ein dazugehöriges Passwort geschützt und bestätigt werden kann. Dabei ist die UserID eine meist öffentliche Information und das Passwort eine private Information. Möchte jemand die UserID auf einem IT-System verwenden, ist das dazugehörige Passwort einzugeben, um Zugang zum System zu erhalten. Bei der Eingabe der UserID findet eine für die Anmeldung wichtige erste Überprüfung auf einem Computersystem statt, ob die eingegebene UserID auch auf dem System vorhanden ist. Der Benutzer legitimiert sich in einem weiteren Schritt durch die Eingabe des dazugehörigen Passwortes, dass er der berechtigte, wahre, authentische und wirkliche Benutzer ist, da er das Passwort als geheimes Codewort, die Kennung, oder auch PIN (Persönliche Identifikationsnummer) als einziger wissen sollte.

Diese Art der Authentifizierung reicht normalerweise aus, um eine Identität gegenüber einem IT-System zu legitimieren.

Im Falle der Authentifizierung mittels UserID und Passwort bleibt die Authentizität des Benutzers allerdings nur gewahrt, wenn das Passwort immer vertraulich behandelt und nicht weitergegeben wird.

Bei Passwörtern gibt es mehrere Typen. Die drei gängigsten Passworttypen sind:

- Permanente Passwörter
- Temporäre Passwörter
- Einmalpasswörter

Permanente Passwörter bleiben immer gleich und können nicht durch den Benutzer geändert werden, sondern nur durch einen Administrator. Sie bieten, wenn sie zu kurz und nicht komplex genug sind, keine hohe Sicherheit, werden jedoch auch heute noch für die Administration von Serversystemen in den IT-Organisationen von Firmen eingesetzt, sind meistens 13-15-stellig.

Temporäre Passwörter sind Passwörter, die nur für einen beschränkten Zeitraum verwendet werden können. Nach Ablauf des Zeitraums fordert das System oder der Systemadministrator den Benutzer auf, das Passwort zu wechseln. Ein periodischer Wechsel eines Passwortes ist ein Merkmal, das die Sicherheit des Passwortes erhöht.

Einmalpasswörter sind Passwörter, die nur für eine einmalige Authentifizierung gegenüber einem IT-System verwendet werden können. Nach der Verwendung eines Einmalpasswortes kann dieses nicht noch einmal für eine Authentifizierung verwendet werden.

7.1 UserID und Passwort

Bei den heutigen am meisten verbreiteten Betriebssystemen wie z.B. Windows und Unix kann auf dem IT-System eingestellt werden, ob ein permanentes oder temporäres Passwort verwendet wird. Weiterhin können Informationen über die Passwortqualität eingerichtet werden, wie z.B.:

- Passwortlänge
- Ablaufdatum
- Zeichen (Buchstaben, Zahlen, Sonderzeichen), die zur Bildung des Passwortes verwendet werden müssen)
- Passworthistorie

Bei der Authentifizierung mittels UserID und Passwort sind zwei zusammengehörende Informationen (UserID und Passwort) in einer Datenbasis auf dem authentifizierenden IT-System hinterlegt. Beide Informationen werden in einer prinzipiell zugriffsgeschützten Datei auf einem IT-System gespeichert und werden beim Vorgang des Log-on (auch Log-in, Anmeldung) in einer Eingabemaske (GINA , graphical identification and authentication) auf einem Bildschirm abgefragt. In privaten Netzwerken wird die UserID meistens in der Bildschirmmaske schon angezeigt, und der Benutzer wird aufgefordert, das dazugehörige Passwort einzugeben. Bei modernen IT-Systemen und Netzwerken kann man u.U. auswählen, auf welche Systeme man sich anmelden möchte. Im folgenden Beispiel möchte sich der Benutzer John Smith gegenüber dem System/der Domäne CATS authentifizieren.

Abbildung 7.1: Microsoft1 Windows-XP Professional Log-on GINA

---

[1] Microsoft Windows Xp Professional ist ein registrierter Markenname der Microsoft Cooperation

7 Zugriffskontrolle über Authentifizierung

Abbildung 7.1 zeigt die Log-on-GINA von Microsoft Windows-XP Professional. Auf dieser Art von IT-System wird die Information der UserID als Benutzername dargestellt. In der Kennwortzeile wird das dazugehörige Passwort abgefragt. Wenn beide Informationen übereinstimmen, wird die Authentifizierung des Benutzers stattfinden, und damit der Zugang zum IT-System erfolgen. Für den Fall, dass beide einzugebenden Identitäts- und Authentifizierungsinformationen falsch sind, erfolgt kein Zugang zum IT-System. Stattdessen wird dem Benutzer auf dem Bildschirm eine Fehlermeldung dargestellt, die anzeigt, dass die eingegebenen Informationen nicht korrekt sind. In den 3 häufigsten Fehlerfällen existiert entweder die UserID nicht, oder das dazugehörige eingegebene Passwort für die Authentifizierung ist falsch, oder beides ist falsch.

Da die UserID nur durch ein Passwort geschützt wird, ist es sehr ratsam, ein sicheres Passwort für die Authentifizierung einer Identität zu wählen. Sichere Passwörter:

- werden von einem System oder Administrator anfänglich für einen Benutzer durch eine Zufallsmethode erstellt
- werden auf einem sicheren vertraulichen Wege mitgeteilt bzw. zugestellt
- besitzen eine Passwortlänge von mindestens 8, besser 10 Zeichen, Administratorkennwörter sollten mindestens 15 Zeichen lang sein
- bestehen aus einer Kombination von Buchstaben, Zahlen und Sonderzeichen (da man aus praktischen Gründen aber nur Buchstaben, Zahlen und einige Sonderzeichen benutzen kann, die man direkt über die Tastatur eingeben kann, ist das Passwort gegenüber der möglichen Verwendung des gesamten Zeichensatzes von 256 ASCII-Zeichen der ASCII-Code-Tabelle schwächer). In der Regel sind es ca.80 benutzbare Zeichen (2x26 Buchstaben, 10 Ziffern, 18 Sonderzeichen)
- werden mithilfe einer guten Methodik erstellt. Eine solche ist die Verwendung der Anfangsbuchstaben der Wörter eines ganzen Satzes, inklusive der Sonderzeichen wie z.B. „– „und „*" (z.B. -mMw38g* - meine Mutter wurde 38 geboren *)
- stellen keine Wörter dar, die in Lexika oder Enzyklopädien gefunden werden
- sollten in einem Zeitintervall von mindestens einem Tag und maximal neunzig Tage änderbar sein, wobei ein guter Industriestandard einen Passwortwechsel ca. alle 30 Tage vorschreiben sollte
- sollten geheim gehalten werden und bei jedem Verdacht der Bekanntgabe (Social Engineering oder Schultergucken) gewechselt werden

7.1 UserID und Passwort

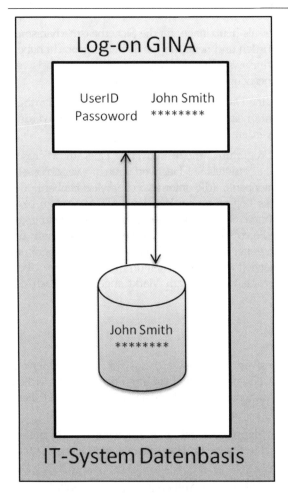

Abbildung 7.2: Authentifizierungsprozess UserID mit Passwort

Abbildung 7.2 zeigt den Authentifizierungsprozess bei der UserID/Passwort-Methode. Sie stellt den Prozess stark vereinfacht dar. Im einfachsten möglichen Fall werden bei der Authentifizierung die eingegebene oder vorgegebene UserID und das dazugehörige Passwort gegen die hinterlegte Datenbasis in einer Datei oder in einer Datenbank verglichen. Nach einer erfolgreichen Authentifizierung erfolgt der Systemzugang. Bei einer gescheiterten Authentifizierung bleibt der Systemzugang gesperrt, und es erscheint normalerweise eine Fehlermeldung inklusive der Aufforderung, den Authentifizierungsprozess durch Eingabe der Anmeldeinformationen Identität und Passwort erneut zu starten.

Die UserID/Passwort-Authentifizierung war lange Zeit relativ unsicher. Da die Datenbasis, in der UserID und Passwort gespeichert waren, meistens nicht verschlüsselt war, konnte ein Administrator alle Authentifizierungsinformationen durch Dateizugriff lesen. Ein Miss-

7 Zugriffskontrolle über Authentifizierung

brauch schien wesentlich wahrscheinlicher als heutzutage, da die Sicherheitsmechanismen der Authentifizierung weiterentwickelt wurden und neue Merkmale hervorgebracht haben. Auf modernen IT-Systemen (Microsoft Windows, Unix -Derivate) ist diese Datenbasis verschlüsselt, und Reporting-Funktionen können Zugriffe auf diese Datei protokollieren.

Höhere Sicherheit lässt sich auch durch eine Datenbasis erreichen, wenn Identifizierungs- und Authentifizierungsinformationen nicht in ein und derselben Datei gespeichert werden, sondern auf mehrere Datenbasen verteilt werden.

So war „L0phtcrack" ursprünglich ein Programm, mit dessen Hilfe eine aus Microsoft Windows NT 4.0 ausgelesene, mittels Hashverfahren verschlüsselte UserID/Passwortinformation der SID-Datenbank, (die interne Sicherheitsdatenbank des Betriebssystems Windows NT 4.0) zwecks Log-on an ein Windows NT 4.0 System bzw. Netzwerk direkt weitergegeben werden konnte. Somit war es gar nicht mehr notwendig, die UserIDs und Passwörter mittels Brute-Force Attacke zu knacken. Konnte man die Informationen auslesen, so gelang dem Angreifer mit Sicherheit der Log-On. Das Programm gibt es immer noch, doch wurde es kommerziell weiter entwickelt und wird heute zur Überprüfung der Sicherheit von Authentifizierungsverfahren am Markt angeboten. Auch der Name hat sich geändert.

7.2 Splitted Password

Ein Splitted Password (zu deutsch geteiltes/verteiltes Passwort), das zur Authentifizierung genutzt werden kann und eine UserID bestätigen soll, folgt im Prinzip den gleichen Mechanismen wie eine UserID/Passwort-Authentifizierung. Es basiert auf ge- und verteiltem Wissen.

Die beiden Methoden unterscheiden sich darin, dass bei einer Authentifizierung mittels Splitted Password das Passwort geteilt wird und seine Bruchstücke in verschiedenen Datenbasen abgespeichert werden.

Dies bietet gegenüber der normalen UserID/Passwort-Authentifizierung wesentlich mehr Sicherheit. Die Authentifizierungsinformation und damit das Passwort wird mindestens zweigeteilt und in mindestens zwei Dateien, Datenbasen oder Datenbanken des IT-Systems oder sogar in mehreren IT-Systemen der zugrunde gelegten IT-Infrastruktur gespeichert (z.B. über das Netzwerk verteilte Authentifizierungsdatenbanken oder Kerberos). Geht man davon aus, dass selbst bei Splitted Password die Datenbasis der gespeicherten wertvollen Identitäts- und geteilten und verteilten Authentifizierungsinformationen unverschlüsselt wäre, erhöht sich die Sicherheit mit diesem Authentifizierungsverfahren um ein Mehrfaches gegen-über dem rudimentären Authentifizierungsverfahren mittels UserID/Passwort.

So hätte beim Splitted Password-Authentifizierungsverfahren ein Programm wie das erwähnte „L0phtcrack" keine Chance gehabt, so einfach an die Sicherheitssystem-Datenbanken zu gelangen, um die verschlüsselten Identitäts- und Authentifizierungsinformationen auszulesen. Eine zentrale Datenhaltung von Identitäts- und Authentifizierungsinformationen ist immer leichter angreifbar als eine verteilte Datenhaltung.

Das technisch am wenigsten aufwändige und mehr organisatorisch verwendete Splitted Passwort wird in der IT für das Masterpasswort/Emergencypasswort eines Systems oder einer Anwendung verwendet, für das jeweils zwei unterschiedliche Personen der IT-Organisation jede die Hälfte eines Passwortes kennt. Im Notfall können nur beide Personen durch Eingabe ihrer Passworthälften die Authentifizierung durchführen.

Das ursprüngliche Splitted Password-Authentifizierungsverfahren wurde meist bei Banken eingesetzt, die ein hochkritisches IT-System zu schützen hatten. Für Anwendungen in anderen Branchen und Unternehmen war ein derartiger Programmieraufwand in den 70er Jahren in anderen Branchen und Unternehmen meist zu groß und zu teuer.

Als modernes Splitted Password Authentifizierungsverfahren gilt das „Secret-Splitting" (zu Deutsch das geheime Teilen und Verteilen). Allerdings ist dieses Verfahren gar nicht so modern, da es auf die 70.er Jahre und den renommierten Kryptologen Adi Shamir (Quelle: Adi Shamir, How to Share a Secret, 1979), zurückzuführen ist. Dabei werden Bruchstücke des geteilten Passwortes mittels Kryptoalgorithmus erstellt und verteilt abgespeichert. Shamir forderte damals, dass die Kenntnis von 3 bis 5 Bruchstücken des Passwortes ausreichen sollte, um das gesamte Passwort zu rekonstruieren.

Bei diesem Verfahren ist heute lediglich neu, dass sich nicht nur Banken ein solches Authentifizierungsverfahren leisten können, und dass das Ganze für die Massen angeboten werden soll. Neuere Verfahren sollen mit der Kenntnis von nur 2 Bruchstücken zur Rekonstruktion des Passwortes anstatt 3 bis 5 auskommen.

Dies ist darauf zurückzuführen, dass die heutigen Kryptoalgorithmen wesentlich stärker sind als die damals verfügbaren, was wiederum auf die Rechenleistung heutiger Computersysteme und die leistungsfähigen Kryptoalgorithmen, wie z.B. Elliptic Curve, zurückzuführen ist. Neu ist ebenfalls, dass derartige Authentifizierungsverfahren mehr und mehr Anwendung in Identity-Management-Systemen finden werden. Sie werden dazu verwendet, vorgegebene schwache Authentifizierungsstrukturen zu stärken, ohne eine wesentliche Veränderung der Altsysteme (auch bekannt unter Legacy-Systeme) vorzunehmen. Im E-Commerce wird diese Methode auch mehr Anwendung finden, so z.B. zum Schutz von Kaufinformationen von Kunden, damit diese nicht in falsche Hände geraten, wenn Verkäufer die neuen IT-Systeme, die diese Methode integrieren, vermehrt einsetzen werden.

7.3 Challenge Response

Das Challenge-Response-Verfahren gehört zu den sichereren Authentifizierungsverfahren und basiert auf Wissen. Dabei ist es nicht unbedingt zwingend notwendig, dass man bei der Authentifizierung ein Passwort oder eine PIN eingibt. Man muss u.U. nur beweisen, dass man das Passwort kennt, um sich zu authentifizieren.

Das hat unter anderem den Vorteil, dass das Passwort nicht auf der Leitung bei der Eingabe abgefangen werden kann. Diese Methode wird weniger für die Authentifizierung gegenüber einem Computersystem zwecks Anmeldung bzw. Log-on verwendet. Die Methode wird meistens mehr Gebrauch für den sicheren Datenaustausch zwischen zwei

7 Zugriffskontrolle über Authentifizierung

Kommunikationspartnern eingesetzt, die sicherstellen möchten, dass derjenige, der die Information erhält oder auf diese zugreift, auch derjenige ist, der er vorgibt zu sein.

Um nicht bei der Frage (Challenge) als Antwort (Response) das Passwort (die Lösung) direkt eingeben zu müssen, bedient man sich sicherer Verfahren, wie im anschließenden Beispiel beschrieben wird, und kann dennoch den anderen Teilnehmer sicher bestimmen, sobald dieser die richtige Antwort eingegeben hat.

Beispiel: Beim Challenge-Response-Verfahren haben beide Parteien, die miteinander kommunizieren oder Daten austauschen möchten, die Passwörter vorab ausgetauscht. Nehmen wir an, das Passwort von Alexander Tsolkas lautet 20, und das von Klaus Schmidt 25. Wenn Alexander Tsolkas sicherstellen möchte, dass er sicher mit Klaus Schmidt kommunizieren kann, so sendet er Klaus Schmidt zum Beispiel eine Zahl 5. Klaus Schmidt multipliziert die Zahl 5 mit seinem Passwort 25und sendet das Produkt 125 an Alexander Tsolkas zurück. Alexander Tsolkas kann anhand dieser Zahl und des ihm bekannten Passwortes von Klaus Schmidt die Division bilden und beim Ergebnis 5 (125/25=5) sicher sein, dass der Absender auch Klaus Schmidt ist und kein anderer.

Diese rudimentäre Art von Challenge Response ist unsicher und durch mehrere Methoden angreifbar. Angriffe sind z.B.:

- Known-Plaintext-Angriff: Bei diesem Angriff wird die komplette Kommunikation zwischen beiden abgefangen und aufgezeichnet, und später wird der Wert des Passwortes mit kryptoanalytischen Methoden bzw. durch komplexere Intervallschachtelung ermittelt. Ab der Ermittlung des Passwortes könnte dann die Kommunikation zwischen Klaus Schmidt und Alexander Tsolkas mitgehört werden.

- Wörterbuchangriff: Hierbei wird das Passwort geraten und mit allen Wörtern und Zahlen und Sonderzeichen eines Wörterbuches verschlüsselt (sozusagen das Produkt gebildet) und jedes Mal verglichen (indem man versucht zu entschlüsseln), bis man das Passwort ermittelt hat.

Um sich gegen die genannten Angriffe zu schützen, könnte man als Sicherheitsmaßnahme die ausgetauschte Zahl und das auszutauschende Ergebnis verschlüsseln, so dass diese Informationen nicht so leicht ermittelt werden können, sollten sie abgefangen werden. Auch könnte man die Frage bzw. die Aufgabe (Challenge) mit einer limitierten Lebensdauer versehen, innerhalb derer die Antwort (Response) gegeben werden muss. Bei einem abgelaufenem Zeitstempel müsste man dann von einem Angriff ausgehen, da die Frist zum Geben der Antwort zwischen beiden Partner festgelegt wird und nicht wesentlich mehr Zeit zur Verfügung gestellt wird, als zum Erteilen der Antwort notwendig wäre. Aber inzwischen gibt es auch schon Angriffsmethoden, mit denen einfache Zeitstempel ersetzt werden können. Daher werden heute beim Challenge-Response-Verfahren auch schon die Zeitstempel verschlüsselt und mit Checksummen belegt, aus denen man Veränderungen durch Manipulation nachvollziehen kann. So rüsten sich Angreifer und Verteidiger mehr und mehr gegenseitig auf.

7.3 Challenge Response

Das Challenge-Response-Verfahren findet heute hauptsächlich Anwendung bei der PPP-Netzwerkverbindung (Peer-to-Peer-Protocol). Das ist typischerweise z.B. die Anmeldung an ein (A)DSL-Netzwerk oder eine Modem-Internetverbindungen. Auch das CHAP (Challenge Handshake Authentication Protocol) stellt eine Challenge-Response-Authentifizierung dar. Bei einer zu etablierenden PPP-Netzwerkverbindung, bei der beide Seiten sich darauf geeinigt haben, dass für die Authentifizierung CHAP verwendet wird, läuft ein ähnlicher Mechanismus ab, wie im obigen Kommunikationsbeispiel zwischen Alexander Tsolkas und Klaus Schmidt, allerdings automatisiert. CHAP stellt ein modernes und sicheres Challenge-Response-Verfahren dar.

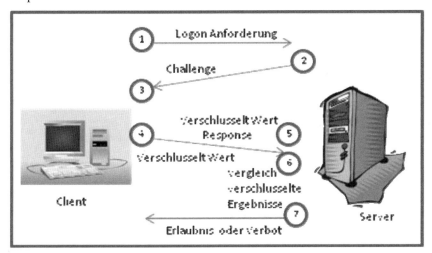

Abbildung 7.3: Die Funktionsweise von CHAP- Challenge Handshake Authentication

Ein weiteres Challenge-Response-Verfahren ist das iKey-Verfahren, entwickelt von Rainbow Technologies auf der Basis eines 8-bit Microcontrollers, bei dem sogar wechselseitige (Englisch: mutual) Challenges und Responses ausgetauscht werden können. Das Verfahren ist auf einem USB-Token integriert, dessen USB Controller mit Hilfe eines integrierten Prozessors einen Smart-Card Reader emulieren kann, der folgende Funktionen übernehmen kann:

- Generierung eines öffentlichen Schlüssels (RSA und DSS)
- Digitale Signaturerstellung (RSA und DSS)
- Entpacken von Sitzungsschlüssel
- User-Authentifizierung
- On-line Authentifizierung

7 Zugriffskontrolle über Authentifizierung

7.4 Ticket-Systeme

Ticket-Systeme bieten Authentifizierungs- und Autorisierungsdienste mittels „Eintrittskarte". Diese Eintrittskarte genügt grundlegenden Sicherheitsanforderungen und besteht aus einem Zertifikat von einer dritten Stelle, die berechtigt ist, Zertifikate auszustellen, ist mit einem öffentlichen Schlüssel signiert und wird bei Gebrauch noch mit einem privaten Schlüssel signiert, um sicherzustellen, dass Identität und Zugriffe auf Ressourcen berechtigt sind.

7.5 Authentifizierung nach Needham und Schroeder

A Kennung von A
B Kennung von B
RA Zufallszahl erzeugt von A
RB Zufallszahl erzeugt von B
VS Verschlüsselung mit Schlüssel S
SA Schlüssel von A
SB Schlüssel von B
SC Sitzungsschlüssel zwischen A und B

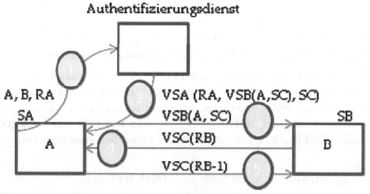

Abbildung 7.4: Needham - Schroeder-Authentifizierung

Das Authentifizierungsverfahren nach Needham und Schroeder basiert auf einem Protokoll, das auch das Needham-Schroeder-Protokoll genannt wird. Es wurde 1978 von Roger Needham und Michael Schroeder im Xerox Palo Alto Research Center des Massachusetts Institute of Technology (MIT) entwickelt. Verfahren wie dieses realisieren eine Authentifizierung durch vertrauenswürdige Dritte mit Hilfe eines Authentifizierungsservers und des Public-Key-Verfahrens. Sie werden vor allem in offenen Systemen wie dem Internet eingesetzt, in denen es zwischen einem Client und einem Server, die sich unbekannt sind, sehr häufig zu einer erstmaligen Kontaktaufnahme zwecks Authentifizierung kommt, ohne dass

7.5 Authentifizierung nach Needham und Schroeder

ein gemeinsamer Schlüssel existiert. Bei der Verwendung des Public-Key-Verfahrens wird eine Vertrauensinstanz benötigt, die den öffentlichen Schlüssel verwaltet und die Authentifizierung abwickelt. Für die Gestaltung von Authentifizierungsabläufen mit der Hilfe eines vertrauenswürdigen Authentifizierungsdienstes ist das Protokoll von Needham und Schroeder bekannt. Auch KryptoKnight von IBM und Kerberos (Projekt Athena des MIT) bauen auf dem Verfahren von Needham und Schroeder auf. Gemeinsam ist all diesen Verfahren ein relativ aufwändiges Protokoll, das mehrere Schritte vorsieht. Sie nutzen Authentifizierungsserver, die für individuelle Kommunikationsbeziehungen (Client/Server) begrenzt gültige, geheime Schlüssel ausgeben. Der Trick hierbei ist, dass der Authentifizierungsserver einen geheimen Schlüssel an die Partei A ausgibt und einen anderen an die Partei B. So kann A gegenüber B authentifiziert werden. Das Needham–Schroeder-Protokoll kann u.a. auch für die asymmetrische Verschlüsselung eingesetzt werden.

7.5.1 Kerberos

Kerberos ist der Name des dreiköpfigen Hundes, der den Eingang in die Unterwelt in der griechischen Mythologie bewacht. Ein großer Name für ein Sicherheitssystem, welches zur Authentifizierung und zum Schutz von Nachrichten eingesetzt werden kann. Kerberos zählt zu den mächtigsten Authentifizierungsprotokollen. Man kann sogar noch einen Schritt weiter gehen und behaupten, dass Kerberos in den achtziger Jahren schon ein erstes Beispiel eines Single-Sign-On-Systems in verteilten Umgebungen darstellte. Dieser Authentifizierungsdienst wurde am MIT als Teil des Athena-Projektes entwickelt. Das Athena-Projekt wurde 1983 als Kooperation zwischen dem MIT, der Digital Equipment Corporation und der IBM durchgeführt und hatte zum Ziel, eine Computerumgebung zu entwickeln, in der 10.000 Computer heterogener Hardware kooperieren können, ähnlich dem heutigen Internet.

Kerberos beinhaltet eine große Anzahl von IT-Sicherheitstechnologien, die den Unternehmen gute Skalierbarkeit und große Flexibilität in der Entwicklung ihrer IT-Sicherheitsarchitektur bieten. Da Kerberos Open Source ist, hat dieses Verfahren unter Umständen Nachteile, da Hersteller in der Entwicklung von Sicherheitssystemen sich an keinen einheitlichen Standard halten und damit nicht immer eine einhundert prozentige Interoperabilität zwischen den Systemen verschiedener Hersteller gegeben ist.

Kerberos verwendet symmetrische Verschlüsselung und bietet Ende-zu-Ende-Sicherheit. Das bedeutet, dass eine Information geschützt und ohne eine dazwischengeschaltete Komponente zwischen einem Benutzer und einem Dienst ausgetauscht wird. Die meisten Kerberos-Implementierungen arbeiten mit vorher vereinbarten, geheimen, kryptographischen Schlüsseln.

Obwohl es dafür ursprünglich nicht entwickelt wurde, erlaubt Kerberos auch die Verwendung von Passwörtern. Ursprünglich sollte Kerberos die Notwendigkeit der Übertragung von Passwörtern über das Netzwerk sogar eliminieren.

Mittlerweile ist (ein abgewandeltes) Kerberos Bestandteil von z.B. Windows 2003/2000/XP, dessen Ziel die zuverlässige Authentifizierung in großen verteilten Client/Server-Systemen ist, in denen man damit rechnen muss, dass:

7 Zugriffskontrolle über Authentifizierung

- Benutzer sich als jemand anderes ausgeben,
- Maschinen eine falsche Identität annehmen bzw. vergeben bekommen,
- Nachrichten abgefangen und wiedereingespielt werden, um Zugang zu erlangen.

Die Ziele von Kerberos sind:

- Transparenz
- Der Benutzer sollte vom Authentifizierungsmechanismus nicht mehr wahrnehmen als einzig und allein das Eintippen von Informationen zur Authentifizierung.
- Skalierbarkeit, denn das System sollte auch bei 10.000 Computern noch einwandfrei funktionieren.

Anstatt in einer komplexen Umgebung mit 10.000 Computern jedem Server, bei dem sich ein Client mit einem eigenen Passwort für jede Sitzung anmeldet, die Aufgabe der Authentifizierung zu übertragen, wird diese Aufgabe von einem Authentifizierungsserver erledigt.

Der Client erhält vom Authentifizierungsserver Sitzungstickets, mit denen er sich für alle weiteren Schritte innerhalb der IT-Umgebung ausweisen kann. Diesen Teil des Authentifizierungsservers nennt man Ticket-Granting-Server (TGS). Möchte der Client einen Dienst in Anspruch nehmen, so muss er dafür ein spezifisches Serviceticket anfordern. Hat er das Serviceticket vom TSG erhalten, kann er einen gewünschten Dienst, z.B. den Start einer Anwendung, auf einem Server beauftragen. Alle Tickets sind verschlüsselt, so dass das jeweilige Ticket nur vom echten Server entschlüsselt werden kann. Bei Kerberos findet also eine bi-direktionale Authentifizierung statt.

Das folgende Beispiel zeigt, wie der Kerberos-Authentifizierungsprozess im Detail abläuft:

1. Klaus Schmidt möchte ein Urlaubsbild aus seinem Urlaub für Alexander Tsolkas ausdrucken, um ihm zu zeigen, wie schön es war.
2. Die Kerberos Client-Software auf Klaus Schmidts Computer fordert ihn auf, seine UserID einzugeben. Klaus Schmidt tippt die UserID ein, und die Client-Software schickt die UserID zusammen mit dem Namen des Druckdienstes zum Key Distribution Center (KDC), um das gewünschte Urlaubsbild zu drucken.
3. Ein Authentifizierungsdienst, der Teil des KDC ist, erhält die Anfrage und überprüft, ob Klaus Schmidt und die Druckanfrage in seiner Datenbank gespeichert sind. Ist dies der Fall, vergibt das KDC einen Sitzungsschlüssel für Klaus Schmidt und für den Druckauftrag. Ein Teil dieses Sitzungsschlüssels ist mit dem geheimen Schlüssel des Dienstes verschlüsselt, der andere Teil ist mit Klaus Schmidts geheimem Schlüssel verschlüsselt. Dies stellt sicher, dass der Sitzungsschlüssel auch wirklich vom KDC stammt, denn nur dieser kennt beide Teile des Schlüssels.
4. Das KDC generiert nun ein Service-Ticket, das beide Teile des Sitzungsschlüssels beinhaltet, und schickt dieses an die Client-Software auf Klaus Schmidts Computer zurück. Die Client-Software fordert nun Klaus Schmidt auf, ein Passwort einzu-

geben. Dieses Passwort konvertiert der Client in den Schlüssel, der notwendig ist, um den Sitzungsschlüssel, der im Service Ticket enthalten ist, zu entschlüsseln.

5. Die Client-Software von Klaus Schmidts Computer entschlüsselt nun den Teil seines Tickets, welche ihm eine Kopie des Sitzungsschlüssels gibt, und sendet das Ticket weiter zum Druckservice, um Klaus Schmidt zu authentifizieren. Der Druckdienst hat den notwendigen geheimen Schlüssel, um das Ticket zu entschlüsseln, so dass der Druckdienst nun auch eine Kopie des Sitzungsschlüssels besitzt.

6. Nun hat die Client-Software den Sitzungsschlüssel von Klaus Schmidt entschlüsselt und der Druckdienst entschlüsselte das Ticket und hat eine Kopie des gleichen Sitzungsschlüssels. Klaus Schmidt kann nun sein Urlaubsbild drucken und könnte theoretisch auch noch Mitteilungen verschlüsseln, die er mit Alexander Tsolkas austauschen möchte. Nun kann er Alexander Tsolkas endlich zeigen, wie schön es in seinem Urlaub war.

Kerberos bietet zwar Vertraulichkeit und Integrität von Daten, doch birgt es auch Schwachstellen. Im Folgenden werden die hauptsächlichen Schwachstellen genannt:

- Das KDC ist ein zentraler Schwachpunkt. Wenn es ausfällt, kann keiner mehr auf IT-Ressourcen zugreifen.
- Der Authentifizierungsservice auf dem KDC muss in der Lage sein, alle Anfragen in einer kurzen Zeitspanne abzuarbeiten, damit kein Flaschenhals entsteht.
- Geheime Schlüssel werden temporär auf dem Computer des Benutzers zwischengespeichert, was es für einen Eindringling möglich macht, den kryptographischen Schlüssel zu erlangen.
- Sitzungsschlüssel werden entschlüsselt und verbleiben auf dem Computer des Benutzers in einer Cache- oder Schlüsseltabelle. Auch hier ist es für einen Eindringling möglich, diesen Schlüssel zu erlangen.
- Kerberos ist anfällig für Angreifer, die Passwörter raten. Das KDC kann nicht erkennen, ob ein Wörterbuchangriff stattfindet.
- Netzwerkverkehr ist bei Kerberos ungeschützt.
- Wenn ein Benutzer sein Passwort ändert, ändert er den geheimen Schlüssel, und damit muss die Datenbank des KDC aktualisiert werden.

7 Zugriffskontrolle über Authentifizierung

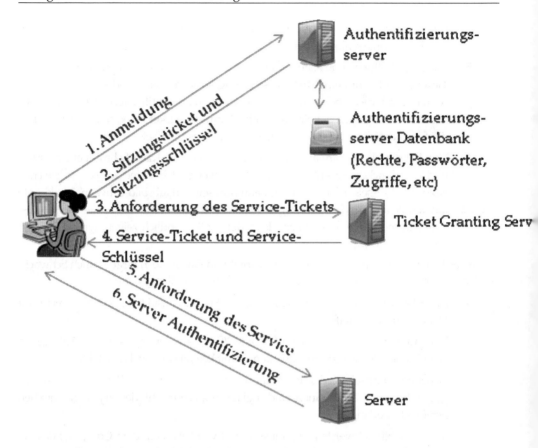

Abbildung 7.5: Kerberos-Authentifizierung

7.5.2 SESAME

Das Projekt SESAME (The Secure European System for Applications in a Multivendor Environment) ist ein weiteres Beispiel für ein Ticket-System und zusätzlich auch ein gutes Beispiel für eine Single-Sign-On-Technologie. Das Projekt wurde ins Leben gerufen, um u.a. einige Schwachstellen von Kerberos aufzuarbeiten. SESAME verwendet eine Public-Key-Verschlüsselung für die Verteilung der geheimen Schlüssel, was die Schlüsselverwaltung gegenüber Kerberos wesentlich vereinfacht, bzw. deren Komplixität reduziert. Wie Kerberos verwendet SESAME ein Ticket zur Autorisierung, das Privilege Attribute Certificate (PAC) genannt wird. SESAME stellt mehr Zugangskontrollfunktionen bereit als Kerberos, verwendet skalierbare Public-Key-Systeme und kann vor allem einfacher verwaltet werden. Wie Kerberos ist dieses Authentifizierungsverfahren anfällig gegenüber Passwörter raten und Wörterbuchangriffe.

7.5.3 DCE – Distributed Computer Environment

Nach Kerberos und SESAME startete eine Gruppe von amerikanischen Herstellern (Apollo Computer, später auch HP, IBM, DEC u.a.) mit DCE einen weiteren Versuch, eine Basis und ein Werkzeug für die Entwicklung von Client/Server-Anwendungen zu entwickeln. Zwei Teile des Gesamtprojektes waren die Entwicklung eines Authentifizierungs- und Autorisierungsdienstes, die in diesen Umgebungen funktionieren sollten. Die Authentifizierung basierte auf Kerberos und die Autorisierung auf ACLs (Access Control Lists – das sind Tabellen, die Zugriffe speichern). Im Grunde genommen konnte unter DCE 1.1 jeder Computer im Netzwerk seine Benutzer authentifizieren, Zugriffe zu IT-Ressourcen gewähren und sie danach sogar mit Hilfe einer einzigen integrierten API (Application Programming Interface) von Remote aufrufen. DCE behielt seinen Glanz, bis die Programmiersprache Java, das Internet und Webserver es in den Schatten stellten. Lösungen, die aus DCE hervorgegangen sind und heute noch verbreitet sind, sind Microsoft's DCOM und ODBC-Technologien. DCE war eine geniale Sache, doch die meisten Tests von DCE ließen schnell erkennen, dass DCE sehr langsam war, wenn es um hohe Sicherheitsanforderungen ging. Bei mittlerem bis niedrigem Sicherheitsniveau aber ließ sich DCE sehr gut einsetzen. DCE ist als Ganzes gesehen zwar keine erfolgreiche Lösung, doch wären viele heutige Verfahren zur Authentifizierung und Autorisierung auf komplexen Client/Server-Systemen nicht ohne die Erkenntnisse, die man aus Versuchen mit DCE gewonnen hat, möglich.

7.6 Authentifizierung über Token

Während bei der Authentifizierung über Passwort die Authentifizierungsinformation eine Form von Wissen darstellt (man muss das Passwort kennen), ist die Authentifizierung über Token (einem Gerät, das ein Passwort, eine PIN, eine TAN, bzw. einen Pass-Code generieren kann) eine Form der Authentifizierung, die Besitz und Wissen verlangt. Man muss einerseits das Token besitzen und andererseits über Wissen verfügen, da meistens noch eine Information in Form von PIN, TAN, Passwort, Pass-Code etc. abgefragt wird. Diese Information wird u.a. vom Token generiert, mit ihr kann sich ein Benutzer authentifizieren (in der IT – der Passwortgenerator). Normalerweise verfügt es über ein LCD-Display (für die synchrone Passwort-Generierung) und/oder eine Minitastatur (für die asynchrone Passwort-Generierung ff.), um ein generiertes Passwort auszulesen, um eine PIN oder ein Passwort einzugeben, oder um die Generierung eines Einmalpasswortes im asynchronen Modus auszulösen.

Gleichzeitig wird in der IT-„Umgangssprache" auch das Passwort (oder die PIN, TAN usw.) als Token bezeichnet. Um Verwirrung zu vermeiden, verwenden wir im Folgenden den Begriff „Token" ausschließlich für das Gerät und nennen die Information der Einfachheit halber „Passwort".

Ein Token gehört nicht zum Computersystem, an dem man sich authentifizieren möchte. Das Token und der Authentifizierungsdienst müssen synchronisiert sein. Zumindest sollten sie das gleiche Challenge-Response-Schema verwenden, damit es möglich ist, einen Benutzer zu authentifizieren.

Zu den Verfahren der Token-Authentifizierung gehört auch die Smart-Card. Dieses, auch Chipcard oder ICC- Internal Circuit Card genannte Gerät, sieht aus wie eine Bankkarte und hat einen integrierten, meist 32-64 Bit-Prozessor, der Informationen einlesen, verarbeiten und ausgeben kann.

Für den Prozess der Authentifizierung erstellt das Token eine Liste von Zeichen, die ein Benutzer während seiner Authentifizierung als Passwort in das Computersystem eingeben muss, an dem er sich anmelden möchte. Nur das Token und der dazugehörige synchrone Authentifizierungsdienst kennen den Sinn der Zeichen. Da das Token und der Authentifizierungsdienst synchronisiert sind, wird das Token immer genau das Passwort erzeugen und darstellen, das der Authentifizierungsdienst als Eingabe benötigt, um eine Authentifizierung erfolgreich abzuschließen. Passwörter dieser Art, vom Token generiert, gehören zur Gruppe der Einmalpasswörter, und können nach der Authentifizierung nicht erneut für eine weitere Authentifizierung verwendet werden.

Bei den auf dem Markt verfügbaren Geräten unterscheiden wir zwischen synchronen und asynchronen Tokengeneratoren.

7.6.1 Synchrone Token-Erstellung

Synchrone Token laufen zeitgleich zum Authentifizierungsdienst und verwenden die Zeit oder ein Ereignis als Hauptmerkmal für den Authentifizierungsdienst. Ist die Synchronisierung zeitbasierend, müssen das Token und der Authentifizierungsdienst in ihren beiden internen Uhren die Zeit gleich gestellt haben. Der Zeitwert im Token wird mit einem geheimen Schlüssel verschlüsselt und dem Benutzer auf dem LCD des Tokens angezeigt. Der Benutzer wird zwecks Authentifizierung mindestens diesen Wert und seine UserID eingeben, die der verwendete Computer an den Server sendet, der den Authentifizierungsdienst ausführt. Der Authentifizierungsdienst entschlüsselt den Wert und vergleicht ihn mit dem Wert, den der Server zwecks Authentifizierung erwartet. Sollten beide Werte übereinstimmen, so ist der Benutzer damit authentifiziert und erhält Ressourcenzugang. Bei einer starken Token-Authentifizierung können die Zielsysteme auch derart eingestellt sein, dass sie Wissen und Besitz abfragen. Dazu gibt der Benutzer zwecks Authentifizierung die UserID, ein Passwort und das Token-generierte Passwort ein.

Sollten der Authentifizierungsdienst und das Token auf einer ereignisgesteuerten Synchronisation basieren, dann muss der Benutzer die Log-on-Anmeldefolge auf dem Computer einleiten und muss eine oder mehrere Taste(n) auf der Tastatur des Tokens drücken. Das veranlasst, dass das Token und der Authentifizierungsdienst zum nächsten Authentifizierungswert springen. Der Wert wird vom Token verschlüsselt und dem Benutzer angezeigt. Der Benutzer gibt diesen Wert und seine UserID zwecks Authentifizierung ein.

Bei zeit- und ereignisbasierter Synchronisierung müssen Token und Authentifizierungsdienst den gleichen Schlüssel für die Ver- und Entschlüsselung verwenden.

7.6.2 Asynchrone Token-Erstellung

Bei der asynchronen Token-Erstellung verwendet das Gerät, das das Token generiert, ein Challenge-Response-Schema, um mit dem Authentifizierungsdienst zu arbeiten. Dazu zeigt der Computer, gegenüber dem sich ein Benutzer authentifizieren möchte, dem Benutzer einen Wert an. Der Benutzer gibt diesen Wert mittels Minitastatur in das Gerät, das den Token generiert, ein. Das Gerät zeigt daraufhin dem Benutzer einen weiteren Wert auf dem LCD-Display an, den der Benutzer gemeinsam mit seiner UserID in seinen Computer eingibt. Dieser sendet den Wert an den Authentifizierungsdienst auf dem Server. Der Server vergleicht den gesendeten Wert mit dem erwarteten Wert, und im Falle der Übereinstimmung beider Werte und der UserID erfolgt eine positive Authentifizierung. Bei der asynchronen Methode wird wie bei der synchronen Methode ein Einmalpasswort erstellt, welches auch Token genannt wird.

Die asynchrone Token-Erstellung basiert auf die Challenge-Response-Methode, während die synchrone Token-Erstellung auf Zeit oder einem Ereignis basiert.

7.6.3 Duale Authentifizierung

Die duale Authentifizierung ist das Gleiche wie eine Zwei-Faktor (engl. Two Factor Authentication), und kann auf synchrone bzw. asynchrone Token-Erstellung basieren.

Die bekannteste Token-Methode ist die RSA-SecureID-Card. Sie wird am häufigsten verwendet, wenn ein Unternehmen duale (oder auch starke) Authentifizierung anwenden will. Die duale Authentifizierung basiert auf Wissen und Besitz. Hat das Unternehmen z.B. Außendienstmitarbeiter, bei denen sichergestellt werden muss, dass nur diese auf kritische Serverdienste des Unternehmens zugelassen werden, so setzen viele Unternehmen die RSA-SecureID-Card zwecks Authentifizierung ein. Ein weiteres Einsatzgebiet ist die Authentifizierung von Administratoren. Das Unternehmen möchte absolut sicherstellen, dass die Administratoren, die die Server und Dienste eines Unternehmens direkt oder auch remote administrieren, sicher auch die sind, die sie vorgeben zu sein.

In der Praxis funktioniert ein derartiges System folgendermaßen: Der Benutzer, der sich von außerhalb an das Firmennetz mittels seines Computers anmelden möchte, startet eine meist sichere Internetverbindung mittels eines VPN-Clients. Er ruft den VPN-Client lokal von seinem Computer auf und wird automatisch oder durch eine manuelle Auswahl mit dem VPN-Gateway verbunden. Zuerst muss er sich gegenüber dem VPN-Gateway identifizieren und authentifizieren. Dies erfolgt meistens mittels UserID/Passwort-Authentifizierung und hat nichts mit der nachfolgenden Token-Authentifizierung zu tun. Nach dem Erstellen der sicheren VPN-Verbindung wird der Client entweder automatisch oder manuell an die Adresse seines Zugangspunktes im Unternehmen (meist ein Einwahlserver oder Webportal) verbunden und vom Authentifizierungsdienst des Portals aufgefordert, sich ein weiteres Mal zu authentifizieren. Eine GINA fordert den Benutzer auf, die UserID, das Passwort und diesmal auch das Token einzugeben. Dazu gibt der Benutzer die UserID, ein Passwort ein, schaut auf die RSA-SecureID-Card und liest vom Display das generierte Token ab, und gibt dieses ebenfalls ein. Der RSA-SecureID-Server vergleicht den eingegebenen Wert mit dem erwarteten Wert und verbindet den Benutzer mit den gewünschten Ressourcen im Unternehmensnetzwerk. Man nennt dies duale Authentifizierung, da es eine Kombination von einer UserID/Passwort-Authentifizierung und einer Challenge-Response-Methode mittels synchroner Token darstellt. Die duale Authentifizierung nennt man auch starke Authentifizierung (aus dem Englischen: Strong Authentication oder auch Dual Authentication).

7.7 Digitale Zertifikate und Signaturen

7.7.1 Digitale Zertifikate

Ein Zertifikat ist eine Form der Beglaubigung und besteht in der digitalen Welt aus strukturierten Daten, die den Zertifikatsnehmer und einige Eigenschaften des öffentlichen Schlüssels bestätigen.

Durch ein digitales Zertifikat können Benutzer eines asymmetrischen Verschlüsselungssystems den öffentlichen Schlüssel einer Identität (siehe Kapitel Identitäten) zuordnen und dessen Geltungsbereich bestimmen. Ein Zertifikat ist der Mechanismus, der dazu verwendet wird, einen öffentlichen Schlüssel mit einer Reihe von Merkmalen zu assoziieren, die ausreichen, um damit einen beanspruchenden Eigentümer eindeutig zu authentifizieren. Jedes Zertifikat hat eine eindeutige und einzigartige Seriennummer innerhalb einer autorisierten Zertifizierungsinstanz (zu Englisch: Certificate Authority), die das Zertifikat an den Besitzer bindet. Das bekannteste Public-Key-Zertifikat ist das X.509 v3-Zertifikat. SSL – Secure Socket Layer verwendet es. Ein digitales Zertifikat hat eine Vielzahl von strukturierten Daten gespeichert wie z.B.:

- Seriennummer,
- Versionsnummer,
- Informationen über die Identität,
- Informationen über den Algorithmus,
- Informationen über die Lebensdauer,
- die digitale Signatur der ausstellenden Zertifizierungsinstanz,
- Informationen zum gültigen Anwendungs- bzw. Geltungsbereich des öffentlichen Schlüssels.

Digitale Zertifikate schützen die Vertraulichkeit, Authentizität und Integrität von Daten durch die korrekte Anwendung der öffentlichen Schlüssel.

Überall dort wo asymmetrische Verschlüsselung im Einsatz ist, muss der öffentliche Schlüssel eines Kommunikationspartners bekannt sein. Geht es dabei nur um die Sicherung der Vertraulichkeit, würde ein unbekannter oder falscher öffentlicher Schlüssel nur die vertrauliche Kommunikation gefährden bzw. zerstören, was jedoch sofort bemerkt werden würde.

7.7 Digitale Zertifikate und Signaturen

Anders verhält es sich, wenn die asymmetrische Verschlüsselung einen Kommunikationspartner authentisieren soll. In diesen Fällen würde ein falscher oder unbekannter Schlüssel wie eine falsche Unterschrift wirken, der man zu Unrecht vertrauen würde, beziehungsweise wie eine unbekannte Unterschrift, die nicht zu überprüfen wäre.

Der Begriff "Zertifikat" wird meist falsch verwendet. Wie andere Beglaubigungen enthält das Zertifikat ausschließlich öffentliche Informationen, wie die Verbindung eines öffentlichen Schlüssels mit dem Namen seines Besitzers. Somit können Zertifikate auf keinen Fall zu etwas berechtigen. Dass eine Person oder eine Ressource (z.B. ein Webserver) sich durch ein Zertifikat ausweist, bedeutet nicht, dass der Besitz des Zertifikats sie identifiziert oder gar authentifiziert. Es identifiziert sie der Besitz des privaten Schlüssels, der zu dem im Zertifikat beglaubigten öffentlichen Schlüssel passt.

Zertifikate spielen im heutigen abgesicherten Internet-Verkehr eine große Rolle. Der Grund dafür ist, dass die Voraussetzungen für eine wirksame Kontrolle durch Öffentlichkeit oder durch persönliche Bekanntheit anders als im täglichen Leben, im Internet kaum vorhanden sind.

Es gibt eine spezielle Form des Zertifikats, das Attributzertifikat. Ein solches Zertifikat verweist nur auf ein anderes Zertifikat und enthält keinen öffentlichen Schlüssel. Ein Attributzertifikat wird dazu verwendet, um ein anderes Zertifikat genauer zu beschreiben. Es legt den Einsatzbereich, den Geltungsbereich, Zeichnungsbefugnisse oder auch finanzielle Beschränkungen bzw. andere Attribute fest.

Zertifikate sind von der Zertifizierungsinstanz digital signiert und dienen zur Überprüfung der Authentizität und Integrität. Dies setzt voraus, dass es ein weiteres Zertifikat geben muss, das eine Zuordnung des Signaturschlüssels des Ausstellers zu seiner Identität bestätigt. Es besteht damit eine Hierarchie von Zertifikaten, die als PKI – Public Key Infrastructure bezeichnet wird.

Zertifikate können missbraucht werden und sind damit nicht mehr sicher. Solche Zertifikate werden, wenn ein potentieller Missbrauch bekannt wird, gesperrt. Gesperrte bzw. unsichere Zertifikate werden in Listen verwaltet und können teilweise on-line über das Internet abgerufen werden.

Digitale Zertifikate finden Anwendung in den im Folgenden aufgeführten Protokollen und Authentisierungsverfahren:

- X.509
- X.509 v3 in der Anwendung sichere Webdienste mittels SSL und TLS
- X.509 v3 als S/MIME in der Anwendung sichere Emails
- X.509 v3 als IPSec in der Anwendung VPN und SSH
- PGP (RFC 2440)
- WAP für die sichere Kommunikation über WTLS
- CVC für Krankenversicherungskarten
- X.509 v2 als Attributzertifikate

7 Zugriffskontrolle über Authentifizierung

7.7.2 Digitale Signatur

Eine digitale Signatur wird dazu eingesetzt, für die Integrität und Authentifizierung von Mitteilungen zu sorgen. Sie ist ein verschlüsselter Hash. Ein Hash ist ein aus einem Produkt (Mitteilung mal Hashwert) kalkulierter Wert. Die Hash-Funktion bestätigt die Integrität der Mitteilung, und das Signieren der Hash-Werte sorgt für die Authentifizierung.

Wie funktioniert die Digitale Signatur? Nehmen wir an, Klaus Schmidt und Alexander Tsolkas möchten eine Mitteilung austauschen. Klaus Schmidt möchte sicher stellen, dass seine Mitteilung an Alexander Tsolkas nicht verändert wurde, und er möchte, dass Alexander Tsolkas sicher stellen kann, dass die Mitteilung von Klaus Schmidt kam. Dafür kann Klaus Schmidt die Mitteilung digital signieren. Dazu wird die Mitteilung mit einer monodirektionalen Hash-Funktion kalkuliert und Klaus Schmidt verschlüsselt den gehashten Wert zusätzlich mit seinem privaten Schlüssel, und sendet die Mitteilung ab. Sobald Alexander Tsolkas die Mitteilung erhält, wird auch er die Mitteilung mit seinem Hash kalkulieren. Danach wird er den von Klaus Schmidt erhaltenen Hash mit dessen öffentlichem Schlüssel entschlüsseln. Dann wird er die beiden Werte miteinander vergleichen. Nur bei Gleichheit kann Alexander Tsolkas sicher sein, dass die Mittteilung nicht verändert wurde. Weiterhin kann er sich sicher sein, dass die Mitteilung auch tatsächlich von Klaus Schmidt kam, da sie mit seinem privaten Schlüssel verschlüsselt war.

Auf Mitteilungen können verschiedene Schutzmaßnahmen angewandt werden. Diese sind:

- Eine Mitteilung kann verschlüsselt werden. In diesem Fall sorgt die Verschlüsselung für Vertraulichkeit.
- Eine Mitteilung kann mit einem Hash versehen werden. In diesem Fall sorgt der Hash für Integrität.
- Eine Mitteilung kann digital signiert sein. In diesem Fall sorgt die digitale Signatur für Integrität und Authentifizierung.
- Eine Mitteilung kann verschlüsselt und digital signiert sein, welches den höchsten Schutz bietet. In diesem Fall sorgen die Verschlüsselung und die digitale Signatur für Vertraulichkeit, Integrität und Authentifizierung.

Dementsprechend gibt es unterschiedliche Verschlüsselungsalgorithmen, die jeweils eine der Funktionen „verschlüsseln", „hashen" und „signieren" übernehmen können. Ein Hash wird mit einem Hash-Algorithmus erstellt, eine Verschlüsselung mit einem Verschlüsselungsalgorithmus. Eine digitale Signatur ist eine Verschlüsselung des Hashs mit dem privaten Schlüssel, und damit eine zusätzliche eigene Funktion.

Moderne Anwendungen, die digitale Signaturdienste bereitstellen, können alle drei Aufgaben im Ganzen oder zum Teil erfüllen. Dazu bedienen sie sich mehrerer Algorithmen, die die Teilaufgaben übernehmen können. Es gibt jedoch keinen mir bekannten Algorithmus,

7.7 Digitale Zertifikate und Signaturen

der hashen, verschlüsseln und digital signieren kann und zusätzlich auch die Schlüssel verteilen kann. Alles mit einem Algorithmus zu lösen, wäre auch nicht klug, da es ein potentieller „Single-Point-of-Failure" darstellen würde. Auf die Schlüsselverteilung geht der Autor im Kapitel PKI – Public Key Infrastructure noch näher ein.

Bei einer symmetrischen Verschlüsselung verwenden beide Kommunikationsparteien den gleichen Schlüssel zur Ver- bzw. Entschlüsselung. Das bedeutet, dass beide Parteien den Schlüssel kennen bzw. austauschen müssen. Symmetrische Schlüssel sind schneller zu generieren als asymmetrische Schlüssel, jedoch sind sie bedingt durch den Zwang eines Schlüsselaustauschs schwerer zu verwalten.

Beim asymmetrischen Verschlüsselungsverfahren werden Verschlüsselungsschlüssel und Entschlüsselungsschlüssel getrennt. Bei dieser Form der Verschlüsselung hat jede Partei zwei Schlüssel, einen öffentlichen und einen privaten Schlüssel.

Wenn man eine Nachricht asymmetrisch verschlüsselt, dann verschlüsselt man sie mit dem öffentlichen Schlüssel und sendet sie an den Empfänger. Der Empfänger entschlüsselt die Nachricht nach Erhalt mit seinem privaten Schlüssel.

Asymmetrische Verschlüsselung ist wesentlich rechenintensiver als symmetrische und wird in der Regel in Kombination mit symmetrischen Verschlüsselungsalgorithmen implementiert.

Die asymmetrische Verschlüsselung wird verwendet, um eine Sitzung zu verschlüsseln und der verschlüsselte Session-Key wird dann verwendet, um die eigentliche Nachricht zu verschlüsseln. Es gibt beim Schlüsselaustausch Vorteile in der Geschwindigkeit bei der asymmetrischen Verschlüsselung gegenüber symmetrischen Verschlüsselungsalgorithmen.

DES und AES / Rijndael sind symmetrische Verschlüsselungsalgorithmen. RSA-und Diffie-Hellman sind asymmetrische Verschlüsselungsalgorithmen.

Bekannte asymmetrische Algorithmen sind:
- RSA (verschlüsselt, signiert, verteilt Schlüssel)
- ECC (verschlüsselt, signiert, verteilt Schlüssel)
- Diffie-Hellman (verteilt Schlüssel)
- El Gamal (signiert und verteilt Schlüssel)

Bekannte symmetrische Algorithmen sind:
- DES (verschlüsselt)
- 3DES (verschlüsselt)
- Blowfish (verschlüsselt)
- Twofish (verschlüsselt)
- IDEA (verschlüsselt)
- RC4 (verschlüsselt)
- SAFER (verschlüsselt)
- AES (verschlüsselt)

7 Zugriffskontrolle über Authentifizierung

Bekannte Hash-Algorithmen sind:
- RSA message digest innerhalb RSA-Anwendungen (hasht)
- R.Rivest Familie der Hash-Funktionen MD2, MD4 und MD5 (hasht)
- Secure Hash Algorithm (SHA) unter Verwendung des Digital Signature Algorithm (DAS) (signiert, hasht)
- HAVAL (hasht)

Weil digitale Signaturen häufig in den täglichen on-line-Geschäftsabwicklungen eine sehr große Rolle spielen, begann die US-Regierung als erste Regierung 1991 Standards bezüglich der digitalen Signatur zu fordern. Das NIST (National Institute of Standards and Technology) entwickelte 1991 den Digital Signature Standard (DSS), der nur für Bundesämter und die öffentliche Verwaltung bestimmt war. Doch die Hersteller witterten das Geschäft, und stellten ihre Produkte nach diesem Standard her. Zwei Jahre später, am 22.Mai 2001 trat in Deutschland das Signaturgesetz in Kraft. Dieses Signaturgesetz legt nichts anderes fest als das DSS, seine Bestimmungen sind nur etwas einschneidender und hier und dort genauer. Das Signaturgesetzt hat das Ziel, die digitale Signatur sicherer zu machen, indem es bezüglich Verschlüsselungslänge, Schlüssellebensdauer, Zeitstempel, Zertifizierungsdiensten, Akkreditierung, der Anerkennung von Prüf- und Bestätigungsstellen und Aufsicht genaue bzw. Mindestvorgaben formuliert.

Für digitale Signaturen werden meist kryptographische Smart-Cards verwendet, die Algorithmen wie RSA oder DSA verwenden können. Moderne Karten dieser Art können heutzutage auf der Karte kryptographische Schlüsselpaare erzeugen.

Andere finden Verwendung bei der digitalen Signatur und in der sicheren Identifizierung.

7.8 Biometrie

Die biometrische Identifikation verifiziert eine Person anhand einzigartiger persönlicher Attribute und/oder Charakteristika. Sie ist eine der effektivsten Methoden, um eine Identität zu überprüfen, gleichzeitig aber auch eine der teuersten.

Ein biometrisches System scannt ein Attribut einer Person und vergleicht es mit dem vorher abgespeicherten Attribut der gleichen Person. Ein biometrisches System muss anatomische und physiologische Charakteristika messen. Die Messung muss akkurat und wiederholbar sein.

Die drei bekanntesten Formen der biometrischen Identifikation nutzen die Fingerabdrücke (mit Papillarleisten und Minutienausbildung), die Retina bzw. Iris des Auges und die Stimme mit ihren Peaks und Frequenzamplituden. Deshalb gehören sie zu den empfindlichsten Systemen zur Identitätsbestimmung. In Zukunft sollen Urinproben folgen, ok, ok, das war nur ein Witz.

Trotz ihrer Empfindlichkeit weisen sie eine hohe Fehlerquote auf. Die Fehlerquote lässt sich reduzieren, indem die Systeme vor dem produktiven Einsatz sehr gut eingestellt und justiert werden. Eine Größe für die Zuverlässigkeit von biometrischen Systemen ist die CER (Cross Error Rate). Die CER setzt sich aus dem Break-Even der False-Positiv- und False-Negativ-Fehler zweier Fehlertypen zusammen, dem Typ-I-Fehler und dem Typ-II-Fehler. Ein Typ-I-Fehler entsteht, wenn die Person gar nicht identifiziert werden kann. Ein Typ-II-Fehler entsteht wenn das System eine Mehrfacherkennung zulässt und mehrere Individuen vorschlägt, die angeblich gleiche Attribute oder Charakteristika haben sollen. Der CER wird in Prozent gemessen. Er wird in absoluten Zahlen angegeben, wobei ein System mit einem CER von 3 ein besseres System darstellt, als eines mit einem CER von 4 oder 5.

Bisher sind biometrische Systeme noch nicht sehr weit verbreitet. Der Widerstand der Menschen ist die größte Hürde, die bei einer Einführung biometrischer Systeme genommen werden muss. Denn Menschen fühlen sich im Allgemeinen unsicher, wenn sie durch eine Maschine kontrolliert werden.

Die bekanntesten Arten biometrischer Identifikation sind:

- Fingerprint
- Palm Scan
- Hand-Geometrie
- Topologie der Hand
- Retina Scan
- Iris Scan
- Dynamische Unterschrift
- Dynamisches Tastendrücken am Keyboard
- Stimmendiagramm
- Gesichtsscan

7.8.1 Biometrie in der praktischen Anwendung

Es gibt einige hervorragende öffentliche Lösungen als praktische Anwendungen für Identifikation und Authentifizierung mittels Biometrie, wie z.B. das biometrische Quickcheck-in-VIP-System inklusive Passkontrolle und Grenzüberschreitung anhand mehrfacher biometrischer Identifikationen am Flughafen Schiphol in den Niederlanden. Das System funktioniert mit Fingerabdrucklesegeräten und Retinascannern. Zusätzlich wird der Reisepass zum Zeitpunkt der Identifikation und Authentifizierung in einer Schleuse zum Grenzübertritt benötigt. Dieser wird on-line gescannt und gegen eine Datenbank verglichen. Es findet zu diesem Zeitpunkt auch eine Echtheitsüberprüfung des Reisepasses statt.

In moderne Laptops werden inzwischen häufiger Fingerlesegeräte eingebaut, die eine biometrische Identifizierung und Authentifizierung bis hin zum Client-basierten Single-Sign-on für Anwendungszugang durchführen können.

7 Zugriffskontrolle über Authentifizierung

Abbildung 7.8: Fingerabdruckscanner eingebaut in einem Dell Computer

Abbildung 7.6 zeigt einen Standardfingerabdruckscanner, der in Laptops eingebaut ist. Er arbeitet softwareunterstützt. Man streift einen bei der Einrichtung festgelegten Finger über den Scanner, der die Papillarleisten mit einem in einer Sicherheitsdatenbank gespeicherten Bild des gleichen Fingers vergleicht. Bei Übereinstimmung wird der Zugang gewährt. Durch die Softwareunterstützung (z.B. VeriSoft) bieten diese Geräte mittlerweile eine Reihe von Authentifizierungsmöglichkeiten und -hilfen. Eine wichtige ist die Client-basierte Applikationsautorisierung über Fingerabdruckscan. Dafür sorgt eine Software für die Passwortverwaltung für alle Applikationen. Man zieht nur noch seinen Finger über den Scanner, um sich an allen möglichen Anwendungen anzumelden, und muss sich die Passwörter nicht mehr merken (die Software lässt auch eine manuelle Eingabe des Passwortes zu).

Abbildung 7.7: USB-Fingerabdruckscanner (Quelle: www.winoris.de)

Abbildung 7.7 zeigt ein ähnliches Gerät wie in Abbildung 7.6. Es kann jedoch an jedes Computersystem, das USB-unterstützt, angeschlossen werden, und eignet sich damit besonders für Desktops.

7.8 Biometrie

Abbildung 7.8:Retinascanner mit PIN-Taster von der Firma Eye-Identity Incorporation USA

Abbildung 7.8 zeigt einen Retinascanner mit zusätzlichem PIN-Taster. Ein Laser im Retinascanner scannt die Struktur der Retina und/oder Iris und vergleicht das Ergebnis mit einem in der Sicherheitsdatenbank hinterlegten Bild der Retina und/oder Iris der Person. Bei Übereinstimmung wird Zugang gewährt.

Man stattet biometrische Systeme aufgrund der häufigeren False-Positiv-Bestimmung meistens mit einer dualen Authentifizierung aus. Wie beim Gerät in Abbildung 7.8 wird die Retina und /oder Iris gescannt, und zusätzlich muss zwecks Authentifizierung auch eine PIN eingegeben werden.

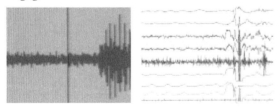

Abbildungen 7.9: Stimmerkennungsdiagramme (Quelle: Schweizer Fernsehen)

Bei der Stimmerkennung werden Aufzeichnungen der Stimme einer Person mit der Stimme während der Stimmenidentifizierung dieser Person verglichen. Abbildungen 7.9 zeigt zwei Stimmerkennungsdiagramme, die die wesentlichen Merkmale einer Stimme in Form von Frequenzbereichen darstellen. Beim Vergleich wird entweder ein einzelnes abgespeichertes Diagramm verglichen, oder wie bei den meisten Systemen eine Aufzeichnung von 3-5

7 Zugriffskontrolle über Authentifizierung

Sekunden als Diagramm miteinander verglichen. Bei der Stimmerkennung dienen die Gesamtstimmlage, die Peaks der einzelnen Frequenzbänder und die überlagerten Gesamtpeaks aller Frequenzbänder als eindeutiges Identifizierungsmerkmal.

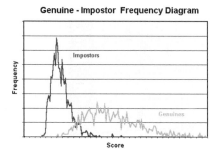

Abbildung 7.10: Genuine – Impostor Frequenzdiagramm (Quelle: www.bromba.com)

In Abbildung 7.10 kann man gut den Unterschied der Frequenzbandlage und der Peaks der authentischen Person „Genuine" und einer falschen Person „Impostor" erkennen.

7.9 PKI – Public Key Infrastructure

Eine PKI (Public Key Infrastructure) ist eine Infrastruktur zur Verwaltung von Schlüsseln zur Verschlüsselung von Zertifikaten und digitalen Signaturen. Sie besteht aus Programmen, Datenformaten, Prozeduren, Kommunikationsprotokollen und Sicherheitsrichtlinien und basiert auf kryptographischen Mechanismen, die öffentliche Schlüssel verwalten.

Im Detail besteht eine PKI mindestens aus den folgenden Teilsystemen und Funktionen:

- Zertifizierungsstelle
- Registrierungsstelle
- Zertifikatsspeicher
- Zertifikatsaufhebungsstelle
- Schlüssel Backup- und Recovery-System
- Automatische Schlüsselaktualisierung
- Verwaltung der Schlüsselhistorie
- Zertifizierung bei anderen Zertifizierungsstellen
- Zeitstempeln
- Client Software

Eine PKI sorgt je nach Ausprägung für die folgenden Sicherheitsdienste:

- Vertraulichkeit
- Zugangskontrolle

7.9 PKI – Public Key Infrastructure

- Integrität
- Authentifizierung
- Verbindlichkeit

Eine PKI gehört zum ISO Authentifizierungsgrundgerüst, sie verwendet öffentliche Schlüssel und bedient sich des Protokolls X.509. Die PKI wurde entwickelt, um Authentifizierung über verschiedene Plattformen und Netzwerke inklusive des Internets möglich zu machen. Da die PKI sich außer X.509 keiner anderen Standards bedient und da im ISO Authentifizierungsgrundgerüst keine spezifischen Algorithmen und Protokolle genannt sind, gilt eine PKI als eine offene, auf X.509 basierende Quelle, und nicht als Technologie.

Die PKI liefert uns Authentifizierung, Vertraulichkeit, Verbindlichkeit und beim Austausch von Mitteilungen zusätzlich Integrität. Eine PKI ist ein hybrides System, das sich symmetrischer und asymmetrischer Schlüsselerzeugung bedient.

PKI ist nicht zu verwechseln mit Public-Key-Verschlüsselung. Public-Key-Verschlüsselung vereint nur den Algorithmus, die Schlüssel, und die Technik, um zu ver- und entschlüsseln.

Die Public-Key-Infrastruktur setzt zusätzlich vor einer Kommunikation voraus, dass die Identität eines Empfängers erfolgreich mit Hilfe von Zertifikaten bestätigt werden kann, und dass z.B. das Deffie-Hellmann-Austauschprotokoll, oder jedes andere Schlüsselaustauschprotokoll den Schlüsselaustausch einleitet und durchführt.

Eine PKI setzt wie SMTP (Simple Mail Transfer Protocol) eine Infrastruktur voraus, damit sie funktionieren kann. Das Protokoll SMTP ermöglicht grundsätzlich das Empfangen und Senden von eMail-Nachrichten. Doch braucht man zusätzlich eMail-Clients, eMail-Server, die eigentlichen eMails und einiges mehr, damit dieses Protokoll auch praktische Anwendung finden kann. Zusammen bilden diese Komponenten die SMTP-Infrastruktur.

Ähnlich verhält es sich mit einer PKI. Jeder Benutzer, der eine PK-Infrastruktur nutzen möchte, benötigt ein digitales Zertifikat, das seinen öffentlichen Schlüssel und andere Informationen über ihn gespeichert hat. Das digitale Zertifikat ist signiert von einer autorisierten Zertifizierungsstelle. Die autorisierte Zertifizierungsstelle ist verantwortlich dafür, die Identität des Schlüsselhalters zu bestätigen. Mit der Signatur des digitalen Zertifikates bestätigt die Zertifizierungsstelle, dass der Schlüssel zu einer bestätigten Identität gehört. Somit kann die PKI quasi standardisiert Benutzer sicher miteinander kommunizieren lassen, ohne dass die Benutzer sich kennen müssen, und beide Benutzer können den zugrunde gelegten Mechanismen vertrauen.

Schauen wir uns an einem praktischen Beispiel an, wie eine PKI arbeitet.

Alexander Tsolkas muss für sich einen öffentlichen/privaten Schlüssel erzeugen. Er stellt einen Antrag bei der zuständigen Zertifizierungsstelle. Die Zertifizierungsstelle verlangt eine Identitätsbestätigung von Alexander Tsolkas, z.B. eine Ausweiskopie mit seiner Adresse usw. Wenn dies erledigt ist, wird Alexander Tsolkas von der Zertifizierungsstelle in der Datenbank registriert und das Schlüsselpaar für ihn wird erzeugt. Weiterhin erstellt die Zertifizierungsstelle ein Zertifikat mit Alexander Tsolkas' öffentlichem Schlüssel und weiteren

Information, die schon im Abschnitt „Digitale Zertifikate und Signaturen" beschrieben wurden. Je nach der gewählten Konfiguration der PKI kann nach der Zertifikatserstellung die Schlüsselerstellung durch die Zertifizierungsstelle oder auf Alexander Tsolkas PC erfolgen. Wenn die Zertifizierungsstelle die Schlüssel erstellt hat, müssen diese Alexander Tsolkas sicher zugestellt werden. Nun ist Alexander Tsolkas in der PKI registriert und möchte mit Klaus Schmidt kommunizieren. Dafür verlangt er Klaus Schmidts öffentlichen Schlüssel von der gleichen Zertifizierungsstelle. Die Zertifizierungsstelle lässt Alexander Tsolkas den öffentlichen Schlüssel von Klaus Schmidt zukommen und Alexander Tsolkas verwendet diesen, um einen Sitzungsschlüssel zu erstellen. Alexander Tsolkas schickt den Sitzungsschlüssel an Klaus Schmidt. Klaus Schmidt wiederum überprüft das Zertifikat von Alexander Tsolkas mittels der Zertifizierungsstelle. Bei positiver Überprüfung des Zertifikats von Alexander Tsolkas entschlüsselt Klaus Schmidt den Sitzungsschlüssel mit seinem privaten Schlüssel. Nun können beide mittels Public-Key-Verschlüsselung kommunizieren.

7.10 Anforderungen an Authentifizierungsdienste

Nach der bisherigen Lektüre dieses Kapitels stellt man sich vermutlich die Frage, welche Anforderungen an Authentifizierungsdienste heute gestellt werden müssen, um die immer stärker wachsenden heterogenen Infrastrukturen inklusive aller Legacy Computersysteme und auch neuer mobiler Geräte wie z.B. Smartphones, PDAs oder Blackberrys in einem großen Unternehmen lokal oder global in den Authentifizierungsprozess einzubinden.

In den größeren Unternehmen ist fast jede beschriebene Authentifizierungsform präsent.

Die meisten Benutzer werden immer noch mittels UserID/Passwort authentifiziert, und das nicht nur in größeren Firmen.

Remote-Benutzer und remote-Administratoren werden meistens mit einer Token-, dualen Authentifizierung (starke Authentifizierung) in die Unternehmensnetze zugelassen. Dies gibt einem die Sicherheit zu wissen, dass derjenige, der zugreift auch derjenige ist, der autorisiert ist zuzugreifen, da er einmal im Besitz eines Gerätes ist, welches ein Passwort generiert, und er zusätzlich das Wissen in Form seiner UserID und seines Passwort/PIN/Pass Code eingibt, um sich zu authentifizieren.

Die PKI wird in den größeren Unternehmen meistens im Emailbereich eingesetzt. Wer mit Lotus Notes arbeitet, nutzt meistens auch eine PKI, damit die Schlüssel im Notes verwaltet werden können. Eine weitere Anwendung der PKI ist z.B. die Dateiverschlüsselung im Unternehmensnetzwerk.

Digitale Zertifikate werden dort eingesetzt, wo man mit Dritten interagiert. Kunden möchten sehr oft sicher sein, dass sie die Datensätze auch wirklich von ihrem Dienstleister erhalten haben, und bitten diesen, seine Datensätze mittels Zertifikatsauthentifizierung zu senden, damit man sicher gehen kann, dass die Daten auch vom beabsichtigten Sender stammen. Auch öffentliche Einrichtungen verlangen den Datenaustausch per Zertifikat, so zum Beispiel der Zoll, der EDI-Datensätze mit Frachtbriefen vom Logistikdienstleister erhält, um die Grenzüberschreitung von Waren zu genehmigen. Andere Firmen setzen mittlerweile Zertifikate ein, um zu wissen, wer eine Datei im Speichersystem des Unternehmens zuletzt gelesen bzw. verändert, oder gelöscht hat (dies ist auch mit der digitalen Signatur möglich).

Ticket-Systeme werden eingesetzt, wo man eine Authentifizierung von Partnern möchte, die sich überhaupt nicht kennen. So zum Beispiel wenn man sich für einen kostenpflichtigen Service registrieren möchte, an dem sich jeder Zahlungswillige registrieren kann, und der Dienstleister seine Kunden mit Sicherheit pflegen möchte. Anbieter von Cloud-Computing-Plattformen werden sich in Zukunft verstärkt Gedanken über Ticket-Systeme machen müssen. Bei Cloud Computing oder auch SaaS (Software as a Service) kann es vorkommen, dass ein Kunde zwei verschiedene Provider nutzt für zwei Services, die aber durchaus interagieren könnten miteinander. Damit der Kunde beide Services nicht zu einem Provider portieren muss, könnte er es verlangen, dass sich für den Service die Provider gegenseitig authentifizieren müssen. Das wird in Zukunft häufiger vorkommen.

Kerberos findet man in den Unternehmen entweder in Standardprodukten wie z.B. Microsoft, oder in eigenentwickelten verteilten Client-/Server-Anwendungen, die dieses als Sicherheitssystem verwenden, implementiert.

Challenge-Response-Verfahren setzt man ein, um Komponenten gegenseitig zu authentifizieren, wenn man sicherstellen muss, dass niemand die Infrastruktur geändert hat. So findet Challenge-Response im Netzwerkbereich eines Unternehmens weite Verbreitung.

Am weitesten verbreitet ist damit die Authentifizierung mittels UserID und Passwort. Dies wird sich auch nicht so schnell ändern, wobei ich behaupten möchte, dass sich längerfristig gesehen die biometrische Authentifizierung durchsetzen wird.

Eine Hauptanforderung an den Authentifizierungsdienst ist es, die Benutzer mit einer UserID zentral – und falls möglich – in einem Verzeichnisdienst anzulegen (z.B. SUN ONE Directory Server, Microsoft Active Directory, LDAP). Bei einer Authentifizierung wird gegen diesen Verzeichnisdienst geprüft, ob der Benutzer für den Zugang bzw. den Zugriff berechtigt ist.

Grundsätzlich sollten Authentifizierungsdienste in ihrer Architektur offen gestaltet sein, so dass sie einerseits zu anderen Authentifizierungsdiensten möglichst kompatibel sind und auch stärkere Authentisierungsmethoden wie z.B. Token-, Smart-Card- oder Kerberos-Authentifizierung erfüllen können. Darüber hinaus sollten sie auch die Möglichkeit bieten, biometrische Systeme ganz oder zum Teil anzubinden. Alles, was mit der Authentifizierung zu tun hat, sollte dabei zentral z.B. über den Domänen-Controller bzw. den Directory Server administriert werden können.

Eine gute Authentifizierungsmethode muss Single-Sign-On (SSO) anbieten. Dieser Ansatz ist schon alt. Der Autor hat 1991 das erste Mal davon für Client-/Server-Systeme gehört. Ein wirklich gutes und ganzheitliches SSO hat er aber in noch keinem Unternehmen gesehen. Und er hat seit 1991 wirklich viele Unternehmen auf der ganzen Welt kennen gelernt. Alle reden davon, viele behaupten, dass sie es haben, doch keiner hat es wirklich. Meist sind es nur kleine Insellösungen innerhalb des Unternehmens. Verlässt man den Hauptsitz, dann wird es erschreckend weniger, verlässt man das Land, dann ist es plötzlich Science-Fiction.

7 Zugriffskontrolle über Authentifizierung

Electronic Data Systems Corporation (heute: HP) hatte ein wirklich gutes Single-Sign-On-System entwickelt. Es nannte sich Netlock und bot wahrhaftig Single-Sign-On für ca. 4900 Applikationen an, die EDS für sich und seine Kunden im Einsatz hatte. Das System konnte noch wesentlich mehr. Es funktionierte weltweit, wenn die Anwendungen dafür klassifiziert waren. Es hat wahrhaftig prächtig funktioniert und konnte die Passwörter wenn notwendig auch synchron halten. Doch auch dieses System hatte einen ganz entscheidenden Nachteil – es funktionierte nur in der Mainframe-Umgebung und im SNA-Netzwerk, später wurden ein paar C/S-Insellösungen drum herum gesponnen.

Andere wiederum funktionieren nur in der Microsoft-Welt, und dann gibt es noch MAC, UNIX, und andere Vertreter von Plattformen wie z.B. Oracle. Jeder Hersteller braut sein eigenes Süppchen oder kauft Fremdprodukte ein. Falls man alle Hersteller unter einen Hut bringen möchte, damit SSO über verschiedene Plattformen hinweg funktioniert, so muss man sich entweder ein teures System anschaffen, das wiederum nach Quasi-Standards wie Kerberos gebaut ist, oder muss ein eigenes System entwickeln. Es gibt jedoch noch kein Plug and Play-System für SSO. Alle Systeme müssen an Kundenanforderungen angepasst werden.

Sucht man eine langfristige Lösung für ein Authentifizierungssystem, sollte die SSO-Funktion auch biometrische Authentifizierungsverfahren unterstützen.

SSO ist in einem eigenen Kapitel beschrieben und wird deshalb nicht weiter in diesem Kapitel behandelt.

Ebenso großen Wert sollte man auf eine föderierte Authentifizierung oder einer Authentifizierung mittels sicheren Sitzungsschlüssels legen. Das hat den Vorteil und bietet die Sicherheit, dass Sitzungen nicht so einfach von einem Unberechtigten übernommen werden können, da ein Schlüssel dazu notwendig ist.

In der heutigen Zeit kommen die IT-Leiter nicht daran vorbei, auch Kleincomputer und Zubehör in die Authentifizierung des Unternehmens einzubinden. Das reicht vom Iphone, Ipad, Smartphones, Blackberry und dutzende PDAs bis hin zum USB-Stick, der in kritischen Bereichen in jedem Fall auch authentifiziert werden muss. Zusätzlich kommt hier das Sicherheitsproblem Data Leakage auf.

Auch die Authentifizierung der Computerkomponenten untereinander darf man nicht vergessen. Meist integrieren die Hersteller diese Funktion für das eigene System. Das ist wunderbar, aber es reicht nicht, denn Interoperabilität über Plattformen hinweg ist notwendig. Möchte ich zwei Welten wie Microsoft und Linux miteinander verschmelzen, in denen sich die Computerkomponenten gegenseitig authentifizieren können, dann bedurfte es bis 2010 wieder eines Drittsystems (z.B. Radius). Bisher gibt es nur wenige Hersteller, die langfristig solche Überlegungen in ihre Entwicklungen einfließen lassen, doch es werden immer mehr.

Authentifizierungsdienste werden derzeit noch relativ zentral gehalten und laufen zentral ab, doch denkt der Autor, dass sich mit dem Internet 3.0 einiges verändern wird, was die Anforderungen an Authentifizierungsdienste anbelangt. Gerade für den immer stärker anwachsenden Handel im Internet werden noch besondere und besonders sichere Authenti-

7.10 Anforderungen an Authentifizierungsdienste

fizierungsdienste benötigt, deren Attribute je nach Verlangen und Autorisierung austauschbar sind, und die vor allem mobil sind.

Das hat auch schon die Enisa erkannt, und hat eine Arbeitsgruppe geschaffen, die sich in Europa um einen mobilen e-Identity-Standard kümmert.

Der Authentifizierungsdienst der Zukunft wird dort sein, wo er gerade benötigt wird. Er begleitet keinen User mehr, sondern er begleitet nach der ersten Authentifizierung nur noch die Transaktionen des Benutzers. Er wird „on the fly" mit Attributen ausgestattet werden und seine Sache genauso sicher durchführen, wie es die zentralen Authentifizierungsdienste heutzutage erledigen können. Er wird „remote" und „on the fly" beeinflusst, geändert und gestoppt werden können.

Bei allem, was der Leser zwecks Authentifizierung anstrebt in seiner IT-Welt, sie sollte schnell sein und gut funktionieren. SSO sollte nicht eingesetzt werden, nur damit man SSO im Unternehmen etabliert hat, wenn es bis zu 20 Sekunden dauert, bis ein User von dem SSO-System authentifiziert ist. Das ist zwar eine gelungene Operation, und man kann zeigen, dass man SSO einsetzt, aber es wird keinen Mitarbeiter im Unternehmen wirklich glücklich machen.

Meiner Meinung nach ist heutzutage immer noch die größte Anforderung an Authentifizierungsdienste ein ganzheitliches und plattformübergreifendes Single Sign-On. Das haben bisher aber nur ganz wenige große Unternehmen. Eine Generallösung gibt es nicht.

Gefolgt wird diese Anforderung von der Dateiverwaltung im Unternehmen mittels digitaler Signatur, damit man sicherstellen kann, wann und von wo jemand welche Datei wie bearbeitet hat, um Revisionsanforderungen und Integrität sicherzustellen, vor allem im sehr diffizilen Compliance-Bereichen eines Unternehmens.

Auch im Falle, wenn SaaS oder Cloud Computing für das Unternehmen angestrebt werden, stellen Authentisierung und Integrität ein großes Qualitätsmerkmal dar.

8 Zugriffskontrolle über Autorisierung

Wenn ein Computersystem die Beschreibung für Autorisierung formulieren könnte, würde sie wie folgt lauten: „Nachdem ich nunmehr Ihre Identität kenne und weiß wer Sie sind, lassen Sie mich nachschauen ob ich Ihnen erlauben werde zu tun, was Sie gerne möchten".

Die Autorisierung ist eine Berechtigung, eine ausdrückliche Zulassung, die sich normalerweise[1] auf einen Benutzer, bzw. auf eine Identität (Subjekt) bezieht. Autorisierung legt fest, was für wen in einem Netzwerk erlaubt ist und auf welche Ressourcen (Objekte) zugegriffen werden darf. Eine Identität bekommt durch Autorisierung Rechte zugewiesen, auf deren Basis sie bestimmte Aktionen im Netzwerk bzw. auf einem Computersystem durchführen darf. Die Autorisierung auf einem Computersystem ist ein Prozess, der mindestens aus den Stufen Authentifizierung[2] und Autorisierung besteht. Bei komplexeren Autorisierungsvorgängen können es auch mehrere Stufen sein.

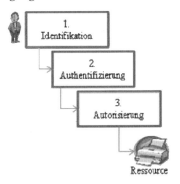

Abbildung 8-1 : Autorisierung

Während des Prozesses einer Autorisierung, erfolgt vor der Berechtigung – der Zulassung eines Subjektes auf ein Objekt – immer zuerst die Überprüfung der Identität (Authentifizierung). Im weiteren Schritt erfolgt eine Überprüfung, ob der Autorisierungsantrag berechtigt ist und nach den vorliegenden Regeln erlaubt werden kann (siehe folgendes Bild 8.2).

Der Sachverhalt der Autorisierung auf einem IT-System verhält sich ähnlich der Autorisierung bei einer Kreditkartenzahlung. Eine Karteninhaberin möchte z.B. eine Zahlung

---

[1] Autorisierung kann sich auch auf Benutzergruppen und/oder Systemressourcen beziehen. Im letzten Fall findet keine Interaktion einer Person mit einer IT-Ressource statt.
[2] Die Authentifizierung schließt die Identifikation mit ein.

8. Zugriffskontrolle über Autorisierung

bei einem Kauf ausführen. Dazu wird ihre Kreditkarte durch das Lesegerät im Geschäft gezogen, und die Daten werden an die Kreditkartenfirma übertragen. Diese prüft:

- Die Daten der Kreditkarte
- Die Identität des Benutzers
- Kreditkartennummer
- Das Ablaufdatum der Karte
- Das zugeordnetes Kartenkonto
- Den Kontostand und Verfügungsrahmen mit der beantragten Transaktion

Nachdem die Überprüfung stattgefunden hat, und die von der Kreditkartenfirma in ihrem EDV-System vorliegenden Regeln die Transaktion erlauben würden, kann der mittels Kreditkarte gewünschte Kauf stattfinden. Der Betrag des Einkaufs wird anschließend vom Kreditkarteninstitut übernommen, und dem Konto der Kreditkartenbesitzerin verbucht.

Authentifizierung (siehe Kapitel 7) und Autorisierung sind zwei unterschiedliche Konzepte, die im Sinne der Zugangskontrolle und Zugriffskontrolle einander benötigen, um zu funktionieren, um z.B. eine Identität auf eine Ressource, bzw. ein Subjekt auf ein Objekt zuzulassen. Bei diesem Prozess übernimmt die Authentifizierung die Überprüfung der Identität, und die Autorisierung wird die Erlaubnis erteilen, auf dem IT-System auszuführen oder Ressourcen zu nutzen, was der Identität erlaubt ist. Eine Autorisierung ohne eine Authentifizierung macht nur Sinn, wenn die Ressource öffentlich zugänglich ist, wie z.B. ein Webserver, der die Internetseite einer Firma beherbergt.

Autorisierung ist eine der Hauptbestandteile und mitunter wichtige Aufgabe eines jeden Betriebssystems. Auch Anwendungen, Netzwerkkomponenten, zusätzliche Sicherheitssoftware bis hin zur Hardware können die Funktionalität von Autorisierung zur Verfügung stellen. Bei einem Autorisierungsprozess laufen mehrere unterschiedlich komplexe Vorgänge einer Überprüfung ab, die eine gewisse Zeit benötigen, um auf dem System ausgeführt zu werden und um den Prozess der Autorisierung abzuschließen.

Nehmen wir an, dass „Alexander" nach der Authentifizierung vom Authentifizierungsserver auf eine Powerpoint-Datei zugreifen möchte, die auf einem Server des Serververbundes im Netzwerk seiner Firma gespeichert ist. Nach dem Auffinden der Powerpoint-Datei doppelklickt „Alexander" auf das Symbol der Datei. Nach dem Doppelklick erscheint die Eieruhr auf dem Bildschirm. Die Autorisierungsüberprüfung und die erlaubte Dateiverarbeitung (öffnen der Datei) benötigen Systemressourcen und damit (System)-Zeit. Der Prozess einer Autorisierung ist nicht systemschonend, im Gegenteil, er kann sehr viele Systemressourcen verbrauchen.

Die folgende Abbildung soll die wichtigsten Teilprozesse der Autorisierung anhand eines einfachen Beispiels eines Zugriffsversuches nach einer regelbasierenden Zugriffskontrolle darstellen.

8.1 Identitätsbezogene Zugriffskontrolle

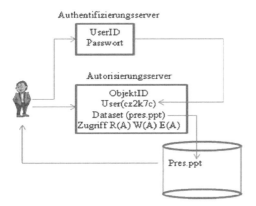

Abbildung 8-2: Teilprozesse einer Authentifizierung

In Bild 8-2 ist ein vereinfachter Prozess einer regelbasierenden Autorisierung dargestellt und zeigt, wie eine mögliche Form der Autorisierung ablaufen kann. Ein Benutzer möchte eine Powerpoint-Datei namens „Pres.ppt" lesen. Dazu muss das System ihn erst einmal identifizieren und authentifizieren. Dies kann mittels einer UserID und Passworteingabe und durch die Überprüfung der Benutzerdaten im Authentifizierungsserver geschehen. Nach erfolgreicher Authentifizierung möchte der Benutzer auf das Objekt „Pres.ppt" zugreifen, indem er die Ressource auswählt. Nach der Auswahl mittels Doppelklick auf das Dateisymbol überprüft das System im Autorisierungsserver, ob der Benutzer mit der UserID „cz2k7c" Rechte auf das Objekt „Pres.ppt" hat. Das System findet im Autorisierungsserver einen Eintrag im Dateiheader, wonach der Benutzer „cz2k7c" auf die Datei „Pres.ppt" die Zugriffsrechte „R(A) – Read(allow)", „W(A) – Write(allow)" und „E(A) - Execute(allow)" hat. Er darf die Datei somit also lesen, beschreiben und ausführen[3]. Nach dieser Überprüfung übergibt das Sicherheitssystem als Teil des Betriebssystems an den Teil des Betriebssystems, welches das Dateihandling, z.B. das Öffnen zum Lesen, ausführt (normalerweise ist das ein Kommando des Betriebssystems). Der Benutzer „cz2k7c" kann nun seine Powerpoint-Datei „Pres.ppt" anschauen.

- Beim Thema Autorisierung sollte der Leser sich vor Augen halten, dass es nur der generelle Überbegriff einer Zulassung zu Ressourcen in Form einer Zugriffskontrolle ist. Bei der Zugriffskontrolle gibt es mehrere Modelle der Autorisierung. Ein Zugriffskontrollmodell bildet die Basis dafür, wie ein Subjekt auf ein Objekt zugreifen wird. Dabei verwendet das Zugriffskontrollmodell zur Verfügung stehende Technologien und Mechanismen, die die Regeln des Modells unterstützen. Die drei bekanntesten Zugriffskontrollmodelle sind:
  - Identitätsbezogen – Discretionary
  - Ressourcenorientiert – Mandatory

---

[3] falls die Datei ausführbar ist.

8. Zugriffskontrolle über Autorisierung

- o Klassifizierungsorientiert am Objekt und Subjekt (System MAC[4]) – Sensitivity Labels
- Rollenbasierend – Role based

8.1 Identitätsbezogene Zugriffskontrolle

Bei der identitätsbezogenen Zugriffskontrolle kontrolliert der Besitzer einer Datei die Autorisierungen. Der Besitzer einer Datei ist meistens der Benutzer, der die Datei erstellt hat. Der Besitz an einer Datei kann vererbt werden, z.B. an einen Vorgesetzten oder an andere Dritte. Der Vorgesetzte könnte, wenn dies für die Organisation oder das Unternehmen wichtig ist, auch für alle Dateien einer ganzen Domäne als Besitzer eingetragen sein.

Für alle Subjekte, die auf das Objekt (z.B. die Datei) Zugriff haben sollen, wird ein Eintrag im Header der Datei vorgenommen. Dieser Eintrag beschreibt, wer die Datei verwenden darf. Bei der identitätsbezogenen Zugriffskontrolle ist der Zugriff auf die Autorisierungen beschränkt, die durch die Besitzer vergeben werden. Damit können alle Subjekte die Art von Zugriffe auf die Objekte festlegen, die in ihrem Besitz sind.

Netzwerker können einem Ressourcen- bzw. Objektbesitzer in einem identitätsbezogenen Zugriffkontrollmodell gestatten zu kontrollieren, wer Zugriff auf dessen Ressourcen haben darf. Die am weitesten verbreitete Implementierung eines identitätsbezogenen Zugriffkontrollmodells sind ACLs – Access Control Lists (Englisch für Zugriffskontrolllisten). Diese ACLs werden vom Besitzer vorgegeben, vom Netzwerkadministrator gesetzt und vom Betriebssystem durchgesetzt.

8.2 Ressourcenorientierte Zugriffskontrolle

Bei der ressourcenorientierten Zugriffskontrolle haben die Besitzer einer Ressource nicht die gleichen Freiheiten und Rechte, wie es bei der identitätsbezogenen Zugriffskontrolle der Fall ist. Die Rechte auf die Zugriffserteilung auf eigene Objekte ist eingeschränkt.

Im Grunde können Besitzer eines Objektes mitunter entscheiden, wer auf die Objekte Zugriff haben soll, doch kann es vom Betriebssystem jederzeit überschrieben werden. Das Betriebssystem entscheidet in diesem Modell maßgeblich.

Das ressourcenorientierte Zugriffskontrollmodell ist generell strikter und strukturierter als das identitätsbezogene Pendent. Ein ressourcenorientiertes Zugriffskontrollmodell erfordert immer eine Datenklassifizierung.

Eine Datenklassifizierung ist eine Einteilung der Daten in verschiedene Sicherheitsstufen. Hierbei arbeiten die meisten Unternehmen und Organisationen mit vier Stufen:

---

[4] Auf Apple Macintosh Computern

- Hoch(sicher)
- Mittel(sicher)
- Niedrig(sicher)
- Öffentlich

Die vier Sicherheitsstufen teilen die Daten und Anwendungen in verschiedene Kategorien mit unterschiedlichem Schutzbedarf ein. Hoch(sichere) Daten und Anwendungen werden stark abgesichert, und die Zugriffe werden stark eingeschränkt. Im Gegensatz dazu hat jeder auf die öffentlichen Daten meistens uneingeschränkten Zugriff.

Wenn eine Datenklassifizierung vorliegt, die die Absicherung und die Schutzbedarfsanforderung der Information, der Anwendung oder Ressource definiert, dann muss es in logischer Konsequenz auf der Benutzerseite ein ähnliches Modell geben, das definiert, welche Benutzer auf welche klassifizierten Ressourcen zugreifen dürfen.

Früher bekannt aus dem militärischen Bereich nannte man es die „Security Clearance" einer Person, also die Klassifizierung, die man als Person nach der Organisationsstruktur und der Aufgabe erteilt bekam, um auf Daten zuzugreifen. Dies verhält sich in einem ressourcenorientierten Zugriffskontrollmodell entsprechend, da es einen hohen Grad an Automation benötigt, damit seine Struktur funktionieren kann.

In einem ressourcenorientierten Zugriffskontrollmodell teilt man die Informationen anhand ihrer Klassifizierungsstufen in Mengen ein. Daraufhin vergibt man den Benutzern die Security Clearance und abhängig davon die Autorisierung, nur die Daten, Anwendungen und Ressourcen, die der Security Clearance zugrunde liegen, zu verarbeiten. Die Security Clearance kann entsprechend der Sicherheitsklassifizierung der Daten definiert sein.

Gespeichert werden die Autorisierungsinformation in den Headern der Objekte, bzw. in Sicherheitsetiketten (englisch auch Label(s) genannt), die den Ressourcen zugeordnet sind. Die Entscheidung eines Zugriffs erfolgt im ressourcenorientierten Zugriffskontrollmodell immer nach den Kriterien der Security Clearance eines Subjektes und nach der Sicherheitsklassifizierung des Objektes. Die Grundsätze eines derartigen Modells sind verankert in der Einteilung der Security Clearances für Benutzer und der Sicherheitsklassifizierungen der Daten. Die Autorisierungen werden im System durch den Administrator konfiguriert, durch das Betriebssystem sichergestellt und mit Hilfe von Sicherheitstechnologien und Sicherheitsmechanismen unterstützt. Alle Ressourcen in einem solchen Modell haben ein Sicherheitsetikett.

Auf öffentlich klassifizierte Daten kann jeder Benutzer in einem solchen Modell zugreifen. Ist ein Benutzer als niedrig(sicher) eingestuft, und möchte dieser auf Daten zugreifen, die hoch(sicher) eingestuft sind, wird dem Benutzer die Autorisierung vom System nicht erteilt. In derartigen Zugriffskontrollmodellen spielt Vertraulichkeit die größte Rolle.

8.3 Klassifizierungsorientiert am Objekt und Subjekt (Macintosh) – Sensitivity Labels

Bei den MACs gibt es eine Sonderform der ressourcenorientierten Zugriffskontrolle, die sogenannten Sensitivity Labels (übersetzen würde man dies mit Sensibilisierungsetikett – gemeint ist allerdings ein Sicherheitsetikett). Die Sensitivity Labels sind Klassifizierungsstufen für Subjekte und Objekte, vergleichbar mit dem schon in Kapitel 8.2 dargestellten Modell. Auf einem MAC haben alle Subjekte und Objekte einen Sensitivity Label. Da Sensibilisierungsetikett bzw. Sicherheitsetikett nicht den Ausdruck im Original trifft, behält der Autor im Weiteren den Ausdruck Sensitivity Label(s) bei.

Ein Sensitivity Label besteht aus einer Klassifizierung und verschiedenen Kategorien. Die Klassifizierung bestimmt das Sensitivity Label, und die Kategorien zeigen an, welche Objekte welche Klassifizierung besitzen.

Die Klassifizierung folgt einem hierarchischen Modell, in dem die höheren Labels vertrauenswürdiger sind als die niedrigeren. Die Kategorien sind nicht hierarchisch angeordnet. Sie folgen mehr der Struktur, die sich am Unternehmen, den Abteilungen, anhand von Projekten, oder Managementstufen orientiert.

Die Klassifizierung kann durch das Unternehmen bzw. die Organisation angepasst werden, damit sie besser zur Umgebung passt. Militärische Stufen würden streng geheim, geheim, vertraulich und nicht klassifiziert heißen. In der freien Wirtschaft würde man diese vertraulich, proprietär, unternehmensintern und marktkritisch nennen.

Auf einem Macintosh führt das System die Autorisierungsentscheidung anhand des Vergleichs der Security Labels von Subjekt und Objekt durch.

8.4 Rollenbasierte Zugriffskontrolle

Von einer rollenbasierten Zugriffskontrolle wurde das erste Mal offiziell 1992 gesprochen. Damals prägten David Ferraiolo und Rick Kuhn den Ausdruck als vorherrschendes Modell für fortschrittliche und zugleich moderne Zugriffskontrolle. Firmen wie IBM, Sybase, Secure Computing und Siemens begannen ab 1994 Produkte herzustellen, die dieses Modell unterstützten. Dieses Ursprungsmodell wurde weiterentwickelt, und 2004 zum ANSI/INCITS-Standard entwickelt.

Bei der rollenbasierten Zugriffskontrolle wird die Interaktion zwischen Subjekten und Objekten bei der Autorisierung zentral verwaltet. Bei diesem Modell werden Autorisierungen vergeben, um Ressourcen zu nutzen, die auf Rollen, Gruppen, Individuen, Aufgaben und Sicherheitsklassifizierung basieren können. Alles dient den Mitarbeitern im Unternehmen zur Erfüllung ihrer täglichen Aufgabe.

Die Systemverwaltung definiert Rollen und Gruppen, vergibt die Zugriffsrechte dafür, und weist den Mitarbeitern die jeweiligen Rollen und Gruppen zu. Mitarbeiter können mehrere

Rollen besitzen und können Mitglied in mehreren Gruppen sein. Betriebssysteme und Sicherheitssysteme stellen die Zugriffe sicher, die sich durch das Modell ergeben.

Wenn man Rollen und Gruppen einführt, muss man unterscheiden zwischen expliziten und impliziten Autorisierungen. Explizit zugewiesene Zugriffsrechte sind immer für ein Individuum bestimmt. Implizit zugewiesene Zugriffsrechte sind immer für eine Gruppe von Benutzern oder für eine Rolle bestimmt.

Obwohl Rollen und Gruppen unterschiedlich sein können, dienen beide als Mengen, denen Benutzer zugewiesen werden können.

Die Unternehmen und Organisationen können unterschiedlichste Gruppen und Rollen definieren. Gruppen können Untergruppen einer Hauptgruppe sein. Weiterhin können Benutzer Mitglieder mehrerer Gruppen sein oder auch eigene Autorisierungen besitzen, auf die nur der Besitzer eines Objektes Zugriff haben soll. Benutzer können von Gruppen explizit ausgeschlossen werden, auch wenn Sie eine Rolle besitzen, um auf Ressourcen der Gruppe zuzugreifen. Gruppenzugehörigkeit kann einzelne Rechte einer Rolle überschreiben und umgekehrt. Rollenbasierte Zugriffskontrolle vereint das gesamte Potential aller beschrieben Zugriffskontrollmodelle, sie ist jedoch zu mehr als 90% an Rollen angelehnt.

Beim Aufsetzen dieser zentral verwalteten und oft sehr hierarchischen Strukturen der Autorisierung, ist es manchmal notwendig, eine noch feinere Granularität in die Zugriffsverwaltung einzubringen. Dazu kann man das rollenbasierte Modell weiter unterteilen.

Der rollenbasierte Zugriff spezifiziert Autorisierungen über die Rolle des Benutzers. Der aufgabenbasierte Zugriff spezifiziert Autorisierungen über die einzelnen Aufgaben des Benutzers. Der sicherheitsklassifizierte Zugriff spezifiziert Autorisierungen über die Sensibilität der Information und über den Sicherheitsstatus des Benutzers.

Beim sicherheitsklassifizierten Zugriff einer rollenbasierten Zugriffskontrolle muss man vorsichtig bei der Zuweisung dieser Autorisierungen sein, da die Sicherheitsstufe des Subjekts maßgeblich dafür verantwortlich ist, auf welche Ressourcen der Benutzer letzten Endes zugreifen kann. Dies kann u.U. sehr viel sein.

Die rollenbasierte Zugriffskontrolle ist die am weitesten entwickelte Zugriffskontrolle.

8.5 Zugriffskontrolltechnologien

Neben dem Zugriffskontrollmodell, das man sich als Unternehmen oder Organisation auswählt, muss man darüber hinaus eine ganze Reihe von Technik und Technologien einsetzen, damit das Modell ausreichend unterstützt werden kann.

8.5.1 Rollenbasierte Zugriffskontrolle

Bei der rollenbasierten Zugriffskontrolle hängen die Zugriffsrechte vornehmlich von der Rolle und Aufgabe des Benutzers ab. Die Systemverwaltung ist damit beschäftigt die richtigen Rollen zu definieren und die Rollen den Benutzern zuzuordnen. Rollenbasierte Zugriffskontrolle kann zusammen mit identitätsbezogener und/oder ressourcenorientierter

Zugriffskontrolle eingesetzt werden. Während die Systemverwalter Rollen erstellen, können Besitzer von Objekten darüber entscheiden, ob und wen sie auf ihre Objekte zulassen möchten. Der Macintosh stellt eine Besonderheit bei den Modellen dar, das sich ohne weitere Probleme in die rollenbasierte Zugriffskontrolle einordnen lässt.

8.5.2 Regelbasierte Zugriffskontrolle

Ein Beispiel einer regelbasierten Zugriffskontrolle ist in Bild 8.2 dargestellt. Wie der Ausdruck schon erkennen lässt, definiert eine Regel, was mit dem Objekt geschehen darf, auf welches ein Subjekt versucht zuzugreifen.

Die regelbasierte Zugriffskontrolle fängt im Unternehmen auf der Netzwerkebene an. Router, Switches und Firewalls legen fest, welche Quell-IP-Adresse auf welche Ziel-IP-Adresse über welche Ports und Dienste wie zugreifen darf, welche Netzwerkpakete nach welchen Regeln wohin geroutet werden, welche Anfragen an das Netzwerk erlaubt sind und welche abgewiesen werden. Die regelbasierte Zugriffskontrolle stellt eine ressourcenorientierte Zugriffskontrolle dar, da meist Systemverwalter die Zugriffsregeln auf Objekte festlegen und einrichten und der Benutzer unwesentlichen Einfluss darauf hat.

8.5.3 Schnittstellen mit eingeschränkten Rechten

Benutzerschnittstellen mit eingeschränkten Rechten stellen sicher, dass Benutzer in ihren Autorisierungen beschnitten werden, und z.B. keine bestimmten Funktionen beantragen, bzw. Zugriffe auf bestimmte Informationen oder Ressourcen erlangen können.

Die drei bekanntesten Schnittstellen mit eingeschränkten Rechten sind:

- Beschränkte Menüs und Dienstprogramme mit einfacher Benutzerschnittstelle
- Beschränkte Datenbank-Ansicht
- Physisch beschränkte Schnittstellen
- Bei Menüs und Dienstprogrammen können Benutzer nur solche Einträge und Kommandos auswählen, die ihnen angezeigt werden. Das Dienstprogramm mit einfacher Benutzerschnittstelle (auch Shell genannt), ist eine Art virtualisierte Umgebung innerhalb eines Systems. Bei einem beschränkten Dienstprogramm für einen Benutzer kann der Systemverwalter nur bestimmte Kommandos zulassen, für die ein Benutzer autorisiert sein soll.

Mit der beschränkten Datenbank-Ansicht können Datenbankverwalter Felder ausblenden, die die Benutzer nicht sehen sollen. Beim Ausblenden von bestimmten Feldern einer Datenbank wird der Zugriff auf Informationen bewusst eingegrenzt. Solche Techniken unterstützen die Unternehmen und Organisationen in ihrer täglichen Arbeit und bei der Erfüllung ihrer Pflichten (z.B. Datenschutz).

Möchte man z.B., dass ein funktionaler, nicht administrativer Vorgesetzter in der Datenbank die Mitarbeiterstammdaten und die täglichen Arbeitsergebnisse einsehen kann, aber z.B. nicht auf das Gehalt der Mitarbeiter zugreifen soll, da dies z.B. nur durch den administrativen

Vorgesetzten oder die Personalabteilung geschehen soll, so kann man das Gehaltsfeld der Mitarbeiter aus der Datenbank für den funktionalen Vorgesetzen ausblenden.

Eine Benutzerschnittstelle physisch zu beschränken ist eine weitere Methode um Zugriffe für Benutzer einzuschränken. Ein Eincheck-Automat an einem Flughafen ist eine computergesteuerte Maschine, die sehr vielseitig verwendet werden könnte, hätte man physischen Vollzugriff und die Kontrolle auf die Maschine. Da sie aber abgesichert nur mit den Funktionen bereitgestellt wurde, die ausschließlich dem Check-in dienlich sind, kann man sie auch nur für diesen Zweck verwenden. Ein Geldautomat ist ein weiteres Beispiel für eine physisch beschränkte Benutzerschnittstelle.

8.5.4 Zugriffskontrollmatrix

Jedes Betriebssystem und auch Anwendungen verwenden die Zugriffskontrollmatrix, um die Zugriffskontrolle zwischen Subjekten und Objekten zu regeln. In der Zugriffskontrollmatrix steht, welches Subjekt mit welchem Objekt wie umgehen – bzw. welches Subjekt auf welches Objekt wie zugreifen – darf. Eine Zugriffskontrollmatrix ist eine Datenstruktur, die durch Entwickler erstellt wurde und die durch Betriebssysteme, Anwendungen bzw. Sicherheitssysteme sicherstellt, welche Autorisierungen dem System zugrunde liegen.

Eine Zugriffskontrollmatrix gehört zum identitätsbezogenen und ressourcenorientierten Zugriffskontrollmodell, da die Zugriffsrechte direkt den Subjekten zugeordnet werden können, oder den Objekten in Form einer z.B. Zugriffskontrollliste (ACL).

8.5.5 Autorisierungstabellen

Was für das Subjekt die Autorisierungstabelle, ist für das Objekt die ACL. Autorisierungstabellen definieren dem Grunde nach für ein Subjekt die Zugriffsrechte auf ein Objekt. Sie unterscheiden sich von ACLs, da das Subjekt an die Autorisierungstabelle gebunden ist, während nur Objekte an die ACL gebunden sein können.

Autorisierungstabellen listen starr die Zugriffsrechte einzelner Benutzer auf einzelne IT-Ressourcen.

Tabelle 1: Autorisierungstabelle

Subjekt	Objekt 1	Objekt 2	Objekt 3
1	Lesen, Schreiben	Lesen	Kein Zugriff
2	Lesen, Schreiben	Lesen, Schreiben	Lesen, Schreiben
3	Kein Zugriff	Vollzugriff	Lesen
4	Lesen	Lesen	Lesen, Ausführen

Beispiele von auf Autorisierungstabellen-basierenden Systemen sind Ticket-basierende Systeme wie z.B. Kerberos oder DCE. In diesen Systemen wird dem Subjekt ein Ticket zur Verfügung gestellt, welches im Grunde genommen ein Teil oder seine gesamte

Autorisierungstabelle ist. Dieses Ticket ist nach der Authentifizierung an das Subjekt gebunden und definiert eindeutig, auf welche Ressourcen mit welchen Rechten ein Benutzer zugreifen darf. Hierbei ist hervorzuheben, dass die Zugriffskontrolle nicht objektgebunden an einer ACL hängt, sondern auf dem zur Verfügung gestellten Ticket basiert, bzw. auf die Autorisierungstabelle.

8.5.6 Zugriffskontrolllisten – ACL – Access Control List

ACLs sind in Netzwerkkomponenten wie z.B. Router, Switches, Firewalls, vielen Betriebs- und Anwendungssystemen eingebaut. ACLs beinhalten Listen von Subjekten, die auf bestimmte Objekte zugreifen dürfen, und darüber hinaus, wie auf die Objekte zugegriffen werden kann. Eine Autorisierung kann für eine einzelne Person, eine Rolle bzw. eine Gruppe vergeben werden.

Tabelle 2: Zugriffskontrollliste

Subjekt	Objekt 1
1 - Anton	Lesen, Schreiben
2 - Berta	Lesen, Ausführen
3 - Cäsar	Keine Zugriff
4 - Daemon	Vollzugriff

8.5.7 Inhaltsabhängige Zugriffskontrolle

Bei dieser Technik hängt der Zugriff direkt vom Inhalt des Objektes ab. Zugriffskontrolle dieses Typs verwendet man vorrangig in Datenbanktechnologien, oder auch in Webportalen, die über Firewalls geschützt werden. Ähnlich wie in Abschnitt 8.4.3 dargestellt, kann man mittels dieser Zugriffskontrolltechnologie in einer Datenbank einzelne Felder ausblenden, die z.B. eine Inhaltszensur nicht bestehen und die nicht für einen spezifischen Zugriff vorgesehen sind.

8.6 Verwaltung der Zugriffskontrolle

Die Unternehmen und Organisationen, die sich mit der Zugriffskontrolle auseinandersetzen müssen, sollten vor dem Einsatz bzw. einer Umsetzung grundsätzlich planen, welches Modell der beschriebenen Zugriffskontrollmodelle eingesetzt werden sollte. Dabei sollte das Unternehmen berücksichtigen, welche Aufgaben die Mitarbeiter und welche Anforderungen an Zugriffe in der Kurz- und Mittelfristplanung sowie in der Langzeitplanung für den reibungslosen Betrieb des Unternehmens notwendig sind. Dazu zählen ob das Unternehmen klein, mittel oder groß ist, ob das Unternehmen an einer oder mehreren Lokationen Betriebsstätten hat, wie viele Abteilungen und welche Funktionen die Abteilungen haben. Weiterhin wichtige Punkte sind, ob die IT und damit die Anwendungen zentralisiert sind oder ob Anwendungen remote zur Verfügung gestellt werden müssen? Hat das Unternehmen einen Außendienst? Wird outgesourced, und wenn „ja", was wird outgesourced? Müssen Kunden und Zulieferer auf die IT zugreifen? Viele Fragen, deren Antwort letztendlich die Auswahl des richtigen Modells liefert. Auf die Auswahl des richtigen Modells folgend müssen zur richtigen Verwaltung der Zugriffskontrolle Direktiven, unterstützende Prozesse, Standards und schließlich Sicherheitsrichtlinien erstellt werden.

Nach der Auswahl des Modell und der Erstellung einer Policy, werden das Modell unterstützende Zugriffskontrolltechnologien und Zugriffskontrolltechniken ausgewählt und eingesetzt.

Sollte das Unternehmen keine hohen Sicherheitsanforderungen haben, wird meistens ein rollenbasierendes bzw. identitätsbezogenes Zugriffskontrollmodell der Anforderung Genüge tun. Liegt einer Unternehmensstruktur ein hoher Grad an Veränderung zugrunde, ist das rollenbasierende dem identitätsbezogenen Zugriffskontrollmodell vorzuziehen. Hat ein Unternehmen oder eine Organisation eine hohe Sicherheitsanforderung, so ist das MAC-Modell bzw. das ressourcenorientierte Zugriffskontrollmodell zu empfehlen, da man die Zugriffskontrolle an zentraler Stelle durch Administratoren sicherstellen kann.

Für die Verwaltung der Zugriffskontrolle gibt es nur drei grundlegende Möglichkeiten. Die Verwaltung ist:

- zentralisiert
- dezentralisiert
- ein Hybridverfahren, bestehend aus zentralisierter und dezentralisierter Verwaltung

Bei der Planung ist neben der richtigen Auswahl für das Zugriffskontrollmodell, der richtigen Zugriffskontrolltechnologien und -Techniken, der Erstellung der Richtlinie und Prozesse auch die richtige Verwaltung der Zugriffskontrolle zu wählen.

8.6.1 Zentralisierte Verwaltung

In diesem Verwaltungsmodell gibt es in einem Unternehmen eine zentrale Abteilung (meist ist dies ein Team der Informationssicherheitsabteilung[5]), die für die Administration der Zugriffsrechte verantwortlich ist. Sie nimmt diese Funktion für das gesamte Unternehmen wahr. Die Unternehmensleitung legt fest, welche Benutzer auf welche Ressourcen im Unternehmen zugreifen dürfen und wie diese untereinander agieren. Die Sicherheitsabteilung legt die Mechanismen zugrunde und konfiguriert die dafür notwendigen Sicherheitsparameter auf den Systemen, damit das ausgewählte Zugriffskontrollmodell sichergestellt wird. Alle auf das seitens der Sicherheitsabteilung eingerichtete jungfräuliche Zugriffskontrollmodell einwirkenden Veränderungen werden ebenfalls durch diese Abteilung administriert. „Plan, Run, Change", der komplette operative Support der Zugriffsverwaltung eines Unternehmens wird in diesem Falle von einer zentralen Stelle aus im Unternehmen wahrgenommen. Durch das zentralisierte Modell der Verwaltung ist eine hohe Sicherheit gegeben, da Änderungen nur von zentraler Stelle vorgenommen werden können. Nicht autorisierte Personen können keine Zugriffe verändern. Dadurch, dass das System zentral administriert

---

[5] Diese Aufgabe kann auch outgesourced oder an eine andere operative Abteilung delegiert sein

wird, ist dort auch meistens der Flaschenhals angesiedelt, d.h. durch die zentralisierte Verwaltung findet die Verarbeitung der Veränderungen auch an zentraler Stelle statt, was zu potentiellen Engpässen und hohem Zeitverlust führen kann.

8.6.2 RADIUS

Eine ältere, aber immer noch gängige Technologie, die eine zentrale Verwaltung der Zugriffe unterstützt, ist RADIUS. RADIUS, eigentlich ein Protokoll, in der Praxis mehr bekannt als RADIUS-Server, steht für Remote Authentication Dial-in User Service, ein Authentifizierungsprotokoll, das auch zur Autorisierung von Benutzern geeignet ist. Ursprünglich wurde RADIUS für Remote-Benutzer, die sich über Modems oder RAS-Server in das Unternehmen einwählen sollten, entwickelt.

Bei einer Modemeinwahl muss man sich an einem Zugangskontrollserver im Unternehmen anmelden. Das kann z.B. ein Domänencontroller sein. Dieser fordert den Benutzer nach der Einwahl auf, seine Authentifizierungsinformationen einzugeben. Nach der Eingabe dieser Daten übergibt der Zugangskontrollserver die Benutzerdaten aus Sicherheitsgründen einem RADIUS-Server, der sämtliche Benutzer, Authentifizierungsinformationen und zusätzliche Informationen gespeichert hat. RADIUS speichert diese Informationen in Konfigurationsdateien bzw. Konfigurationsdatenbanken. Radius kann benötigte Authentifizierungsinformationen ebenso aus anderen Systemen ziehen, wie z.B. einem Directory. Dabei ist der Remote-Benutzer als Kunde des Zugangskontrollservers, und der Zugangskontrollserver als Kunde des RADIUS-Servers anzusehen. Der Zugangskontrollserver kann dabei im gleichen Netzwerk stehen, an das sich der Benutzer anmelden möchte, oder er kann in einem anderen Netzwerk stehen, das damit verbunden ist. Durch den zentralen Ansatz der Zugriffsverwaltung aller Remote-Benutzer ist die Benutzerverwaltung völlig unabhängig von der zugrunde liegenden Netzwerkinfrastruktur. Alle Remote-Benutzer werden durch ihre Einstellungen auf dem RADIUS-Server im Netzwerk verwaltet. Durch eine immer stärkere Entwicklung in Richtung Netzwerktechnik sind mit dieser Technologie heutzutage Netzwerkbandbreitenregulierung, IP-, Routing- und MPLS-Parameterübergabe an Zugriffskontroll- und andere-Server möglich. Die heutige Version des RADIUS-Servers ist ein sehr mächtiges Werkzeug in Hinsicht auf die zentrale Zugriffsverwaltung für Remote-Benutzer. Auch im Bereich der gegenseitigen Hardwareauthentisierung wird RADIUS verstärkt eingesetzt.

8.6.3 TACACS

TACACS kombiniert wie RADIUS Authentifizierung und Autorisierung als zentralisiertes Client/Server-Modell. Darüber hinaus sorgt es zusätzlich für Funktionalitäten des Accountings. TACACS steht für Terminal Access Controller Access Control System. Der Name für das System muss vermutlich bei einer Partylaune entstanden sein, nichts desto trotz funktioniert TACACS nach dem gleichen Prinzip wie RADIUS. Ein Benutzer meldet sich von remote an einen TACACS-Client (auch Zugangskontrollserver) an und gibt seine Authentifizierungsinformationen ein, der TACACS-Client übergibt diese an den TACACS-Server. Der Server validiert die Client-Authentifizierung und lässt den Benutzer auf die freigeschalteten Ressourcen im Netzwerk zu. Der TACACS-Client muss nicht zwangsweise im gleichen Netzwerk wie der Server stehen, sie müssen lediglich Verbindung zueinander haben. Die TACACS-Entwicklungsstufen sind:

- TACACS
- XTACACS – separiert Authentifizierungs-, Autorisierungs- und Accountingprozesse
- TACACS+ ist XTACACS mit zusätzlicher dualer (strenger) Authentifizierung, z.B. mittels Aladin-Token oder RSA-Secure-ID-Card

8.6.4 Dezentralisierte Verwaltung

Die verteilte Verwaltung der Zugriffskontrolle ist meistens dort am besten geeignet, wo die Mitarbeiter vorort den Zugriff auf Ressourcen vergeben müssen und sowieso am besten wissen, wer auf was einen Zugriff benötigt. Man setzt das Modell dort ein, wo man gezielt Engpässe vermeiden möchte, wo eine große Flexibilität benötigt bzw. erwünscht ist und wo mehr das funktionale Management über Autorisierung entscheidet, als die davon meist weit entfernte Geschäftsführung. Überall wo der meist mittlere und direkte Managementbereich die bessere Entscheidung treffen kann als es die Geschäftsführung könnte, ist dieses Modell bevorzugt. In diesen Bereichen wäre das zentralisierte Modell völlig fehl am Platz. Im verteilten Modell funktioniert alles schneller, jedoch entstehen auch schnell Interessenskonflikte, wenn sich unterschiedliche Autorisierungseinheiten um Ressourcenhoheit und um Zugriffsverteilung auf Ressourcen streiten. Nichts ist zentral geregelt, und viele erstellen ihre eigenen Richtlinien, Prozesse und Standards. Auch in der Handhabung der Sicherheit kann es große Abweichungen geben. Der eine regelt es legère, der andere strikter. In der einen Abteilung herrscht das Vier-Augen-Prinzip bei der Sicherheitsverwaltung, während eine andere Abteilung den Bock zum Gärtner macht – sprich – einer regelt die komplette Verwaltung alleine. Auch ist der Versuch der Einhaltung der Compliance mangels ausreichender Kontrollen der Verwaltung weitaus schwieriger als in einem zentral verwalteten Modell.

Nehmen wir an, ein Administrator aus einer der vielen Sicherheitsabteilungen hätte Zugriff auf eine Ressource, den ein Vorgesetzter ihm aus irgendwelchen Gründen entzieht. Durch Mitgliedschaft in einer weiteren Gruppe, wie z.B. der Netzwerkadministration könnte der gleiche Administrator über einen kleinen Umweg immer noch Zugriff auf die Ressource haben. Dem Vorgesetzten der Sicherheitsabteilung ist dies aber nicht bekannt, da dieser keinen Einblick in die Verwaltung der Autorisierung der Netzwerker hat. Bei der dezentralen Zugriffsverwaltung verliert man schnell den Überblick. Verlässt ein Mitarbeiter ein Unternehmen, welches die dezentrale Zugriffsverwaltung als sein Modell gewählt hat, so kann es passieren, dass der Benutzer in seiner Stammabteilung von den Systemen gelöscht wird, es von ihm noch jede Menge Karteileichen in Systemen anderer Abteilungen geben könnte.

Ein typisches Beispiel einer dezentralen Zugriffsverwaltung ist die Sicherheitsdomäne. Die Summe der Sicherheitsdomänen eines Unternehmens spiegelt die Summe der Verwaltungseinheiten wider, mit denen das Unternehmen seine Zugriffsverwaltung durchführt. Subjekte können entweder unterschiedliche Sicherheitsdomänen haben, und ein Subjekt kann mit mehreren Objekten in seiner Sicherheitsdomäne agieren. Für alle Mitglieder einer Sicherheitsdomäne gelten die gleichen Sicherheitsrichtlinien, Prozesse und Regeln.

Einzelne Sicherheitsdomänen können sich im gleichen Unternehmen von anderen unterscheiden, da sie verschiedenes Management und Anforderungen zu erfüllen haben. Sicherheitsdomänen können allerdings auch hierarchisch aufgebaut sein.

Zone-Elevations von niedriger angesiedelten Domänen nach hierarchisch höheren angesiedelten Domänen ist nicht möglich, während die übergeordnete Domäne bis nach unten zugreifen kann. Dies ist wichtig, da es Mitarbeiter gibt, die das System verwalten und systemnahen Zugriff auf den Kernel benötigen und dazu einfache Präsentationen als Benutzerdateien erstellen müssen, und solche Benutzer, die nur einfache Präsentationen erstellen müssen.

Dieser Schutz wird eingerichtet, indem man Speichersegmente und Adressen unterteilt. Niedere Subjekte eines Systems (z.B. Anwendung) können nur auf die niederen Speichersegmente und Adressräume zugreifen, was einen Schaden des Systems bei unsauberer Programmierung verhindert. Höhere Subjekte als Teile des Betriebssystems können durchaus uneingeschränkt auf höhere Objekte (z.B. Systemdateien) im Kernel zugreifen. Eine Sicherheitsdomäne sollte nicht mit einer Netzwerkdomäne verwechselt werden. Eine Netzwerkdomäne wird ganz klar zentral von einem Administrator verwaltet, der alles regelt. Eine Sicherheitsdomäne bedeutet die Summe aller Objekte, auf die ein Subjekt zugreifen kann innerhalb der festgelegten Richtlinien, Prozesse, etc. , die von einem Administrator vergeben oder nicht vergeben werden können.

8.6.5 Hybride Verwaltung

Die hybride Verwaltung stellt das Sodom und Gomorrha aller Zugriffsverwaltungen dar. Als Kombination der beiden vorher beschriebenen Modelle regelt die Zentrale die sensitiven und scheinbar wichtigsten Dinge der Zugriffskontrolle (Domänenzugang, Email- und Internetzugriff, wichtige Datenbanken und Systemdateienzugriff), während sich die dezentralen Einheiten mehr um die Anwendungszugriffe kümmern. Alle Vor- und Nachteile der zentralen und dezentralen Zugriffsverwaltung gelten als Summe für die hybride Verwaltung. Bei einer hybriden Verwaltung hat ein Benutzer allerdings mehr Rechte, andere Subjekte auf seine Objekte zuzulassen, ohne den ständigen Vormund eines Administrators, und ist daher als benutzerfreundlicher und liberaler anzusehen. Nachteilig ist, dass ein hybrides Modell eine gewisse Größe besitzt, das es zwangsweise fehleranfälliger macht, Engpässe entstehen lässt, und sich die Kontrolle der Verwaltung und Einhaltung der Compliance exponentiell gegenüber den beiden einzelnen Modellen erhöht. Revisoren haben immer erheblichen Prüfungsaufwand bei derartigen Modellen, die Prüfungen dauern erheblich länger als bei den beiden einzelnen Modellen, und es werden meist wichtige Sachen bei einer Prüfung übersehen. Sodom und Gomorrha eben.

8.7 Methoden der Zugriffskontrolle

Die Zugriffskontrolle kann in mehreren Formen und über mehrere Schichten eines Netzwerkes bzw. Computersystems eingerichtet werden. Dabei können einige Zugriffskontrollen in Hardware, Betriebssystem, internen Sicherheitssystemen oder zusätzlichen Sicherheitsanwendungen eingebaut sein. Zugriffskontrollen können auch unterschiedlich lokalisiert sein, gegensätzliche Ansätze, unterschiedliche Funktionalität und Wirkungsweise haben, und dennoch arbeiten sie alle zusammen für den einen Zweck: Risiken minimieren. Nicht jeder möge auf alles in einem Unternehmen zugreifen können, sondern nur auf die Objekte, die er für seine Arbeit benötigt. Wichtige Informationen, die evt. nicht wiedererstellt werden können, müssen besonders geschützt werden. Externe und Dritte sollen überhaupt nicht auf ein Unternehmensnetzwerk zugreifen können, es sei denn, es sei ausdrücklich erwünscht. Wichtige Infrastrukturen und sensitive Informationen haben einen hohen Schutzbedarf. Hacker und andere Angreifer möchte man schon vor dem Netzwerk abfangen. Alles dient dem Schutz der Information und der Vertraulichkeit. Unterschiedliche Formen einer Zugriffskontrolle können vor den einzelnen, weiter oben aufgeführten, Risiken schützen.

8.8 Zugriffskontrollstufen

Es gibt die administrative, logische und physische Zugriffskontrollstufe. Jede einzelne Kategorie hat ihre eigenen Wirkungsprinzipien, doch müssen alle drei zusammen gesehen werden und letztendlich zusammen wirken, um die Netzwerke und Computersysteme zu schützen.

Ganzheitliche Sicherheitskonzepte, ob nicht genormt oder nach Normen wie z.B. DIN ISO 27001, ISO 17799 und BS 7799 sehen in der Praxis Zugriffskontrollstufen vor. Nur eine Kontrollstufe wie z.B. die physische Zugriffskontrollstufe vorzusehen, sorgt zwar erst einmal für die Grundsicherheit einer Entität, in der die Datenverarbeitung abläuft. Ist jedoch keine weitere Stufe, wie z.B. die technische Zugriffskontrollstufe vorhanden, so ist Missbrauch vorprogrammiert. Externe mögen keinen Zugang zum Gebäude haben um auf die Computersysteme zuzugreifen, doch alle Internen könnten zugreifen, die Computersysteme wären für einen Missbrauch exponiert. Die nächsten Unterkapitel erheben keinen Anspruch auf Vollständigkeit, was die Beispiele für Kontrollen angeht. Es werden einige wichtige Beispiele für jedes Thema dargestellt.

8.8.1 Physische Kontrolle

Die physische Kontrollstufe setzt ein bei der Identifizierung von Subjekten, regelt den physischen Zugang und Zugriff auf die Systeme, und schließt im erweiterten Umfang folgendes mit ein:

- Physische Sicherheit des RZ
- Wachpersonal
- Alarmzentrale

8. Zugriffskontrolle über Autorisierung

- Physische Sicherheit von Computergehäusen
- Abteilungsabschottung
- Verkabelung
- Perimeter-Sicherheit / Außenhautüberwachung
- Netzwerkunterteilung
- Und mehr…

8.8.2 Technische Kontrolle

Die technische Kontrollestufe im Sinne der Zugangskontrolle bildet das Zusammenspiel jeglicher eingesetzter Hard- und Software. Beginnt man diese aus der physischen Sicherheit abzuleiten, so stellen die folgenden Beispiele Objekte der technischen Kontrollestufe dar:

- Gebäude mit Antiterrorsockel, Anfahrrampe
- Keine Fenster oder Fenstergitter
- Feuerfeste (Panzer)-Tür
- Rauchmelder
- Wassereinbruchsmelder
- Thermometer
- Luftfeuchtigkeitsmesser
- Feuerlöschanlage
- Abschließbares Serverrack
- Servers- bzw. Konsolenschloss
- Kartenleser, Biometrie-Zugangshardware
- Seismograph
- Stromausfallsensor
- Leitungsausfallsensor
- Stromverbrauchssensor
- Und mehr…

Die technische Kontrollestufe auf Informationssystemen bilden z.B. :

- Computerschloss
- Anmelde-GINA
- Fingerleser
- Lokale Anmeldung
- Netzwerk- / Domänenanmeldung mit:
    - Benutzer-ID
    - Passwort
    - Token

8.8 Zugriffskontrollstufen

- Anwendungsberechtigungen (Email, Internet, geschäftsbezogene Anwendungen)
- Transaktionslimits in Anwendungen
- Zugriffsberechtigungen
- Switchportfreischaltung (Hausverteiler)
- Router-ACL (Access Control List)
- Firewallfreischaltungen (Ruleset, Portfreischaltung, Dienstefreischaltung)
- Laufwerkfreischaltung
- Ordner- und Dateiberechtigungen
- Aufrufberechtigung eines Programmes
- Need-to-Know-Ressourcenzuordnung und Sichtbarkeit der Ressourcen
- Web Application Firewall
- Proxy-Freischaltung
- IPS-Überwachung
- Virenscanner
- Antispyware
- Antispimware
- Quotasoftware
- URL-Blocker
- Honeypots
- Administrative Privilegien
- Verschlüsselung
- Hashes
- Checksummen
- Digitale Signaturen
- Zertifikate
- Logfiles
- Transaction-Files
- Journale
- QSecurity Level 40 auf eine IBM-iSeries OS/400
- IBM-Mainframe Started Task und Initiator
- Windows-Gruppenprofile

175

- Windows GPOs
- WaveLAN SSID und Schlüssel nach WPA2-Standard
- Und mehr…

8.8.3 Adminstrative Kontrollen

Die administrative Kontrollstufe sieht in erster Linie eine Regelung durch Richtlinien, personelle Kontrollen, und im Extremfall durch Aufsicht vor.

Fast jedes Unternehmen und jede öffentliche Institution verwenden **Richtlinien** für die Regelung der Zugriffskontrolle über Autorisierung. Richtlinien bilden das Regelwerk einer Sicherheitsstrategie. Meist werden zwei Sets an Richtlinien im Unternehmen eingesetzt. Sogenannte Sicherheitsrichtlinien (zu Englisch: Security Policies) und Sicherheitsdirektiven (zu Englisch: Security Specifications). Während die Security Policies in Form einer Corporate Policy generischer Natur sind, sind die Security Specifications meist sehr detailliert und plattformspezifisch.

Im Folgenden sind in Auszugsform Beispiele einer Security Policy und einer Security Specification dargestellt:

Beispiel Security Policy (Coporate Security Policy des „Wir produzieren etwas"-Konzerns)

§1a – Für alle Ressourcen der Computersysteme des Konzerns „Wir produzieren etwas" muss ein sicherer und nachvollziehbarer Zugriffsschutz etabliert werden.

Beispiel Security Specification (UNIX Policy)

§1b – Benutzerdateien, individuelle Benutzerdateien und Verzeichnisse dürfen als Default keine World-Schreibzugriffsrechte besitzen. Der Eigentümer muss die Dateiberechtigungen ändern, falls notwendig. System- und Anwendungsdateien dürfen nur die Minimalberechtigungen besitzen, damit das Betriebssystem, die Anwendungen und Dienste ordentlich ablaufen können.

- Ein Minimum-umask-Wert von 027 ist einzurichten, 077 ist zu bevorzugen.
- Alle Benutzer müssen Eigentümer aller Dateien in ihrem Home-Verzeichnis und in ihrer Home-Verzeichnis-Baumstruktur sein. Home-Verzeichnisse müssen stärker geschützt sein als verteilte Verzeichnisse, und dürfen nicht zwecks Datei-Austausch genutzt werden.
- Forward-Dateien sind in Home-Verzeichnissen nicht gestattet.
- Rhosts-Dateien in allgemeinen Benutzer- Home-Verzeichnissen sind erlaubt.
- Kritische System-Ressourcen sind zu identifizieren und vor unberechtigtem Zugriff zu schützen. Die folgenden Schutzstufen sind einzurichten:
  - Normale Benutzer dürfen keine Schreibberechtigungen auf Systemverzeichnisse besitzen – lbin-Verzeichnisse dürfen von normalen Benutzern nur gelesen und ausgeführt werden.

8.8 Zugriffskontrollstufen

- o Normale Benutzer dürfen keine Zugriffsberechtigung auf UUCP-Dateien, cron-Tabellen, System-Logdateien und den System Source Code besitzen.
– Für alle Gerätedateien, außer Terminalgeräte, ist root als Eigentümer einzurichten, und sie sind im Idev-Verzeichniss zu definieren.
– Normale Benutzer dürfen keinen Schreib- und Lesezugriff auf Gerätedateien besitzen außer auf:
  - o Idevlnull
  - o Idevltty
  - o Idevlconsole
– Normale Benutzer-Shell-Pfad-Variablen sind regelmäßig zu überprüfen, damit Systemverzeichnisse vor lokalen Verzeichnissen überprüft werden und damit das aktuelle Verzeichnis als letztes angezeigt wird.

Die zwei Beispiele der Security Policy und Security Specification machen schnell den Unterschied zwischen beiden deutlich. Eine Security Policy sollte immer sehr allgemein gehalten werden, verständlich sein und einen Leser nicht überfordern. Sie sollte klar und deutlich ausdrücken, **was** zu tun ist.

Die Specification muss genauer sein und dem UNIX System- bzw. Sicherheitsadministrator genau darstellen, **was** und **wie** die Sicherheitsstrategie des Unternehmens auf der UNIX-Plattform umzusetzen ist.

Man sollte für Policies und Specifications die jeweiligen Zielgruppen für die jeweiligen Dokumente im Unternehmen genau adressieren. Ein normaler Mitarbeiter des Einkaufs eines Unternehmens könnte mit einer Security Specification völlig überfordert sein. Security Specifications sind mehr in der IT-Organisation zu etablieren.

Personelle Kontrollen bzw. Kontrollen durch Aufsicht, stellen heutzutage seltenere Formen der administrativen Kontrolle dar, weil dazu meist eine Aufsichtsperson mit Kenntnis verfügbar sein muss.

Meistens werden diese zwei Formen der Kontrollen bei Mitarbeitern oder Externen, die hochkritische Transaktionen in Hochsicherheitsbereichen eines Unternehmens ausführen, eingesetzt.

Ein Bankangestellter im Handel übt z.B. eine Devisentransaktion über eine dreistellige Millionensumme aus. Durch die personelle Kontrolle – ein weiterer Mitarbeiter, oder Aufsichtspersonal mit Kenntnis – wird die Transaktion durch eine zweite Instanz bestätigt, und erst nach der Bestätigung (Freigabe) produktiv.

Ein Softwareentwickler lädt versionsverwaltend (z.B. mittels CCC-Harvest) die Kopie eines produktiven Programms aus der Produktionsbibliothek in die Entwicklungsbibliothek. In der Entwicklungsbibliothek führt er seine Änderungen am Programm durch. Danach lädt er das Programm in die Testbibliothek. Eine andere Person testet sein Programm. Nach erfolgreich bestandenem Test bekommt er vom Testverantwortlichen das ok, die Produktionsfreigabe seines modifizierten Programms bei einer weiteren verantwortlichen Person für die

8. Zugriffskontrolle über Autorisierung

Produktionsbibliothek zu beantragen. Der Verantwortliche gibt das Programm für die Produktion frei und übt dabei seine personelle Kontrolle bzw. Aufsicht aus.

Ein fremder Dritter befindet sich in einem Hochsicherheitsbereich eines Unternehmens und führt z.B. beauftragte und beaufsichtigte Wartungsarbeiten an den IT-Systemen durch. Nehmen wir an, er tauscht defekte Festplatten aus. Eine Aufsicht stellt sicher, dass die defekten Platten magnetisiert- und ihre Informationen gelöscht werden, oder auch nach DIN ISO 32757 vernichtet werden, bevor sie das Haus verlassen.

Eine personelle Kontrolle bzw. Aufsicht ist heute im entfernten Sinne auch eine remote Hardwaretoken-Zugangsberechtigung zu einem IT-System. Viele Unternehmen sagen, wer den Token besitzt, die Benutzer-ID und das Passwort und die Token-PIN eingibt, der muss zum Unternehmen gehören bzw. autorisiert sein, um das IT-System zu beanspruchen. In gewisser Hinsicht stellt dies auch eine personelle Kontrolle dar, ist aber falsch, denn ich kann meinen Token und alle zugehörigen Zugangsdaten an einen Dritten weitergeben. Es hat sich leider eingebürgert zu glauben, der Token würde die Sicherheit gegenüber Benutzer-ID und Passwort erhöhen. Die letzte Maßnahme würde den Verantwortlichen für einen Missbrauch sicherstellen, denn der Besitzer muss alles weitergegeben haben, oder die Zugangsinformationen wurden mit dem Token gefunden oder gestohlen, wie auch immer, doch es bewahrt das Unternehmen nicht vor einem Schaden, den es mit dieser Maßnahme eigentlich verhindern wollte.

Security Awareness Training ist die effektivste und wichtigste administrative Kontrolle. Diese Kontrolle ist passiv und verlässt sich einzig und alleine auf den Menschen. Die sicherste und zuverlässigste Kontrolle für Sicherheit ist immer noch der Mensch. Danach folgen erst die etablierten Prozesse für Sicherheit im Unternehmen und als allerletztes erst die Sicherheitstechnik. Verdeutlicht meint dies damit, dass nur ein Mensch die Entscheidung treffen kann, dass ein Virenscanner im Unternehmen in der IT etabliert wird oder nicht. Somit wird schnell klar, dass, ob die Signaturfiles morgens, mittags oder automatisiert unmittelbar nach dem Erscheinen herunter geladen werden, oder ob man dazu den Virenscanner McHugoo oder Gorbatschow einsetzt, nur eine mindergewichtige Rolle spielt. Ohne die menschliche Entscheidung würde nichts eingesetzt werden, und Prozesse und Technik wären obsolet.

In der Security-Awareness gibt es unterschiedliche Formen, Adressaten und Intensitäten. Zu adressierende Benutzergruppen sind weitreichend innerhalb und außerhalb einer Organisation. Früher, in Zeiten von Fülle und Wohlstand eines Unternehmens, gab es für jeden neuen Mitarbeiter Orientierungsklassen. In diesen meist 5 tägigen-Kursen wurde den Neulingen die „Dos" and „Donts" eines Unternehmens näher gebracht. Wie man sich am Telefon verhält und meldet, bis hin zur Handhabung des eigenen Passwortes, den Umgang mit Fremddaten und Virenscannern, den Umgang mit sensiblen Daten, bis hin zum Notfall-Fluchtplan bei Katastrophen. Nach den 5 Tagen war man im Allgemeinen auf das Unternehmen geeicht.

Dies wurde nach und nach unterteilt, aber auch erweitert. So gibt man Benutzern im Unternehmen ein sogenanntes User Security Awareness Training mit den Inhalten, die für Benutzer relevant waren. Die Gretchenfrage in Bezug auf Zugriffskontrolle über Autorisierung lautet für den Benutzer: „Wem gebe ich welchen Zugriff auf meine Dateien?".

Es gibt das Security Awarenss Training für Administratoren. Diese erhalten Unterricht darüber, wie man solide, sicher, rechtlich legal und ethisch administriert. Sie erhalten Lektionen darüber, dass man keine Sammelbenutzer-IDs verwendet um zu administrieren, dass man Logdateien immer einschaltet und auswertet, dass man Zugriffsrechte nur auf der Basis need-to-know vergibt, dass man für die eigenen Belange, die nicht mit den administrativen Aufgaben zusammenhängen, eine eigene Benutzer-ID verwendet usw. Sie lernen rechtliche Aspekte wie die GdpDU und Datenschutzgesetze kennen, und wie man sich als Administrator an das Regelwerk des Unternehmens hält.

Für Entwickler gibt es Security Awareness Trainings, in denen Sie lernen, sichere Anwendungen zu bauen, nach IEEE-Standards oder anderen zu programmieren, die Zugriffsrechtevergabe möglichst granular zu programmieren, mit Audit-Trace- und Logging-Funktionen zu belegen, keine Hintertürchen einzubauen und vieles mehr.

Im Zuge der Zeit des Outsourcings und der Betreuung der IT durch Service Provider werden auch immer mehr die Service Provider und ihr administratives und entwickelndes Personal in die „Dos and Donts" eines Unternehmens eingewiesen. Zweifelsfrei ist das nicht die Regel heutzutage, doch im Zuge der Cloud und Dienstleistungen wie SaaS und allem was damit zusammenhängt, wird ein Awareness Training für Dienstleister und ausgelagerte Dienste immer wichtiger.

Testen ist eine weitere Form der administrativen Kontrolle. Beim Testen kommt es darauf an herauszufinden, ob die Planung einer Entwicklung oder die Beschreibung eines Tools eines Herstellers z.B. für Zugriffsberechtigung über Autorisierung arbeitet, wie geplant oder beschrieben. Entspricht das Ist dem Soll? Setzt die Firewall einen Regeleintrag für eine Source-Destination IP-Kommunikation über TCP-Port 443 für die Benutzung von Secure FTP auch in der Praxis um, wie beschrieben und erwünscht? Dies gilt es in einem kleinen Test heraus zu finden.

Testen steht auf der Tagesordnung jeder IT-Organisation. Sehr oft kommen Tests speziell für die Zugriffsberechtigung über Autorisierung viel zu kurz. In den meisten Fällen sind die Ressourcen für die Tests sehr knapp bemessen, oder das Projekt ist schon finanziell aus dem Ruder gelaufen, so dass die Tests schnell und nicht ausführlich genug durchgeführt werden. Bei vielen SAP-Installationen wurde der Autor zur Hilfe gerufen, um die Autorisierungskonzepte, die von Anbeginn viel zu großzügig erstellt wurden, zu korrigieren. In den meisten Fällen wurden durch ungenügende Tests der Rollen und Berechtigungen (Profile) viel zu viele Zugriffe erteilt, die später wieder entfernt werden mussten. Das allerdings kostet sehr viel Zeit und Aufwand und bringt sehr viel Unruhe in die Unternehmensorganisation. Eine gute Planung der Zugriffsberechtigung über Autorisierung ist deshalb Gold wert. Was man von Anbeginn der Projektplanung plant, sollte sich später in Tests bestätigen. Der Mehraufwand für eine gute Planung, zahlt sich am Ende aus.

9 Single Sign On

„Ich möchte mir am liebsten nur eine BenutzerID und ein Passwort merken müssen, um mich damit an alle Anwendungen und Computersysteme in unserem Unternehmen anmelden zu können." (IT-Anwenderin eines Großkonzerns, Rhein-Main-Gebiet 2007)

9.1 Problematik multipler Zugänge

In der heutigen Client/Server-IT-Arbeitswelt benötigen die Mitarbeiter eines Unternehmens Zugang zu vielen verschiedenen Computersystemen, Anwendungen und anderen IT-Ressourcen. In größeren Unternehmen gibt es Anwender, die auf bis zu 100 Anwendungen mit Authentifizierung, und in seltenen Fällen auch mehr, zugreifen müssen.

Selbst in kleinen Unternehmen verwenden Mitarbeiter regelmäßig zwischen ca. sechs und zehn Anwendungen mit Authentifizierung, die im Schnitt vier BenutzerIDs und zwischen drei bis sechs Passwörtern, abhängig von der Menge der Fachanwendungen, erfordern. Damit entsteht eine Reihe von Problemen, die im Folgenden dargestellt werden sollen.

9.1.1 Erhöhter Helpdesk-Aufwand

Administratoren, Netzwerk- und vor allem Helpdesk-Personal können bestätigen, dass in Unternehmen mit komplexen Client/Server-Infrastrukturen und vielen Mitarbeitern administrativ viel Zeit für das Zurücksetzen von Passwörtern aufgewendet wird.

Zudem benötigt ein Mitarbeiter auf das Jahr hochgerechnet eine nicht gerade kleine Zeitspanne dazu, zurückgesetzte Passwörter wieder neu zu setzen. In dieser Zeit kann der Benutzer seinen eigentlichen Aufgaben nicht nachgehen.

Das Zurücksetzen von Passwörtern ist in verteilten, heterogenen Umgebungen ohne zentralisierte Managementkanäle sehr aufwändig, da sich die Administratoren jeweils an dem System anmelden müssen, auf dem ein Benutzer das Problem hat. Erst dann kann das eigentliche Zurücksetzen durchgeführt werden. Das Zurücksetzen ist wiederum Voraussetzung für die Vergabe eines neuen Passworts durch den Benutzer.

Insgesamt kann man den Gesamtaufwand eines Passwort-Resets auf fünf bis sieben Minuten beziffern. Ein Erfahrungswert aus dem Mainframe-Bereich eines IT-Serviceprovider-Unternehmens ergab monatlich ca. 800-900 Passwort-Reset-Anfragen von internen Mitarbeitern und Kunden bei ca. 12000 Benutzern insgesamt. Man bekommt bei diesem Beispiel schnell ein Gefühl für die unproduktive Zeit und könnte sich die Frage stellen: „Was kostet es eigentlich, kein SSO etabliert zu haben?"

9.1.2 Produktivitätsverlust durch Mehrfachanwendungen

Zu viele BenutzerIDs und Passwörter senken die Produktivität durch Mehrfacheingaben beim Zugang zu IT-Ressourcen, durch Authentifizierung und durch Fehlerbehandlung.

Beispiel 1: Bei angenommenen sechs Anwendungen auf einem Arbeitsplatzrechner hat ein User zunächst eine Identität und ein Passwort für die Netzwerk-Anmeldung. Nehmen wir weiterhin an, die sechs Anwendungen würden sich aus den drei MS-Office-Anwendungen Word, Excel und Powerpoint, sowie dem Internetzugang, dem Email-System und einer Fachanwendung zusammensetzen. Dann hätte der Mitarbeiter vier BenutzerIDs und vier Passwörter (für den Netzwerkzugang und die drei Anwendungen)[1].

Um das Problem für den Benutzer zu mildern, könnte die Benutzerverwaltung bei der Einrichtung eines Benutzers die gleiche BenutzerID, z.B. „atsolkas", für das Netzwerk, Email, den Internetzugang und die Fachanwendung einrichten. Für den Benutzer wird es so relativ einfach, sich die BenutzerID für die verschiedenen Anwendungen zu merken.

Die Benutzerverwaltung könnte auch ein identisches Initialpasswort für alle Anwendungen setzen. Falls der Gültigkeitszeitraum des Passworts überall gleich gesetzt ist, damit alle Passwörter gleichzeitig geändert werden müssen, hätte der Benutzer im besten Fall eine BenutzerID und müsste sich nur ein Passwort merken.

Dies funktioniert ganz gut, allerdings nur so lange, bis ein unberechenbares Ereignis auf den Benutzer einwirkt, was dieses BenutzerID-Passwort-Gefüge aus den Angeln hebt.

Ein Beispiel für ein solches Ereignis wäre, dass ihm eine dritte Person bei der Passworteingabe zusieht und es so für den Benutzer notwendig wird, das Passwort in einer der Anwendungen zu ändern. Mit der Änderung hat der Benutzer ein Passwort mehr, das er sich merken muss, und darüber hinaus noch das Problem, dass er sich die Zuordnung des neuen Passworts zur richtigen Anwendung einprägen muss. Im ungünstigsten Fall hat der Benutzer wieder vier verschiedene BenutzerIDs und vier verschiedene Passwörter. Im letzten Fall sollte man sich darüber Gedanken machen, wie viel Zeit ein User jeweils benötigt, um ein Logon durchzuführen.

Beispiel 1 lässt erahnen, was auf die Benutzer in größeren Unternehmen zukommen kann. In Großunternehmen gibt es in der heutigen Client/Server-Welt wesentlich mehr geographisch verteilte, lokal administrierte LANs, zentralisierte und dezentrale (lokale) Anwendungen, sowie heterogene Systemwelten, die die Etablierung einer Single-Sign-On Umgebung (im Folgenden SSO genannt) erschweren. Die Anwendungsvielfalt, stark voneinander abweichende Anwendungen, Open Systems, verschiedene Plattformen und Betriebs- sowie Datenbanksysteme zwingen die Benutzer dazu, sich viele verschiedene BenutzerIDs und Passwörter zu merken und immer wieder Mehrfachanmeldungen durchzuführen. Das ist wirtschaftlich gesehen sehr unproduktiv.

---

[1] Es wird hier davon ausgegangen, dass keine komplexitätsmindernden Maßnahmen (z.B. Passwortsynchronisation oder anwendungsübergreifende Passwortverwaltung) ergriffen wurden.

9.1.3 Steigende Kompromittierungsgefahren

Der Autor Alexander Tsolkas hat Benutzer kennen gelernt, die über 100 Anwendungen verwenden und sich bis zu 80 BenutzerIDs und Passwörter merken müssen. Das funktioniert verständlicherweise nur noch, indem die Benutzer sich die notwendigen Informationen notieren. Das Notieren wiederum stellt einen Risikofaktor für das Unternehmen dar, da die Zugangsdaten missbraucht werden könnten, wenn sie nicht geschützt aufbewahrt werden.

Bei einem Pre-Audit für eine DIN ISO 27001-Zertifizierung wurden vom Autor in einem Unternehmen mit etwas über 700 IT-Anwendern 584 Passwortnotizzettel gefunden, davon 362 in jeweils abgeschlossenen Schreibtischen und der Rest in nicht abgeschlossenen Schreibtischen, teilweise sogar offen auf dem Schreibtisch. Das Unternehmen an sich, so paradox das auch klingen mag, hatte verglichen mit dem Industriestandard, eine sehr gute Informationssicherheit etabliert.

Das Beispiel ist sehr anschaulich, weil sich das Management oft überhaupt nicht über den Zustand und das sich dahinter verbergende Risiko im Klaren ist. Beim Aufbruch jedes zweiten Schreibtisches gelangt man mit Sicherheit in den Besitz von Zugangsdaten.

Das ist leider keine Ausnahme. Weit über 60 Prozent der Mitarbeiter notieren sich BenutzerIDs und Passwörter regelmäßig. Weiterhin steigt auch die Gefahr, dass Benutzer zu einfache, und damit unsichere Passwörter auswählen, wenn sie sich viele Passwörter merken müssen. Dies wiederum erhöht die Gefahr, dass das unsichere Passwort kompromittiert werden könnte.

9.1.4 Sinkende Anwenderakzeptanz und sinkende Transparenz

In großen Unternehmen besitzen die IT-Anwender leider viel zu oft zu viele BenutzerIDs, die sie für das Logon zu Netzwerken und Anwendungen des Unternehmens nutzen müssen. Weiterhin müssen die Benutzer den ihnen bereitgestellten Zugängen und Anwendungen immer die richtigen Passwörter zuordnen. Dies kann bei einer Zahl von 20 BenutzerIDs und Passwörtern schon eine Herausforderung sein.

Viel zu selten werden in den Unternehmen Technologien eingesetzt, die BenutzerIDs und Passwörter unternehmensweit verwalten.

Die Durchführung von Mehrfachanmeldungen an die verschiedenen geographisch verteilten Unternehmensnetzwerke, an Netzwerke von Partnerunternehmen oder an Anwendungen in den verschiedenen Netzwerken senkt nicht nur die Produktivität der einzelnen Mitarbeiter, sondern auch die Anwenderakzeptanz für die eingesetzte Technologie.

Der Trend geht derzeit noch in Richtung des Einsatzes von Insellösungen, um Zugangskontrolle und Autorisierung wenigstens in einem geographischen LAN, bzw. in einer Domäne zu verwalten, die mehrere geographische Lokationen umspannen (z.B. durch Microsoft Active Directory). Solche Insellösungen decken leider nicht den zentralen Zugang mittels SSO zu allen Netzwerken und Anwendungen ab, sondern orientieren sich in den

9. Single Sign On

Verwaltungen von größeren Unternehmen an den Office-Anwendern (Benutzer von MS-Office, Email und Internet).

Wünschenswert ist, dass nur eine BenutzerID pro Benutzer in einem Active Directory, einem LDAP oder einem anderen Directory-Service angelegt wird, die wiederum Zugang zu allen vom eingesetzten Directory Service unterstützten Netzwerken und Anwendungen hat. Der Benutzer hat im Gültigkeitsbereich des Directorys meistens nur eine einzige BenutzerID plus Passwort, um das unterstützte Ressourcenangebot nutzen zu können. Das ist vergleichbar mit der Situation innerhalb einer Mainframe-SSO-Umgebung. Das Ressourcenangebot ist, wie im Falle der Mainframe-SSO-Lösung, auf den Gültigkeitsbereich des Directorys begrenzt. Für den Zugang zu weiteren IT-Ressourcen werden wieder eigene Zugangsdaten benötigt.

Die Benutzerakzeptanz leidet besonders, wenn die Benutzer ein Problem mit ihrem Passwort haben. Vergisst oder verliert der Benutzer das Passwort oder wird es ausspioniert, so muss es neu vergeben werden. In vielen Fällen muss dazu schriftlich ein Passwort-Reset per IT-Request beantragt und von einer Instanz im Unternehmen genehmigt werden. Nach Ablauf der Bearbeitungszeit des Antrags bekommt der Benutzer ein neues Passwort zugestellt. Das kann in manchen Unternehmen bis zu 24 Stunden und länger dauern, eine Wartezeit, während der der eigentlichen Tätigkeit nicht nachgegangen werden kann.. Die Passwortzustellung kann speziell gesichert erfolgen, in der Regel wird aber das Passwort telefonisch oder per Email mitgeteilt. Das jeweilige Zuordnen der Passwörter zu den BenutzerIDs und Anwendungen, und die meist nicht synchrone und nicht zentrale Haltung der Passwörter bringen Benutzer bei Problemen immer wieder in Ausnahmesituationen. Diese führen dazu, dass sie sich meist ablehnend gegenüber der eingesetzten Technologie verhalten.

Auch auf der Seite der Administration sinkt die Akzeptanz gegenüber den Insellösungen. Bei nicht zentralisierten Systemen müssen sich die Administratoren für ein Passwort-Reset an das jeweilige dezentrale System anmelden, den Benutzer finden, den Benutzerantrag prüfen (stammt er von dem richtigen Benutzer, ist er genehmigt, usw.) und den Reset durchführen. Entstehen so genannte Urlaubspeaks am Helpdesk, wenn Benutzer nach der Urlaubszeit in das Unternehmen zurückkehren und in dieser Zeit ihre Passwörter vergessen haben, dann kann diese Situation für die Administratoren sehr stressig werden. Und zudem entsteht für den Benutzer die Gefahr, dass er vorübergehend nicht mehr auf seine Anwendungen zugreifen kann.

Durch die verteilten Zugangsinformationen der Anwender gibt es noch einen weiteren negativen Effekt. Auditoren, die regelmäßig die IT-Sicherheit überprüfen, stellen immer wieder fest, dass es auf IT-Systemen und in Anwendungen von Unternehmen mit dezentraler Verwaltung der Benutzer BenutzerIDs gibt, die gar nicht mehr aktiv verwendet werden. Entweder haben die Mitarbeiter die Abteilung gewechselt oder das Unternehmen verlassen. Diesen Mangel an Transparenz für das Benutzer-Change-Management innerhalb der vielen dezentral administrierten Systeme gibt es bei SSO schon weniger, bei guten Identity Management- Systemen taucht dieses Problem gar nicht mehr auf.

9.2 Entwicklung von SSO

9.2.1 Passwortsynchronisierung durch den Benutzer

Die wohl erste Entwicklung von SSO in der IT begann durch die Benutzer selbst. Administratoren vergaben den Benutzern BenutzerIDs mit dazugehörigen Initialpasswörtern für den Zugang zum Netzwerk und zu den einzelnen Anwendungen. Diesen Initialpasswörtern wurde bei der Vergabe durch den Administrator der Status „abgelaufen" zugeordnet, um zu erreichen, dass sie von den Benutzern neu vergeben werden müssen. Damit war das neue Passwort nur dem Benutzer bekannt.

Benutzer verwendeten bei der Neuvergabe für alle Zugänge und die dazugehörigen BenutzerIDs das gleiche Passwort, sofern die Systeme es zuließen, dass die Passwörter alle ähnlich gebildet werden konnten, also ähnliche Vorgaben besaßen für:

- Passwortlänge
- Zeichensatz
- Verwendung von Sonderzeichen
- Ablaufdatum
- Minimale Gültigkeitsdauer (Minimum Password Age)
- Passwort-Historie (Keine Wiederverwendung zuletzt verwendeter Passwörter)
- etc.

Somit konnten Benutzer die Passwörter mit relativ einfachem Aufwand synchron halten. Das hing stark von den eingesetzten Systemen und deren Administratoren ab. Vier wichtige Parameter spielten für die Synchronisierungsmöglichkeit durch den Benutzer eine wichtige Rolle: Die Passwortlänge, das Ablaufdatum, die verwendbaren Zeichen und die Passwort-Historie waren von großer Bedeutung. Der maßgebliche Parameter war die Passwortlänge. Sie ermöglichte oder verhinderte, dass Benutzer ein gleichlanges Passwort verwenden konnten.

Das Ablaufdatum sorgte dafür, dass das Passwort nach einer festgelegten Zeit gewechselt werden musste. Dabei erhielt der Benutzer eine Aufforderung, das Passwort zu wechseln. Einige Systeme hatten keine derartige Funktion eingebaut, so dass der Benutzer für den Passwortwechsel selbst verantwortlich war.

Sollte das Ablaufdatum auf den Systemen unterschiedlich (z.B. Windows Netzzugang 30 Tage und Buchhaltungsprogramm 28 Tage) eingestellt gewesen sein, so lief das Passwort für die Anwendung früher ab, als das für den Netzzugang. In dieser Zeit hatte der Benutzer

9. Single Sign On

unterschiedliche Passwörter, bis alle abgelaufen waren und vom Benutzer wieder gleich gesetzt werden konnten[2].

Die minimale Gültigkeitsdauer war der Parameter, der veranlasste, wann ein neues Passwort vom Benutzer nach einem Wechsel wieder gewechselt werden konnte. Dieser Wert war normalerweise auf einen Tag gesetzt. Der Parameter wurde in Verbindung mit der Passwort-Historie verwendet, um zu verhindern, dass ein Benutzer nach einem Passwortwechsel sofort wieder sein Lieblingspasswort verwendet. Bei einer Passwort-Historie von fünf Passwörtern und einer minimalen Gültigkeitsdauer von einem Tag musste der Benutzer fünf Tage lang jeden Tag einmal das Passwort ändern, bis er wieder sein Lieblingspasswort verwenden konnte. Dieser hohe Aufwand sollte die Benutzer von der Verwendung von Lieblingspasswörtern abbringen.

Somit verwalteten Benutzer ihr eigenes Single Sign On schon relativ früh über alle Plattformen hinweg. In Unternehmen, die den beschriebenen Prozess zuließen, war er bei allen Benutzern relativ gut etabliert und damit die kostengünstigste Alternative zu „echtem" SSO.

9.2.2 Passwortzentralisierung über die Plattform-Anmeldung

Die Passwortzentralisierung über die Plattform-Anmeldung war die zweite Methode, um SSO in Teilbereichen der IT des Unternehmens zu erreichen. Dazu gab es viele Ansätze. Da man alleine darüber ein ganzes Buch schreiben könnte, sollen hier nur die wichtigsten Ansätze dargestellt werden.

Mainframes

Auf Mainframes im SNA-Netzwerk gab es ein globales SSO für alle Anwender, das alle weiteren SNA-Netzwerkzugänge in diesem Umfeld und alle Anwendungen auf Mainframes abdecken konnte.

Windows LAN-Manager und NTLM

Zwei weitere Beispiele für eine Passwortzentralisierung sind der Windows LAN-Manager und Windows NT 3.1. Auf dem Windows LAN-Manager (der eigentlich auf OS2 basierte) gab es die ersten Möglichkeiten mittels des LM-Hashs Passwörter zentral und verschlüsselt abzulegen. Da sie nur mit 128 Bit verschlüsselt waren, fielen diese Systeme schnell Hackern zum Opfer, denen mit Ophcrack-Technologie-Derivaten wie z.B. Cain_&_Abel, Rainbowcrack oder L0phtcrack schnell die Entschlüsselung gelang.

Auf den LM-Hash folgte die etwas sicherere NTLM-Technologie: Der Windows NT 3.1 LAN-Manager. Er hatte eine sicherere Challenge-Response-Authentifizierung mittels 4-Wege Handshake eingebaut. Durch Einsatz von NTLM über http konnte man über das reine Windowsnetzwerk noch Webserver, Proxyserver und die Windows Logon User-

---

[2] Unter der Annahme, dass die Minimale Passwort-Gültigkeitsdauer dem Ablaufintervall entspricht.

Zugangsdaten einbinden. Mittels NTLM hatte man somit SSO für die folgenden Systeme implementiert:

- Clients und Netzwerkzugang
- Internetzugang
- Webserver
- Da man diese Form der Technologie durch Reverse-Engineering erweitern konnte, was auch viele Hersteller taten, konnte man noch die folgenden weiteren Technologien für SSO anbinden:
- Squid – Open Source Proxyserver
- Samba – Eine freie Software-Suite, die das Server-Message-Block-Protokoll (SMB) für Unix-Systeme verfügbar macht
- cURL – Multiparadigmen-Programmiersprache, eCommerce ist hierfür ein beliebtes Einsatzgebiet
- Opera – Webbrowser und Internet Suite
- Apache Webserver

Passwortsynchronisierung auf und mit Hilfe von UNIX-Computern

Passwortsynchronisierung funktioniert monodirektional von Windows zu UNIX und bi-direktional zwischen Windows-Domänen und NIS-Domänen. Man kann dabei den Master-Server der NIS-Domäne auf UNIX oder Windows (Server für NIS) ausführen. Bei den meisten Installationen ist dieser auf Windows installiert. Windows- Services für UNIX stellen vorkompilierte Binär-Dateien bereit, um Kennwort-Synchronisierung auf unterstützten UNIX-Hosts zu realisieren. Unterstützte Hostplattformen von „Windows Services für UNIX 3.0" sind:

- HP-UX
- Solaris
- AIX
- Redhat

Mit Hilfe der Datei sso.conf kann man einen UNIX-Dienst aktivieren, um auf UNIX Computern die Passwörter zwischen dem Zielcomputer und anderen Computersystemen zu synchronisieren. Diese Datei findet man unter /etc/sso.conf, und man aktiviert dazu den SSO-Daemon (SSOD) auf dem UNIX-Rechner. Damit lässt sich eine Passwortzentralisierung über Plattform-Anmeldung erweitern.

Hat man eine Passwortzentralisierung aufgebaut, z.B. über Windows LAN-Manager bzw. NTLM (ab Windows 2000, bzw. 2003 Server hat man reines SSO), so kann man über die UNIX-spezifische Passwortsynchronisierung seine Infrastruktur weiter in Richtung SSO ausbauen. Dabei ist es unerheblich, ob die Passwörter in Windows oder UNIX verwaltet werden.

Die Windows- und UNIX-Infrastrukturen arbeiten bei der Passwortzentralisierung über Plattformanmeldung am besten zusammen. Nimmt man die ganzen Subsysteme dazu, die weiter oben angeben wurden, erreicht man hypothetisch schon eine ziemlich große Passwortzentralisierung über die Plattform-Anmeldung.

Die drei Beispiele stellen einen kleinen Ausschnitt der Menge von Passwortzentralisierungen über die Plattform-Anmeldung dar. Es gibt unzählige weitere Beispiele, die ein sehr ähnliches Funktionsprinzip verwenden.

9.2.3 Passwortsynchronisierung im Backend

Bei der Passwortsynchronisierung im Backend sorgt ein automatisiertes, meist ausgelagertes System für die Synchronisierung der Benutzer-Passwörter und der zur Verfügung stehenden IT-Ressourcen.

Die Passwortsynchronisierung über die Plattform-Anmeldung (Kapitel 9.2.2) stellt im Grunde eine Form der Passwortsynchronisierung im Backend dar. Bei dieser Form der Passwortsynchronisierung übernimmt die Plattform selbst die Aufgaben der Passwortsynchronisierung. Bei den spezifischen Plattformen wie z.B. Windows stößt man jedoch als Unternehmen beim Einfügen von IT-Ressourcen mitunter schnell an die Grenzen der Möglichkeiten, die das System im Original anbietet.

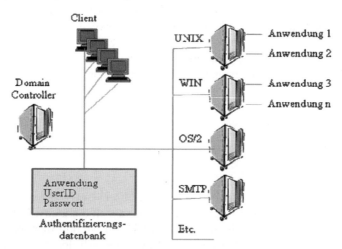

Abbildung 9.1: Passwortsynchronisierung im Backend

Bei der in Abbildung 9.1 gezeigten Möglichkeit kann die Authentifizierungsdatenbank, die BenutzerIDs und Passwörter gespeichert hält, entweder auf der Plattform liegen oder ausgelagert sein.

Abbildung 9.1 ist auch ein Beispiel für eine Synchronisation mit ausgelagerter Authentifizierungsdatenbank. Benutzer, die sich authentifizieren, um Netzwerk-IT-Ressourcen zu verwenden, können sich in diesem Fall an der Plattform (Domain Controller) anmelden, um Zugang zum Netzwerk zu erhalten. Nach erfolgter erster Authentifizierung kann dann der weitere Ressourcenzugang im Netzwerk über die Authentifizierungsdatenbank erfolgen, die z.B. über Skripte vom Domain Controller gesteuert wird.

In der Authentifizierungsdatenbank sind alle notwendigen Informationen gespeichert, die einen erfolgreichen Ressourcenzugang gestatten. Dazu gehören Informationen zur Verwaltbarkeit, Sicherheit und Interoperabilität. Daten, die den User betreffen, sind im Wesentlichen:

- Anwendungsname und -Beschreibung
- Zieladresse der Anwendung
- BenutzerID
- Passwort
- Clientname / IP-Adresse
- Rolle des Benutzers
- Funktion des Benutzers
- Sicherheitsrichtlinie (Zugriffstypen)

Durch die Steuerung des Skriptes auf dem Domain Controller werden die Daten verarbeitet, damit der Benutzer auf die jeweilige IT-Ressource (Zielsystem) zugreifen kann, sei es nun Netzwerk, Anwendung oder Inhalte.

Der Ablauf ist wie folgt: Ein Benutzer meldet sich am Domain Controller an. Der Domain Controller authentifiziert den Benutzer mit BenutzerID/Passwort und lässt ihn zum Netzwerk zu. Wenn der Benutzer auf weitere Ressourcen im Netzwerk zugreifen möchte, die auf anderen Servern liegen, so wählt er auf seinem Client ein Icon bzw. in einem Menü die Ressource aus, auf die er zugreifen möchte. Durch das Anklicken des Icons oder durch Auswahl des Menüeintrags sendet der Client einen Request an den Domain Controller, der ein Script startet und den Benutzerantrag gegen die Authentifizierungsdatenbank prüft. Wenn die Parameter wie BenutzerID und Passwort korrekt sind, kann der Benutzer die Ressource nutzen.

9.2.4 Erste echte SSO-Ansätze

Erste echte plattformübergreifende SSO-Ansätze gab es mit dem ICL-Access Manager aus England im Jahre 1994. Später aufgekauft durch das Unternehmen Platinum Software, das dem Produkt den Namen Autosecure gab, findet man den Kern und einzelne Bausteine des Produktes heute im Produkt eTrust des Herstellers Computer Associates.

Access Manager konnte alle bestehenden Systeme in das SSO einbinden, unabhängig davon, ob es sich um neue Systeme oder Legacy-Systeme handelte. Die gesamte Basis des Access

9. Single Sign On

Managers war das SSO durch Skripte. Im Grunde genommen sah die Lösung genauso aus wie in Abbildung 9.1 schematisch dargestellt.

Mittels Skripte und den darin enthaltenen Variablen wurde ein Logon am Zielsystem durchgeführt, als ob man die einzelnen Stufen eines Benutzer-Logons aufgezeichnet hätte. Hinter einem Icon auf dem Desktop, das für einen Netzzugang, eine Anwendung oder andere IT-Ressource stand, verbarg sich ein Skriptaufruf am Access Manager SSO-Server, auf dem die Intelligenz des Systems (inklusive Authentifizierungsserver) beherbergt war.

Nach dem Anklicken eines Icons lief das Script los und prüfte die Repository-Daten des Benutzers für den gewünschten Zugriff. Das umfasste die Authentifizierung des Benutzers mittels BenutzerID und Passwort, das Prüfen der Rolle und Funktion des Benutzers, sowie der Quell- und Zieladresse und das Einloggen des Benutzers mit den Repository-Daten in die IT-Ressource. Einmal angemeldet, übernahm das Zielsystem für die Dauer der Sitzung die Kontrolle über den Benutzer. Beim Log-Off geschah genau das Gegenteil. Der Benutzer konnte einmal direkt die Anwendung verlassen, indem er sich abmeldete, oder er blieb in der Anwendung und selektierte ein Icon bzw. in der Menüauswahl das Log-Off von der IT-Ressource. Per Access Manager initiiert, startete ein Log-Off-Skript, das die Anmeldung des Benutzers rückgängig machte.

9.2.5 Grenzen von SSO bei Legacy-Systemen

Bei einigen Legacy-Systemen lässt sich SSO nur mit erhöhtem Aufwand einsetzen. Als Beispiel entstanden in manchen Legacy-Systemen Datenbrüche zu deren Subsystemen bei einer Anbindung eines SSO-Systems. Darunter ist zu verstehen, dass die Weitergabe der Authentifizierungsinformationen an weitere Subsysteme zum einen aufgrund von Protokollen oder Logon-Routinen nicht immer möglich war. Zum anderen konnte man einzelne, zusätzlich gewünschte Funktionen, wie z.B. das Implementieren einer BenutzerID, von einem Quellsystem auf ein Zielsystem, nicht ohne weiteres durchgängig im System abbilden.

In vielen Unternehmen gibt es eine Hauptplattform, an der man sich anmeldete und die Proxy- und Emaildienste für die Benutzer bereitstellte. Verbunden war man über diese Plattform mit dem Rest der IT-Systeme des Unternehmens. Das konnten z.B. Mainframes, UNIX, andere Windows-Rechner, DEC-Maschinen oder AS400-Rechner sein. Jede Plattform war eine Insellösung für sich.

Den Logon-Vorgang mittels BenutzerID und Passwort auf den Legacy-Systemen zu entwickeln war kein großes Problem. Hier bestand die Herausforderung eher darin, dass man zusammen mit dem SSO noch weitere Funktionen wie z.B. BenutzerID-Implementierung, Priviligienänderung einer BenutzerID oder ähnliches integrieren wollte, was die SSO-Plattform zum Teil über ein API bereitstellte.

SSO-Systeme konnten auf angeschlossenen Zielsystemen unter anderem neue BenutzerIDs erstellen, und dies war nicht immer trivial.

Dadurch, dass die Legacy-Systeme meist eine einheitliche Plattform darstellten, die wiederum über Schnittstellen andere Subsysteme bedienten oder auch beherbergten, war die

Übergabe einer Logon-Anfrage eines Benutzers nicht so einfach mit einem Skript zu erstellen und auf das Zielsystem zu übertragen. Auch häufige Änderungen an der IT-Systeminfrastruktur bewirkten immer wieder Abbrüche.

Skripte mussten aufgrund mangelhafter oder zu wenigen Variablen auf dem SSO Server häufig angepasst werden, um den Änderungen zu entsprechen. Dies wiederum führte zur Nachfrage an die Hersteller, ihre Systeme möglichst schnell den Kundenwünschen anzupassen. Das konnten auch die Hersteller nicht immer leisten.

Ein weitverbreiteter Fehler bei den damaligen Implementierungen war, dass man schnell über sein Ziel hinaus schoss. War das System ursprünglich als SSO-System gedacht, wollte man daraus schnell ein Identity Management System entwickeln, was in der Lage sein sollte, noch Aufgaben über die des SSO hinaus zu erledigen (z.B. Implementierung von BenutzerIDs auf Zielsystemen). Das überforderte das SSO-System in vielen Fällen, und Entwicklungen dieser Art scheiterten zur damaligen Zeit recht häufig.

Dieser Zustand führte relativ schnell zu einer sinkenden Akzeptanz der ersten am Markt etablierten SSO-Systeme. Performance war ebenso ein großes Problem. Die Skripte liefen innerhalb einer Client/Server-Architektur auf kleineren Servern der Intel-Klasse ab, die oft schon bei 1000 Usern an der Kapazitätsgrenze liefen. Sie konnten den Logon nur sehr langsam oder mit Abbrüchen durchführen, da der SSO-Server ein starkes Skriptaufkommen und Authentifizierungsanfragen verarbeiten musste.

Innerhalb der Skriptsprache war die Syntax verständlich und einfach, doch oft gab es zu wenige Variablen in der Syntax der Skriptsprache, um Abweichungen von der Regel bei einer Logon-Anfrage zu kompensieren. Auch bedachten die Hersteller nicht, genügend vorgefertigte Skripte zur einfacheren Implementierung für die Kunden bereitzustellen.

Es fehlte in den Anfängen z.B. eine Variable, um einer sich ändernden VTAM-Adresse im Mainframe-SNA-Netzwerk zu beggnen (ähnlich DHCP in Client/Server-Umgebungen). Damit versagte das SSO-System einem Benutzer den Systemzugang, nur weil dieser bei einem erneuten Logon eine neue Terminaladresse vom System zugewiesen bekam, die im Skript so nicht zugewiesen war. Beim Einsatz des Systems mussten zu Beginn die Skripte für jedes neue Logon am Mainframe geändert werden, bis der Hersteller endlich eine Variable im Skript liefert, die mit wechselnden Terminaladressen zu Recht kam.

9.3 Aufbau eines Single Sign On-Systems

Ein SSO-System besteht aus einer Menge an Softwarekomponenten, die normalerweise über ein Netzwerk verteilt sind und die einem einmal an seiner Workstation angemeldeten Benutzer gestatten, ohne weitere Authentifizierungsmaßnahmen Anwendungen zu starten oder Netzwerk-Anmeldungen durchzuführen.

Eine Systemanmeldung kann mittels BenutzerID/Passwort-Authentifizierung stattfinden oder mit Hilfe von Technologien wie z. B. einer PKI bzw. Smartcards. Sie kann auch durch Directory Services unterstützt werden.

9. Single Sign On

Die Funktionsweise von SSO ist wie folgt:

1. Ein Benutzer meldet sich an seiner Workstation an.
2. Der Teil des SSO-Systems, der auf der Workstation installiert ist, liest die Authentifizierungsinformation ein und speichert diese.
3. Das SSO-System zeigt dem Benutzer auf seinem Desktop Icons von Anwendungen bzw. ein Menü von zur Verfügung stehenden Anwendungen, die er verwenden darf.
4. Der Benutzer wählt einen Menüeintrag oder ein Icon aus, um eine Anwendung oder einen Netzzugang zu starten.
5. Die SSO-Software liest die Benutzerzugangsdaten für die gewählte Anwendung aus einer zentralen Datenbank ein. Dazu werden in der Regel die Logon-Daten des Benutzers verwendet, die bei der Anmeldung an die Workstation eingegeben wurden.
6. Die SSO-Software startet ein Skript, um die Anwendung zu initiieren. Gleichzeitig werden die Authentifizierungsinformationen des Benutzers automatisiert eingegeben (BenutzerID/Passwort), um im Netzwerk die notwendigen Rechte zu erlangen.

Benutzer sehen in SSO folgende Vorteile:

- Passwörter werden seltener vergessen, da man sich nur noch ein Passwort merken muss.
- Benutzer müssen ihre Authentifizierungsdaten nur einmal eingeben.
- Administratoren und Systemplaner sehen in SSO die folgenden Nachteile:
- Der Passwortserver ist aufgrund der Vielzahl von Benutzer-Passwörtern ein sehr attraktives Ziel für Hacker und Cracker.
- Fällt der Passwortserver aus, sind viele Anwendungen für viele Benutzer unerreichbar, was den gleichen Effekt wie ein Denial-of-Service hat.
- Skripte, die Anwendungen starten, sind meistens sehr fehleranfällig.
- Das Gesamtsystem ist relativ komplex gestaltet und schwer zu installieren.
- Diese Art von Software ist teuer.
- Ein SSO-System besteht in der Regel aus folgenden Komponenten:
    - SSO Datenbank
    - Logon-Skripte Datenbank
    - Skript Interpreter
    - Anwendungsstarter
    - Authentifizierungs-Agent

9.3 Aufbau eines Single Sign On-Systems

- o Authentifizierungsserver
- o Logon-Agent
- o Anwendungs-Host
- o Benutzer-Workstation

In der folgenden Zeichnung ist ein klassisches SSO-System mit seinen Komponenten dargestellt:

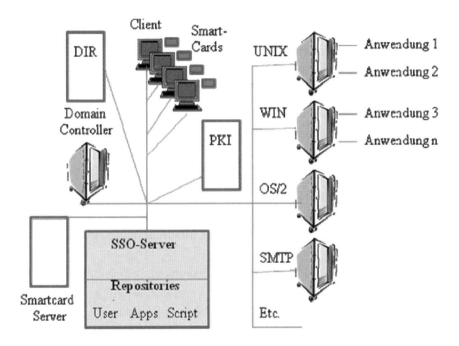

Abbildung 9.2: Zentrales SSO-System mit PKI, Directory und SmartCard Server

9.3.1 Repository der Zugangsdaten

Ein SSO-System besteht aus mehreren Repositories (Depots bzw. Datenbanken). Wichtig für SSO ist das Repository der Zugangsdaten. Dies ist eine Datenbank, die in erster Linie die Authentifizierungsinformationen von Benutzern speichert.

Die wichtigsten Zugangsdaten sind die BenutzerIDs und Passwörter, mit denen die Benutzer Zugang zu den Anwendungen erhalten.

Weiterhin kann an das SSO-System auch eine PKI oder ein Smartcard-System angeschlossen werden, wenn der Zugang über duale Authentifizierung mittels Zertifikaten bzw. Smartcards stattfinden soll. Im diesem Fall liegen die Authentifizierungsdaten als Zertifikat in der

9. Single Sign On

PKI bzw. im Smartcard-System und werden zur Weiterverarbeitung (z. B. Logon, Nutzen einer Anwendung) an das SSO-System übergeben. Das hat für den Benutzer den großen Vorteil, dass er keine Anmeldedaten wie BenutzerID und Passwort mehr eingeben muss. Er startet seinen Computer und steckt eine Smartcard in den Smartcard-Leser, oder steckt ein Token in den USB-Port seines Computers. Alles weitere für die erste Authentifizierung am System wird von den Geräten erledigt. Den gleichen Effekt hätten biometrische Authentifizierungsformen (z.B. Fingerabdruckscanner).

Andere Daten, die man im Repository finden kann, sind so genannte Meta- und Attributdaten, die zusätzlich für die Anmeldung, Statistik, sowie für die Verwaltung benötigt werden. Das sind u.a.:

- Rolle des Benutzers.
- Funktion des Benutzers.
- Name oder Kürzel der Anwendung.
- Liste der Anwendungen, die ein Benutzer verwenden darf.
- Anwendungsgruppen.
- Anwendungsbeschreibung.
- Authentifizierungshosts.
- Gruppen von Authentifizierungshosts.
- Privilegien (z.B. ADMIN, AUDITOR, OPERATOR, USER, etc.), die ein Benutzer auf einem IT-System oder innerhalb einer Anwendung verwenden darf.
- Maximale Anzahl gleichzeitiger Sitzungen, die ein Benutzer starten darf.
- Timeout-Parameter, der angibt, wann der System Ressource Manager den Benutzer bei Inaktivität vom System suspendieren soll (z.B. Tage von Inaktivität, Anzahl erlaubter Zugriffsverstöße, oder zu bestimmten Uhrzeiten).
- Lebensdauer der BenutzerID und Suspendierungsdatum.
- Administratorname, der eine Suspendierung von Benutzern durchgeführt hat.
- Name des Passwortmanagers.
- Ablaufdatum des Passworts.
- Statistische Informationen, wie z.B. letztes Logon, erstes Logon, Logon-Zähler oder letzter Passwortwechsel.
- Name des Terminals, von dem das letzte Logon stattgefunden hat.
- Datum und Zeit des Logons.

9.3.2 Verwaltungssystem für die Zugangsdaten

Das Verwaltungssystems für Zugangsdaten eines SSO-Systems läuft meistens auf einer Konsole, die auf dem SSO-Server implementiert ist. Die Zugangsdaten liegen in einer Datenbank und das Verwaltungssystem kommuniziert mit der Datenbank.

Das Verwaltungssystem für die Zugangsdaten kann über eine grafische Administrationsoberfläche, über eine Kommandozeilen-Schnittstelle oder über Batch-Verarbeitung bedient werden.

Die Konsole setzt zentral auf dem SSO-System auf. Es können mehrere Konsolen dezentral über die Unternehmensbereiche verstreut sein, um die Benutzerverwaltung dezentral in kleineren Unternehmenseinheiten zu administrieren, sofern dies gewünscht wird. Konsolen können meist in ihrem Funktionsumfang eingeschränkt werden. Dies bietet zusätzliche physische Sicherheit vor Missbrauch, auch wenn es unterschiedliche Rechte für Administratoren und Funktionen gibt.

Für das Verwaltungssystem der Zugangsdaten gibt es mehrere Administrationsstufen und Rollen, die funktionsbegrenzt sein können, damit das System ordentlich und reibungslos gesteuert werden kann. In den administrativen Bereichen gibt es:

- Globale Autorisierungsgruppen – uneingeschränkter Zugriff.
- Gruppenautorisierungsgruppen – eingeschränkter Zugriff nur auf die Gruppe.
- Gruppenautorisierungsattribute – Attribute, die die Rechte und Funktionen innerhalb einer der oben genannten Gruppen beschreiben.
- Besitzer für die Objekte (Besitzer von Usern, Anwendungen, Privilegien, etc.).

Die Administratoren sind in mehrere Stufen eingeteilt. Es gibt:

- Globale Administratoren, die das Gesamtsystem ohne Einschränkung administrieren können.
- Gruppen-Administratoren, deren Aufgabenbereich regional eingeschränkt ist.
- Lokale Administratoren, die einen kleinen Benutzerkreis verwalten können.

Innerhalb der Administrationsstufen gibt es wiederum unterschiedliche Rechte für Administratoren. So könnte man z.B. Gruppenadministratoren einsetzen, die ausschließlich Passwörter zurücksetzen, aber keine Änderung an Benutzerprivilegien tätigen dürfen. Die Kombinationsmöglichkeiten sind vielfältig.

Neben den Administratoren sind im Verwaltungssystem auch Auditoren angelegt. Die Auditoren haben die Aufgabe, die Richtlinieneinhaltung bei der Administration des Systems zu überwachen und nachweisen zu können, bzw. Verstöße sofort zu melden.

Operatoren dienen im Verwaltungssystem dazu, den operativen Betrieb aufrecht zu erhalten. Sie können Benutzer listen, sich Attribute der Benutzer anzeigen lassen, oder im Problemfall Nachforschungen als First-Level-Support starten (Helpdesk- und Betriebsfunktionen).

Passwortmanager im Verwaltungssystem dienen dazu, Passwörter für bestimmte Gruppen von Benutzern zurückzusetzen und zu erstellen. Das ist sinnvoll, denn die Passwortmanager verwalten meist kleinere Gruppen von Benutzern und kennen diese meist persönlich. Somit entsteht in der Administration kein Flaschenhals, und die Benutzerverifikation ist einfacher und schneller erledigt als in größeren Unternehmenseinheiten. Das wirkt sich positiv auf die Umlaufzeit für das Zurücksetzen eines Passworts – und damit auf die Produktivität – aus.

Bei verschiedenen Benutzer- und Administrationsgruppen im SSO-System kann es zu einer Vererbung kommen. Dabei werden die Gruppenrechte und -pflichten von der übergeordneten Gruppe auf die untergeordnete Gruppe vererbt (Parent-Child). Dieses Merkmal wird in vielen SSO-Systemen auch „Parentage" genannt.

Bei der Administration eines SSO-Systems ist es nicht ausreichend, die Zugangsdaten nur auf dem SSO-System im Repository der Zugangsdaten zu pflegen. Die Administration muss die Zielsysteme einschließen, auf die der Benutzer letztendlich zugreifen möchte.

Kommt ein neuer Benutzer in das Unternehmen, so wird er auf dem SSO-System eingerichtet und bekommt seine Rolle und Funktion im Unternehmen auf dem System zugeteilt. Danach wird er entsprechend im SSO-System eingefügt und erhält die Authentifizierungsdaten und die notwendigen Autorisierungen, die er für seine Rolle benötigt.

Bei SSO-Systemen, die in der Lage sind, den Benutzer auf den Zielsystemen (Anwendungen) einzurichten, ist dies als eine Form der Automation anzusehen. Das System driftet damit mehr in Richtung eines Identity Management Systems. Manche Systeme können das aber nicht oder benötigen dazu Directory Services. Bei Systemen dieser Art muss der Benutzer von den Administratoren zusätzlich auf den Zielsystemen manuell eingepflegt werden. Danach kann das SSO-System seinen Dienst ordnungsgemäß verrichten.

Gibt es im Unternehmen ausreichend gute Directory Services, so wird der Benutzer einmal im SSO-System und einmal im Directory angelegt. Mittels der Subsysteme des Directory Systems könnte der Benutzer auf den Zielsystemen eingepflegt werden, die im SSO-System gepflegt werden müssten. Diese Ausbaustufe geht aber schon stark in Richtung Identity Management System.

9.3.3 Schnittstellen (APIs, Logon-Clients, Scripting Engines)

Geht man davon aus, dass man mittels SSO viele Systemzugänge in einer benutzerfreundlichen Art und Weise auf möglichst vielen unterschiedlichen Zielsystemen bereitstellen möchte, wird man zwangsläufig mit vielen Schnittstellen konfrontiert.

9.3 Aufbau eines Single Sign On-Systems

Regel Nummer eins: „Je komplexer die IT-Umgebung ist, desto mehr Schnittstellen gibt es". Regel Nummer zwei: „Je mehr unterschiedliche Plattformen und Standardanwendungen etabliert sind, desto mehr Schnittstellen gibt es". Regel Nummer drei: „Bitte nicht davor zurückschrecken".

Die SSO-Systeme besitzen Anbindungsmöglichkeiten an Standardplattformen wie:

- Microsoft Windows 2000, Windows XP und Windows 2003
- UNIX (HP-UX, Solaris, Suse-Linux, Redhat-Linux, Debian-Linux, AIX, FreeBSD, NetBSD DragonFly)
- MAC OS X
- Mainframe (ab MVS/XA, MVS/ESA, OS390, zOS 32 und 64bit)
- DEC-VAX (VMS)
- AS400 (OS400)
- Novell Netware (manche Systeme unterstützen Netware ab Version 4.x und höher, manche neueren Systeme unterstützen es gar nicht mehr)
- Webserver (IIS, Apache, Tomcat)
- IBM Websphere
- SAP/R3
- Datenbanken (Oracle, Ingres, Informix, DB2, CICS/IMS)
- etc.

Die aufgelisteten Systeme lassen sich relativ schnell an ein SSO-System anbinden, damit die reine SSO-Funktionalität gegeben ist. Dazu verwenden die SSO-Systeme sogenannte Standard-Anbindungsschnittstellen für die jeweiligen Zielsysteme, die vorgegeben sind und die das SSO-Paket attraktiv machen.

Die vorher genannten Systemschnittstellen, um die es geht, sind in der gegenwärtigen IT-Infrastruktur ohnehin meistens vorhanden. Systemschnittstellen sind Systemübergänge, die in der Standardversion einer Anwendung, Plattform oder gar Infrastruktur nicht vorhanden waren. Systemschnittstellen sind Brücken zwischen zwei oder mehreren Systemen, die einen Datenbruch verhindern sollen oder eine Erweiterung des System- bzw. Anwendungsumfangs darstellen. Sie sind gewollt und unterstützen die Anwender darin, einen vorher meist manuellen Prozess zu automatisieren.

Diese Systemschnittstellen, die uns die tägliche Arbeit erleichtern, stellen für das zu etablierende SSO-System erst einmal ein Problem dar.

Durch vorgegebene APIs des SSO-Systems sind Standardschnittstellen vorhanden, die unter geringfügigen Anpassungen am SSO-System und an der Schnittstelle eines Zielsystems schnell eine Kommunikation zwischen dem SSO-System und dem Zielsystem möglich machen. Das geht jedoch nicht so schnell wie unter der Verwendung der Standard-Anbindungsschnittstelle und kann öfters zu einer Herausforderung werden. Meistens muss man ein Skript generieren, das die fehlende Standard-Anbindungsschnittstelle ersetzt.

9. Single Sign On

Neuere SSO-Systeme setzen dafür auch PAM (Pluggable Authentication Modules) von Sun Microsystems ein. Anstatt die Authentifizierungsinformationen eines Benutzers in einem Skript für jede Anwendung neu anzupassen, kann man die standardisierten Dienste der PAM-API dazu verwenden. Die PAM-API besteht aus mehreren dafür bereitgestellten Modulen. Mittels Konfigurationsdatei werden die Authentifizierungsmodule den einzelnen Authentifizierungsdiensten für den Zugang zu Anwendungen zugeordnet. Das hat gegenüber dem Generieren von Skripten mehrere Vorteile (weniger Fehler, schneller am Ziel, schnellere Ausführung).

Ein Logon-Client ist der Teil des SSO-Systems, der aktiv den SSO initiiert. Er ist auf der Workstation angesiedelt und der Teil des SSO-Systems, den der Benutzer am meisten nutzt. Der SSO-Client fungiert als Anwendungsstarter. Der Anwendungsstarter besteht aus dem Desktop Manager und dem Skript-Interpreter.

Die Aufgabe des Desktop Managers ist es, die Anwendungsliste vom SSO-Server zu laden und sie dem Benutzer auf seiner Workstation anzuzeigen. Dazu muss ein Benutzer schon erfolgreich am System authentifiziert worden sein.

Der Desktop Manager kommuniziert mit dem SSO-Server über TCP/IP und benötigt meistens eine WINSOCK-kompatible Software. Sollte der SSO-Server nicht verfügbar sein, so kann das System eingestellt werden, einen Standby-Server zu finden.

Auf dem SSO-Server befindet sich die Anwendungsliste. Diese wird vom SSO-Server an den Anwendungsstarter auf dem Logon-Client geschickt. Die Anwendungsliste kann eine Vielzahl von Anwendungstypen beherbergen. Dazu zählen:

- Anwendungen, die direkt durch den Benutzer verwendet werden können.
- Anwendungen, die zu einer Gruppe gehören und direkt durch den Benutzer verwendet werden können.
- Anwendungen, die zu einer Anwendungsgruppe gehören, auf die nur eine Benutzergruppe zugreifen darf.
- Allgemeine Anwendungen, die alle Benutzer verwenden dürfen.
- etc.

SSO-Systeme melden die Benutzer an den Anwendungen an, die vom Benutzer ausgewählt werden. Der Logon-Prozess besteht dabei aus zwei Teilen, einem, der von allen Anwendungen verwendet wird, und einem spezifischen, der nur von einer bestimmten Anwendung verwendet werden kann. Letzteres hängt von der Anwendung selbst ab.

Unabhängig vom Logon-Mechnismus, der von einer Anwendung verwendet wird, wird das Logon immer durch ein Logon-Skript realisiert, das den Anmeldevorgang des Benutzers automatisiert. Skripte wurden früher auf der Basis von Tcl, HTScript und vielen anderen Skriptinterpretern geschrieben. Heute werden vorwiegend JavaScript Interpreter bzw. .Net Skript-Compiler oder PHP-Skripte verwendet. Als Beispiel hier ein Skript, mit dem unter Windows per SSO ein Telnet-Client gestartet wird:

```
sso run telnet.exe              # run the NT telnet client
sso menu .Connect/Remote System. # connect to the remote host
sso setfield .Host Name. $_HOST
sso push Connect
sso window Telnet               # verify that the telnet window appears
sso waittext .login:.           # wait for the user ID; respond
sso type .$_LOGINNAME{enter}.
sso waittext .password:.        # wait for the password prompt; respond
sso type -t .$_PASSWORD{enter}.
sso waittext .>.                # wait for the system prompt
```
(...)

Die Skripte werden im SSO-System in einem eigenen Repository abgelegt. Dieses Skript-Repository bildet zusammen mit den Desktop Manager und dem Anwendungsstarter das Fundament für die Scripting-Engine eines SSO-Systems. Eine Scripting-Engine ist ein Skript-Compiler/-Interpreter, um Skripte in einer speziellen Sprache auszuführen, ohne dass dabei temporäre Assemblierungen den Speicher unnötig füllen. Die Scripting Engine versteht die Syntax der Skripte, zieht alle Variablen an und verarbeitet die Skripte in einer gewünschten Art und Weise, damit SSO für die Benutzer zur Verfügung steht und die Anmeldung an die Anwendung automatisiert stattfindet. Die Scripting Engine sitzt zwischen dem Skript-Repository, dem Desktop Manager, dem Anwendungsstarter und der Anwendung selbst.

9.3.4 Strenge Authentifizierung der zentralen Anmeldung

Die einfachste Authentifizierungsmethode an einem SSO-System ist die mittels BenutzerID/Passwort. Soll eine strengere Authentifizierungsmethode gewählt werden, können verschiedene Modelle genutzt werden, z.B.:

- Kerberos
- Secure Token
- Smartcard
- Biometrie
- PKI-Zertifikate (erworbene und eigenentwickelte)
- etc.

Aber egal welches der genannten Modelle man wählt, im Grunde läuft bei einer strengen Authentifizierung immer ein ähnlicher Vorgang ab. Deshalb beschreibt der Autor hier exemplarisch nur den Vorgang bei Verwendung einer SmartCard ausführlicher.

Wenn der SSO-Client gestartet wird, überprüft dieser in der SSO-Datenbank, welche Authentifizierungsmethode verwendet werden soll. Wenn feststeht, welche Methode verwendet werden soll, übernimmt der Agent des SSO-Systems, der dafür zuständig ist, die Kontrolle und aktiviert das entsprechende Kommunikationsinterface für diesen Dienst.

Verwendet man die Security Dynamics SecureID Card zur strengen Authentifizierung, so läuft der Prozess ab, der im Folgenden beschrieben wird:

Das Kommunikationsinterface nimmt Kontakt mit dem ACE-Server von Security Dynamics auf und leitet die Authentifizierungsanfrage an ihn weiter. Der ACE-Server überprüft ein weiteres Mal die Authentifizierungsanfrage und meldet bei Erfolg dem SSO-Agenten für die SecureID Card das positive Ergebnis zurück. Der SSO-Agent erstellt daraufhin ein Ticket und schickt das Ticket an den Benutzer. Der SSO-Client übergibt das Ticket an den SSO-Server, der die Echtheit des Tickets überprüft. Ist der SSO-Benutzer berechtigt, die SecureID Card-Authentifizierung zu verwenden und ist das Ticket gültig, stellt der SSO-Server die SSO-Dienste dem Benutzer zur Verfügung.

Sollte der ACE-Server den Authentifizierungsantrag des Benutzers nicht autorisieren, sendet er eine Nachricht an den Authentifizierungsagenten für die SecureID Card, der dem Benutzer eine Nachricht schickt, dass keine Berechtigung vorliegt.

Im Prinzip läuft bei allen strengeren Authentifizierungsmethoden ein entsprechender Prozess ab, nur die Komponenten, gegen die authentifiziert wird, sind andere.

Die Authentifizierungsmethode mittels Ticket bzw. Zertifikat (siehe Kapitel Authentifizierung über Token) hat gegenüber allen anderen weiter oben genannten Modellen einen großen Vorteil: Sie ist die beste Methode, um Passwörter nicht im Klartext über die Leitungen zu übertragen. Weiterhin ist ein abgefangenes Ticket für weitere Logons nicht wieder verwendbar. Tickets sind immun gegen Replay-Attacken.

Von einer Kerberos-Authentifizierung durch Tickets ist jedoch aus Kosten- und Anpassungsgründen abzuraten. Bei der Kerberos- Authentifizierung im SSO müssen die Zielsysteme angepasst werden, damit sie Kerberos-Tickets interpretieren können. Das kann aufwändig und teuer werden. Zudem kann diese Anpassung nicht überall implementiert werden, besonders Legacy-Anwendungen können dabei problematisch sein. Besser ist es, auf ein Produkt umzusteigen, das die Kerberos-Authentifizierung bietet und speziell für die Verwendung in SSO-Systemen entwickelt wurde (z.B. CyberSAFE).

9.3.5 Verwaltung der strengen Authentifizierung

Bei der Verwaltung der strengen Authentifizierung hängt es davon ab, ob man eine strenge Authentifizierung in das SSO-System integrieren möchte. In diesen Fall sollte die Verwaltung der strengen Authentifizierungslösung über das SSO-System abzubilden sein. Das kommt aber auf das jeweilige auszuwählende SSO-System an.

Standardisierte strenge Authentifizierungsmethoden wie z.B. die SecureID Card sind aus den meisten SSO-Systemen heraus zu verwalten. Beim Aufbau eines solchen Systems sind die Anpassungen für deren Einsatz durchzuführen. Nach der Ankopplung und dem Aufspielen der Initialdaten (meistens per Batchlauf) administriert man danach nur das SSO-System (z.B. Proxima SSO). Die Verwaltung des ACE-Servers findet über die dafür vorgesehene Schnittstelle statt. Um die Wartung der anderen Systeme kommt man aber nicht herum.

Bei biometrischen Authentifizierungssystemen verhält es sich ähnlich. SmartCard-Systeme verhalten sich hinsichtlich der Verwaltung wie SecureID-Cards. Mit Kerberos hat man den größten Aufwand in der Verwaltung. Bei den Zertifikaten kommt es darauf an, ob für die entsprechende PKI auf Basis eines Directorys (X.509) eine API existiert, die einen administrativen Datenaustausch zulässt.

9.4 Single-Sign-On – Die Realisierungsvarianten

In diesem Abschnitt werden die wichtigsten Realisierungsvarianten von SSO beschrieben.

9.4.1 Multifunktionale Smartcards

Ein SSO-System, das auf multifunktionaler Smartcard-Technologie basiert, meldet seine Benutzer auf den zu verwendenden IT-Systemen mittels einer Smartcard an. Eine Smartcard ist eine Plastikkarte in Kreditkartengröße, auf der ein Prozessor integriert ist, der z.B. Schlüssel erstellen kann.

Bei diesem SSO-Modell sind alle PCs mit einem Kartenleser ausgestattet. Wenn der Benutzer morgens an seinen Arbeitsplatz kommt, startet er den PC und steckt zwecks Authentifizierung seine personifizierte Smartcard in den Kartenleser. Der Kartenleser liest die Authentifizierungsinformationen der Karte und übergibt diese an den Smartcard-Authentifizierungsserver. Der Server überprüft den Benutzer-Authentifizierungsantrag, erlaubt dem Benutzer den Zugriff auf die IT-Ressourcen und lässt ihn im ersten Schritt auf das Netzwerk und danach auf die gewünschten IT-Ressourcen zu.

Möchte man zur Authentifizierung Smartcards einsetzen, dann sollte die Authentifizierung mittels Zertifikaten oder Token stattfinden. Dazu benötigt man eine PKI, in der die Zertifikate und die Benutzerdaten verwaltet werden, und ein Directory, in dem die Zertifikate aus der PKI den Benutzern zugeordnet werden können.

Der Kern des Smartcard-Systems ist der Smartcard-Authentifizierungsserver. Dieser hat wie auch ein normales SSO-System Standard-APIs, die mit den Zielsystemen (Plattformen, Anwendungen, Netze, IT-Ressourcen) verbunden sind. Agenten übernehmen die Kommunikation zwischen dem Smartcard-Server und den Zielsystemen, auf denen sich die Benutzer authentifizieren möchten.

Erfolgt ein Authentifizierungsauftrag eines Clients, so liest der Kartenleser des Clients die Smartcard-Informationen ein und der SSO-Agent übermittelt diese an den Smartcard-Authentifizierungsserver. Dieser überprüft, ob die Benutzeranforderung gültig ist, und fordert aus der PKI das Zertifikat des Benutzers an. Die PKI macht den Benutzer dabei mit Hilfe des Directorys ausfindig. Der öffentliche Schlüssel des Benutzers aus der PKI wird mittels Challenge-Response mit dem privaten Schlüssel verglichen. Passt das Schlüsselpaar zusammen, dann hat der Benutzer die Authentifizierungsanfrage positiv bestanden und wird zum System zugelassen. Die Authentifizierung mittels Smartcard unterstützt die Anmeldung an Computer, VPNs und Webportale.

9. Single Sign On

Weiterhin hat man bei einer Smartcard-Lösung für den SSO die positiven Nebeneffekte, dass man sie gleichzeitig für digitale Signaturen einsetzen, Dokumente und Emails damit verschlüsseln, die Zutrittskontrolle regeln und sie als Kantinenausweis oder Dienstwagentankkarte verwenden kann. Die Smartcard ist die derzeit beste Lösung zur Umsetzung eines SSO, auch wenn der Autor mehr der Biometrie zugetan ist.

9.4.2 SSO über Kerberos

SSO über Kerberos ist möglich, jedoch schwierig umzusetzen. Die Hauptschwierigkeit besteht darin, die Zielsysteme, auf denen sich ein Benutzer anmelden möchte, derart zu modifizieren, dass diese mit dem Kerberos-Ticket die Authentifizierung durchführen können. Nicht alle Zielsysteme sind in der Lage, mit der Kerberos-Technologie ohne weiteres kommunizieren – und vor allem das Ticket richtig einlesen zu können. Einige Legacy-Systeme unterstützen diese Funktion nicht. Somit kann man mit Kerberos nicht immer die gesamte Infrastruktur mit SSO bedienen. Bei SSO über Kerberos ist es zudem schwierig, Rollen für die Anmeldung am System zentral zu verwalten. Die Verwaltung des Benutzer-Repository erfordert bei Kerberos eine zusätzliche Lösung oder muss auf dem Zielsystem durchgeführt werden.

Falls Sie SSO über Kerberos realisieren, müssen Sie sich darauf gefasst machen, dass sehr viele Anpassungen auf den Zielsystemen vorzunehmen sind und eventuell zusätzlich notwendige Komponenten zur Realisierung von SSO die Kosten in die Höhe treiben.

Um SSO über Kerberos zu realisieren, wird ein Kerberos-Server an die SSO-Infrastruktur angeschlossen, der Tickets zur Authentifizierung bereitstellt. Der Einsatz von Zertifikaten ist möglich, bedeutet aber erhöhten Administrations- und Wartungsaufwand. Der Mehrwert einer durch Zertifikate unterstützten Kerberos-SSO-Lösung aber ist sehr gering.

Der Vorgang einer Authentifizierung mittels Kerberos SSO läuft wie folgt ab. Ein Benutzer möchte sich authentifizieren und gibt am Client seine BenutzerID ein. Die Kerberos Client-Software schickt die Information zusammen mit dem Authentifizierungsantrag zum Key Distribution Center (KDC) des Kerberos-Servers.

Der Authentifizierungsdienst, der Teil des KDCs ist, erhält die Authentifizierungsanfrage und überprüft, ob der Benutzer und die Nutzung des Authentifizierungsdienstes in seiner Datenbank gespeichert sind. Ist dies der Fall, vergibt der KDC einen Sitzungsschlüssel für den Benutzer und die Authentifizierungsanfrage. Ein Teil des Sitzungsschlüssels ist mit dem geheimen Schlüssel des Authentifizierungsdienstes verschlüsselt, der andere Teil ist mit dem geheimen Sitzungsschlüssels des Benutzers verschlüsselt.

Der KDC vergibt nun ein Service-Ticket, das beide Teile des Sitzungsschlüssels beinhaltet, und schickt dieses an den Client des Benutzers zurück. Die Client Software fordert den Benutzer auf, ein Passwort einzugeben. Ist das Passwort eingegeben, konvertiert der Client dieses mittels Verschlüsselungsalgorithmus in den Schlüssel. Der Schlüssel ist notwendig, um den Sitzungsschlüssel, der im Service-Ticket enthalten ist, zu entschlüsseln.

Die Client Software des Benutzers entschlüsselt nun denjenigen Teil des Tickets, der dem Benutzer die Kopie des Sitzungsschlüssels gibt, und sendet das Ticket weiter zum Authentifizierungsdienst, der den Benutzer letztendlich authentifiziert.

Der Authentifizierungsdienst hat den notwendigen geheimen Schlüssel, um das Ticket zu entschlüsseln, so dass der Authentifizierungsdienst nun ebenfalls eine Kopie des Sitzungsschlüssels besitzt.

Damit hat die Client-Software den Sitzungsschlüssel des Benutzers entschlüsselt. Der Authentifizierungsdienst entschlüsselte das Ticket und hat eine Kopie des gleichen Sitzungsschlüssels.

Der Benutzer kann sich somit am Zielsystem anmelden.

9.4.3 SSO über Portallösungen

Ursprünglich wurden Portale entwickelt, um Geschäftsprozesse hinsichtlich verschiedener Unternehmensbereiche (Einkauf, Vertrieb, Kunden- und Dienstleisteranbindung) zu optimieren. Heute werden sie jedoch auch für viele andere Dinge verwendet und erweitert. Anwendungsgebiete von Portalen sind:

- Web Content Management
- Dokumenten-Management
- Personalisierung
- Kollaborationsfunktionen
- Suchmechanismen
- Portlets
- Integration
- Single Sign On

Portallösungen werden immer dort eingesetzt, wo es viele Benutzer im Unternehmen und auch außerhalb gibt. Und wo das so ist, werden auch viele Authentifizierungsvorgänge abgewickelt. Deshalb bietet es sich auch an, SSO über ein Portal zu lösen. Denkt man bei der klassischen SSO-Lösungen daran, den internen Anwenderkreis abzudecken, so kann man bei der SSO-Portallösung gleichzeitig noch externe Benutzer wie Kunden, Zulieferer und Dienstanbieter in den Authentifizierungsvorgang mit einbeziehen.

Der Benutzer kann sich auf einem Portal erstmals einloggen und wird dort authentifiziert. Weiterhin erfolgt auch eine grobe Autorisierungsüberprüfung, und er kann schon bei der ersten Authentifizierung geringfügig mit Rechten ausgestattet werden. Dies könnte z.B. ein Recht sein, dass ihm nach der ersten Authentifizierung gestattet, die Firewall des Unternehmens zu passieren, um sich am internen Authentifizierungsdienst anzumelden. Oder er kann nach einer Authentifizierung am Portalserver besondere Rechte in einer DMZ (Demilitarisierte Zone) erhalten, um innerhalb der DMZ besondere IT-Ressourcen nutzen zu dürfen. Ihm wird in jedem Fall ein Merkmal zur Verfügung gestellt, das ihn gegenüber den integrierten Anwendungen innerhalb eines Portals authentifiziert.

9. Single Sign On

Bei Portalen, die auf Web-Technologien basieren, kann dies zum Beispiel in Form eines HTTP-Cookies erfolgen. Danach erhält der Anwender Zugang zu Webanwendungen, zu deren Nutzung er die Berechtigung besitzt. Er muss sich nicht mehr separat gegen die Webanwendungen authentifizieren.

Eine SSO-Lösung auf Portalbasis ist zunächst in Bezug auf die verwendete Authentifizierungstechnologie völlig offen. Kerberos, Zertifikate, Tickets, Smartcards, BenutzerID/Passwort, im Grunde genommen kann es jeder der in diesem Buch beschriebenen Lösungsansätze sein.

Das Besondere daran ist allerdings, dass ein Teil der Authentifizierungsdienste im Internet zur Verfügung steht. Ein weiterer Teil steht in der DMZ und der dritte Teil, der z.B. Hochsicherheit verlangt, tief im internen Netzwerk des Unternehmens. Dies erfordert eine klare Trennung der Benutzer, Rollen und Gruppenkonzepte. Weiterhin sind die Benutzer bei derartigen Lösungen tatsächlich mehrfach und mit unterschiedlichen Rechten auf den Authentifizierungsserver implementiert. Je weiter man sich in der Perimeter-Sicherheit vom sicheren internen zum unsicheren äußeren Netzwerk begibt, desto niedriger werden die Rechte und Autorisierungen der Benutzer. Das ist nicht zu verwechseln mit einem Remote-Zugriff von einem unsicheren Netzwerk in das Unternehmensnetzwerk.

Portallösungen sind oft webbasiert implementiert. Um Standardanwendungen webbasiert zugänglich zu machen, brauchen Sie Webserver, Terminalserver oder Systeme wie z.B. Citrix. Diese Systeme verursachen für den durchgängigen SSO-Authentifizierungsvorgang wiederum Probleme, da die Zielsystemrechte beispielsweise innerhalb von Citrix entweder durch weitere Rechte überlagert bzw. sogar überschrieben werden können. Dies muss man bei der Planung von SSO über Portallösungen sehr genau berücksichtigen. Dennoch ist eine webbasierte Portallösung, richtig angewandt, eine sehr empfehlenswerte Lösung.

9.4.4 SSO über Ticketsysteme

Bei SSO über Ticketsysteme wird an das SSO-System entweder ein zusätzliches Ticketsystem angeschlossen oder es ist schon integriert. Ein Beispiel des als erstes entwickelten Ticketsystems wurde in Kapitel 9.4.2 – „SSO über Kerberos" beschrieben. Die Authentifizierungsprozesse des SSO über Kerberos und SSO über Ticketsysteme sind gleich, von daher wird an dieser Stelle nicht mehr näher auf den Authentifizierungsprozess eingegangen.

Ticketsysteme, die nicht auf einer spezifischen Version von Kerberos (z.B. Kerberos V.5) basieren, haben gewisse Vorteile. Man hat nicht das Problem, dass Legacy-Zielsysteme die Tickets zur Authentifizierung nicht verwenden und verarbeiten können und deshalb aufwändige Modifizierungen an den Legacy-Zielsystemen vorgenommen werden müssen. Meistens sind diese Art von Ticketsystemen in SSO-Komplettlösungen integriert, die ein Zusammenspiel des SSO-Systems mit den unterstützten Zielsystemen sehr vereinfachen.

Die meisten SSO-Systemanbieter können die Authentifizierung mittels Ticketsystem anbieten. Das Ticketsystem kann die meisten Standardplattformen und Anwendungen bedienen. In welchem Umfang welche Legacy-Systeme angebunden werden können, hängt stark von den eingesetzten Produkten ab.

9.4 Single-Sign-On – Die Realisierungsvarianten

9.4.5 SSO über lokale Systeme

SSO über lokale Systeme funktioniert über den Client des Benutzers. Dort kann eine Software installiert werden, die die Verwaltung der Zugänge übernehmen kann. Dabei werden angezeigte Logon-Masken (Logon-GINAs) automatisch mit den richtigen Informationen ausgefüllt und dem Benutzer der erlaubte Zugang gewährt. Ausgewählt werden können alle Zugänge, für die der Benutzer autorisiert ist. Mit dieser Lösung ist ein SSO am schnellsten zu realisieren. Man nennt die Lösung auch Client-basiertes SSO.

Ein meist mitgelieferter Software-Assistent trainiert und definiert das System in Bezug auf die Masken. Wenn der Software-Assistent die Maske trainiert, muss unbedingt darauf geachtet werden, dass eine Maske ohne Zweifel erkannt wird, damit Phishing ausgeschlossen werden kann. Die eindeutige Erkennung der Maske kann unterstützt werden, indem man zusätzliche Informationen während des Ladens der Maske abfragt. Dies können Informationen wie z.B. Aufrufpfade, Datum der Erstellung der Logon-Maske, etc. sein.

Dabei liegen die BenutzerIDs und Passwörter auf dem Client. Sie könnten aber auch auf Smartcards liegen, auf einem SSO-Server, in einem Verzeichnisdienst oder einer ausgelagerten Datenbank. Auch der Einsatz von Biometrie ist möglich.

Bei dieser eigentlich lokalen Realisierungsvariante können die Authentifizierungsdaten auch ausgelagert sein (PKI, Directory).

9.4.6 SSO mittels PKI

Eine PKI ist nur in gewisser Hinsicht als SSO-Systems anzusehen. Die PKI stellt ein Grundgerüst der Authentifizierung für alle PKI-fähigen Anwendungen bereit. Sie ist in erster Linie dazu entwickelt worden, Zertifikate oder Schlüssel zur Authentifizierung bereitzustellen. Primär sorgt die PKI nicht für den ersten Anmeldeprozess des Benutzers, sondern stellt nach der ersten erfolgreichen Authentifizierung das Zertifikat bzw. den Schlüssel bereit, mit dem der Benutzer weitere Authentifizierungen durchführen kann. Dennoch wird die PKI immer häufiger dazu verwendet, das Zertifikat zur Primärauthentifizierung bereitzustellen. Ein solches Zertifikat kann für das Ticketing bzw. auch für lokale SSO-Lösungen verwendet werden. Verwendet man die Zertifikate einer PKI zusammen mit Schlüsseln und einem Token, so kann man es als Token PKI SSO-Lösung bezeichnen, die der Smartcard SSO-Lösung auch im Authentifizierungsprozess stark ähnelt.

9.4.7 SSO über Firewall-Erweiterungen

Firewall-Filterregeln beziehen sich nicht nur auf Computer, sondern auch auf Benutzer und Gruppen, damit die jeweilige Sicherheitsrichtlinie durchgesetzt werden kann und zwar unabhängig davon, wo sich der Benutzer im Netzwerk befindet. Daher eignet sich die Firewall als zentraler Punkt der Architektur sehr gut dazu, mit einer entsprechenden Erweiterung auch das SSO bereitzustellen.

Die Authentifizierung gegenüber einer Firewall kann außer über BenutzerID/Passwort, RADIUS (Remote Authentication Dial-in User Service) oder SecureID, auch über X.509-Zertifikate im Rahmen einer PKI erfolgen.

9. Single Sign On

Bindet man an die erweiterte Firewall noch ein Remote Access System an (z.B. über Virtual Private Network – VPN), so müssen sich Benutzer und Geschäftspartner nicht länger mit vielen Autorisierungspasswörtern oder -schlüsseln auseinandersetzen. Sie können stattdessen dem einwählenden Client automatisch im Hintergrund zugewiesen werden, ohne dass die Benutzer sie zu sehen bekommen.

9.4.8 SSO über IdM-Systeme

Identity Management Systeme – IdM bieten vorranging Dienste für das User Provisioning und das Management der Benutzerkonten. Benutzer werden auf diesen Systemen erstellt und mittels automatisierten Prozessen auf den Zielsystemen angelegt. Bei dieser Form der Automation liegt der Wunsch der Unternehmen und Organisationen nahe, auch SSO abbilden zu können.

Aus diesem Grund bieten IdM-Systeme sogenannte Module an, über die sich SSO realisieren lässt. Da IdM-Systeme in den meisten Fällen Tickets für das Benutzermanagement und die Autorisierungen verwenden, liegt es nahe, auch Tickets für das SSO zu verwenden. Die meisten SSO-Systeme, die in Verbindung mit IdM-Systemen verwendet werden, sind ticketbasierende Systeme wie z.B. Kerberos. Allerdings trifft man sehr häufig auch auf Kombinationen von Tickets und Zertifikaten, bzw. Smartcards.

Wenn IdM-Systeme eingesetzt werden, die kein SSO-Modul besitzen, ist die Wahl eines SSO grundsätzlich offen und es würde – sofern eine API besteht, um das SSO-System an das IdM-System zu koppeln, jedes SSO-System gewählt werden können. Es ist ratsam, bei einem IdM-System das mitgelieferte SSO-System zu nutzen, bzw. ein auf Tickets, Zertifikaten bzw. Smartcards basierendes System zu nutzen, wenn das IdM-System ticket- bzw. zertifikatsorientiert arbeitet, auch wenn, wie schon erwähnt, der Autor der Biometrie sehr zugeneigt ist.

9.4.9 SSO über RAS-Zugänge

Bei SSO über RAS-Zugänge verhält es sich ähnlich wie bei SSO über Firewall-Erweiterungen, nur dass anstatt der Firewall ein Einwahl-Server (Remote Access Server, VPN Konzentrator oder auch ein Web Portal, siehe Abschnitt 9.4.7) verwendet werden könnte. Theoretisch könnte die Einwahl über die Remote Access-Komponente bzw. das Portal stattfinden, die dann über die Firewall in das interne Netzwerk geroutet wird. Ab dann könnte die Struktur ähnlich wie bei SSO über Firewall-Erweiterung aufgebaut sein.

In den meisten Fällen findet dabei eine Primärauthentifizierung statt, sei es am VPN, am Einwahlserver (Remote Access Server) oder am Webportal. Nach erfolgter Primärauthentifizierung wird im Anschluss, je nach SSO-System, der Benutzer mit den entsprechenden Rechten ausgestattet, die ein SSO für diejenigen IT-Ressourcen gestatten, die für den Benutzer freigeschaltet sind.

Es gibt die Möglichkeit, jede andere Form des SSO nach der stattgefunden Einwahl zu starten.

9.4.10 SSO für Webanwendungen mit Authentication Tokens

SSO für Webanwendungen wurde ursprünglich als eine auf Cookies basierende und relativ unsichere Authentifizierungslösung angeboten, die den Zugriff auf einer Webplattform über mehrere Systeme ermöglicht. Die Cookies sind aus steuerungstechnischen Gründen in den heutigen und moderneren Systemen beibehalten worden, jedoch werden zusätzlich Token zwecks sicherer und gegenseitiger Authentifizierung mittels SSO für Web-Anwendungen in Internet-Domänen eingesetzt.

Der Benutzer bekommt in der Regel beim Logon eine zentrale, frei definierbare Logon-Webseite für Web-Anwendungen angezeigt. Benutzer melden sich mit Ihrer BenutzerID und Ihrem Passwort an. Das Token startet den Prozess eines Challenge-Response-Authentifizierungsverfahrens (asymmetrisches Verschlüsselungsverfahren) zwecks Authentifizierung.

Nach erfolgter Authentifizierung können Benutzer auf alle Anwendungen in der zugrunde gelegten Domäne mit einer einzigen Anmeldung zugreifen. Dabei spezifizieren vorher angelegte Authentifizierungsrichtlinien die Liste der erlaubten Anmeldedomänen und verhindern normalerweise die Sperrung von Accounts im Directory.

Das SSO-System für Webanwendungen verwaltet die Sitzungstickets in einer zentralen Ticket-Datenbank. Sitzungstickets halten die verschlüsselten Authentifizierungsinformationen eines Benutzers sowie Autorisierungsinformationen und Daten für die Dauer einer Sitzung gespeichert.

Die zentralisierte Ticketverwaltung erlaubt den Einsatz von SSO für Webanwendungen in Webserver-Farmen mit unterschiedlichsten Webservern und deren Sub- bzw. Hilfssystemen (z.B. für Microsoft-Systeme den IIS und ISA Server).

9.5 Technologie und Herstelleransätze für die Realisierung von SSO

9.5.1 Microsoft Passport

Das Netzwerk Microsoft Passport, das ein SSO-System und damit Teil der .NET-Strategie von Microsoft ist, nahm 1999 seinen Betrieb unter der Bezeichnung „.NET Passport" auf.

Microsoft zufolge bearbeitet das System in 24 Stunden bis zu einer Milliarde Authentifizierungsvorgänge. Ein Beispiel eines an MS-Passport angebundenen SSO-Systems stellt der von Microsoft betriebene Email-Dienst Hotmail dar. Unter Windows XP hatte man als Anwender den Eindruck, als würde Microsoft hartnäckig nach Anwendern suchen, da der XP-Registrierungssoftware-Assistent ständig zur Anmeldung an Microsoft Passport aufforderte. Auch die hohe Anzahl von Zugriffen stammt nicht von ungefähr, da Anwender von Gaming-Zones Mehrfachregistrierungen von Nicknames von Spielfiguren durchführen.

9. Single Sign On

Microsoft arbeitet mit mehr als 100 Partnersites zusammen, die meist von Microsoft selbst betriebene Dienste bereitstellen. Aus diesem Grund ist unter den gegebenen Voraussetzungen Passport mehr als Portal sehen.

Die Registrierung für das System ist im Internet auf den Passport-Seiten von Microsoft möglich und kann über den Microsoft Windows XP-Registrierungssoftware-Assistenten, oder automatisch bei einer Anmeldung zu MSN Hotmail oder MSN Internet Access Service erfolgen.

Das System bietet Techniken wie HTTP-Redirects und Cookies für die Steuerung der Internet-Browser an.

Das System ist zentralisiert, d.h. Nutzer und die teilnehmende Seite müssen sich bei Microsoft registrieren. Die Authentifizierung ist nur über die Passport-Server von Microsoft möglich. Jedem Benutzer ist eine 64-bit große Zahl zugeordnet, die so genannte Passport-BenutzerID (PUID). Die PUID wird bei jeder Transaktion an den beteiligten Dienste-Anbieter übermittelt.

Richtig durchgesetzt hat sich Microsoft Passport als Single-Sign-On-System nicht, wenn auch eine Milliarde Authentifizierungsanträge in 24 Stunden eine große Menge sind.

9.5.2 Das Liberty Alliance Project

Das Ziel des 2001 durch Sun Microsystems initiierten Liberty Alliance-Projektes (LAP), einer Wirtschaftsinitiative, war ein grundlegendes Netzwerk zu schaffen, das auf offenen Standards basiert. In diesem Netzwerk sollten Kunden, Bürger, Firmen und öffentliche Einrichtungen untereinander ihre Online-Transaktionen austauschen können, während ihre Privatsphäre und ihre Identität gewahrt bleiben.

LAP verbindet Computersysteme und Identitäten aller Art in Föderationen und sichert diese durch starke Authentifizierung ab.

LAP beschreibt Spezifikationen als eine Grundlage für das Management von Identitäten in einem Umfeld vernetzter Infrastrukturen und mit Hilfe unterschiedlichster Protokolle für deren Nutzung in Webdiensten.

LAP ist als Konkurrenz zu Microsoft Passport geschaffen worden. Dadurch, dass das System stark von der Wirtschaft subventioniert war, indem große und namhafte Firmen viele Ideen und Kreativität eingebracht haben, gelang unter Zuhilfenahme offener Standards, ein System für SSO zu erstellen.

Der Unterschied zu Microsoft Passport ist, dass bei der Microsoft-Lösung ein zentraler Server vorhanden ist, der alle Benutzer- und Sicherheitsinformationen verwaltet, während LAP auf den Datenaustausch zwischen prinzipiell gleichberechtigten Benutzerkonten auf verschiedenen Rechnern – sozusagen als Peer – aufbaut.

9.5.3 Shibboleth

Shibboleth ist ein auf Standards basierendes Open Source System für Middleware, das Web basierenden SSO innerhalb und außerhalb von Organisationseinheiten bereitstellt. Shibboleth dient der verteilten Authentifizierung und Autorisierung innerhalb von Webanwendungen und Webdiensten.

In Shibboleth muss ein Benutzer sich nur einmal an seiner Heimateinrichtung authentifizieren, um überall auf der Welt auf Dienste oder lizenzierte Inhalte verschiedener Anbieter zugreifen zu können. Sibboleth basiert auf Erweiterungen von SAML, der Security Assertion Markup Language (siehe Kapitel 12).

Shibboleth besteht aus:

- Identity Provider – lokalisiert in der Heimateinrichtung des Benutzers.
- Service Provider – lokalisiert beim Anbieter.
- Lokalisierungsdienst oder auch WAYF (Where are you from?). Dieser Dienst kann dazu eingesetzt werden, um die Heimateinrichtung des Benutzers herauszufinden und zu lokalisieren.

Shibboleth benötigt zum Funktionieren mindestens einen Identity-Provider und einen Service-Provider. Shibboleth funktioniert wie folgt:

Möchte ein Benutzer auf eine Ressource zugreifen, nimmt der dafür zuständige Anbieter die Anfrage entgegen. Er überprüft, ob schon eine Authentifizierung des Benutzers vorliegt. Sollte dies nicht der Fall sein, so leitet das Computersystem des Anbieters die Anfrage erst einmal an den Lokalisierungsdienst, welcher dem Benutzer eine Auswahl von unterschiedlichen, dem System zughörigen Einrichtungen anbietet. Darin wählt der Benutzer seine Heimateinrichtung aus, wird damit verbunden, und es wird überprüft, ob schon eine Authentifizierung stattgefunden hat oder nicht. Im negativen Fall gibt der Benutzer seine Authentifizierungsinformation ein und bekommt seine DID (digital Identity) und wird zum Anbieter weitergeführt. Der Authentifizierungsdient des Anbieters überprüft die DID, um zu entscheiden, ob der Benutzer auf die Ressource zugreifen darf. Bei Shibboleth ist es erst einmal unerheblich, mit welcher Methode der Authentifizierung man sich an den Dienst anmeldet. Der Heimatdienst verwaltet im Zusammenspiel mit dem Dienste-Anbieter den Benutzer mittels Service-Tickets und zum Teil über Zertifikate.

9.5.4 OpenID

OpenID ist vergleichbar mit dem LAP (siehe Kapitel 8.5.2). Es sorgt dafür, dass man mit einer Identität online über verschiedene Webseiten authentifiziert werden kann. Es gibt mehrere OpenID-Anbieter. Da OpenID ein offener Standard ist, kostet die Nutzung dieses Standards die Firmen ebenso wenig wie die Privatanbieter. Genau wie Shibboleth generiert das System eine digitale Identität (benutzername.provider.tld bzw. provider.tld/benutzername) und verwendet das zur Verfügung stehende freie Grundgerüst der Open Source im Internet wie z.B. URI (Uniform Resource Identifier), Http, SSL, Diffie-Hellmann, usw. Bei OpenID gibt es

9. Single Sign On

schon mehr als 10.000 Sites, an die man sich anmelden kann, und mehr als 160 Mio. Benutzer, die OpenID URIs verwenden.

Die Standards von OpenID werden durch die OpenID-Foundation geprägt und verwaltet. Es ist ein SSO-System, das die übliche Anmeldung mit Benutzername und Passwort ersetzt. Zur Anmeldung an eine OpenID-Webseite wird die OpenID-Identität des Benutzers angegeben. Der Primärauthentifizierungsprozess wird beim OpenID-Provider durchgeführt. Wenn diese Anmeldung erfolgreich war, wird auch die Anmeldung auf der Ausgangsseite vom OpenID-Server bestätigt.

Bei der Anmeldung mit OpenID auf einer Webseite wird der Benutzer auf die Anmeldeseite des OpenID-Providers weitergeleitet. Auf der Seite des Providers erfolgt nach dem gleichen Prinzip wie bei Shibboleth gegebenenfalls die Anmeldung und die Bestätigung der Anmeldung für die Zulassung zur eigentlichen Seite. Eine Bestätigung der Anmeldung erfolgt automatisch, sobald die Seite, auf der die Anmeldung erfolgt ist, als vertrauenswürdig eingetragen ist. Nach der Bestätigung der Anmeldung erfolgt eine Weiterleitung zurück auf die Seite, an der sich der Benutzer angemeldet hat.

9.5.5 Der Central Authentication Server (CAS)

Der JA-SIG Central Authentication Service wurde von der Yale Universität in den USA entwickelt. Seitdem der CAS verfügbar ist, sind eine Vielzahl von Clients entwickelt worden, die Anwendungen „CASifizieren" können und Benutzer CAS als deren Authentifizierungsdienst verwenden können.

CAS ist ein föderiertes Identitätsmanagement mit SSO. Es hat das Ziel, Universitäten und andere Bildungsinstitute zu vernetzen, um den freien Austausch von Wissen und Technologien mit einfacheren Mitteln der Authentifizierung und Autorisierung möglich zu machen. Die Funktionalität von CAS ist grundsätzlich mit Shibboleth vergleichbar. Es gibt gewisse Unterschiede in der Umsetzung.

Die IdM-Lösung mit CAS basiert auf einem zentralen Authentifizierungsserver. Dabei handelt es sich um einen HTTP-Server, auf dem Java Servlets aktiv sind, die den Anmelde- und Authentifizierungs-Prozess übernehmen. CAS funktioniert nach den Prinzipien:

- Anmelden
- Validieren
- Abmelden

Dazu werden drei URLs benötigt, mit denen die Anmelde- und Authentifizierungs-Prozedur jeweils durch eine HTTPS-Verbindung mit dem zentralen Authentifizierungsserver abgewickelt werden.

1. Anmelde-URL – Beim Logon an einem gewünschten Webservice wird der Browser des Benutzers und eine ServiceID, die den Webservice eindeutig kennzeichnet, automatisch auf die Anmelde-URL des zentralen Authentifizierungsservers weitergeleitet. Hier findet die Authentifizierung statt, indem die BenutzerID und das

Passwort abgefragt und geprüft werden. Im Falle einer positiv verlaufenen Authentifizierung erhält der Benutzer ein Ticket.

2. Validierungs-URL – Anhand der ServiceID wird, wie bei Shibboleth, der Benutzer mit dem vorher erhaltenen Ticket zu seinem gewünschten Webservice zurückgeleitet. Dieser validiert das erhaltene Ticket und die ServiceID über die Validation URL. Dabei prüft CAS, ob das erhaltene Ticket bereits in seiner Datenbank vorhanden ist. Um die Validierung erfolgreich zu beenden, muss der Server dem Webservice gegenüber bestätigen, dass das Ticket schon vorhanden ist, worauf der Zugriff auf den Web Service gewährt wird.

3. Abmelde-URL – Die Abmelde-URL dient dazu, ein Ticket ungültig zu machen. Mit einem Mausklick ist man von allen Webservices abgemeldet. Die Lebensdauer von Tickets kann schon bei der Erstellung definiert werden. Die Abmelde-URL ist bei sicherheitsrelevanten Anwendungen nützlich.

9.6 Realisierung von SSO im Unternehmen

9.6.1 Vor- und Nachteile SSO

Vor- und Nachteile des SSO sind relativ ausgeglichen. Obwohl die Vorteile in zweierlei Hinsicht überwiegen, findet man ganzheitliches SSO in den Unternehmen nicht allzu oft vor. Zum Einen stellen die Vorteile von SSO die meisten Nachteile qualitativ zurück, zum Anderen ist nach der erfolgreichen Implementierung eines SSO-Systems die Benutzerakzeptanz so hoch, dass sich das System auszahlt. Man muss allerdings genau abwägen, inwieweit ein Einsatz sinnvoll ist. Die Vor- und Nachteile von SSO stellen sich wie folgt dar:

Tabelle 9-1: Vor- und Nachteile von Single Sign On

Vorteile von SSO	Nachteile von SSO
Anmeldung mit nur einer BenutzerID/Passwort	Meistens ist das SSO-System der zentrale Flaschenhals des Authentifizierungssystems und es entsteht ein Nichtverfügbarkeitsrisiko durch Ausfall bzw. Kompromittierung.
Leichtes Merken eines Passworts (wenn nicht sogar die Primärauthentifizierung mittels Zertifikat durchgeführt wird). Da man sich als Benutzer nur ein Passwort merken muss, erzielt man eine höhere Komplexität als bei mehreren Passwörtern.	Beim Vergessen des Passworts verliert ein Benutzer den Zugriff auf alle Systeme, die an das SSO angeschlossen sind.

Vorteile von SSO	Nachteile von SSO
Steigerung der Sicherheit, da ein Passwort nur einmal übertragen werden muss und bei einer Aktualisierung oder Entfernung eines Benutzers nur ein Konto administriert werden muss.	Bekommt ein Angreifer die Authentifizierungsdaten in seine Hände, hat er unbegrenzten Zugriff auf die Systeme.
Die Durchführung von Phishing-Attacken wird erschwert, da Benutzer die Authentifizierungsdaten nur an einer einzigen Stelle eingeben müssen und nicht mehr an zahlreichen, verstreuten Stellen. Diese eine Stelle kann leichter auf Korrektheit überprüft werden.	Fusionieren zwei Unternehmen, die entweder andere Systeme im Einsatz haben oder das System nicht akzeptieren, ist eine Zusammenführung oft schwierig. Das Gleiche gilt für Dienstleister und ihre Kunden.
Niedrigere Helpdesk- und Administrationskosten	
Imagesteigerung	

9.6.2 Kosten und Nutzen SSO

Mit 6500 Mitarbeitern und 31 klinischen Anwendungen versorgt das Addenbrooke Krankenhaus in England ca. 120.000 Patienten pro Jahr. Der IT Support setzt jedes Jahr 10.000 Passwörter zurück, mit Kosten von $25 pro Reset ohne Berücksichtigung von begleitenden Schäden. Das Krankenhaus entschied sich für ein SSO-System basierend auf dualer Authentifizierung. Der IT-Leiter des Krankenhauses kalkuliert, dass sich die Kosten in 2 Jahren amortisiert haben. Das ist vermutlich nicht alleine die Einsparung, da das Personal in der neuen Situation mehr Zeit für die Patientenfürsorge hat (Quelle: www.itbusinessedge.com).

Geht man anhand der Angaben der Klinik von Kosten in der Höhe von $250.000 pro Jahr für das Zurücksetzen von Passwörtern aus, dann bedeutet das eine Amortisierung des $500.000 teuren SSO-Systems innerhalb von 2 Jahren. Bei 6500 Benutzern sind das ca. $76 pro Benutzer. Nun handelt es sich im Falle des Systems für die Klinik um ein zentrales System mit redundanter Absicherung für Hochsicherheitsbereiche. Auf die Kosten bezogen liegt das SSO-System im Mittelfeld. $76 pro Benutzer in SSO zu investieren ist nicht sehr viel Geld, wenn man bedenkt, welche Erleichterung dies für die Benutzer bedeutet. Die Firmen investieren oft größere Summen in unnützere Dinge, so dass diese Investition mit ruhigem Gewissen empfohlen werden kann. Die jährlichen Wartungskosten eines SSO-Systems liegen zwischen 10% und 18 % der Anschaffungskosten. Die Anpassungskosten hängen von der Infrastruktur, der Anzahl von Legacy-Systemen und von unterschiedlichen Client-Plattformen ab. Man sollte auch zusätzliche Hardware für den SSO-Server einplanen. Falls das System dezentral aufgesetzt wird, ist die Anzahl dezentraler Server wichtig.

Gemessen am Produktivitätszugewinn durch SSO fragen sich viele SSO einsetzende Unternehmen, warum Sie SSO nicht schon viel früher realisiert haben.

9.6.3 Auswahl eines SSO Systems

Wenn man plant, eine SSO-Installation durchzuführen, gibt es bei der Auswahl eines SSO-Systems mehrere Punkte, die man berücksichtigen sollte,. Die eigene IT-Infrastruktur spielt dabei die größte Rolle. Die zu berücksichtigenden Punkte sind:

- Firmengröße (geographisch mit Anzahl Firmenstandorte)
- Anzahl Clients/Benutzer
- Anzahl unterschiedlicher Plattformen-Server
- Anzahl unterschiedlicher Plattformen-Clients
- Anzahl der Anwendungen und Remote-Anwendungen
- Anzahl der Legacy-Systeme
- Ist eine Zertifikatsinfrastruktur vorhanden?
- Ist eine PKI-Infrastruktur vorhanden?
- Ist ein smartcard-basierender Einsatz geplant?
- Ist eine Webserver-Infrastruktur vorhanden?
- Ist ein Directory verfügbar?
- Art des SSO-Systems (client- oder serverbasierend, zentral oder dezentral)
- Wird eine IdM-Erweiterung angestrebt?
- Anzahl Passwort-Resets durch Helpdesk und Administratoren pro Jahr
- Dauer der Passwort-Resets auf Benutzer- und Administratorenseite
- Akzeptanz der Benutzer für die IST-Situation
- Sind Citrix-Systeme im Einsatz?
- Ist Novell Netware im Einsatz?

Es gibt sicherlich noch weitere Punkte, die Einfluss besitzen. Man muss Art und Umfang des Einsatzes für das SSO-System berücksichtigen und dazu die Punkte näher betrachten, die Auswirkung auf den geplanten Einsatz haben.

9.6.4 Wie kann man schnell SSO einführen

SSO lässt sich am schnellsten clientbasiert einführen. Dazu wird auf dem Client eine Software installiert, die für den Benutzer die Primärauthentifizierung durchführt und im Weiteren alle anderen Authentifizierungsvorgänge steuert. Ein Software-Agent unterstützt den Benutzer bei der Eingabe der Passwörter für das SSO. Die Passwörter werden auf der lokalen Platte des Clients gespeichert. Nach erfolgter Primärauthentifizierung kann die Software jede Authentifizierung eines Benutzers durchführen.

In den meisten Unternehmen und Organisationen, in denen moderne Laptops eingekauft und eingesetzt werden, gibt es schon eine Gruppe, die clientbasiertes SSO anwendet. Neue Laptops mit Fingerprint-Reader werden meistens mit einer clientbasierten Software, wie z.B.

„Verisoft My Identity" ausgeliefert. Diese Software verwaltet die Benutzer-Passwörter auf dem Client für die verschiedenen Anwendungen und trainiert das System, die verschiedenen Logon-GINAS der Anwendungen richtig zu interpretieren.

Die Client-Software, die für das SSO notwendig ist, kann per Softwareverteilung installiert werden. Die Verwaltung einer solchen Lösung ist einfach und die Fehlerquellen gering. Doch trotzdem hat das System noch einen großen Nachteil. Die Client-Software kostet verhältnismäßig viel im Vergleich zu einer großen, zentralen Lösung. Gute clientbasierte Software kostet mittlerweile ca. 70 Euro Listenpreis pro Benutzer. Für ein wenig mehr bekommt man ein gutes zentrales System.

Bei Firmen, denen eine PKI und ein Directory zur Verfügung stehen, könnten die User per Directory gepflegt werden. Weiterhin könnte man die Primärauthentifizierung auf dem Client stattfinden lassen und alle weiteren Anmeldungen an die Anwendungen und IT-Ressourcen über Zertifikate abwickeln.

Bei den zentralen Lösungen lässt sich das SSO nicht so schnell einrichten. Bei einer Firma mit drei Lokationen (1500, 700 und 700 Mitarbeiter) muss man ca. 60 – 70 Personentage Aufwand veranschlagen. Dabei sind ca. fünf Tage Aufwand für Inventarisierung und Planung, 20 Tage für Tests und Dokumentation, der Rest der Zeit wird für das Ausrollen, Qualitätsmanagement und Projektmanagement benötigt. Je nachdem wie viele Zusatzsysteme, wie z.B. Directory oder PKI bzw. Smartcard-System, man anbinden möchte, steigen die Aufwände für Anpassung und Kosten. Nicht zu unterschätzen sind die Anpassungen, die für die Skripte notwendig sind, sollte das zentrale SSO skriptbasierend sein. Dieser Aufwand erhöht sich um ein Vielfaches, wenn viele Legacy-Systeme, Client-Plattformen und auch viele Varianten ein- und derselben Anwendung vorhanden sind.

10 Systemnahes Berechtigungskonzept

Im Buch hat der Leser bisher eine Menge von Informationen über Identitäten, Rollen und Berechtigungssteuerung erhalten. Nun möchte der Autor Alexander Tsolkas anhand eines systemnahen Beispiels veranschaulichen, wie Berechtigungskonzepte in der Praxis erstellt werden.

Es liegt die Erwartungshaltung des Lesers nahe, dies an IT-Systemen mit aktuellem Bezug und Hintergrund durchführen zu wollen. Solche Systeme sind derzeit z.B. SAP R3, IBM Lotus Notes, UNIX, Windows, ein SaaS-Service oder gar Cloud-Computing.

Der Autor hat sich bewußt dagegen entschieden, diese Systeme als Beispiele zu verwenden, da viele Funktionen und Termini in die Systeme implementiert wurden, jedoch einerseits der richtige Bezug, und vor allem die Herleitung einzelner Termini, in Bezug auf die Umsetzung im Produkt nicht der wirklichen Historie entsprechen.

Man merke sich: "Alle Personal Computer stammen vom Mainframes ab, und ordentliche Sicherheitskonzepte gibt es nur auf Mainframes". Alles was die Client-/Server-Welt in punkto Sicherheit entwickelte und teilweise heute noch entwickelt, gibt es schon lange – und fast alles schon – auf dem Mainframe ☺.

Da die Informationssicherheit auch auf einem Großrechner erfunden wurde (als Ausnahme lässt der Autor auch die DEC-VAX gelten), zeigt der Autor die Erstellung eines Berechtigungskonzeptes anhand des Mainframe-Sicherheitssystems CA-ACF2. Für die jüngeren Leser des Buches sei erwähnt, dass CA-ACF2 für Computer Associates Access Control Facility 2 steht. CA-ACF2 ist das Konkurrenzprodukt zu IBM-RACF. IBM-RACF steht für International Business Machines Resource Access Control Facility und wird in diesem Kapitel nicht betrachtet.

Für das Lesen des Kapitels ist es wichtig zu wissen, dass CA-ACF2 ein Sicherheitssystem ist, das Sicherheit per Default bereitstellt, d.h. "alles ist verboten, was nicht explizit erlaubt wurde". Anhand CA-ACF2 lässt sich ein Berechtigungskonzept ideal erklären. Der Schlüssel dazu liegt im UID- User Identification String begründet.

10.1 Der Aufbau von ACF2

ACF2 ist ein Sicherheitssystem, das auf dem Betriebssystem IBM – Multiple Virtual Storage – MVS[1] läuft. Derzeit heißt es z/OS. Dazwischen hieß es OS/390. ACF2 beschränkt sich in seiner Schutzfunktion auf Benutzer und deren Sicherheitsattribute (Special Privileges), sowie auf Datei-, den Ressourcenschutz und auf Infostorage Records wie z.B. den Global System Opti-

---

[1] man sieht: viel virtuellen Speicher gab es auch schon vor der Cloud und Virtualisierung

10. Systemnahes Berechtigungskonzept

ons. ACF2 läuft als Started Task[2] des Betriebssystems und startet nach dem IPL – Initial Program Load des Mainframes mitunter als eine der ersten Ressourcen, um seine Schutzfunktion für das System und Netzwerk während des Bootvorgangs zu aktivieren.

10.1.1 BenutzerID-Record

Eine BenutzerID in CA-ACF2 kann wie folgt aufgebaut sein (konfigurationsabhängig):

USER01	**KABT1*MGRABT1*USER01** JOE LI EXT.413 DEPT(KABT1) FUNCTION(AUD)
CANCEL/SUSPEND	EXPIRE(02/02/11)
PRIVILEGES	**AUDIT JOB TSO**
ACCESS	ACC-CNT(133) ACC-DATE(01/01/10) ACC-SRCE(LV248) ACC-TIME(09:21)
PASSWORD	PSWD-DAT(08/15/03) PSWD-TOD(12/31/09-13:23) PSWD-VIO(1) PSWDCVIO(1)
TSO	**DFT-PFX(USER01)** DFT-SOUT(A) DFT-SUBM(A) **INTERCOM JCL** LGN-SIZE LINE(ATTN) **MAIL** MSGID NOTICES **TSOPROC(IKJKABT1)** TSORGN(1,024) TSOSIZE(8,172) WTP
STATISTICS	CRE-TOD(08/10/03-08:19) SEC-VIO(1) UPD-TOD(12/31/09-09:21)
RESTRICTIONS	**PREFIX(USER01)**
DPF	SMSINFO DEFPROD)

Für das Kapitel sind nur die fett gedruckten und unterstrichenen Benutzer-ID-Record-Felder von Interesse. So stehen links die Hauptfelder und rechts die jeweiligen Werte der Unterkategorie des Hauptfeldes, die konfiguriert sind.

Hauptfelder:

USER01 - Name des BenutzerID-Records

PRIVILEGES – Systemprivilegien (z.B. AUDIT, SECURITY, NONCANCEL, uvm.)

TSO - Time Sharing Option[3] - Berechtigungsfelder in der Benutzeroberfläche TSO

---

[2]   Eine Started Task ist ein spezieller Batchjob-Typ unter MVS, OS/390 und z/OS

[3]   Eine Benutzeroberfläche auf MVS-XA/ESA, OS/390 und z/OS

RESTRICTIONS – beschreibt Einschränkungen für den Zugriff auf Daten und Bedingungen für das Logon

Unterkategorien der Hauptfelder:

KABT1*MGRGRP1*USER01 – UID-String – User Identification String – eindeutige Kennung, die im ACF2 die gesamte BenutzerID von USER01 beschreibt. Im Beispiel sagt der UID-String folgendes aus: K= Konzern, ABT1=Abteilung 1, * = Platzhalter, MGRGRP1 = Manager der Gruppe 1, * = Platzhalter, USER01= BenutzerID die der Benutzer für das Logon und mehr im System verwendet.

AUDIT JOB TSO – Der Benutzer darf lesend auf alle Informationen im System schauen, er darf Batchjobs ausführen und die Benutzeroberfläche TSO verwenden.

DFT-PFX(USER01) – Alle eigenen Dateien, die USER01 in seinem TSO-Umfeld anlegt, beginnen mit seiner BenutzerID USER01.*

INTERCOM – Der Benutzer kann Nachrichten von anderen Benutzern erhalten

JCL – Der Benutzer darf Jobs starten

MAIL – besagt, dass der Benutzer während des Logonvorgangs TSO-Meldungen empfangen kann

TSOPROC(IKJKABT1) – die zu verwendende Logonprozedur (für Windows-Fans ähnlich des Logonscripts). Man beachte **IKJKABT1,** das im Zusammenhang mit der Abteilung KABT1des Benutzers steht.

PREFIX(USER01) – USER01 stellt in diesem Fall einen Schlüssel dar, mit dem keine andere Überprüfung notwendig wird im Ruleset der Zugriffsregeln, wenn USER01 auf seine eigenen Dateien zugreift (spart Rechenzeit), und mehr[4].

Wichtig für eine Berechtigungssteuerung von BenutzerIDs im ACF2 ist die Logon-Prozedur eines Benutzers, sowie die speziellen Privilegien, die ein Benutzer erhalten kann. Die Logonprozedur hat vielfältige Aufgaben. Eine der wichtigsten Aufgaben ist der Zugriff auf eigene Dateien unter den Benutzer-Highlevel, z.B USER01.*, und die innerhalb der Logonprozedur konkatenierten Dateien, die das System dem Benutzer während des Logons allokiert. Die Logonprozedur schafft also rund um den Benutzer schon von vornherein ein passives Berechtigungskonzept. Man sehe es als passiven Freiraum im System, innerhalb dessen der Benutzer sich im Grunde[5] genommen bewegen darf. Mit der Logonprozedur können auch Benutzer-Quotas mitgegeben werden, wie die Menge an Hauptspeicher, die ein Benutzer zur Verfügung gestellt bekommt und vieles mehr.

---

[4] Es gibt Ausnahmen z.B. mit RULEVLD, etc.

[5] Es kann aktive „Excludes" geben, die eine generell erlaubte Sache ausschließen können

10. Systemnahes Berechtigungskonzept

Spezielle Privilegien gibt es folgende:

CMD-PROP – Ein Benutzer mit diesem Privileg kann den SET TARGET Befehl oder das TARGET-Parameter bei INSERT, CHANGE, LIST und DELETE-Befehle einsetzen, um ein Überschreiben der Command Propagation Facility-Zielliste zu erreichen.

DUMPAUTH – Ein Benutzer, der das DUMPAUTH-Privileg (Dump Authority) besitzt, kann generell alles aus dem Hauptspeicher dumpen, auch wenn sein Adressraum nur eine ausführende Berechtigung besitzt, und mehr.

MAINT – Ein Benutzer mit dem Privileg MAINT kann über einen Wartungsjob (JCL) für jede Datei jedes Zugriffsrecht ausüben ohne Logging und ohne Rule (Set)-Überprüfung, d.h. auch wenn für den Benutzer keine Zugriffsregel auf die Datei angelegt ist. Zugriff darf nur mit einen speziellen Programm aus einer speziellen Bibliothek stattfinden.

MUSASS – MUSASS steht für Multiple User Single Address Space System, und bedeutet, dass die dem Privileg zugrunde liegende BenutzerID Datenbanksysteme wie IMS und CICS verwenden dürfen.

NON-CNCL – Das Non-Cancel-Privileg berechtigt eine BenutzerID auf jegliche Ressource im System zuzugreifen, ohne dass eine Zugriffsregel bestehen muss für die Zugriffsautorisierung. Alle Zugriffsverstöße werden protokolliert.

PRIV-CTL – Durch das Privileg ist die BenutzerID autorisiert, dynamische Logon-Privilegien zu nutzen.

READALL – Wie NON-CNCL jedoch nur lesenden und ausführenden Zugriff. Bypassed Membervalidierung eines PO-Data Sets.

Administrative hohe Privilegien sind die folgenden:

ACCOUNT – Ein Account Manager kann alle BenutzerID-Felder ändern. Hat eine BenutzerID zusätzlich zum ACCOUNT-   Privileg einen SCPLST-Eintrag, kann er nur die BenutzerIDs in seiner Scopeliste ändern. Die Scopeliste arbeitet mit dem UID-String.

AUDIT – Ein Benutzer mit dem AUDIT-Privileg kann jede BenutzerID anzeigen lassen. Auch das AUDIT-Privileg kann gescoped werden. Nur SECURITY, ACCOUNT oder AUDIT können eine BenutzerID mit dem Audit-Privileg anzeigen.

LEADER – Ist eine abgespeckte Version des ACCOUNT-Privileges, und gilt gescoped meistens nur für die eigene Gruppe. Auch hier wird der UID-String für den Scope verwendet. LEADER kann nicht alle BenutzerID-Felder ändern und unterscheidet sich auch hier von ACCOUNT.

CONSULT – ähnlich wie LEADER und stärker gescoped.

SECURITY – Ist wie der Enterprise-Administrator bei Windows. SECURITY darf die gesamte Rulebase ändern und alle Privilegien vergeben. Security darf fast alles, verursacht jedoch Zugriffsverstöße und wird überdurchschnittlich protokolliert. SECURITY ist der Administrator für Sicherheit.

10.1.2 Der UID- User Identification String

Der Schlüssel für die spätere genauere Betrachtung des systemnahen Berechtigungskonzeptes im Szenario ist der UID-String, wie der Leser noch sehen wird. Für Datei- und Ressource-Zugriffsberechtigungen, die sich im ACF2 als Ruleset darstellen, spielt sich fast alles ausschließlich über den UID-String eines oder mehrerer Benutzer ab. Der UID-String besitzt bestimmte Mindest- und Maximalwerte, die konfiguriert werden können. In diesem Rahmen ist fast alles erlaubt. Ein UID-String kann generisch oder detailliert sein. Man kann Wildcards einsetzen. Ein historischer Hintergrund der zur Einführung des UID-Strings führte, ist unter anderem das Billing. Auf dem Großrechner kostet alles Rechenzeit, die, je nach Geschäftsfeld, intern/extern abgerechnet wird. Aus Gründen des Billings versuchten die Spezialisten frühzeitig Namenskonventionen zu schaffen, damit alles besser und einfacher auf Großrechnern kategorisiert werden konnte, und damit auch alles besser und schneller abgerechnet werden konnte.

In den folgenden Beispielen zeigt der Autor verschiedene fiktive UID-Strings und ihre mögliche Bedeutung im virtuellen Unternehmen.

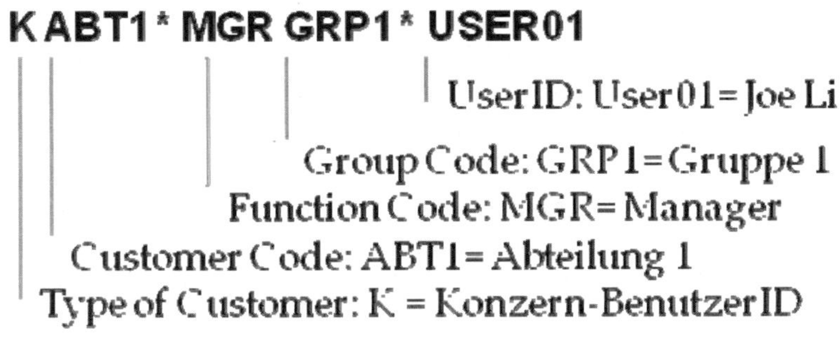

K ABT1 * MGR GRP1 * USER01

UserID: User01 = Joe Li
Group Code: GRP1 = Gruppe 1
Function Code: MGR = Manager
Customer Code: ABT1 = Abteilung 1
Type of Customer: K = Konzern-BenutzerID

Abbildung 10.1: Beispiel 1 eines UID-Strings

Abbildung 10.1. zeigt den UID-String von Benutzer Joe Li, der dem Konzern angehört, der Manager in der Abteilung 1 von Gruppe 1 ist. Der Customer Code ABT1 definiert die interne Abteilung 1 des Konzerns, der mehrere Gruppen angehören können (z.B. GRP1, GRP2, GRP3, etc.).

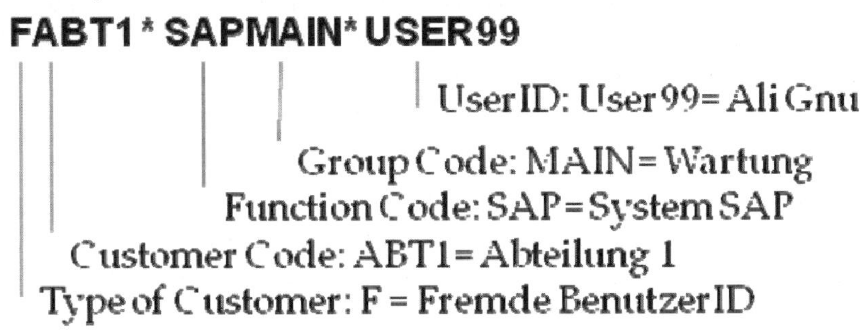

F ABT1 * SAP MAIN * USER99

UserID: User99 = Ali Gnu
Group Code: MAIN = Wartung
Function Code: SAP = System SAP
Customer Code: ABT1 = Abteilung 1
Type of Customer: F = Fremde BenutzerID

Abbildung 10.2: Beispiel 2 eines UID-Strings

10. Systemnahes Berechtigungskonzept

Abbildung 10.2 zeigt den UID-String von Benutzer Ali Gnu, der konzernfremd ist, für die Abteilung 1 tätig ist, und der SAP-Systeme wartet. Der Customer Code ABT1 definiert die interne Abteilung 1 des Konzerns, der mehrere Gruppen angehören können (z.B. GRP1, GRP2, GRP3, MAINT, etc.).

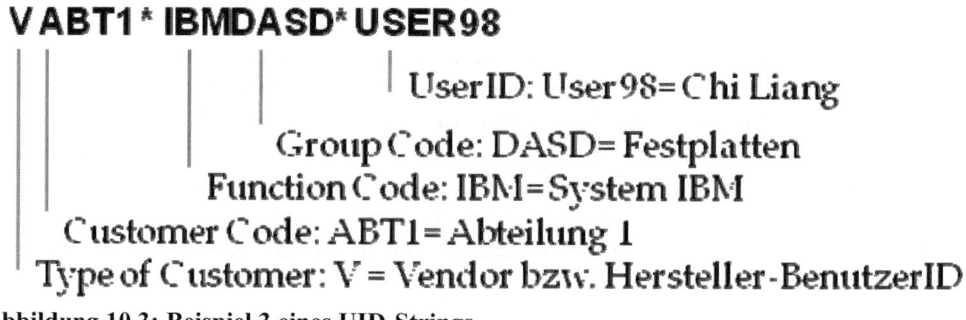

```
V ABT1 * IBMDASD* USER98
 |    |      |      |
 |    |      |      UserID: User98= Chi Liang
 |    |      Group Code: DASD= Festplatten
 |    |      Function Code: IBM= System IBM
 |    Customer Code: ABT1= Abteilung 1
 Type of Customer: V = Vendor bzw. Hersteller-BenutzerID
```

Abbildung 10.3: Beispiel 3 eines UID-Strings

Abbildung 10.3 zeigt den UID-String von Benutzer Chi Liang, der konzernfremd ist. V steht hier für Vendor oder Hersteller. Herr Liang ist für die Abteilung 1 tätig, und stammt aus dem Hause IBM. Seine Gruppe heißt DASD, was soviel bedeutet wie Direct Access Storage Device, also mit Festplatten zu tun hat. Der Customer Code ABT1 definiert die interne Abteilung 1 des Konzerns, der mehrere Gruppen angehören können (z.B. GRP1, GRP2, GRP3, MAINT, DASD, etc.).

Auf Basis des UID-Strings lässt sich eine komplette Organisation und deren Benutzer in interne und externe Betriebe, Abteilungen, Teams und einzelne Benutzer abbilden. Aufgrund der konfigurierbaren Länge des UID-Strings beim Setup des Sicherheitssystems ACF funktioniert das Prinzip vom kleinen Unternehmen bis hin zum weltübergreifenden Konzern. Die EDS – Electronic Data Systems Corporation, derzeit HP, setzte ACF2 seit vielen Jahren für sich und alle Kunden ein (ca. 140.000 interne User und 2 Mio. Kundenenutzer).

10.1.3 Die Data Set Rule

Die Data Set Rules beschreiben die Zugriffsautorisierungen von Benutzern auf die Mainframe-Ressource Dateien. Es gibt viele unterschiedliche Arten von Dateien auf Mainframes, wir betrachten für die Zwecke des Buches und aus Gründen der Simplizität einfache sequenzielle Dateien und partitioniert organisierte Dateien (PO – partitioned organized data sets).

Eine Data Set Rule für sequenzielle Dateien sieht im ACF2 Rule Set folgendermaßen aus:

```
$KEY(PAYROLL) MASTER.DATA UID(KABT1*MGRGRP1*USER01) READ(A) WRITE(A) EXEC(A)
```

Die Zugriffsregel besagt, dass User01 alias Joe Li auf die Datei, namens PAYROLL.MASTER.DATA, lesende, schreibende und ausführende Zugriffsrechte besitzt. Um den ausführenden Zugriff zu nutzen, muss die Datei auch ausführbar sein, d.h. ein Programm, oder JCL – Job Control Language, darstellen. Durch das TSO-Feld JCL kann Joe Li JCL ausführen. Der ausführbare Zugriff wird im ACF2 per Default mit dem lesenden Zugriff vergeben. Dabei ist:

- $Key (PAYROLL) - der High Level Data Set Identifier, der mit PAYROLL beginnt
- MASTER.DATA - der second und third level Data Set Identifier
- UID (KABT1*MGRGRP1*USER01)- der UID-String des Benutzers USER01
- READ (A) – lesen erlaubt
- WRITE (A) – schreiben erlaubt
- EXEC (A) – ausführen erlaubt

Die obige Data Set Rule zeigt, dass nur der Benutzer USER01 die Zugriffsarten lesen, schreiben und ausführen auf das Data Set der Gehaltsbuchhaltung hat. Man möge sich vorstellen, dass nicht nur Manager Joe Li Zugriff auf die Masterdatei der Gehaltsabrechnung haben muss, sondern die gesamte Gehaltsbuchhaltungsabteilung oder Gruppe GRP1 des Betriebes. Bei vielen Mitarbeitern in großen Abteilungen kann es durchaus mühsam werden, für jeden Benutzer eine entsprechende Zugriffsregel einzurichten. Aus diesem Grund kann man den Zugriff für die gesamt Gruppe GRP1 vereinfachen. Das folgende Beispiel stellt dar, wie man der gesamten Gruppe zumindest einmal lesenden und ausführenden Zugriff geben kann (vorausgesetzt nicht jeder soll auf die Gehaltsdateien schreibenden Zugriff haben).

```
$KEY(PAYROLL) MASTER.DATA UID(KABT1****GRP1) READ(A) EXEC(A)
```

Die Zugriffsregel besagt, dass alle internen Benutzer des Betriebes KABT1 und der Gruppe GRP1 auf die Datei namens PAYROLL.MASTER.DATA lesenden und ausführenden Zugriff haben. Dabei ist:

- $Key (PAYROLL) - der High Level Data Set Identifier
- MASTER.DATA - der second und third level Data Set Identifier
- UID (KABT1****GRP1) der UID-String der Gruppe GRP1 des internen Betriebes (K)ABT1
- READ (A) – lesen erlaubt
- EXEC (A) – ausführen erlaubt

Ausser dem Manager Joe Li sei es aber noch zwei weiteren Benutzern erlaubt, die Masterdatei der Gehaltsabrechnung zu beschreiben.

```
$KEY(PAYROLL)
MASTER.DATA UID(KABT1****GRP1*USER02) READ(A) WRITE(A) EXEC(A)
MASTER.DATA UID(KABT1****GRP1*USER03) READ(A) WRITE(A) EXEC(A)
```

Die Zugriffsregel besagt, dass die beiden internen Benutzer des Betriebes KABT1, USER02 und USER03, die der Gruppe GRP1 angehören, auf die Datei namens PAYROLL.MASTER.DATA lesenden, schreibenden und ausführbaren Zugriff haben. Dabei ist:

- $Key (PAYROLL) - der High Level Data Set Identifier
- MASTER.DATA- der second und third level Data Set Identifier

10. Systemnahes Berechtigungskonzept

- UID (KABT1****GRP1*USER01) und UID (KABT1****GRP1*USER02) die UID-Strings der Benutzer USER01 und USER02 der Gruppe GRP1 des internen Betriebes ABT1
- READ (A) – lesen erlaubt
- WRITE(A) – schreiben erlaubt
- EXEC (A) – ausführen erlaubt

Mittlerweile haben die folgenden Personen die folgenden Zugriffe auf die Datei PAYROLL.MASTER.DATA . Manager Joe Li hat lesenden, schreibenden und ausführenden Zugriff. Die Gruppe GRP1 der Abteilung hat lesenden und ausführenden Zugriff. USER02 und USER03 haben lesenden, schreibenden und ausführenden Zugriff.

```
$KEY(PAYROLL)
MASTER.DATA UID(KABT1*MGRGRP1*USER01) READ(A) WRITE(A) EXEC(A)
MASTER.DATA UID(KABT1****GRP1)         READ(A) EXEC(A)
MASTER.DATA UID(KABT1****GRP1*USER02)  READ(A) WRITE(A) EXEC(A)
MASTER.DATA UID(KABT1****GRP1*USER03)  READ(A) WRITE(A) EXEC(A)
```

Angenommen, das Unternehmen hat einen Outsourcing-Vertrag mit einem Provider zwecks Disaster Recovery Services, und angenommen die Gruppe DRP1 des Providers müsste in der Lage sein die Festplatten zu kopieren, speziell alle Dateien der Gehaltsbuchhaltung, dann würde dazu die nächste Zugriffsregel notwendig sein:

```
$KEY(PAYROLL)*.* UID(FABT1****DRP1) READ(A)
```

Dabei ist:

- $Key (PAYROLL) - der High Level Data Set Identifier
- *.* - Wildcards für alle weiteren (zwei oder mehr) Data Set Identifier
- UID (FABT1****DRP1) - der UID-String der Gruppe DRP1 des externen Betriebes (F) der ABT1
- READ (A) – lesen erlaubt, reicht um die Daten zu kopieren

Nun hat die fiktive Gehaltsbuchhaltung der Beispielfirma nicht nur sequentielle Dateien für den Gehaltslauf, sondern es gibt es noch eine fiktive Input-Datei mit zig Membern. Man nehme an, die Member repräsentieren die einzelnen Gehälter der Mitarbeiter des Unternehmens nach Namen. Die Mitarbeiter der Gehaltsbuchhaltung benötigen, ähnlich dem allerersten Beispiel dieses Kapitels, wieder verschiedene Zugriffe.

Um einen Dateischutz für PO-Dateien zu etablieren, muss man nichts anderes machen, als das, was man bei Data Set Rules machen muss. Nur wenn man auch die Member schützen möchte, was im folgenden Beispiel gezeigt wird, muss man eine Resource Rule für (PDS – Partitioned Data Sets) anlegen. Das ist ein wenig paradox, um es zu verstehen, aber ACF2 arbeitet auf diese Art und Weise.

10.1 Der Aufbau von ACF2

Als erstes wird der Name der Bibiliothek (Library) als GSO – Global System Option Eintrag angelegt. Dazu verwendet man das Kommando:

```
ACF SET CONTROL(GSO)
```

ACF2 schaltet in die GSOs. Danach setzt man folgendes Kommando ab, um im GSO-Record das Data Set PAYROLL.MASTER2.SALARY anzulegen, um es später über eine Resource Rule schützen.

```
INSERT PDS.PAYROLL LIB(PAYROLL.MASTER2.SALARY) RSRC(PDS)
```

Nehmen wir an, man möchte ein Member namens JOE_LI in der PAYROLL.MASTER2.SALARY schützen, da im Member JOE_LI der Gehaltsbetrag des Managers festgehalten wird, und die restliche Abteilung nicht wissen soll, wie hoch das Gehalt von Joe Li ist, dann lautet der Eintrag in die Ressource-Rulebase:

```
$KEY(JOE_LI) TYPE(PDS) PAYROLL.MASTER2.SALARY UID(KABT1*MGRGRP1*USER01) SER-
VICE(READ) ALLOW
```

Im Gegensatz zu sequentiellen Data Set Rules muss man bei Resource Rules einen Service angeben. Mit dieser Resource Rule hat nur Joe Li Zugriff auf sein Member. Damit explizit kein anderer Zugriff hat, erstellt man die folgende zusätzliche Regel:

```
$KEY(JOE_LI) TYPE(PDS) PAYROLL.MASTER2.SALARY UID(-)PREVENT
```

Durch den Eintrag UID(-) PREVENT haben alle anderen Mitarbeiter der Abteilung keinen Zugriff auf die Ressource. D.h. Joe Li muss sein Gehalt in der Zukunft selbst verarbeiten.

Wie man den UID-String gezielt zur Steuerung einsetzen kann, sollen folgende unkommentierte Beispiele zeigen:

```
$KEY(PAYROLL)
MASTER.DATA UID(KABT1*MGRGRP1*USER01) READ(A) WRITE(A) ALLOC (A) EXEC(A)
MASTER.DATA UID(KABT1****GRP1) READ(A) ALLOC(A) EXEC(A)
MASTER.DATA UID(KABT1****GRP1*USER0*) READ(A) EXEC(A)
MASTER.DATA UID(KABT1****GRP1*USER**) READ(A) WRITE(A) EXEC(A)
MASTER.DATA UID(KABT1*********USER**) READ(A) WRITE(A) EXEC(A)
MASTER.DATA UID(FABT1****DRP1*USER**) READ(L[6]) WRITE(L) ALLOC(L) EXEC(L)
MASTER.DATA UID(-) READ(P[7]) WRITE(P) ALLOC(P) EXEC(P)
```

Dieses Kapitel sollte veranschaulichen, wie einfach es ist, die IT-Ressource „Dateien", sei es sequentielle oder PO-Dateien zu schützen und interne und externe Organisationszugriffe

---

[6] Log = Zugriff erlaubt und wird protokolliert

[7] Prevent = Zugriff verboten

10. Systemnahes Berechtigungskonzept

abzubilden. Der UID-String, wie gesehen, ist ein wichtiger Schlüssel für die Zugriffsautorisierung einer kompletten Organisation.

10.1.4 Die Resource Rule

Die Resource Rules beschreiben die Zugriffsautorisierungen von Benutzern auf die übrigen Mainframe-Ressourcen, außer sequentielle Dateien und Infostorage Records. Es gibt viele unterschiedliche Arten von Ressourcen auf Mainframes, wir betrachten für die Zwecke des Buches und aus Gründen der Simplizität nur eine einzige Ressource. PO-Dateien als Ressource hat der Leser schon im Kapitel "Data Set Rule" kennen gelernt.

Zu den Ressourcen in ACF2 ist noch zu sagen, dass sie einen besonderen Schutz darstellen. Es gibt viele Ressourcen, die im ACF2 per Auslieferung des Sicherheitssystems vom Hersteller CA schon definiert sind. Definiert sind meist Standard-Ressourcen wie CICS, IMS, DB2, JES2 und vieles mehr. Andere Ressourcen, die nicht so häufig verwendet werden, oder kundenspezifische Ressourcen, die nicht vordefiniert werden können, müssen erst gegenüber ACF2 definiert werden, bevor man den Ressourceschutz dafür einsetzen kann. Dies wird sehr oft durch die Systemprogrammierung vorgenommen. Somit sind die Ressourcen, die über ACF2 geschützt werden können, eine Vielzahl von Ressourcen, die es mitunter erst zu definieren gilt. Der einzige Anspruch an die zu definierenden Ressourcen sind, dass sie sich innerhalb des Syntax des vordefinierten GSO-Gerüsts bewegen.

Eine Resource Rule sieht im ACF2 Rule Set folgendermaßen aus:

```
$KEY(PAYROLL) TYPE(CKC) UID(KABT1) ALLOW
```

Obiges Beispiel zeigt eine Resource Rule. Dabei ist:

- $KEY(PAYROLL) – der Name und Typs der zugrunde liegenden Ressource PAYROLL
- TYPE(CKC) – Bezeichnet, dass es ein CICS-Transaktionssystem ist, eine quasi online-Datenbank
- UID(KABT1) – identifiziert alle Benutzer des internen Betriebes ABT1
- ALLOW – bezeichnet, dass die im UID-String identifizierten Benutzer auf die PAYROLL-Transaktion zugreifen dürfen

Normalerweise sind Resource Rules viel komplexer und länger als das obige Beispiel. Ein weiteres Beispiel stellt eine ähnliche Resource Rule dar:

```
$KEY(PAYROLL) TYPE(CKC)
UID(KABT1) ALLOW
UID(FABT1)LOG
UID(VABT1****IBMDASD) UNTIL(12/31/10) ALLOW
```

10.1 Der Aufbau von ACF2

In diesem Beispiel haben die Benutzer des internen Betriebes ABT1 Zugriff auf die Transaktion PAYROLL, alle externen Benutzer des Betriebes ABT1 haben Zugriff und werden protokolliert, und der Festplattenhersteller IBM hat bis zum 31. Dezember 2010 Zugriff.

Man kann leicht sehen, dass es sich bei der Zugriffsautorisierung mit Resource Rules ähnlich verhält wie mit Data Set Rules.

Die Gehaltbuchhaltung verfügt über spezielle Banddrucker, die als Lohn- und Gehaltsabrechnungsdrucker dienen. Damit nicht alle Abteilungen die Banddrucker verwenden, hat die Abteilung Gehaltsbuchhaltung diese Drucker ausschließlich für sich reserviert und per Antragssystem folgende Resource Rules bei der Security-Administration beantragt:

```
$KEY(PAYRPRT) TYPE(VPS)
UID(KABT1****GRP1) SERVICE(READ,UPDATE)ALLOW
```

Um die obige Rule zu implementieren, muss erst ein GSO-Eintrag eingefügt werden, um die neue Ressource gegenüber ACF2 bekannt zu machen. Das Kommando lautet:

```
ACF SET CONTROL(GSO)
INSERT CLASMAP.VPS RESOURCE($VPS) RSRCTYPE(VPS) ENTITYLN(0)
```

Dabei ist:

- $KEY(PAYRPRT) – bezeichnet die Ressource Payroll-Printer, der Drucker der Gehaltsbuchhaltung.
- UID(KABT1****GRP1) – Bezeichnet die Mitarbeiter des internen Betriebes ABT1 der Gruppe GRP1.
- RESOURCE($VPS) – bezeichnet die Ressource Virtual Printer System
- RSRCTYPE(VPS) – bezeichnet den Ressourcennamen
- ENTITYLN(0) – bezeichnet die Länge der spezifizierten SAF Klasse. 0 ist der Standardwert und weist ACF2 darauf hin, in den intern definierten CLASMAPS zu suchen. Dabei weißt ACF2 aufgrund der 0 eine Länge von 39 Zeichen (wiederum Standard) zu.

Nun, da die Ressource VPS definiert ist, kann die Resource Rule mühelos eingerichtet werden, so wie es für viele weitere möglich wäre, falls nötig.

10.1.5 Resumé

Viele Leser kennen ACF2 nicht. Aus diesem Grunde ist es verständlich, dass es für den einen Leser oder die andere Leserin ein schwieriges Kapitel sein könnte. Nichts desto trotz dient ACF2 wirklich am allerbesten, um Zugriffsautorisierung zu erläutern und herzuleiten.

Anhand der Beispiele in Kapitel 10 sollte dem Leser klar geworden sein, wie man die Zugriffautorisierung über ACF2 in einer Organisation abbilden kann. Um die übergeordneten Zusammenhänge besser zu veranschaulichen dient die folgende Zeichnung.

10. Systemnahes Berechtigungskonzept

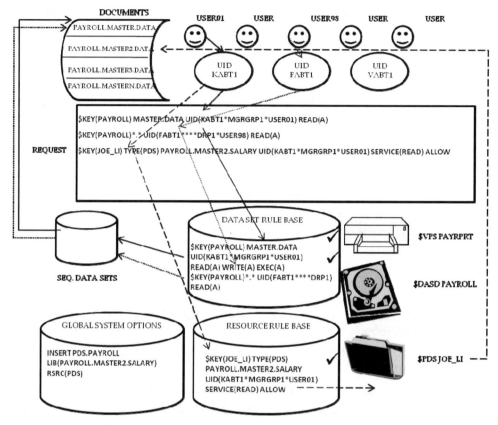

Abbildung 10.4: Übersicht über die Arbeitsweise von ACF2

Auf Bild 10.4 ist die Arbeitsweise von ACF2 bei der Zugriffsautorisierung stark vereinfacht dargestellt. USER01 alias Joe Li möchte die Datei PAYROLL.MASTER.DATA lesen. Er greift also mit einem „OPEN for READ" auf die Datei zu. ACF2 vergleicht die Anfrage mit seinen Einträgen in der Data Set Rule Base. Tatsächlich gibt es eine Zugriffsregel, die lesenden, schreibenden und ausführenden Zugriff gestattet. Nachdem der Match gefunden wurde, gibt ACF2 den Zugriff auf die Datei frei.

Genauso verhält es sich für den Disaster Recovery-Spezialisten von IBM USER98, der nicht dem fiktiven Unternehmen angehört, sondern externer Benutzer ist, der auf alle Dateien, die mit PAYROLL.*.* beginnen, lesenderweise zugreifen möchte, um die Platten für einen Offsite-Storage zu kopieren, um für den K-Fall gerüstet zu sein.

Der dritte dargestellte Zugriff ist von Manager Joe Li selbst, der auf das Member JOE-LI der PDS-Datei PAYROLL.MASTER2.DATA zugreifen möchte, da er sein Gehalt aus Gründen der Vertraulichkeit selbst verarbeiten muss. Er stellt den Service Request „OPEN READ" an das Sicherheits- und damit an das Betriebssystem, welches überprüft, ob es einen Match zwischen Service Request und einer Resource Rule gibt. Da dies in unserem Beispiel positiv ist, wird der Zugriff auf das Member JOE_LI lesenderweise genehmigt.

Dazwischen finden jede Menge andere Validierungen im Sicherheits- und Betriebssystem statt, auf die, aufgrund der Vereinfachung, nicht eingegangen wird.

Die Beispiele in diesem Kapitel sind beliebig erweiterbar, auf andere Tochterunternehmen, Standorte, Betriebe, Abteilungen, Teams und letztendlich einzelne Benutzer. Zu den Benutzern gehören auch technische Benutzer (ProductionIDs in der Mainframe-Terminologie) und Started Tasks.

Hauptsächlich wird in diesem Fall über den UID-String gesteuert. Bei standortübergreifenden Zugriffen, wie z.B. den Zugriff vom Standort Deutschland des Unternehmens auf den Standort USA, kann es sein, dass besser zwei ACF2-Datenbanken eingerichtet werden sollten. Das beschleunigt die Zugriffszeiten und sorgt für eine kleinere Ausfallwahrscheinlichkeit und damit für mehr Verfügbarkeit der einzelnen Standorte. Allerdings muss in diesem Fall mehr administriert werden, Informationen redundant verarbeitet werden und mehr.

11 Meta Directory

Zur Realisierung von Lösungen, die das technische Berechtigungsmanagement unterstützen und automatisieren, werden zentrale Berechtigungssysteme eingesetzt. Dieses Kapitel behandelt zunächst diese Zentralität und widmet sich dem Aufbau solcher zentralen Berechtigungssysteme. Da im Zusammenhang mit zentralen Berechtigungssystemen immer wieder das Schlagwort Meta-Directory fällt, wird anschließend die Meta-Directory-Technologie als eine technologische Realisierungsmöglichkeit dargestellt.

11.1 Die neue Zentralität

Zu Beginn der elektronischen Datenverarbeitung füllte ein Computer noch einen ganzen Raum, zum Betrieb war umfangreiches Expertenwissen notwendig. Eine solche Datenverarbeitungsanlage war extrem teuer, weshalb ein Unternehmen, wenn überhaupt, nur über einen einzigen Computer verfügte.

In dieser Situation kam nur ein zentraler Ansatz in Frage, der Computer bildete den Mittelpunkt. Eingaben wurden von ausgewählten Stellen per Lochkarte und später online von Terminals aus angeliefert und Ausgaben wieder abgeholt.

Der zentrale Ansatz hatte Vorteile. So gab es eine zentrale Benutzerverwaltung und ein geschlossenes Sicherheitskonzept. Dem gegenüber standen hohen Kosten, geringe Flexibilität, fehlende Redundanz und aufgrund der zentralen Last hohe Performanceanforderungen. Zunehmender Preisverfall und Leistungssteigerung ermöglichte in den 80er Jahren den Personal Computer und das Client/Server-Prinzip.

Die Client/Server-Revolution brachte die Datenverarbeitung in die Fläche, in kleinere Standorte und an die Arbeitsplätze heran. Als Folge stieg die IT-Durchdringung der Geschäftsprozesse, das Datenvolumen und die Anzahl der Rechner kontinuierlich an. Die Dezentralität brachte im Managementbereich zusammen mit der oft einhergehenden Heterogenität immer mehr Probleme.

Abbildung 11.1 zeigt beispielhaft eines dieser Probleme, das Problem der Benutzernamen. In der dezentralen IT-Welt hat jedes System nur sich selbst im Blick. Konzepte in den einzelnen Managementbereichen (z.B. Benutzermanagement, Sicherheitsmanagement) beziehen sich nur auf das jeweilige System.

11 Meta Directory

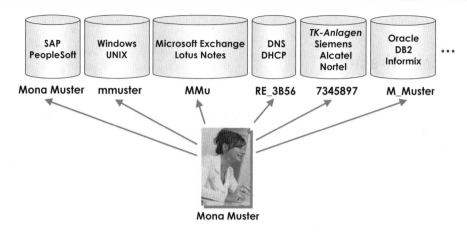

Abbildung 11.1: Das Benutzerdatenproblem

Aus der Sicht des Systems gesehen, ist das völlig in Ordnung und funktioniert auch einwandfrei. Wechselt man aber den Betrachtungsstandpunkt und geht von der Identität (z.B. einem Benutzer) aus, dann zeigt sich, dass eine Identität eine Vielzahl von Zugängen besitzt. Im schlechtesten Fall wird sie in jedem System unter einem anderen Namen geführt, so wie es in der Abbildung zu sehen ist. Dieses Problem war der Auslöser zur Entwicklung der Meta-Directory-Technologie. Das Problem der Namensräume wird in Kapitel 2 näher besprochen, in dem es um den Aspekt des Identitätsmanagements geht. Dort findet man das gezeigte Beispiel wieder.

Die Dezentralität birgt eine ganze Reihe von Managementproblemen:

- *Datenredundanz*
  Eine Identität wird in jedem dezentralen System neu angelegt, obwohl sie bereits in anderen dezentralen Systemen existiert. Der Grund dafür liegt in der ressourcenorientierten Organisation der Benutzerverwaltung. Eine dezentrale Ressource „kennt" die anderen Ressourcen nicht. Viele Systeme führen identische Benutzerdaten, was zu einem erhöhten Speicherplatzbedarf führt.

- *Mehrfachpflege*
  Die Benutzerdaten müssen in mehreren Systemen gepflegt werden, auch wenn es sich um die gleichen Daten handelt. Das verursacht Administrationskosten und erhöht die Fehleranfälligkeit der Benutzerverwaltung.

- *Unterschiedliche Administrationswerkzeuge*
  Die Benutzerverwaltung wird oft direkt in den Systemen vorgenommen. Die Systeme stellen dazu Administrationswerkzeuge zur Verfügung, die sich teilweise stark voneinander unterscheiden. Zur Benutzung dieser Admin-Tools ist daher System-Knowhow notwendig. Bei Releasewechseln kann es passieren, dass sich die Admin-Tools verändern und eine entsprechende Weiterbildung bezüglich der Benutzung nötig wird.

Die systemübergreifende Benutzerpflege ist umständlich und zeitraubend.

- *Inkonsistenzen*
  Der Nachteil des erhöhten Speicherplatzbedarfs wäre noch in Kauf zu nehmen, da die Speicherkosten in vielen Fällen nicht sehr kritisch sind. Aufgrund der Tatsache, dass es sich um unkontrollierte Redundanzen handelt, entsteht aber die Gefahr, dass die Daten inkonsistent werden, wenn sie nicht konsequent in allen Speicherorten gepflegt werden. Da auch die Administration meist dezentral organisiert ist, d.h. sich nach dem System richtet, weiß ein Administrator oft gar nicht, an welchen Stellen er pflegen müsste.

- *Datenreste*
  Bei Umstrukturierungen, Umzügen, Verlagerungen, Outsourcing, Austritten von Mitarbeitern usw. kommt es vor, dass Benutzerdaten bestehen bleiben. Nicht selten findet man in Datenquellen von Unternehmen „Benutzerleichen", übriggebliebene Accounts, ungenutzte Zugänge usw. Das verschwendet Speicherplatz, erschwert den Durchblick und kann Sicherheitsrisiken verursachen.

- *Fehlende Transparenz*
  Alleine die einfache Frage „In welchen Systemen besitzt ein Benutzer Berechtigungen?" bringt so manchen IT-Verantwortlichen in's Schwitzen. Nachvollziehbare Dokumentationen dazu gibt es selten und wenn, dann sind sie oft nicht mehr aktuell. Selbst das Finden eines Benutzers in einer Datenquelle, in der er eingetragen ist, gestaltet sich manchmal angesichts eigenwilliger Namensräume in den Datenquellen schwierig.

- *Aufwändiger Datenabgleich*
  Wenn das Problem der Datenredundanz erkannt ist, besteht der Wunsch nach einem Datenabgleich. Solche Synchronisationen werden dann oft über Hilfskonstruktionen und eigenentwickelte Tools durchgeführt, was einen zusätzlichen Aufwand für die Entwicklung und Pflege der Tools bedeutet. Erschwert wird der Abgleich durch unterschiedliche Datenformate und Zugriffsprotokolle, sowie durch verschiedene oder fehlende Schnittstellen

Durch die dezentrale Struktur wird auch die Sicherheit der IT berührt. Im Hinblick auf die IT-Sicherheit findet man unter anderem folgende Probleme:

- *Vielzahl von Zugangskennungen und Passworten*
  Im Auslieferungszustand besitzt jedes System einen eigenen Zugriffsschutzmechanismus. Der gebräuchlichste Mechanismus ist die Kombination aus Benutzerkennung und Passwort, es gibt darüber hinaus eine ganze Reihe von anderen Mechanismen (siehe dazu auch Kapitel 7). Verwendet ein Benutzer mehrere Systeme, so muss er sich alle Passworte merken. Die Vielzahl der Systeme, die Forderung nach ausreichend langen Passworten und die Forderung nach regelmäßiger Änderung des Passworts führt dazu, dass Hilfsmittel (z.B. Zettel, auf denen aktuelle Passworte notiert sind) eingesetzt werden.

- *Unterschiedliche Sicherheitsmechanismen*
  Die dezentralen Systeme besitzen ganz unterschiedliche Authentifizierungs- und Autorisierungsmechanismen (siehe Kapitel 7 und 8) mit verschiedenen Berechtigungs-

11 Meta Directory

trägern (Token-Pads, Chipkarten, etc.), die zueinander inkompatibel sind und sich auch im Sicherheitsniveau unterscheiden.

- *Unsicherer Roll-Off*[1]
  Mitarbeiter, die das Unternehmen verlassen, werden in den Systemen gesperrt oder ausgetragen. Bei der Vielzahl der Systeme und der Verzögerung durch die Kommunikationswege kann dieser Prozess einige Zeit in Anspruch nehmen. Gerade bei fristlosen Kündigungen o.ä. kann ein solcher Zeitverzug sicherheitstechnisch kritisch werden. Zudem kann es vorkommen, dass einzelne Systeme vergessen werden oder einzelne Daten in Systemen nicht entfernt werden.

Die Lösung dieser Probleme besteht nicht darin, die Dezentralität wieder abzuschaffen und in die reine Hostwelt zurückzukehren. Gefordert wird eine „neue Zentralität", in der physisch die Dezentralität erhalten bleibt, die Managementaspekte und -kanäle aber stärker zentralisiert werden. Dafür gibt es drei Möglichkeiten:

1. Der dezentralen Architektur wird ein System vorgeschaltet, in dem das operative Management stattfindet. Dieses System muss über Verbindungen zu den dezentralen Systemen verfügen und mit ihnen physikalisch und logisch kommunizieren können. Die in diesem System durchgeführten Managementaktionen werden über die Verbindungen in die dezentrale Architektur propagiert[2]. Beispiel: Ein Meta-Directory, das zusätzlich in die Architektur eingefügt wird.
2. Ein System in der dezentralen Architektur wird zum führenden System für Managementaufgaben. Alle anderen Systemen richten sich nach den in diesem System durchgeführten Managementaktionen. Beispiel: Eine Personaldatenverwaltung, die den aktuellen Benutzerbestand führt.
3. In der dezentralen Architektur gibt es infrastrukturelle Systeme oder Dienste, in denen die Managementaktionen durchgeführt werden und die sie in der dezentralen Architektur propagieren. Beispiel: Active Directory in der Windows-Welt.

Der Trend zu dieser neuen Zentralität äußert sich durch „Single-Point"-Ansätze im IT-Management. Single-Point meint, dass eine administrative Aufgabe in einer dezentralen Architektur nur an einem einzigen Punkt ausgeführt wird.

Zwei für das Berechtigungsmanagement relevante Single-Point-Ansätze sind:

- *Single Point of Security Administration*
  Aufgaben der IT-Sicherheitsadministration werden an einer einzigen Stelle durchgeführt und dann in der dezentralen Architektur propagiert. Beispiel Passwort-Konfiguration: Der Wert des Konfigurationsparameters „Passwort-Mindestlänge" wird an einer Stelle

---

[1] Der Begriff Roll-Off stammt ursprünglich aus der Schifffahrt und bezeichnete den Entlade-Prozess der Fracht.

[2] Propagieren bedeutet hier, die Managementaktionen an die dezentralen Systeme weiterzuleiten und dort anzustoßen.

11.1 Die neue Zentralität

manuell konfiguriert und dann automatisiert in die anderen Systeme der Architektur übertragen[3].

- *Single Point of User Administration*
  Das gleiche Prinzip, angewendet auf die Benutzerverwaltung: Eine Identität wird an einer Stelle angelegt[4] und wird dann über einen Verteilungsmechanismus in allen anderen Systemen angelegt.

Eine weitergehende Zentralisierung auf der logischen Ebene besteht in der Bildung von zentralen Einheiten. Dazu werden aus den dezentralen Systemen Informationen zusammengefasst, die sich auf eine einzige Identität (z.B. Benutzerin Mona Muster) beziehen. In diesen Einheiten wird dann administriert (Abbildung 11.2).

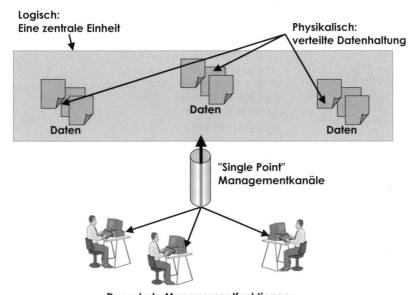

Abbildung 11.2: Die neue Zentralität mit Single-Point-Ansätzen

Für den Administrator scheint es ein einziges Objekt „Mona Muster" an einer Stelle zu sein, dabei handelt es sich in Wirklichkeit um viele Objekte in der Architektur, die sich alle auf Mona Muster beziehen, auch wenn sie anders bezeichnet sind. Die einzelnen Objekte in der

---

[3] Voraussetzung ist, dass das jeweilige Zielsystem in der Lage ist, den Parameter in der zentral definierten Weise einzustellen.

[4] Das Anlegen kann manuell oder event-gesteuert automatisiert erfolgen.

11 Meta Directory

Architektur verfügen dabei in der Regel nur über eine Teilmenge der Informationen zum Objekt.

Dieses Prinzip zeigt Abbildung 11.3. Ein neuer Mitarbeiter (hier: „Karl Meier") wird eingestellt. Im Zuge der Einstellung wird eine Personalakte in der Personaldatenbank eröffnet.

Die Eröffnung der Personalakte stellt ein Event dar. Aufgrund des Events wird eine zentrale, logische Dateneinheit für den neuen Mitarbeiter erzeugt. Darin werden die Informationen eingetragen, die sich aus der Personalakte ergeben und die für diese Verwendung freigegeben sind. In Abbildung 11.3 sind das der Name, die Abteilung und die Position.

Das Anlegen der zentralen Einheit stellt ebenfalls ein Event dar. Aufgrund dieses Events startet die Propagation, Herr Meier wird automatisiert in den einzelnen Systemen der Architektur angelegt. In Abbildung 11.3 wird er überall als „Karl Meier" angelegt, in der Praxis ist es jedoch oft erforderlich, auf den Namensraum des jeweiligen Systems Rücksicht zu nehmen und dort einen Namen zu wählen, der dem Namensraum entspricht.

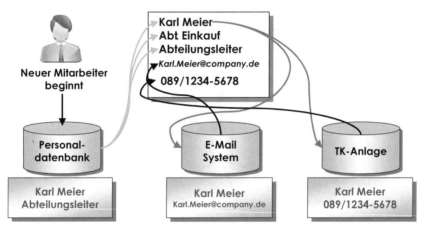

Abbildung 11.3: Datenfluss mit zentraler Einheit

Der Benutzer Meier wurde auch im E-Mail-System automatisiert angelegt. Nun bekommt er entweder automatisiert oder manuell eine E-Mail-Adresse zugeordnet. Erfolgt die Zuordnung automatisiert, dann wird die E-Mail-Adresse im E-Mail-System angelegt. Im Fall einer eventgesteuerten Kommunikation zwischen dem System mit der zentralen Einheit und den dezentralen Systemen stellt das Anlegen ein Event dar, das die Übernahme der eingetragenen Adresse in die zentrale Einheit auslöst. Ist die Komunikation nicht eventgesteuert, können Agents eingesetzt werden, die die dezentralen Systeme regelmäßig nach Änderungen und Neueintragungen abfragen.

Soll das Anlegen manuell erfolgen, dann wird die E-Mail-Adresse nicht im E-Mail-System eingetragen (das wäre kein Single-Point), sondern in der zentralen Einheit. Das Eintragen stellt wiederum ein Event dar, das die Übernahme der E-Mail-Adresse in das E-Mail-System auslöst.

Wichtig ist bei diesem Modell, dass die Interaktivität gegeben ist. Wird in der zentralen Einheit beispielsweise eine E-Mail-Adresse eingegeben, die bereits existiert, dann muss im Administrationssystem zeitnah eine Fehlermeldung erscheinen. Doch woher nimmt das Administrationssystem die Information, dass es diese E-Mail-Adresse schon gibt?

Hierfür gibt es zwei Möglichkeiten. Besteht eine sehr performante Verbindung zwischen Administrationssystem und E-Mail-System, dann kann das Administrationssystem eine Anfrage an das E-Mail-System stellen, d.h. es versucht die Adresse anzulegen und gibt dem Administrator die Meldung des E-Mail-Systems zurück (Online-Anbindung).

Die zweite Möglichkeit besteht darin, dass das Administrationssystem selbst alle E-Mail-Adressen führt und daher selbst die Prüfung durchführen kann, ob die Adresse bereits existiert. Da in diesem Fall zwei Datenbestände existieren (Administrationssystem und E-Mail- System), ist es wichtig, die beiden Bestände stets identisch zu halten.

Sind beide Möglichkeiten nicht möglich oder nicht erwünscht, besteht immer die Möglichkeit, das E-Mail-System in diesem Fall zum autoritativen System zu erklären, die E-Mail-Adresse im E-Mail-System einzutragen und dann automatisiert in die zentrale Einheit zu übernehmen. Das ist zwar keine Single-Point Administration, aber in der Praxis oft einfacher zu realisieren.

Das gleiche Prinzip wird für die Zuordnung einer Telefonnummer angewendet. Ändert sich die Telefonnummer des Benutzers, weil er im Gebäude das Büro wechselt, dann wird die neue Telefonnummer nicht manuell in der TK-Anlage eingetragen, sondern in der zentralen Einheit. Die Änderung ist ein Event, das die Eintragung der neuen Telefonnummer in die TK-Anlage auslöst, z.B. damit im Display des Telefons der Name des Benutzers erscheint. Das Event löst gleichzeitig auch die Eintragung der Telefonnummer in alle anderen Systeme aus, die die Telefonnummer führen.

11 Meta Directory

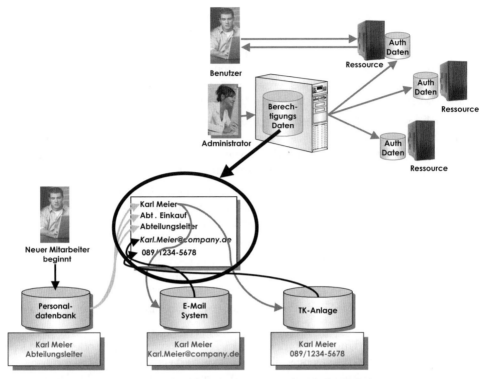

Abbildung 11.4: Kombination von Berechtigungssystem und zentraler Einheit

Abbildung 11.4 zeigt die Kombination aus vorgeschaltetem System und zentralen Einheiten. Das vorgeschaltete System schafft physisch den Single-Point, und genau dort werden auch die logischen, zentralen Einheiten platziert. Administriert wird nur noch im vorgeschalteten System. Eine solche Kombination findet man im Falle von zentralen Berechtigungssystemen recht oft vor.

11.2 Zentrales Repository

Die im vorherigen Abschnitt beschriebene Zentralisierung der Daten einer Identität mit Hilfe der gezeigten zentralen Einheiten findet auf einer logischen Ebene statt und ist von der physischen Speicherung unabhängig. Das bedeutet, dass es auf der physischen Ebene für einzelne Teilmengen der Objekte verschiedene Speicherorte geben kann (z.B. werden die E-Mail-Adressen im E-Mail-System hinterlegt, die dann über Verweise mit einem übergeordneten, eindeutigen Namensraum verlinkt und synchronisiert werden). Dieses Prinzip lässt sich in der Meta-Directory-Technologie anwenden und wird später in diesem Kapitel näher erläutert.

11.2 Zentrales Repository

Eine andere Möglichkeit besteht darin, die Daten einer Identität zwar in eine logische, zentrale Einheit zusammen zu führen, diese aber dann direkt bei der Identität zu speichern, also zu verteilen.

Die gängigste Variante besteht jedoch darin, dass die logischen, zentralen Einheiten auch physisch zentral gespeichert werden, d.h. es gibt ein führendes System für die zentralen Einheiten in der Architektur.

Doch an welcher Stelle in der Architektur sollte ein solches System angesiedelt werden? Gibt es in den Architekturen Systeme, die ohnehin vorhanden sind und die für diese Aufgabe genutzt werden können? Mit diesen Fragen beschäftigt sich nicht nur dieser Abschnitt, auch alle Hersteller von Standard-Systemen, die man in fast jeder Architektur findet, beschäftigen sich damit und versuchen, ihr System als das bestmögliche System für das Führen und Verwalten von solchen Daten darzustellen.

Abbildung 11.5 zeigt beispielhaft mehrere Möglichkeiten, an welcher Stelle in der Architektur Benutzeraspekte zusammengefasst werden können:

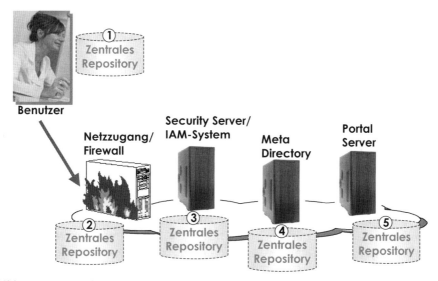

Abbildung 11.5: Zentrale Repositories in einer dezentralen Architektur

Es gibt keine für alle Architekturen und alle Szenarien geltende, eindeutige Antwort, welche Stellen bzw. welche Systeme nun für die Aufgabe innerhalb der Benutzer- und Berechtigungsverwaltung am Besten geeignet sind.

Benutzerorientiertes zentrales Repository

Bei diesem Ansatz, der bereits erwähnt wurde, wird die zentrale Einheit einer Identität direkt bei der Identität gespeichert (in Abbildung 11.5 mit (1) gekennzeichnet). Es muss dabei gewährleistet sein, dass mit dem identifizierenden Datum (z.B. einer eindeutigen User-ID) der Speicherort zuverlässig gefunden werden kann und der technische Zugriff möglich und performant ist.

Der Ansatz ist nicht sehr geeignet, um den beschriebenen Single-Point-Ansatz zu realisieren. Er kann jedoch durchaus sinnvoll sein, um Zugangsinformationen bei der Identität zu speichern, die diese Informationen dann selbständig in Anmeldeprozessen verwendet. Auf diese Weise kann beispielsweise ein Single-Sign-On realisiert werden, ohne eine umfangreiche Infrastruktur dafür aufbauen zu müssen. Der Benutzer erhält eine Chipkarte, auf der die Zugangsinformationen hinterlegt sind und kann sich damit bei einer Vielzahl von Anwendungen und Systeme anmelden.

Zentrales Repository im Netzzugang

Der Netzzugangspunkt ist eine zentrale Stelle in der Architektur, die in der Regel mit einem Firewallsystem geschützt wird. Während die meisten anderen Ansätze auf der Anwendungsebene arbeiten, können bei diesem Ansatz, der in Abbildung 11.5 mit (2) gekennzeichnet ist, Zugriffsentscheidungen bereits auf der Netzwerkebene getroffen werden.

Dazu wird das Firewallsystem um Komponenten erweitert, die Zugangsdaten speichern und Netzverbindungen auf der Grundlage dieser Zugangsdaten freigeben oder sperren können. Die Freigabe bzw. Sperrung von Netzverbindungen ist die originäre Aufgabe eines Firewallsystems, so dass sich der Aufwand für die Zusatzkomponenten in Grenzen hält. Auch mit diesem Ansatz lässt sich ein Single-Sign-On realisieren, denn auf der Grundlage der Zugangsdaten können bei einer Anmeldung in einem Zug die benötigten Verbindungen freigeschaltet werden.

Zentrales Repository in einem IAM/IdM-System

Bei diesem Ansatz gibt es ein auf die Identitätsverwaltung spezialisiertes System in der Architektur, das über eine eigene, zentrale Datenablage verfügt (z.B. eine Datenbank), in der die zentralen Einheiten gespeichert werden.

Solche Systeme bieten üblicherweise komfortable Administrationsmöglichkeiten und entsprechende Oberflächen an, mit denen der Single-Point-Ansatz umgesetzt werden kann. Da sie auf die Aufgabe des systemübergreifenden Benutzer- und Berechtigungsmanagements spezialisiert sind, enthalten sie eine umfangreiche Logik und viele Features für diesen Bereich.

Zentrales Repository in einem Meta-Directory

Es ist gerade die Ausrichtung auf die Zusammenführung von verschiedenen Datenquellen, die Meta-Directories so interessant für das Berechtigungsmanagement machen. Die Stärke liegt dabei in der zentralen, synchronisierten Datenablage. Die Meta-Directory-Technologie wird in diesem Kapitel später ausführlicher dargestellt.

Zentrales Repository in einem Portalserver

Auch ein Unternehmens- bzw. Mitarbeiterportal ist ein zentraler Punkt in der Architektur. Hauptaufgabe eines solchen Portals ist die auf Arbeitsplätze bzw. den Tätigkeitsinhalt bezogene Zusammenführung von IT-Ressourcen (Anwendungen, Dienste und Informationen) an einem Punkt. Die Erfüllung dieser Integrationsaufgabe setzt voraus, dass das Portal die entsprechenden Zugänge zu den IT-Ressourcen herstellen kann. Ein Mitarbeiterportal ist gleichzeitig ein zentraler Authentifikationspunkt für einen Mitarbeiter. Aus diesem Grund verfügt ein Portalserver über eine entsprechende Datenablage (entweder eine Datenbank oder ein Portal Directory), in der die benötigten Benutzerdaten gespeichert werden. Dort können neben Benutzern und deren Zugangsdaten auch Rollen und deren Zuordnungen hinterlegt werden.

11.3 Aufbau eines Berechtigungssystems

Dieser Abschnitt geht von dem Szenario aus, dass ein eigenes, berechtigungsverwaltendes System in die IT-Architektur eingefügt wird. In diesem Fall muss das Berechtigungssystem über eine Reihe von Komponenten verfügen, um seiner Aufgabe gerecht werden zu können.

11.3.1 Datenablage (Repository)

Ein Berechtigungssystem bildet die Berechtigungssystematik technisch ab. Folglich muss das Berechtigungssystem alle Daten speichern, die in der Berechtigungssystematik verwendet werden. Das betrifft:

- Die Identitäten
- Die den Identitäten zugeordneten Gestaltungselemente (z.B. Rollen)
- Die vom System bedienten Systemwelten und Datenquellen
- Die sowohl auf der Benutzer- als auch auf der Ressourcenseite eingerichteten Verknüpfungen zwischen Benutzern, Gestaltungselementen und Ressourcen.
- Das Mapping der Namensräume (Eindeutige Identifizierung von Identitäten in verschiedenen Systemwelten)

Wie bereits beschrieben, wird für die Speicherung dieser Daten sowohl logisch als auch physisch meist ein zentraler Ansatz gewählt. Das bedeutet, dass das Berechtigungssystem die erwähnten Daten in einer zentralen Datenbank, einem Verzeichnisdienst, einer dateibasierten Ablage oder einem anderen Datenspeicher ablegt.

Die Datenablage muss in der Lage sein, auch große Datenmengen verwalten zu können. In Großunternehmen umfasst alleine der Datenbestand der Identitäten mehrere zehntausend Datensätze. Hinzu kommt die Forderung nach Transparenz, d.h. die Berechtigungssystematik muss sowohl in der Datenbasis, als auch in der Anwendungslogik und in der Darstellungsebene (z.B. Maskengestaltung) nachvollzogen werden können.

Fortschrittliche Berechtigungssysteme besitzen Datenablagen, die über Mechanismen zur Erzielung von Lastteilung und Ausfallsicherheit (z.B. durch Replikation) verfügen.

11.3.2 Zugangsschnittstelle für die Administration

Eines der Ziele beim Einsatz eines Berechtigungssystems ist die Realisierung des Ansatzes des Single Point of Administration (SPoA). Die Administration erfolgt nach diesem Ansatz im Berechtigungssystem und wird vom Berechtigungssystem in die IT-Ressourcen propagiert. Folglich muss das Berechtigungssystem über eine oder mehrere Zugangsschnittstellen für die Administration verfügen und Administrationsoberflächen bereitstellen, mit deren Hilfe die Administrationsaufgaben durchgeführt werden können.

Die Oberflächen und die Logik dahinter müssen an individuelle Administrationsaufgaben und das Unternehmen anpassbar sein. Zur Zugangsschnittstelle gehört weiterhin die Zugriffsmöglichkeit über verschiedene Zugriffsprotokolle und der Zugriffsschutz über Authentifizierungsmechanismen (siehe Kapitel 7).

Es liegt weiterhin auf der Hand, dass es auch in Berechtigungssystemen eine Autorisierung geben muss, die festlegt, welche Rechte ein Administrator im Berechtigungssystem besitzt.

11.3.3 Rule Engine

Eine zentrale Komponente von Berechtigungssystemen ist die Rule Engine, die das Regelwerk für die Berechtigungssystematik verwaltet. Über entsprechende Masken können im Regelwerk Bedingungen definiert werden, auf denen eine automatisierte Rechtevergabe aufgebaut werden kann.

Die Bedingungen bestehen dabei in logischen Verknüpfungen von Wahrheitswerten für verschiedene Attribute von Identitäten oder Ressourcen. Ein Beispiel für eine solche Bedingung wäre: *„Die Identität ist Mitglied der Gruppe der Sicherungsoperatoren"*. Eine Regel für die Gewährung des Zugriffs auf eine Backup-Software könnte dann beispielsweise sein: *„Wenn die Identität Mitglied der Gruppe der Sicherungsoperatoren ist UND die Benutzerrolle Backup-Admin besitzt"*. In der Praxis sind die Regeln natürlich komplexer, zudem existiert meist eine große Anzahl von Regeln, um die verschiedenen Anwendungsfälle abzudecken. Die Rule Engine kann eine einfache Oberfläche zur Definition und Speicherung von Regeln sein, sie kann jedoch auch relativ „intelligent" gestaltet sein und Plausibilitätsprüfungen oder Vererbung realisieren.

11.3.4 Provisioning-Komponente

Die weitgehend automatisierte Provisionierung[5] von Identitäten ist ein weiteres Ziel, das mit dem Einsatz eines Berechtigungssystems verfolgt wird. Eine Provisionierungskomponente in einem Berechtigungssystem wird von drei Faktoren beeinflusst:

---

[5] Das Thema Provisioning wird ausführlich in Kapitel 7 behandelt.

Datenbasis

Grundlage für die Provisioning-Komponente sind die in der Datenbasis vorhandenen Informationen zu Identitäten, Rollen, usw. Hier erfolgt die grundsätzliche Verschaltung der Gestaltungselemente. Beispielsweise würde in der Datenbank die Beziehung *„Herr Tsolkas besitzt die Rolle Datenbankadministrator"* hinterlegt werden, die dann im Provisionierungsprozess für die Berechtigungsentscheidung herangezogen würde.

Das gleiche gilt für die Beziehungen auf der Ressourcenseite, beispielsweise könnte sich dort die Beziehung *„Die Rolle Datenbankadministrator besitzt die DBADM-Berechtigung im Datenbankmanagementsystem"* finden.

Regelwerk

Für die Provisioning-Komponente ist das Regelwerk (Rule Engine, siehe weiter oben) so etwas wie ein Auswertungsprogramm für die Beziehungen in der Datenbasis. Die Regeln stellen dabei die „Auswertungsvorschriften" dar, d.h. nach welcher Logik die einzelnen Beziehungen für die Berechtigungsentscheidung zusammengeführt werden. Um das Beispiel des vorherigen Punktes aufzugreifen, könnte eine einfache Regel sein: *„Wenn die Identität Tsolkas die Rolle Datenbankadministrator besitzt, dann wird ihr die Berechtigung DBADM im Datenbankmanagementsystem zugeordnet"*.

Sofern feststeht, dass sich die Zuordnung über die Zeit nicht verändert, kann sie statisch hinterlegt werden. Sie gilt dann „bis auf Widerruf" bzw. bis bei der Identität oder bei der Ressource ein Event auftritt, das eine Neubewertung der Zuordnung notwendig macht (z.B. das Löschen der Identität). Ist die Zuordnung von dynamischen Faktoren abhängig (z.B. Zuständen in einem Workflow oder der Uhrzeit), dann wird sie in regelmäßigen Abständen oder bei jedem Lauf des Provisioning neu ausgewertet, d.h. die Regeln erneut geprüft. In fortschrittlichen Berechtigungssystemen können solche dynamischen Aspekte der Regelprüfung flexibel konfiguriert werden.

Provisionierungsauslöser

Die Systematik der Provisioning-Komponente ist in den vergangenen Punkten deutlich geworden. Fragen, die jedoch offen blieben, sind: „Wann wird in einem Berechtigungssystem provisioniert? Was löst die Provisionierung aus?". Für die Antwort auf diese Frage gibt es mehrere Möglichkeiten.

Am weitesten verbreitet sind regelmäßige *Provisionierungsläufe*. Das bedeutet, dass in einem festen Zeitintervall die Datenbasis darauf geprüft wird (Pull-Prinzip[6]), ob Änderungen (z.B. das Anlegen eines neuen Benutzers) vorgenommen wurden. Falls dies der Fall war, werden diese Änderungen in die angeschlossenen Systeme übertragen. Die Änderungen können

---

[6] Beim Pull-Prinzip fragt ein Verarbeitungsschritt nach, ob ein Zustand vorliegt, bei dem er tätig werden muss (Holschuld). Demgegenüber steht das Push-Prinzip, bei dem derjenige, der diesen Zustand erzeugt, den Verarbeitungsschritt von sich aus anstoßen muss (Bringschuld).

11 Meta Directory

über die Administrationsschnittstelle oder aus einem führenden System heraus in die Datenbasis einfließen.

Ein typisches, führendes System für Benutzerdaten ist das Personalmanagementsystem der Personalabteilung. Zum einen ist der Personaldatenbestand in einem solchen System in der Regel gut gepflegt, zum anderen ist dieses System das erste System, das bei neuen Benutzern mit entsprechenden Stammdaten versorgt wird (z.B. Personalakte anlegen).

Als Zeitintervall wird häufig ein Arbeitstag gewählt, d.h. Änderungen werden tagsüber eingetragen, spätabends wird die Datenbasis geprüft und nachts die Änderungen in die einzelnen angeschlossenen Systeme provisioniert. Am nächsten Morgen sind die Änderungen verarbeitet, neu provisionierte Benutzer können arbeiten und das Gesamtsystem ist wieder konsistent.

Eine Schwierigkeit ist dabei, dass Personaldatenbestände oft „heilige" Datenbestände sind. Oft weigern sich daher die Personalbereiche, den Datenbestand automatisiert mit anderen Datenbasen zu synchronisieren. Entweder man bekommt zumindest einen Online-Zugriff „Read-Only" auf die Personaldaten oder der Personalbereich stellt offline einen Export der Personaldaten zur Verfügung (wenn es sein muss als trennzeichenseparierte Textdatei, was die IT-Sicherheit aber gar nicht gerne sieht).

Eine andere Möglichkeit bietet das *Scheduling*. Dabei werden für einzelne Gruppen von Daten unterschiedliche Zeitintervalle für das Provisioning definiert. Innerhalb einer Taskplanung werden einzelne Provisionierungs-Tasks angelegt. Darin werden die zu provisionierenden Daten angegeben und eine Zeitplanung für die Ausführung eingetragen. Ein Taskmanagement führt die Tasks aus, überwacht die Taskausführung (z.B. anhand von Konfigurationsparametern, siehe weiter unten) und protokolliert den Ablauf (Logging), zeigt also auch, ob und wenn ja wo es Probleme bei der Taskdurchführung gab.

Eine weitere Möglichkeit ist das *eventbasierte Provisioning*. Bei dieser Art des Provisioning stellt der Abschluss einer Änderungsaktion ein Event dar, das vom System erkannt wird. Für jedes Event können Aktionen definiert werden. Eine abgeschlossene Änderung könnte beispielsweise direkt in die angeschlossenen Systeme übernommen werden (Real Time Provisioning nach dem Push-Prinzip). Dies ist zwar die schnellste Art, bei großer Änderungshäufigkeit und einer großen Anzahl von Identitäten und Zielsystemen kann es aber passieren, dass das Provisioning unzulässig viel Netzwerk-Bandbreite beansprucht.

Konfigurationsparameter

Die Durchführung der Provisionierung wird, wie bereits erwähnt wurde, in der Regel überwacht (Monitoring). Diese Überwachung wird insbesondere für die Protokollierung (Logging) und die Behandlung von Ausnahmezuständen benötigt. Sie erfolgt automatisiert, wie der Provisioning-Prozess selbst.

Mit den Konfigurationsparametern (einige Berechtigungssysteme verfügen auch beim Monitoring über eine vollständige Eventsteuerung) können Zustände (z.B. mit Schwellwerten) definiert werden. In der Überwachung wird dann geprüft, ob diese Zustände erreicht sind und entsprechende Reaktionen stattfinden sollen.

Ein Beispiel, das in der Praxis häufig angewendet wird, ist die Definition einer maximalen Anzahl von aufeinanderfolgenden, automatisierten Löschvorgängen. Wenn sich im Regelwerk ein Fehler eingeschlichen hat, kann dies u.U. zum Löschen aller Datensätze führen. Um dies zu verhindern, wird ein vom System vorgesehener Konfigurationsparameter (z.B. MAX_AUTO_DELETE) definiert. Wird die angegebene Anzahl von Löschungen erreicht, dann wird eine Logmeldung erzeugt und weitere Löschoperationen werden ignoriert.

11.3.5 Verwaltungssystem

Das Verwaltungssystem eines Berechtigungssystem ist das „drumherum" um die Kernfunktionalitäten. Das Verwaltungssystem kümmert sich um die Durchführung aller Funktionen, die in einer Software-Anwendung mit dazugehören. Dies sind z.B.:

- Das Anmelden an und Abmelden von der Software
- Die Passwortverwaltung
- Die Sitzungsverwaltung
- Die Protokollierung
- Das Berechtigungskonzept für das eigene System
- Such- und Auswertungsfunktionen
- usw.

11.3.6 Kommunikationskomponente

Enorm wichtig für ein systemübergreifendes Berechtigungssystem ist die Fähigkeit, Verbindungen zu den anderen Systemen in der Architektur (sog. Zielsystemen) herzustellen und mit ihnen zu kommunizieren. Diese Kommunikation erfolgt über kleine Softwaremodule, die als Agenten oder Konnektoren bezeichnet und auf den Zielsystemen installiert werden.

Agenten bzw. Konnektoren sind ein zentraler Bestandteil von Meta-Directrory-Systemen und werden deshalb im Abschnitt 12.6. behandelt, in dem es um die Kommunikation von Meta-Directories mit Zielsystemen geht. Das dort gesagte gilt in gleicher Weise auch für andere, zentrale Berechtigungssysteme.

Abbildung 11.6 fasst die Komponenten eines zentralen Berechtigungssystems noch einmal in grafischer Form zusammen. Moderne Softwaresysteme für das systemübergreifende Berechtigungsmanagement vereinen alle diese Funktionalitäten.

11 Meta Directory

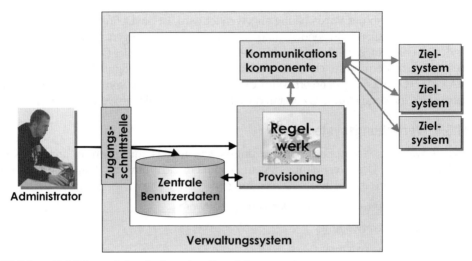

Abbildung 11.6: Schematischer Aufbau eines Berechtigungssystems

Nicht immer wird ein solches Komplettsystem benötigt bzw. alle Komponenten eines solchen Systems auch genutzt. Die unternehmensweite Berechtigungsthematik ist eine sehr individuelle Thematik und unterscheidet sich von Unternehmen zu Unternehmen teilweise erheblich. Es sollte berücksichtigt werden, dass es nicht immer möglich ist, bestehende Strukturen oder berechtigungssteuernde Systeme durch ein solches Zentralsystem kurzfristig abzulösen.

11.4 Grundkonzept Verzeichnisdienst

Eine technologische Möglichkeit, ein solches zentrales Berechtigungssystem zu schaffen, besteht in der Verwendung der Meta-Directory-Technologie. Die Meta-Directory-Technologie baut auf der Technologie des offenen[7] Verzeichnisdienstes auf, daher sollen in diesem Abschnitt zunächst die Grundzüge eines solchen Verzeichnisdienstes vorgestellt werden.

Verzeichnis

Ein Verzeichnis ist eine Liste von Informationen zu Objekten. Für jedes Objekt werden Informationen zu ausgewählten Merkmalen in das Verzeichnis aufgenommen. Alle Objekte werden in gleicher Weise, d.h. mit den gleichen Merkmalen beschrieben.

Ein bekanntes Beispiel für ein Verzeichnis ist das Telefonbuch (siehe Abbildung 11.7).

---

[7] Ein Verzeichnisdienst ist offen, wenn er nicht nur für einen speziellen Anwendungszweck und spezielle Dateninhalte konzipiert ist, sondern unterschiedlichste Daten aufnehmen kann.

11.4 Grundkonzept Verzeichnisdienst

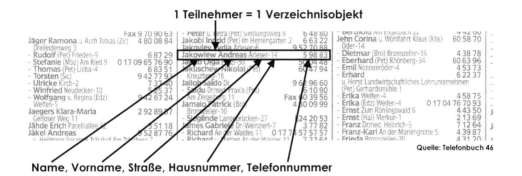

Abbildung 11.7: Beispiel für ein Verzeichnis

Die Teilnehmer am Telefondienst stellen die Verzeichnisobjekte dar. Jeder Teilnehmer wird durch die Merkmale Name, Vorname, Straße, Hausnummer und Telefonnummer beschrieben. Ein Verzeichnisdienst ist eine technologische Möglichkeit, solche Verzeichnisse zu speichern, zu veröffentlichen, darin zu suchen und auf Verzeichnisobjekte zuzugreifen.

Für die nachfolgenden Ausführungen wird der erste und führende konzeptionelle Standard für offene Verzeichnisdienste, X.500, zugrunde gelegt. Er wird später näher behandelt.

Verzeichniseinträge und Attribute

Die datentechnische Repräsentation eines Verzeichnisobjekts in einem Verzeichnisdienst wird als Eintrag (Entry) bezeichnet, die Merkmale werden Attribute genannt. Ein Beispiel eines solchen Eintrags zeigt Abbildung 11.8.

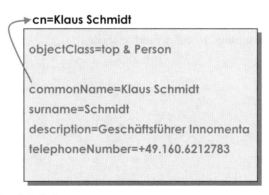

Abbildung 11.8: Ein Verzeichniseintrag

Der gezeigte Personeneintrag enthält die fünf Attribute objectClass, commonName, surname, description und telephoneNumber. Wo diese Attribute herkommen, wird später im Abschnitt „Verzeichnisschema" besprochen.

Jedes Attribut ist eine Zuweisung eines Attributwerts (z.B. Schmidt) zu einem Attributnamen (z.B. surname). Eines der Attribute wird ausgewählt und als Name für das gesamte Verzeichnisobjekt verwendet. Dieses Verfahren wird als „Attributed naming" bezeichnet. Beim gezeigten Eintrag wurde das Attribut „commonName" verwendet, daher heißt der Eintrag „cn=Klaus Schmidt" (cn ist die Abkürzung für commonName).

Da sich ganz unterschiedliche Informationen in einem Verzeichnis ablegen lassen (z.B. Text, Audiodaten, Videodaten, Zertifikate, usw.), kann für jedes Attribut ein Attributtyp und eine Attributsyntax angegeben werden. Eine Attributsyntax gibt an, welche Struktur ein Attributwert besitzen muss. Bei einer Telefonnummer könnte beispielsweise festgelegt werden, dass sie der Syntax „+LL.VVVV.RRRRRRRR" genügen muss, wobei L für die Ziffern der Landesvorwahl, V für die Ortsvorwahl ohne führende Null und R für die Teilnehmerrufnummer innerhalb des Ortsnetzes steht.

Der Verzeichnisbaum

Die simpelste Möglichkeit für die Speicherung der Einträge wäre eine einfache Liste (plain list) der Einträge, d.h. die Einträge würden lose nebeneinander abgelegt. Der Nachteil dieser Methode ist, dass auf diese Weise keine Beziehungen zwischen den Verzeichnisobjekten abgebildet werden kann.

Aus diesem Grund ist die Datenablage in Form einer Baumstruktur gestaltet. Eine Baumstruktur gliedert mehrere Objekte in eine 1:n Beziehung, d.h. es gibt ein übergeordnetes Objekt und mehrere untergeordnete Objekte. Baumstrukturen spielen nicht nur in der Informatik, sondern auch in der Realität für die Strukturierung eine wichtige Rolle. So ist die Welt in einzelne Länder gegliedert, in einem Land gibt es viele Unternehmen, in einem Unternehmen mehrere Abteilungen, in einer Abteilung mehrere Mitarbeiter, usw.

Dies zeigt Abbildung 11.9 auf der linken Seite. Die Strukturen der Realität werden in einem Verzeichnisdienst in dem (weltweiten) Verzeichnisbaum (Directory Information Tree, kurz DIT) abgebildet (in Abbildung 11.9 auf der rechten Seite).

11.4 Grundkonzept Verzeichnisdienst

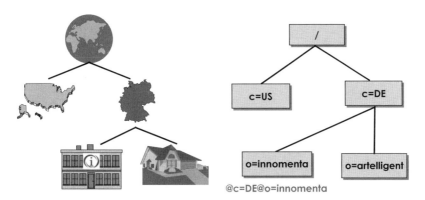

Abbildung 11.9: Realstruktur und ihre Abbildung als Verzeichnisbaum

Ein Verzeichniseintrag hat also immer eine ganz bestimmte Position im DIT, die ihn in einen bestimmten Kontext stellt. Der Beispieleintrag „cn=Klaus Schmidt" hätte die Position unterhalb von o=innomenta (o steht für das Attribut organization).

Mit der Baumstruktur reicht der Name des Eintrags in der bisher dargestellten Form zur eindeutigen Identifizierung in der Datenbasis nicht mehr aus, denn einen Personeneintrag „cn=Klaus Schmidt" könnte es auch im Unternehmen Artelligent geben, also unterhalb von o=artelligent.

Aus diesem Grund werden die Namen aller übergeordneten Verzeichniseinträge hinzugenommen und vorangestellt (dies entspricht dem Pfad von der Wurzel bis zum jeweiligen Eintrag). Für den Beispieleintrag wäre das /c=DE/o=innomenta/cn=Klaus Schmidt[8] (c steht für das Attribut country). Dieser Name wird als Distinguished Name (DN) bezeichnet, während die letzte Komponente (cn=Klaus Schmidt) den Relative Distinguished Name (RDN) bildet.

Verzeichnisschema

Um für verschiedene Typen von Verzeichnisobjekten (z.B. Personen, Unternehmen, Netzwerke, Räume, usw.) nur jeweils „passende" Attribute zu verwenden, werden Objektklassen definiert. Die Objektklasse legt fest, welche Attribute für den jeweiligen Objekt-Typ relevant sind.

Welche Objektklasse(n) für ein konkretes Verzeichnisobjekt gelten, geht aus dem Attribut objectClass hervor, das jeder Eintrag besitzt. Die Liste der relevanten Attribute wird in der

---

[8] Es finden sich in verschiedenen Systemen unterschiedliche Trennzeichen, so ist für den Pfad auch die Schreibweise @c=DE@o=innomenta@cn=Klaus Schmidt oder in umgekehrter Reihenfolge cn=Klaus Schmidt, o=innomenta, c=DE zu finden.

sogenannten Objektklassendefinition festgelegt. Dort wird auch bestimmt, ob ein Attribut einen Wert besitzen muss oder auch leer gelassen werden kann.

Beispiel:

```
person OBJECT-CLASS ::= {
    SUBCLASS OF top
    MUST CONTAIN {commonName|surname}
    MAY CONTAIN {description|seeAlso|telephoneNumber|userPassword}
    ID {id-oc-person} }
```

Wie die Verzeichnisobjekte bilden auch die Objektklassen eine Hierarchie, in der es über- und untergeordnete Objektklassen gibt. Übergeordnete Objektklassen sind abstrakter und enthalten elementare Attribute, während die untergeordneteren Objektklassen die Attribute der übergeordneten Klassen erben und mit weiteren Attributen anreichern. Für jedes Attribut gibt es analog zu den Objektklassen eine Attributdefinition:

```
commonName ATTIBUTE
WITH ATTRIBUTE-SYNTAX caseIgnoreStringSyntax
(SIZE(1..ub-common-name))
::= {attributeType 3}
```

In der Definition kann der Attributtyp und die Syntax festgelegt werden. Durch Hinzufügen von neuen Attributdefinitionen können neue Attribute erzeugt werden (z.B. firmenspezifische Attribute). Zur besseren Unterscheidung der Attribute ist es sinnvoll, firmenspezifischen Attributen ein Unternehmenskürzel voranzustellen (z.B. iM für Innomenta).

DIT-Partitionierung

Der DIT ist logisch als weltweite Datenbasis konzipiert. Es ist leicht nachvollziehbar, dass eine solche Datenbasis nicht auf einem einzigen Server geführt werden kann. Der Verzeichnisbaum wird daher auf mehrere Server verteilt, jeder Server ist für einen Teil (eine Partition) des globalen Verzeichnisbaums der primäre Rechner (Master). Alle anderen Rechner besitzen nur Kopien (Slave) dieses Teils. Abbildung 11.10 zeigt das Funktionsprinzip.

11.4 Grundkonzept Verzeichnisdienst

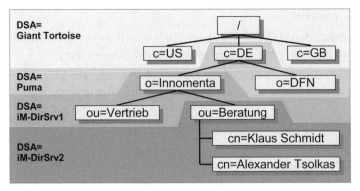

Abbildung 11.10: Partitionierung des DIT

Die Partitionierung des DIT hat nicht nur Kapazitätsgründe, sie ermöglicht auch eine Lastteilung und schafft eine Ausfallsicherheit. Die Daten werden über standardisierte oder proprietäre Replikationsprotokolle zwischen den Verzeichnisservern abgeglichen. Der ursprünglich geplante, weltweite Verzeichnisdienst hat sich indes nie durchsetzen können, Verzeichnisdienste existieren heute meist nur innerhalb der Unternehmensgrenzen.

Verzeichniszugriff

Der Zugriff auf die Inhalte des Verzeichnisdienstes kann technologisch auf unterschiedliche Weise erfolgen. Für Benutzerzugriffe finden sich dedizierte Clientsoftware (siehe Abbildung 11.11) oder http-Zugänge für den Browserzugriff.

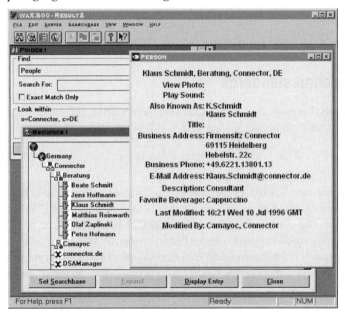

Abbildung 11.11: Software-Client für den Verzeichnisdienstzugriff

11 Meta Directory

Kernkomponenten sind:

- Die Datenbasis, die den Verzeichnisbaum bzw. eine Partition des Verzeichnisbaums hält (Dies kann eine Datenbank oder ein proprietäres Repository sein)
- Die Verzeichnissoftware, die auf die Datenbasis zugreift, den Clientzugriff ermöglicht, den Zugriffschutz organisiert, die Replikation durchführt und alle Verwaltungsaspekte abdeckt.

Damit ergibt sich das in Abbildung 11.12 gezeigte Gesamtbild.

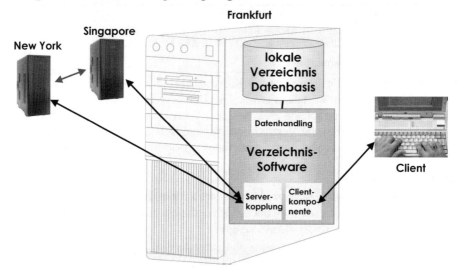

Abbildung 11.12: Technische Hauptkomponenten eines Verzeichnisdienstes

11.5 Verzeichnisstandards

Standards werden benötigt, damit Produkte unterschiedlicher Hersteller zusammenarbeiten können. Für Verzeichnisdienste spielen insbesondere zwei Standards eine Rolle: X.500 und LDAP.

X.500

Historisch gesehen war X.500 der erste offene, standardisierte Verzeichnisdienst. Er wurde in der OSI-Community ab dem Jahr 1985 für das E-Mail-Routing der OSI-Mail-Technologie X.400 entwickelt. Die erste Standardversion X.500(88) besaß noch einige Schwächen (z.B. fehlte ein Berechtigungskonzept, das in der Folgeversion X.500(93) nachgereicht wurde), aber sie war konzeptionell richtungsweisend für offene Verzeichnisdienste und mit einer frei verfügbaren Software-Implementierung (QUIPU) auch Basis vieler Verzeichnisdienstprodukte.

Die Konzepte von X.500 haben bis heute ihre Bedeutung behalten. Anders die Produkte: Die Zahl der Hersteller nahm aufgrund von strategischen Technologiewechseln, Fusionen und anderen Gründen mehr und mehr ab. Die Produkte galten als zu komplex und die OSI-Ansätze X.400 und X.500 zunehmend als zu praxisfern und wurden und werden durch die LDAP-Technologie mehr und mehr verdrängt.

LDAP

Das im X.500-Standard definierte Zugriffsprotokoll Directory Access Protocol (DAP) war auf Personal Computern der damaligen Zeit (wir befinden uns im Anfang der 90er Jahre) infolge seiner Komplexität nicht sehr performant. Schon früh gab es daher Überlegungen, ein Zugriffsprotoll zu definieren, dass einfacher arbeitet (z.B. unnötige Protokollebenen und -verarbeitungen weglässt).

Nach einigen Ansätzen setzte sich 1996 mit LDAP (Lightweight Directory Access Protocol) ein Ansatz der University of Michigan durch, der innerhalb kurzer Zeit von 40 Herstellern unterstützt wurde.

LDAP arbeitet mit einzelnen Kommandos für den Verzeichniszugriff. In den meisten gegenwärtigen Programmiersprachen können LDAP-Verzeichniszugriffe programmiert werden. Einige wichtige Kommandos sind nachfolgend zur Veranschaulichung unter Verwendung des Perl-Moduls Net::LDAP dargestellt.

Zunächst wird ein Verbindungsobjekt erzeugt, über das die Kommunikation mit dem Server abgewickelt wird.

```
# Das Perl-Modul einbinden
use Net::LDAP;

# Neues LDAP-Verbindungsobjekt zum angegebenen Verzeichnisserver erzeugen
$ldapObj= Net::LDAP->new('ldapserver.innomenta.de')
```

Mit dem Kommando **bind** (DN, Passwort) meldet sich das Verzeichnisobjekt mit dem angegebenen DN und dem zugehörigen Passwort am Verzeichnisserver an. Die Anmeldung ist notwendig, um prüfen zu können, ob das Verzeichnisobjekt die Aktionen durchführen darf, die es über diese Verbindung anfordert. Die Variable $retVal ist dabei der Rückgabewert, der den Ausführungsstatus des Kommandos anzeigt.

```
# Verbindung über das erzeugte Objekt herstellen
$retVal= $ldapObj->bind('cn=Klaus Schmidt, o=innomenta, c=DE',
                        password => 'abc123');
```

Nach dem Binden können Einträge angelegt, verglichen, geändert, umbenannt oder gelöscht werden. Attributwerte können gesucht und die gefundenen Einträge ausgegeben werden. Das Anlegen beispielsweise erfolgt mit dem Kommando **add** (DN, Attribute).

```
# Neues Objekt anlegen
$retVal= $ldapObj->add('cn=Alexander Tsolkas, o=innomenta, c=DE',
                attr => [
                    'cn' => 'Alexander Tsolkas',
                    'sn' => 'Tsolkas',
                    'telephoneNumber' => '+49.6147.501392',
                    'objectclass' => ['top', 'person']
                ]);
```

Gesucht wird mit dem Kommando **search** (Startpunkt, Suchbereich, Filter, Attributliste). Die Suche beginnt beim angegebenen Startpunkt und bezieht sich wahlweise auf den Startpunkt (base), alle Einträge unterhalb des Startpunktes (one) oder den gesamten Teilbaum unterhalb des Startpunktes (sub). Mit dem Filter können Suchkriterien definiert werden.

```
# Alle Mitarbeitereinträge mit dem Nachnamen Schmidt suchen
$retVal= $ldapObj->search( base   => 'o=innomenta, c=DE',
                           scope  => 'sub',
                           filter => 'sn= Schmidt');
```

In der Internet-Community wurde in den Neunziger Jahren der Ruf nach einem eigenen, offenen Verzeichnisdienst lauter. Was lag näher, als die X.500-Konzepte mit einer schlanken Technologie analog zu LDAP umzusetzen? Der erste Ansatz bestand in Server-Software, die das LDAP-Protokoll verarbeiten konnte. Ein Server mit dieser Software wurde folgerichtig LDAP-Server genannt.

Nach und nach wurden die einzelnen Verzeichnisdienst-Konzepte von X.500 auch in solchen LDAP-Servern umgesetzt und so die LDAP-Technologie zu einem vollständigen Verzeichnisdienst (LDAP-Verzeichnis) ausgebaut, mit eigenen, neuen Standardansätzen (z.B. LDUP für die Replikation). So besteht heute eine Doppeldeutigkeit des Begriffes LDAP, der zum einen für ein reines Zugriffsprotokoll, zum anderen für den Technologiekomplex eines offenen Verzeichnisdienstes der Internet-Community steht.

11.6 Meta-Funktionalität

Offene Verzeichnisdienste sind geeignet, um eine Informationsinfrastruktur im Unternehmen zu schaffen und viele Probleme des Datenmanagements zu lösen. Für die Berechtigungsthematik werden offene Verzeichnisdienste dann interessant, wenn sie um die Fähigkeit ergänzt werden, Daten-Schnittstellen zu verschiedenen Datenspeichern (E-Mail-System, Datenbank, usw.) bzw. Systemwelten (Windows, Linux, usw.) in der IT-Architektur zu realisieren und diese auf einer logischen Datenebene zusammenzuführen.

Die einzelnen Systemwelten und wichtigen Anwendungen führen in der Regel eigene Datenspeicher oder Verzeichnisse, die jedoch von Datenspeichern anderer Systemwelten und Anwendungen isoliert sind. Mit dem Meta-Directory wird nun ein weiteres Verzeichnis eingeführt, das aber ein übergeordnetes (daher der Begriff „Meta") Verzeichnis darstellt. Damit entsteht ein „Verzeichnis der Verzeichnisse".

Es sind vor allem zwei Komponenten, die aus einem offenen Verzeichnisdienst ein Meta-Directory machen und die nun vorgestellt werden sollen:

11.6 Meta-Funktionalität

Konnektoren / Agenten

Ein Konnektor bzw. Agent ist ein Stück Software, das auf einer Systemplattform installiert wird und dort in der Lage ist, mit einem Datenspeicher, einer Anwendung oder dem Betriebssystem zu kommunizieren. Technologisch gibt es mehrere Möglichkeiten für diese Kommunikation. Gebräuchlich ist beispielsweise die Nutzung von Programmschnittstellen (Application Programming Interfaces, kurz API) oder Zugriffsprotokollen (z.B. LDAP oder SQL). Der Konnektor kann Datenanfragen (Requests) stellen, Aktionen durchführen (z.B. einen Benutzer anlegen) oder Daten entgegennehmen.

Ein Konnektor arbeitet dabei in der Regel nicht autark, sondern steht in Verbindung mit der zentralen Stelle, dem Meta-Directory. Dies zeigt Abbildung 11.13.

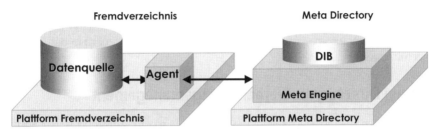

Abbildung 11.13: Kommunikation über einen Agent

Das bedeutet: Ein Konnektor hat eine Gateway-Funktion und versetzt das Meta-Directory in die Lage, mit den einzelnen Systemen, Anwendungen und Datenspeichern zu kommunizieren. Er „versteht" sowohl das Fremdverzeichnis als auch das Meta-Directory. Moderne Meta-Directory-Produkte verfügen über eine große Bandbreite von Standard-Konnektoren für alle möglichen Systeme.

Meta-Engine / Join Engine

Die Komponente, die auf Seiten des Meta-Directory mit den Konnektoren kommuniziert, wird als Meta-Engine oder Join Engine bezeichnet. Die Kommunikation mit den Konnektoren erfolgt über proprietäre Verfahren. Einige Hersteller werben damit, die Kommunikation ihres Produktes setze standardisierte Protokolle und Technologien für die Kommunikation mit den Konnektoren ein (z.B. XML oder LDAP).

Um die vollständige Kommunikation zu ermöglichen, d.h. Daten ein- und auszulesen, Befehle abzusetzen, das Regelwerk der Meta-Engine zu kennen und entsprechend reagieren zu können, müssen aber auch bei Verwendung von Standards mehrere Verfahren kombiniert werden. Diese Kombination ist für jeden Hersteller einmalig, und daher bleibt die Kommunikation auch bei Verwendung von Standards proprietär. Abbildung 11.14 zeigt die Hauptkomponenten eines Meta-Directory und die Kommunikation der Meta-Engine mit den Konnektoren.

11 Meta Directory

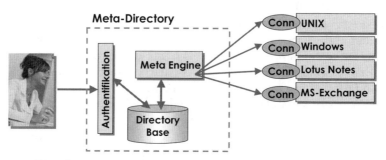

Abbildung 11.14: Hauptkomponenten eines Meta-Directory

Die Meta-Engine ist in der Lage Regeln zu definieren, nach denen dann die Konnektoren arbeiten. So können automatisierte Aktionen (zeit- oder eventgesteuert) in den Zielsystemen durchgeführt werden.

11.7 Meta Directory im Berechtigungsmanagement

Die Eigenschaften und Möglichkeiten, die ein Meta-Directory aufgrund seiner Struktur als offener Verzeichnisdienst mit vielfältigen Kommunikationsmöglichkeiten bietet, machen die Meta-Directory-Technologie sehr interessant für den Einsatz als zentrales Berechtigungssystem.

Ein zentrales Repository für die logisch zentralen Einheiten der Identitäten ist schnell geschaffen, indem im DIT eine Position angelegt wird, unter der die Identitäten gespeichert werden können (z.B. c=DE/o=innomenta/sub=IdM/dir=Identities)[9].

Um diese Ablage mit den bestehenden Identitäten zu füllen, werden die Namensräume der Zielsysteme analysiert und Zusammenführungsregeln (join rules) definiert. Regelbasiert können dann die Daten aus den Zielsystemen ausgelesen und in einen gemeinsamen, übergeordneten Namensraum (meta name space) zusammengeführt werden. Da es in den Zielsystemen mit der Konsistenz der Daten und der Einheitlichkeit der Namensräume nicht immer zum Besten bestellt ist, ist die Automatisierung nicht immer problemlos vollständig möglich und es muss manuell nachgearbeitet werden.

Beispiel: Ein neuer Mitarbeiter tritt in das Unternehmen ein

Für die Anlage neuer Identitäten sind mehrere, aufeinanderfolgende Schritte notwendig, die üblicherweise als Workflow im Unternehmen abgebildet sind. Für die Abwicklung wird meist ein weitgehend automatisiertes Verfahren definiert. Abbildung 11.15 zeigt einige Datenflüsse in diesem Workflow.

---

[9] sub und dir sind dabei von Innomenta eigendefinierte Attribute für subject und directory

11.7 Meta Directory im Berechtigungsmanagement

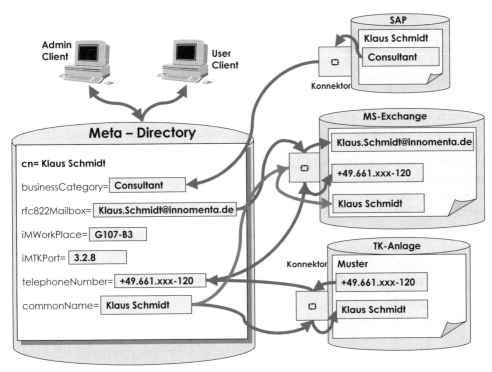

Abbildung 11.15: Daten-Workflow „Eintritt Mitarbeiter"

Ein neuer Mitarbeiter „*Klaus Schmidt*" wird eingestellt. Die Personalabteilung legt einen Mitarbeiter-Stammsatz im Personalmanagementsystem an. Der Stammsatz enthält zumindest den Namen des neuen Mitarbeiters, seine Personalnummer, seine Funktion im Unternehmen und die Abteilung, der er zugeordnet wird.

Die für die Benutzerverwaltung relevanten Daten des Personaldatenbestands werden mittels einem Konnektor oder als Dateiexport regelmäßig dem Berechtigungsmanagement zur Verfügung gestellt und dort regelbasiert mit dem bestehenden Datenstand abgeglichen. Im Fall des Dateiexports kann der Abgleich skriptgesteuert erfolgen.

In unserem Fall erkennt der Abgleich, dass im Personaldatenbestand ein Mitarbeiter *Klaus Schmidt* vorhanden ist, der im Meta-Directory nicht existiert und daher angelegt werden muss. Die Identität *Klaus Schmidt* muss eindeutig identifiziert werden, was bei diesem Namen in großen Unternehmen nur alleine anhand des Namens schwierig ist. Es müssen daher u.U. weitere Daten hinzugenommen werden (*Klaus Schmidt* mit der Funktion *Consultant* in der Abteilung *Sicherheitsberatung*), im Extremfall müssen Konfliktfälle gemeldet und manuell behandelt werden (Clearing).

11 Meta Directory

Für den neuen Mitarbeiter wird ein neuer Verzeichniseintrag erzeugt und die bereits vorhandenen Daten (z.B. Funktion im Unternehmen) als Attribute eingetragen. Wichtig ist, dass präzise definiert wird, mit welchem Bezeichner (z.B. Name oder Nummer) der neue Eintrag benannt wird und wie dieser Bezeichner aus den Daten im Personaldatenbestand erzeugt werden kann. Der Bezeichner muss jede Identität eindeutig identifizieren und sollte einmalig im Meta-Directory sein.

Aus den Personaldaten wird, wiederum regelbasiert, eine E-Mail-Adresse abgeleitet. In unserem Beispiel wird die weit verbreitete Bildungsregel Vorname.Nachname@firma.de verwendet. Damit ergibt sich die Adresse Klaus.Schmidt@innomenta.de, die natürlich ebenfalls eindeutig sein muss, d.h. auch hier muss es einen Algorithmus geben, der eindeutige Adressen erzeugt und gleichzeitig dafür sorgt, dass trotzdem möglichst weitgehend erkennbar bleibt, welche Identität sich hinter der Adresse verbirgt. Die neue Identität wird automatisiert im E-Mail-System angelegt, ihr wird die neu erzeugte E-Mail-Adresse zugewiesen. Im Optimalfall ist kein manueller Eingriff mehr nötig.

Nun wird der neuen Identität eine Telefonnummer zugewiesen. Hier wird von einem klassischen, festen Büroarbeitsplatz mit Festnetzanschluss ausgegangen, bei dem das Telefon bereits geschaltet ist, d.h. dem Port des entsprechenden Verteilers (bzw. Switch im Falle von VoIP) ist schon eine Nebenstellen-Nummer zugeordnet.

Im Verzeichnisdienst ist das Attribut „iMWorkPlace" vorhanden, das angibt, welcher Arbeitsplatz (Schreibtisch) für den neuen Mitarbeiter vorgesehen ist. Für jeden Arbeitsplatz existiert das Attribut „iMTelecommunicationPort", das den Telefonanschluss (und damit den TK-Port) angibt, der diesem Arbeitsplatz zugeordnet ist. Über diese Zuordnungskette: Identität – Arbeitsplatz – TK-Port – Nebenstelle, steht nun auch die Telefonnummer der Identität fest.

Die Telefonnummer wird zum einen im Verzeichniseintrag der Identität abgelegt, um die Nummer dort nachschlagen zu können (elektronisches Telefonbuch), zum anderen wird der Name des Mitarbeiters aus dem Verzeichnisdienst in die TK-Anlage eingetragen, z.B. um bei internen Anrufen den Namen des Anrufers auf dem Display anzuzeigen.

Wäre noch keine Telefonnummer vergeben, könnte, ebenfalls automatisiert, die nächste freie Nummer aus einem Rufnummernblock vergeben werden.

In ähnlicher Weise wird der Mitarbeiter in weiteren Systemen automatisiert, teilweise automatisiert oder manuell angelegt und mit entsprechenden Daten versorgt.

Wichtig sind dabei vor allem die Regeln und Events, auf denen das Verfahren aufgebaut wird. Sie müssen gut durchdacht sein und auch unübliche Fälle behandeln können.

Nach der Neuanlage spielt das Berechtigungssystem bei Änderungen seine Leistungsfähigkeit aus: Ändert sich beispielsweise der Name von Klaus Schmidt in Klaus Stölzer aufgrund der Eheschließung, wird der Name in allen angeschlossenen Systemen ohne manuellen Eingriff aktualisiert. Er wird nur noch an einer Stelle gepflegt und zwar im Meta-Directory. Damit wird die Konsistenz gesichert, unkontrollierte Redundanzen werden vermieden und das Datum ist überall gleich aktuell.

Weitere Vorteile des Meta-Directory

Durch die zugrundeliegende Verzeichnisdiensttechnologie wird ein Meta-Directory zur Mehrzweckwaffe:

- Das Directory bildet eine Informationsinfrastruktur. Daten unterschiedlichster Art können abgelegt werden. Anwendungen können diesen enormen Datenpool nutzen und Daten kombinieren (z.B. Kontaktinformationsverzeichnis, Helpdesk, Gebäudemanagement, usw.).
- Für eine PKI[10] bietet das Meta-Directory die Ablage zur Hinterlegung der Zertifikate (Sie können direkt in den Mitarbeitereinträgen gespeichert werden). Auch die Liste der gesperrten Zertifikate (Revocation list) wird im Meta-Directory geführt.
- Aufgrund der durch das Meta-Directory erzielten Zentralität kann das Meta-Directory für ein Single Sign On genutzt werden.
- Als Berechtigungssystem kann die Benutzerverwaltung auf dem Meta-Directory aufgebaut werden.
- In Identity Federation-Szenarien können Directory-Informationen im XML-Format mittels DSML übertragen werden und damit Meta-Directories in verschiedenen Unternehmen gekoppelt werden.

Diese Vielseitigkeit, verbunden mit den technologischen Vorteilen wie Replikation, Sicherheit, Erweiterbarkeit oder offene, objektorientierte Struktur, macht ein Meta-Directory zu einer für ein Unternehmen sehr interessanten Technologie.

---

[10] Public Key Infrastructure, eine Infrastruktur, die Zertifikate bereitstellt, mit denen sich die Identitäten ausweisen und z.B. Verschlüsselungen vornehmen können.

12 Förderierte Identitäten – Identity Federation

In der Informationsverarbeitung hat **Federated Identity** zwei wesentliche Bedeutungen:
- Eine virtuelle Vereinigung, oder auch zusammengestellte Identität, der Benutzerinformation einer Person, die über mehrere individuelle Identity Management-Systeme gespeichert sind. Auf Informationen kann zugegriffen werden, in den ein allgemein gültiger Schlüssel (Token), normalerweise der Benutzername, dazu verwendet wird.
- Der Authentifizierungsprozess eines Benutzers über mehrere IT-Systeme oder auch Organisationen hinweg

Förderierte Identitäten stellen die Technologien, Standards und Verwendungsszenarien dar, die uns helfen, eine Portabilität von Identitätsinformationen über andere autonome Sicherheitsdomänen hinweg zu erreichen. Erfolgreich ist dies, wenn es keine redundante Benutzerverwaltung gibt. Bei den zugrunde liegenden Modellen gibt es verschiedene Trends. Die Modelle reichen von Benutzer-kontrollierten und Benutzer-zentrierten Ansätzen, bis zu Enterprise controlled und zu B2B-Modellen. Viele verfügbare Industriestandards finden für Federated Identity Anwendung. Beispiele von Verwendungsszenarien sind:
- Cross-Domain-Modell allgemein
- Web-basiertes SSO
- Cross-Domain-Provisionierung von Benutzerkonten
- Cross-Domain Benutzerattributsaustausch
- Cross-Domain Berechtigungs-Management

Das Thema ist sehr umfangreich. Es gibt datenschutzrechtliche Aspekte und Problematiken über verschiedene Landesgrenzen hinweg, die meist noch ungeklärt und nicht einheitlich bzw. standardisiert sind, und es gibt weiterhin technologische Barrieren. Ein weit größeres Problem als die Technik und die Prozesse innerhalb der verschiedenen Modelle, stellen die Ansichten über die Thematiken wie z.B. Datenschutz der verschiedenen Kulturen für die Umsetzung einzelner Lösungen dar. Aus diesem Grund wird sich dieses Thema notgedrungen in verschiedene Richtungen entwickeln. Einen weiteren Punkt von Komplexität stellt der Fortschritt dar, wie z.B. der Einsatz von Technologien wie die Quantenverschlüsselung, oder auch die Etablierung von globalen Trust Centern. Viele Punkte des Themas sind anhand eines globalen Ansatzes noch ungenügend erforscht bzw. geklärt. Auf der anderen Seite entstehen zugegebenermaßen immer mehr Federated Identity-Insellösungen, die viele der heute verfügbaren Komponenten der Technologie integrieren.

Früher wurden zentralisierte Identitätsmanagement-Lösungen entwickelt, um Benutzer sicher in einem System innerhalb desselben Netzwerkes zu authentifizieren und zu berechtigen. Sozusagen in der gleichen „Domain of Control".

12. Förderierte Identitäten – Identity Federation

In den letzten Jahren findet ein Wandel in den Geschäftsprozessen statt, der auch die IT-Unterstützung verändert. Der Trend geht hin zu unternehmensübergreifenden Geschäftsprozessen und einer durchgängigen elektronischen Kommunikation und Prozessabwicklung in diesen übergreifenden Prozessen.

Diese Entwicklung war absehbar. Die Kopplung von Unternehmen in der Wertschöpfungskette wurde in der Vergangenheit immer enger. Service Level Agreements (SLA), Just In Time (JIT), Order to Delivery (OtD) und Warehouse On Wheels (WOW) sind nur einige Schlagworte dazu.

Diese Entwicklung beeinflusst neben der elektronischen Kommunikation auch die Berechtigungsthematik, in der nun von förderierten Identitäten und Identity Federation die Rede ist. Dieses Kapitel soll klären, was es damit auf sich hat.

Weitere hilfreiche Informationen zu diesem Kapitel finden Sie auch unter:

- Athens (USA)- Zugriffs- und Identitätsmanagement
- Zentrale Authentisierungsservices
- Identitäts-Metasystem
- LDAP
- Liberty Alliance
- Interop Vendor Alliance
- OpenID
- Shibboleth
- Windows Card Space
- WS-Federation
- X.509

12.1 Problem der Identitätsgrenze

In Kapitel 2 wurden Identitäten behandelt. Ein Aspekt blieb dabei offen, der bewusst in dieses Kapitel verlagert wurde: Der Gültigkeitsbereich einer Identität. Aus dem Alltagsleben mit personellen Identitäten sind wir es gewohnt, dass Identitäten unbeschränkt gültig sind. Die Identität, die z.B. durch einen Reisepass ausgewiesen wird, ist weltweit gültig und aufgrund der Zuordnung von 10 Attributen wie Name, Geburtsdatum usw. eindeutig.

Nicht so bei Identitäten in Unternehmen. In Kapitel 2 wurde erwähnt, dass zur Identifizierung oft die Personalnummer verwendet wird oder sie zumindest einen Teil des Bezeichners darstellt. Der Gültigkeitsbereich einer Personalnummer beschränkt sich jedoch auf das jeweilige Unternehmen und endet an der Unternehmensgrenze. Eine innerhalb eines Unternehmens definierte Identität besitzt demnach ihre Gültigkeit nur innerhalb des Unternehmens. Die Grenze, die den Gültigkeitsbereich definiert, wird daher auch als *Identitätsgrenze* bezeichnet.

Die Identitätsgrenze muss nicht zwingend die Unternehmensgrenze sein. Der Gültigkeitsbereich kann kleiner (z.B. nur ein Standort oder eine Abteilung) oder größer (z.B. eine Unternehmensgruppe) sein. Wichtig ist, dass innerhalb des Gültigkeitsbereichs die Identität eindeutig identifiziert werden kann.

Der Trend zu unternehmensübergreifenden Prozessen stößt in der Praxis auf das Problem, das die vorhandenen Kommunikationsmittel nicht für einen solchen Einsatz ausgelegt sind. Bei den meisten Kommunikationsmitteln geht die Möglichkeit der elektronischen Weiterverarbeitung verloren, weil entweder die maschinell lesbaren Formate verloren gehen oder die Bedeutung der Daten nicht mitgeliefert wird. Daher ist, besonders bei einem unternehmensübergreifendes Berechtigungsmanagement, meist noch ein Eingriff von Menschen notwendig. Zudem besteht das Problem einer unsicheren Übertragung.

Das verursacht Aufwand und damit Kosten. Längere Laufzeiten, mehr Fehler, weniger Flexibilität und Komfort sind weitere Nachteile. Die Lösung besteht in einem durchgängigen, elektronischen und unternehmensübergreifendes Berechtigungsmanagement. Dieses besitzt zwei Grundvoraussetzungen:

- Die Möglichkeit der unternehmensübergreifenden, semantischen elektronischen Kommunikation.
- Die Möglichkeit, Berechtigungsinformationen und –aktionen zwischen den Unternehmen automatisiert auszutauschen.

12.2 Unternehmensübergreifende Kommunikation

Die Kommunikationsmöglichkeiten innerhalb eines Unternehmens sind von Lautsprecher-Durchsagen bis zur Verwendung von Win-PopUp Meldungen auf Windows-PC's sehr vielfältig. Das ändert sich, wenn die Kommunikation über Unternehmensgrenzen hinweg verläuft, denn nun liegt in der Regel zwischen Sender und Empfänger ein öffentlicher Raum und es gibt zur Überbrückung nur eine beschränkte Anzahl von Kommunikationsverbindungen. Nachfolgend sollen diese Möglichkeiten in der historischen Reihenfolge aufgeführt werden, wobei sich zeigt, dass sich schon anhand der klassischen Kommunikationsmittel einige wichtige Merkmale identifizieren lassen.

12.2.1 Klassische Kommunikationsmittel

Die wohl älteste Kommunikation zwischen Unternehmen ist die **Brief- und Paketpost**, die nicht näher erläutert werden muss. Sie ist eine schriftliche Kommunikation bzw. ein physischer Transport von Gütern. Falls erforderlich kann ein Nachweis der Absendung und eine garantierte und dokumentierte Zustellung, in einer bestimmten Zeit erfolgen. Die Vertraulichkeit ist durch das Postgeheimnis gewahrt und kann mit Maßnahmen wie verschlossene Umschläge oder abgeschlossene Kisten gesichert werden.

12. Förderierte Identitäten – Identity Federation

Seit nunmehr über 100 Jahren existiert mit der **Telefonie** eine mündliche, synchrone[1] Echtzeit-Kommunikation bzw. ein asynchroner Mitteilungsdienst (Anrufbeantworter). Die Telefonie ist Träger multipler Audio-Inhalte (gesprochenes Wort, Musik mit eingeschränkter Qualität, Daten) und erlebte besonders mit der Digitalisierung und der Mobiltelefonie gravierende Weiterentwicklungen.

Eine asynchrone, schriftliche Echtzeit-Kommunikation ermöglichte zuerst der textbasierte **Telex-Dienst**, später der grafisch orientierte **Telefax-Dienst**. Bei Telefax wird ein Abbild (Facsimile) der Seite übertragen. Das ermöglicht die Übertragung von Bildern und Grafiken, erschwert aber die automatisierte Weiterverarbeitung.

12.2.2 Übertragung elektronischer Informationen

In UNIX-Systemen gab es mit dem Kommando mail schon früh die Möglichkeit, eine Textnachricht als **Email** elektronisch innerhalb des Systems und später mit der aufkommenden Rechnerkopplung zwischen Systemen zu übermitteln. Inhalte von Email-Nachrichten können mit individuellen Absprachen automatisiert weiterverarbeitet werden und bieten mit der MIME[2]-Technologie die Möglichkeit, verschiedene Datenformate (z.B. Binärdaten) elektronisch zu übertragen.

Für die Übertragung größerer Datenmengen ist das **File Transfer Protocol** (FTP) effektiver. Auch hier können die Daten im Text- und Binärformat vorliegen.

Mit der Etablierung des Internet entstand mit der Verbreitung des Hypertext Transfer Protocols (http) der Dienst des **World Wide Web**, mit dem Daten in das Web aufgenommen (Upload) und von dort heruntergeladen (Download) werden können.

Obwohl die Verfahren die Informationen elektronisch übertragen, eignen sie sich nicht besonders für die Unterstützung von unternehmensübergreifenden Prozessen, da sie nicht für die standardisierte, automatisierte Weiterverarbeitung in einem prozessualen Kontext ausgelegt sind.

12.2.3 Übertragung strukturierter elektronischer Informationen

Um die automatisierte Weiterverarbeitung elektronisch übermittelter Daten zu ermöglichen, wurden Verfahren entwickelt, die neben dem Inhalt auch die Bedeutung der Daten mit übertragen. Daten, die beide Information enthalten, werden als strukturierte elektronische Daten bezeichnet.

Im Geschäftsverkehr gelang **Electronic Data Interchange** (EDI) zu einer gewissen Verbreitung. Eine spezielle Ausprägung zur Übertragung elektronischer Formulare ist **EDIFACT**. Der große Durchbruch gelang diesen Technologien nicht, da sie zu kompliziert, zu teuer und aufgrund vieler spezieller Ausprägungen oft nicht kompatibel waren und sind.

---

[1] Beide Kommunikationspartner müssen gleichzeitig an der Kommunikation teilnehmen.

[2] Multipurpose Internet Multimedia Extension

Mit dem Trend zur webbasierten Kommunikation etablierte sich dagegen die einfache und offene Technologie der **Extended Markup Language** (XML).

Alle bisher aufgeführten Verfahren besitzen im Hinblick auf unternehmensübergreifende Prozesse ein Manko: Ihnen fehlt die Möglichkeit, Anmelde- und Berechtigungsinformationen über Unternehmensgrenzen hinweg auszutauschen.

12.3 Konzept des Service-Netzes

Die Idee des Service-Netzes ist nicht ganz neu. Schon in den neunziger Jahren existierten mit DCE (Distributed Computing Environment) und DOC (Distributed Object Computing) Ansätze für verteilte Datenverarbeitung. Die Absicht war, einzelne Dienste im Netz verfügbar zu machen, auf die man dezentral zugreifen und einzelne Dienste miteinander kombinieren kann. Die genannten Ansätze litten allerdings an den gleichen Schwächen wie EDI: Sie waren technisch zu kompliziert und nicht offen genug.

12.3.1 Webservices

Mit Webservices könnte sich die Situation ändern. Sie sind einfacher aufgebaut, offener gestaltet und bauen auf Standard-Webtechnologien auf. Beispiele für Webservices mit eingebauter Authentisierung, z.B. Microsoft Passport und andere, sind in Kapitel 8.5 ff. ausführlich dargestellt.

12.3.2 Anwendungsszenarien

Webservices und das damit entstehende Service-Netz könnten in Zukunft die Art der elektronischen Kommunikation verändern. Die Kommunikation richtet sich dann nicht mehr nach der eingesetzten Technologie, sondern nach den Bedürfnissen der damit unterstützten Geschäftsprozesse. Zwei Beispiele sollen dies in 12.3.3 verdeutlichen:

12.3.3 Zugriff auf externe Anwendungen

Nehmen wir an, Innomenta möchte ihre Buchführung an ein Steuerberaterbüro auslagern und den Stand der Buchführung jederzeit auswerten können. Dazu wird ein Direktzugriff auf das Buchführungssystem des Steuerberaterbüros benötigt. Derzeit wird man bei einem solchen Anliegen auf keine große Bereitschaft stoßen. Alleine schon die Einrichtung einer sicheren technischen Verbindung verursacht auf der Seite des Steuerberaterbüros einen entsprechenden Aufwand. Die Buchhaltungssoftware sieht in der Regel eine solche Nutzung nicht vor und auch die Einrichtung und Pflege der Innomenta-Mitarbeiter bedeutet für das Steuerberaterbüro Aufwand.

Mit dem Einsatz von Webservices verändert sich diese starre Situation. Durch die Webbasierung ist eine gesicherte Online-Verbindung keine aufwändige Sache mehr. Die Einrichtung und Pflege der Benutzer übernimmt Innomenta selbst. Das Steuerberaterbüro stellt lediglich die benötigten Rollen (z.B. „Mandant") zur Verfügung.

12. Förderierte Identitäten – Identity Federation

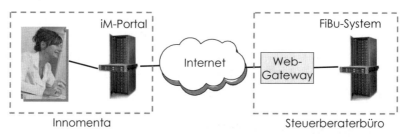

Abbildung 12.1: Zugriff auf externe Anwendungen

Die Innomenta-Mitarbeiter melden sich am unternehmenseigenen Innomenta-Portal an und klicken auf den Link „Buchhaltung". Das System erstellt daraus einen Request, der zusammen mit den Anmeldedaten des Benutzers automatisch zum Buchhaltungssystem des Steuerberaterbüros weitergeleitet wird. Dort erfolgt die Anmeldung und Berechtigung aufgrund der Identität und Rolle. Für die Mitarbeiter sieht es so aus, als wäre das System im eigenen Unternehmen.

Verteilte Dienste

Nehmen wir an, Innomenta möchte Büromaterial einkaufen und benötigt die aktuellen Preise und die Lieferbereitschaft der Lieferanten für bestimmte Artikel. Mit dem Einsatz von Webservices wird diese Aufgabe vereinfacht. Das Procurement-Portal von Innomenta kontaktiert die Webservices der in Frage kommenden Händler, bekommt die gewünschten Informationen und stellt sie im Portal geordnet nach Preis und Lieferzeit zusammen.

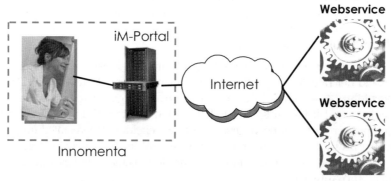

Abbildung 12.2: Verteilte Dienste

Auch die Bestellung erfolgt über die Webservices. Der Einkäufer ruft die Procurement-Anwendung im Portal auf und klickt sich die Artikel zusammen. Die Anwendung gruppiert die Artikel nach Händler, erstellt pro Händler eine XML-Nachricht mit der Bestellung im

Body und den Identitätsinformationen im Header und übergibt sie den Händler-Anwendungen.

12.4 Aufbau des Protokollstacks

Im Hinblick auf das Thema des Buches steht besonders die Frage im Vordergrund, wie man unternehmensübergreifend Benutzer anlegen, ihnen Rechte zuteilen und sich remote anmelden kann.

Ähnlich wie im Netzwerkbereich, wo in der Datenübertragung mit TCP/IP im OSI-Referenzmodell mehrere Protokolle aufeinander aufbauen (Protokollstack), gibt es auch bei Webservices mehrere Ebenen, die aufeinander aufbauen. Diese Ebenen zeigt Abbildung 12.3:

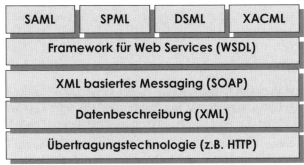

Abbildung 12.3: Webservices - Protokollstack

Alle dargestellten Ebenen existieren im OSI-Referenzmodell in der Schicht 7 (Anwendungsebene).

12.4.1 Hypertext Transfer Protrocol und Extensible Markup Language

Zum Transport der Informationen wird das Protokoll des World Wide Web verwendet (HTPP). Das macht die Anwendung so elegant: Alle Informationen werden wie gewöhnliche Webseiten übertragen. Auf diese Weise gibt es keine Probleme mit Firewall-Ports (benutzt wird der Standard-Port 80).

Für die Strukturierung der Daten wird die standardisierte XML-Beschreibungssprache verwendet. In XML werden wie bei HTML Informationen in Tags eingeschlossen. Beispiel HTML-Tag: `<b>...</b>` (Fettdruck), Beispiel XML-Tag: `<value>...</value>` (Ein Wert für ein in XML definiertes Element). Http und XML sind Standard-Webtechnologien.

12.4.2 SOAP – Simple Object Access Protocol

Vergleicht man die XML-Kommunikation mit der menschlichen Sprache, so hätten wir mit http den Transport der Laute, mit dem übermittelten Text die Wörter und mit XML deren Bedeutung. In dieser Analogie ist SOAP nun die Komponente, die aus einzelnen Wörtern ganze Sätze baut.

Dazu wird aus den einzelnen XML-Daten die größere Struktur einer SOAP-Nachricht gebaut. Ein Beispiel dazu zeigt die folgende SOAP-Nachricht, die eine Terminnachricht darstellt:

```
01 <env:Envelope xmlns:env="http://www.w3.org/2003/05/soap-envelope">
02   <env:Header>
03     <n:termin_einstellungen xmlns:n="http://iM.de/termin_cfg">
04       <n:priority> 1 </n:priority>
05       <n:expires> 2010-04-18T14:00:00-05:00 </n:expires>
06     </n:termin_einstellungen>
07   </env:Header>
08   <env:Body>
09     <m:termin xmlns:m="http://iM.de/termin">
10       <m:msg> 14:00 Uhr Treffen mit Hrn. Schmidt </m:msg>
11     </m:termin>
12   </env:Body>
13 </env:Envelope>
```

Die Nachricht steckt in einem Umschlag (Envelope), dessen einleitender Tag (tag-in) sich in Zeile 1 und das zugehörige ausleitende Tag (tag-out) sich in Zeile 13 befindet. Die Nachricht besteht aus einem Header (Zeilen 2 bis 7) und dem Message Body (Zeilen 8 bis 12).

Im Header stehen Meta-Information zur Terminnachricht selbst, wie die Priorität der Nachricht (Zeile 4) oder der Zeitpunkt, an dem die Nachricht verfällt (Zeile 5).

Im Body steht der eigentliche Nachrichteninhalt als Nachrichtentext (Zeile 10). Für eine automatisierte Weiterverarbeitung würde man eigene, mit einem festen Format versehene XML-Felder für Datum und Uhrzeit definieren.

12.4.3 WSDL – Web Services Description Services

Die Metasprache WSDL ist eine der moderneren Sprachen, mit deren Hilfe die folgenden Funktionen wie:

- Daten
- Datentypen und
- Austauschprotokolle

eines Webservices beschrieben werden können. Im Wesentlichen werden Operationen definiert, die von außen zugänglich sind, sowie die Parameter und Rückgabewerte dieser Operationen. Im Einzelnen beinhaltet ein WSDL-Dokument die funktionellen Angaben zu:

- der Schnittstelle
- dem Zugangsprotokoll und Details zum Deployment sowie
- alle notwendigen Informationen zum Zugriff auf den Service, in maschinenlesbarem Format

Leider nicht enthalten sind:

- Servicequalitäts-Informationen
- Taxonomien zur semantischen Einordnung des Services

SOAP benötigt nicht wirklich eine Schnittstellenbeschreibungssprache für sein Funktionieren. Sollte also SOAP ein Standard für die bloße Inhaltsvermittlung sein, benötigt es eine den Inhalt beschreibende Sprache. SOAP-Nachrichten enthalten Typinformationen und ermöglichen dadurch eine dynamische Typbestimmung. Man wird allerdings nicht in der Lage sein, eine Funktion korrekt aufzurufen, sofern man nicht den Funktionsnamen, die Anzahl und den Typ ihrer Parameter kennt. Ohne WSDL kann man die Aufrufsyntax aus einer anzugebenden Dokumentation oder aus der Analyse von normalen Übertragungsnachrichten bestimmen. Doch leider ist es egal, welchen Weg man auswählt, immer wird ein Mensch eingebunden sein, der Fehler machen könnte.

Im Gegensatz zu SOAP kann man mit WSDL Proxys für Webdienste völlig sprach- und plattformunabhängig automatisch generieren. Genau wie eine IDL-Datei für COM und CORBA, stellt eine WSDL-Datei eine gemeinsame Vereinbarung zwischen einem Client und einem Server dar.

WSDL wurde derart entwickelt, dass es Bindungen an andere Protokolle als an SOAP ausdrücken kann, während der allgemeine Fokus in diesem Fall jedoch die Beziehung von WSDL zu SOAP über HTTP ist. Während SOAP zurzeit also in erster Linie für Remoteprozeduren oder Funktionsaufrufe verwendet wird, ermöglicht WSDL die Angabe von Dokumenten für eine Übertragung mit SOAP.

Ein WDSL-Dokument beschreibt einen Webservice indem es die folgenden Hauptelemente dazu verwendet. Diese sind:

- <types> - Datentypen, die vom Webservice verwendet werden
- <message> - die Meldung, die vom Webservice verwendet wird
- <portType> - die Operationen, die durch den Webservice ausgeführt werden
- <binding> - die Kommunikationsprotokolle, die vom Webservice verwendet werden

Die Hauptstruktur eines WDSL-Dokumentes sieht folgendermaßen aus:

```
<definitions>

<types>
  Definition der Datentypen...
</types>

<message>
  Definition der Meldung...
</message>

<portType>
  Definition der Operationen/Ports...
</portType>

<binding>
  Definition der Kommunikationsprotokolle...
</binding>

</definitions>
```

Ein Beispiel eines WDSL-Dokumentes ist das Folgende :

```
<message name="getTermRequest">
  <part name="term" type="xs:string"/>
</message>

<message name="getTermResponse">
  <part name="value" type="xs:string"/>
</message>

<portType name="glossaryTerms">
  <operation name="getTerm">
    <input message="getTermRequest"/>
    <output message="getTermResponse"/>
  </operation>
</portType>
```

12.4.4 SAML – Security Assertion Markup Language

Eine der wesentlichen Weiterentwicklungen bei der Kommunikation über Webservices besteht in der Möglichkeit, Berechtigungsinformationen zu übertragen und automatisiert zu verarbeiten. Für diesen Zweck wurde 2001 in der „Organization for the Advancement of Structured Information Standards (OASIS, www.oasis.org)" die Security Assertion Markup Language (SAML) entwickelt.

Bei SAML handelt es sich um einen XML-basierten Standard zum Austausch von sicherheitsrelevanten Informationen, insbesondere Authentifizierungs- und Autorisierungsdaten. Dabei können verschiedene Arten von Authentifizierungsdaten übertragen werden, z.B. Passwörter, Kerberos Tickets oder X.509-Zertifikate.

SAML arbeitet mit sogenannten Assertions, wie im folgenden Beispiel dargestellt:

```
01 <?xml version="1.0" encoding="utf-8"?>
02 <Assertion
03     xmlns="urn:oasis:names:tc:SAML:1.0:assertion"
04     xmlns:ds="http://www.w3.org/2000/09/xmldsig#"
05     MajorVersion="1" MinorVersion="0"
06     AssertionID="http://www.iM.de/Authentication/SAML/786"
07     Issuer="http://www.iM.de"
08     IssueInstant="2006-08-11T02:00:00.173Z">
09 <Conditions
10     NotBefore="2006-08-11T02:00:00.173Z"
11     NotOnOrAfter="2006-08-12T02:00:00.173Z"/>
12 <AuthenticationStatement
13     AuthenticationMethod="urn:ietf:rfc:3075"
14     AuthenticationInstant="2006-08-11T02:00:00.173Z">
```

12.4 Aufbau des Protokollstacks

```
15 <Subject>
16   <NameIdentifier NameQualifier="http://www.iM.de">
17     KlausSchmidt</NameIdentifier>
18   <SubjectConfirmation>
19     <ConfirmationMethod>
20       urn:oasis:names:tc:SAML:1.0:cm:holder-of-key
21     </ConfirmationMethod>
22     <ds:KeyInfo>
23       <ds:KeyName>Hausmeister</ds:KeyName>
24       <ds:KeyValue> ...Binäre Folge... </ds:KeyValue>
25     </ds:KeyInfo>
26   </SubjectConfirmation>
27 </Subject>
28 </AuthenticationStatement>
29 <ds:Signature>...</ds:Signature>
30 </Assertion>
```

Die Assertion wird durch entsprechende Tags in Zeile 2 und 30 eingeschlossen. Im oberen Teil der Assertion finden sich wieder Meta-Informationen wie die erstellen-Instanz (Herausgeber bzw. Issuer, Zeile 7) oder der Gültigkeitszeitraum (Zeile 10 und 11).

Im Abschnitt „Subject" (Zeil 15 bis 27) geht es um die zu authentifizierende Identität, deren Name im Feld „NameIdentifier" (Zeile 16 und 17) angegeben wird.

Der Identitätsnachweis findet sich im Abschnitt „SubjectConfirmation" (Zeilen 18 bis 26). Im Beispiel ist der Ersteller der Assertion im Besitz eines Schlüssels (holder-of-key, Zeile 20), der im Feld KeyValue (Zeile 24) als Binärwert in die Assertion eingebettet ist. Der Binärwert wurde aus dem Beispiel herausgenommen, da er mehrere Zeilen lang ist und aus einer nicht lesbaren Zeichenfolge besteht.

Abbildung 12.4 zeigt, wie mit Hilfe von SAML die Berechtigung vergeben wird. Die Identität stellt eine Zugriffsanforderung (Request) an das System, auf das zugegriffen werden soll. Dort existiert für die Berechtigungskontrolle ein sogenannter Policy Enforcement Point (PEP). Wo genau dieser Punkt implementiert wird, ist nicht standardisiert.

12. Förderierte Identitäten – Identity Federation

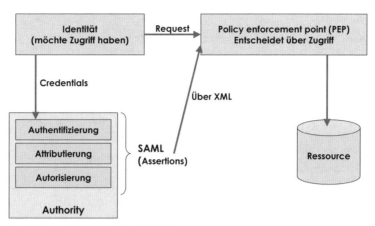

Abbildung 12.4: Berechtigung über SAML

Die Identität gibt ihre Identitätsdaten (Credentials) an eine Berechtigungsstelle, die über XML eine entsprechende SAML-Assertion an den PEP sendet. Dort wird die Assertion geprüft und der Zugang zur Ressource gewährt.

SAML fand eine breite Verwendung in Berechtigungssystemen wie IBM Tivoli, Novell Identity Manager, CA eTrust, usw. Sie können damit die Funktion der in Abbildung 12.4 dargestellten Berechtigungsstelle übernehmen.

12.4.5 SPML – Service Provisioning Markup Language

Trotz SAML bleibt ein Problem: Was ist, wenn (wie in Abschnitt 12.3.2 im Szenario „Zugriff auf externe Anwendungen") die Identitäten in einem entfernten System geführt werden? Dann müssten die Identitäten dort eingerichtet werden, was administrativen Aufwand erzeugt, der ja gerade mit dem durchgängigen Ansatz vermieden werden sollte. Es muss daher eine Möglichkeit geben, XML-basiert Identitäten remote zu verwalten. Zu diesem Zweck wurde die Service Provisioning Markup Language (SPML) geschaffen.

Das Verfahren ist relativ einfach und soll am Beispiel des Anlegens eines Benutzers dargestellt werden (siehe auch Abbildung 12.5). Zum Anlegen des Benutzers wird ein SPML-Request gesendet. Da es um das Anlegen eines Benutzers geht, wird ein ADD-Request gesendet, so wie er unten zu sehen ist. Der Request kann entweder direkt zu dem System gesendet werden, in dem der Benutzer geführt wird, oder er wird an ein Berechtigungssystem gesendet, das wiederum für das Anlegen des Benutzers sorgt (ggf. wieder über SPML).

```
01  <addRequest>
02    <attributes>
03      <attr name="objectclass"><value>emailUser</value></attr>
04      <attr name="cn"><value>Alexander Tsolkas</value></attr>
```

12.4 Aufbau des Protokollstacks

```
05      <attr name="gn"><value>Alexander</value></attr>
06      <attr name="sn"><value>Tsolkas</value></attr>
07      <attr name="email">
08         <value>Alexander@Tsolkas.com</value>
09      </attr>
10   </attributes>
11 </addRequest>
```

Der ADD-Request besteht aus den Attributen, die im System angelegt werden sollen. Bei der Benennung der Attribute werden die standardisierten Namen aus dem Umfeld von offenen Verzeichnisdiensten verwendet (X.521 bzw. LDAP). Dies sind im Beispiel ab Zeile 4 der commonName (cn), givenName (gn), surname (sn) und rfc822Mailbox (email). Neben Namen können natürlich auch Passwörter, Zertifikate usw. eingetragen werden.

Als Antwort auf den Request wird eine ADD-Response zurückgegeben. Wichtigste Information darin ist, ob der Request erfolgreich bearbeitet wurde (Zeile 1, am Ende). In der folgenden Response war der Request erfolgreich (success). Neben der angelegten Email-Adresse wird im Beispiel in Zeile 6 noch eine Information über die Größe des angelegten Speicherplatzes für Email-Nachrichten zurückgegeben.

```
01 <addResponse result = "urn:oasis:names:tc:SPML:1:0#success">
02    <identifier type = "urn:oasis:names:tc:SPML:1:0#EMailAddress">
03       <spml:id>Alexander@Tsolkas.com</id>
04    </identifier>
05    <attributes>
06       <attr name="mailBoxLimit"><value>10MB</value></attr>
07    </attributes>
08 </addResponse>
```

SPML kann natürlich neben der unternehmensübergreifenden Benutzerverwaltung auch im eigenen Unternehmen eingesetzt werden. In Abbildung 12.5 sind beide Möglichkeiten zu sehen. Requests können sowohl von Personen als auch von Systemen gestellt werden.

12. Förderierte Identitäten – Identity Federation

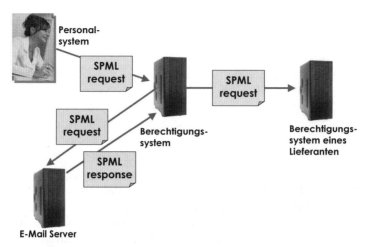

Abbildung 12.5: Berechtigungsadministration über SPML

12.4.6 DSML – Directory Service Markup Languge

An mehreren Stellen in diesem Buch wurde bereits deutlich, dass der Verzeichnisdiensttechnologie eine besondere Bedeutung zukommt, was sich auch am SPML-Request im vorherigen Abschnitt zeigte, in dem zur Beschreibung der Benutzermerkmale Verzeichnisdienst-Attribute verwendet wurden.

Es liegt nahe, dass es dann auch eine Möglichkeit geben sollte, Verzeichnisinformationen und -operationen standardisiert XML-basiert zu übertragen. Diesem Zweck dient die Directory Service Markup Language (DSML).

Abbildung von Verzeichnisinformationen

Das folgende Beispiel zeigt, wie ein Verzeichniseintrag (Directory Entry) XML-basiert in DSML abgebildet werden kann.

```
01  <?xml version="1.0" encoding="utf-8"?>
02  <dsml:dsml xmlns:dsml="http://www.dsml.org/DSML">
03    <dsml:directory-entries>
04      <dsml:entry dn="cn=KlausSchmidt,o=Innomenta,c=de">
05        <dsml:objectclass>
06          <dsml:oc-value> organizationalPerson </dsml:oc-value>
07        </dsml:objectclass>
08        <dsml:attr name="cn">
09          <dsml:value> Klaus Schmidt </dsml:value>
10        </dsml:attr>
```

```
11      <dsml:attr name="sn">
12          <dsml:value> Schmidt </dsml:value>
13      </dsml:attr>
14      <dsml:attr name="o">
15          <dsml:value> Innomenta </dsml:value>
16      </dsml:attr>
17    </dsml:entry>
18  </dsml:directory-entries>
19 </dsml:dsml>
```

Der Eintrag wird in Zeile 4 bis 17 beschrieben. Zeile 4 enthält den Distinguished Name (DN), der den Eintrag eindeutig identifiziert. Ab Zeile 8 werden die Attribute commonName (cn), surname (sn) und organization (o) beschrieben.

Abbildung des Verzeichnisschemas

Nicht nur die Nutzinformation der Verzeichniseinträge können XML-basiert abgebildet und übertragen werden, auch das Verzeichnisschema selbst (Objektklassen und Attribute) kann abgebildet werden, wie das folgende Beispiel zeigt:

```
01 <?xml version="1.0" encoding="utf-8"?>
02 <dsml:dsml xmlns:dsml="http://www.dsml.org/DSML">
03  <dsml:directory-schema>
04
05    <dsml:objectclass-type id="#pkiCA">
06      <dsml:name> pkiCA </dsml:name>
07      <dsml:attribute required="false" ref="authorityRevocationList"/>
08      <dsml:attribute required="false" ref="certificateRevocationList"/>
09      <dsml:attribute required="false" ref="cACertificate"/>
10      <dsml:attribute required="false" ref="crossCertificatePair"/>
11    </dsml:objectclass-type>
12
13    <dsml:attribute-type user-modification="false" id="#userCertificate">
14      <dsml:name>userCertificate</dsml:name>
15      <dsml:object-identifier>2.5.4.36</dsml:object-identifier>
16      <dsml:syntax>1.3.6.1.4.1.1466.115.121.1.8</dsml:syntax>
17    </dsml:attribute-type>
18
19    <dsml:attribute-type user-modification="false" id="#roleOccupant">
20      <dsml:name>roleOccupant</dsml:name>
```

12. Förderierte Identitäten – Identity Federation

```
21      <dsml:object-identifier>2.5.4.33</dsml:object-identifier>
22    </dsml:attribute-type>
23
24 </dsml:directory-schema>
```

In Zeile 3 kennzeichnet das Tag `<dsml:directory-schema>`, dass es sich um Schema-Informationen handelt.

In den Zeilen 5 bis 11 wird die Objektklasse *pkiCA* zur Abbildung einer Certification Authority innerhalb einer Public Key Infrastructure beschrieben. Der Objektklasse werden die in den Zeilen 7 bis 10 aufgeführten Attribute zugeordnet. Der Text `required="false"` gibt an, dass es sich um KANN-Attribute handelt, die nicht mit Werten belegt sein müssen.

Die Zeilen 13 bis 17 beschreiben das Attribut userCertificate, also ein Zertifikat für einen Benutzer innerhalb einer Public Key Infrastructure.

Jedes Attribut besitzt einen eindeutigen Identifier, der es von allen anderen registrierten Attributen unterscheidet. Dieser Identifier ist in Zeile 15 eingetragen. Ähnliches gilt für die Attributsyntax, also der Regel, welches Format ein Wert dieses Attributs einhalten muss (Zeile 16).

Die Zeilen 19 bis 22 zeigen einen weiteren Aspekt. Dort wird ein Attribut definiert, dass den Inhaber einer Rolle trägt. Das zeigt, dass die gesamte Berechtigungssystematik mit Rollen, Gruppen, Zuordnungen usw. in DSML abgebildet werden kann.

Abbildung von Verzeichnisoperationen

```
01 <modifyRequest dn="CN=Klaus Schmitt,OU=GF,DC=INNOMENTA,DC=DE">
02   <modification name="surname" operation="replace">
03     <value>Schmitt</value>
04     <value>Schmidt</value>
05   </modification>
06 </modifyRequest>
```

```
01 <modifyResponse>
02   <resultCode code="53" descr="unwillingToPerform"/>
03   <errorMessage>System Attribute may not be modified</errorMessage>
04 </modifyResponse>
```

DSML-Integration in Skripte

```
01 #!C:/Programme/perl/bin/perl
02 use Net::LDAP;
03 use Net::LDAP::DSML;
```

12.4 Aufbau des Protokollstacks

```
04 $ldap = Net::LDAP->new('localhost') or die "FEHLER!";
05 $ldap->bind;
06 $erg = $ldap->search (base => "c=de", filter => "objectclass=person");
07 $dsml=Net::LDAP::DSML->new();
08 foreach $entry ($erg->all_entries)
09 {
10   $dsml->write_entry($entry);
11 }
12 $ldap->unbind;
```

12.4.7 XACML – eXtensible Access Control Markup Language

```
01 <?xml version="1.0" encoding="UTF-8"?>
02 <Policy
03    xmlns="urn:oasis:names:tc:xacml:2.0:policy:schema:os"
04    xmlns:xsi="http://www.w3.org/2001/XMLSchema-instance"
05    xsi:schemaLocation="urn:oasis:names:tc:xacml:2.0:policy:schema:os
          http://docs.oasis-open.org/xacml/access control-
          xacml-2.0-policy-schema-os.xsd"
06    PolicyId="urn:oasis:names:tc:example:SimplePolicy"
07    RuleCombiningAlgId="identifier:rule-combining-algorithm:
                         deny-overrides">
08    <Description> Innomenta access control policy </Description>
09    <Target/>
10    <Rule RuleId="urn:oasis:names:tc:example:SimplePolicy1"
11         Effect="Permit">
12      <Description>
13        Jeder Mitarbeiter mit einer Email-Adresse in der Domäne
14        innomenta.de bekommt umfassende Rechte.
15      </Description>
16      <Target>
17        <Subjects>
18          <Subject>
19            <SubjectMatch MatchId="urn:oasis:names:tc:xacml:1.0:
                                    function:rfc822Name-match">
21              <AttributeValue
22                DataType="http://www.w3.org/2001/XMLSchema#string">
23                innomenta.de
24              </AttributeValue>
```

```
25                <SubjectAttributeDesignator
26                    <AttributeId="urn:oasis:names:tc:xacml:1.0:
27                                   subject:subject-id"
28                    <DataType="urn:oasis:names:tc:xacml:1.0:
29                                   data-type:rfc822Name"/>
30                </SubjectMatch>
31            </Subject>
32        </Subjects>
33    </Target>
34  </Rule>
35 </Policy>
```

12.4.8 WS-Security

Der ursprünglich durch Micrsoft, IBM, und Verisign im Jahre 2004 entwickelte Standard WS-Security wird seit dem Jahre 2006 von einem Komitee im Rahmen von OASIS-Open weiter voran getrieben. Der ursprünglich aus dem Bezug der WS-Spezifikation entwickelte Standard beschreibt, wie eine Nachrichtenintegrität und -verschlüsselung im Rahmen von Webservices erzielt werden können. WS-Security baut auf bestehenden Verfahren dazu auf, wie z.B. XML-Signature und – Verschlüsselung. WS-Security vereint die Funktionen ein oder mehrere Security Tokens als ein Teil einer SOAP-Message zu übertragen, und es erlaubt Nachrichten zu signieren und zu verschlüsseln. Es schreibt genau vor, wo und wie Signaturen, Informationen zur Verschlüsselung und die Security Tokens in die SOAP-Message eingefügt werden müssen.

12.4.9 ID-FF – Identity Federation Framework

Das vom Liberty Alliance Project entwickelte Liberty Identity Federation Framework beinhaltet alle Spezifikationen, die dazu notwendig sind, ein standardisiertes, mandantensicheres förderiertes Identitäten-Netzwerk aufzubauen. Dabei stellt es folgendes sicher:

- Förderierte Identitäten
- Authentisierung
- Verwendung von Pseudonymen
- Sicherstellung der Anonymität
- Globaler logout

Beim Liberty Alliance Project spielen viele Sachverhalte, die zu einer Weiterentwicklung der Webservices wie ID-FF führten, eine entscheidende Rolle. So wurden verschiedene Anforderungen erfüllt, wie z.B.:

- (Service)-Provider informieren ihre Benutzer über Identity Federation und De-Federation

- Service-Provider und Identitäts-Provider informieren sich gegenseitig über De-Federation
- Jeder Identitäs-Provider informiert Service-Provider über abgelaufene Benutzerkonten beim Service Provider
- Jeder Service-Provider und/oder Identitäts-Provider gibt jedem seiner Benutzer eine Liste über des Benutzer's förderierte Identitäten beim Identitäts- oder Service-Provider.
- Ein Service-Provider kann auch eine temporäre anonyme Identität annehmen, wenn erforderlich.

Die wichtigsten Anforderungen, die an Authentisierung gestellt wurden, sind:

- Unterstützung für jegliche Art von Navigation zwischen Identitäts-Provider und Service-Provider als Benutzer
- Der Identitäts-Provider sendet seine authentifizierte Identität an den Benutzer, bevor der Benutzer Logon-Credentials mit personenbezogenen Informationen an den Identitäts-Provider absetzt
- Identitätsprovider müssen die Vertraulichkeit, Intergrität und die Authentizität von Informationen, die unter den Identitäts-Providern ausgetauscht werden, sicherstellen.
- Unterstützung von manigfaltigen Authentisierungsmethoden
- Austauch der folgenden minimalen Liste von Authentisierungsinformationen in Bezug auf einen Benutzer:
    - Authentisierungsstatus
    - Instant
    - Methode
    - Pseydonym (temporär oder dauerhaft)
- Dem Service-Provider muss gestattet werden, den Identitäts-Provider dazu aufzufordern den Benutzer erneut zu authentifizieren, in den die gleiche bzw. eine andere Authentifizierungsklasse verwendet wird
- Einem Identitätsprovider muss genehmigt werden, dass er einen Benutzer über einen dritten Identitäsprovider authentifiziert und dass er diese Information an einen Service Provider weitergeben darf.

12.4.10 ADFS - Active Directory Federation Services

ADFS ist ein weiteres Protokoll wie z.B. WS-Service, was die seitens der Industrie geforderten und notwendigen WS-Spezifikationen fordert, bereitstellt. ADFS unterstützt den Single-Sign-On, um Benutzer gegenüber vielen Webanwendungen für die Lebensdauer einer einzelnen online-Sitzung zu authentifizieren. ADFS ermöglicht dies durch die sichere Verteilung von

Identitäten und Berechtigungen über Sicherheits- und Unternehmensgrenzen hinweg. Schlüsselfunktionen von ADFS in Windows-Umgebungen sind:

- Förderationen und SSO im Web
- Web-Services (WS-*)-Interoperabilität
- Erweiterungsfähig Architektur

ADFS stellt eine Erweiterung der Active Directory-Infrastruktur dar, in dem man Zugriff auf Ressourcen von vertrauenswürdigen Partnern über das Internet erhält. ADFS kann gegen Active Directory und gegen die Windows intergrierte Authentisierungsfunktion authentisieren.

12.4.11 FIDIS – Future of Identity in the Information Society

FIDIS war eine europäische Initiative, die verschiedene Aspekte zwischen digitaler Identität und Datenschutz untersuchte. Aus FIDIS abgeleitet wurden neue digitale Personalausweise, die Erkennung von Identifizierungsmerkmalen von IT-Systemen sowie Bürgerportale. Das Projekt endete im Mai 2009. FIDIS konzentrierte sich auf folgende sieben Experimente:

- Identitäten von Identitäten
- Profiling
- Interoperabilität von IDs und ID-Management-Systemen
- Forensische Schwierigkeiten
- Datenschutz und der soziale und gesetzliche Inhalt von Indentitäten
- High Tech ID
- Mobilität und Identität

12.4.12 Zukunftsausblick Quantenverschlüsselung

Quantenverschlüsselung und Quanten-Schlüsselverteilung verwenden Quantenmechanik, um durch eine sichere Schlüsselerstellung eine sichere Kommunikation zu ermöglichen. Die Technologie veranlasst zwei Parteien einen verteilten zufällig generierten Bitstring, den nur Technologie veranlasst zwei Parteien, einen verteilten zufällig generierten Bitstring, den nur beide kennen, zu erstellen, der als Schlüssel zur Verschlüsselung und Entschlüsselung von Nachrichten verwendet werden kann. Das Fortschrittliche an der Quantenverschlüsselung ist die Möglichkeit zweier kommunizierender Parteien, die Präsenz jeder weiteren dritten Partei, die versucht, den Kommunikationsschlüssel zu erlangen, zu entdecken. Der Trick dabei ist, dass jede Partei, die den Schlüssel abfangen möchte, diesen in irgend einer Form messen muss. Die Messung wiederum führt dabei innerhalb des Prozesses der Schlüsselgenerierung zu wiederum messbaren Anomalien. Dieser Effekt kann für eine bessere Sicherheit genutzt werden.

Indem man Quanten-Superpositionen, Quanten-Chaos oder Informationen in bestimmten Quantenstadien versendet, kann sogar ein Kommunikationssystem eingebaut werden, welches Eavesdropping erkennt.

Quantenverschlüsselung wird nur dazu verwendet, einen Schlüssel zu erstellen und zu verteilen, nicht aber um Nachrichtendaten zu versenden. Der Schlüssel kann in Verbindung mit einem Verschlüsselungsalgorhithmus dazu verwendet werden, Text bzw. Nachrichten zu verschlüsseln, die über einen gebräuchlichen Kommunikationsweg versendet werden können.

13 Rechtliche Rahmenbedingungen

Dieses Kapitel ist ein schwieriges Kapitel, da man über die rechtlichen Rahmenbedingungen ein ganzes Buch und mehr schreiben könnte. Das Thema ist allerdings zu wichtig geworden in Zeiten angestrebter Compliance, ganzheitlicher Konzern-Sicherheitsstrategien, e-Discovery-Fällen, der Zusammenführung von Corporate Risk Management, Corporate Governance und der Problematik der Internetkriminalität, der Finanzkrise, und anderen unangenehmen bilateralen Verstrickungen.

Die unterschiedlichen Rechtssysteme verschiedener Länder haben viele unvorhergesehene Auswirkungen auf die Informationssicherheit. Das Internet bringt unaufhaltsam und in rasanter Geschwindigkeit die Welt näher zusammen. Die Regierungen aller Länder müssen sich mehr und mehr Gedanken machen um Lösungsansätze, die eine grenzüberschreitende Gültigkeit, Nachhaltigkeit, Nachvollziehbarkeit und Gerichtbarkeit haben. Ansätze einer Harmonisierung gab es schon oft. So gab es z.B. für die Bestimmung von Schutz- und damit Sicherheitsklassen von Computersystemen die Common Criteria, TCSEC – Trusted Computer System Evaluation Criteria, das Orange Book, CTCPEC – Canadian Trusted Computer Security Evaluation Criteria und ITSEC – Information Technology Security Evaluation Criteria, um die Wichtigsten zu nennen.

Einen weiteren Versuch der Harmonisierung von Kriterien gab es auf der rechtlichen Ebene. Richter, die nicht viel vom Informationstechnologiebereich verstanden, mussten Urteile fällen bei Vorfällen und Begebenheiten, von denen sie nicht sehr viel Ahnung besaßen. So war die Versuchung eines Unternehmens mit Computerviren schon in den 80-ziger Jahren in den USA strafbar, während dies in den meisten anderen Ländern der Erde nicht strafbar war. Ähnlich war es und verhält es sich noch heutzutage z.B. mit dem Thema Datenschutz.

Im Bereich der Corporate Governance und Rechnungslegung (mit Auswirkungen auf das Risikomanagement) gab es ab 2002 die Verordnung von Gesetzen und Richtlinien wie SOX aufgrund einiger Skandale und Betrugsdelikte, verursacht durch Enron, WorldCom, Adelphia Communications Corporation, Health South Corporation und anderen. In diesem Feld wurde in Deutschland das KonTraG – das Gesetz zur Kontrolle und Transparenz im Unternehmen verabschiedet. Das KonTraG allerdings, brachte die Organisation der Unternehmen nicht so weitreichend durcheinander, wie das, was 2007 folgte. SOX etablierte mit seinem Aufkommen lediglich die Abteilung IT-Governance.

In den Jahren ab 2007 hat sich in den Unternehmen Maßgebliches geändert durch die Auswirkungen von e-Discovery auf das Risikomanagement. E-Discovery ist eine gerichtliche Voruntersuchung (abgeleitet von der Pre-Trial-Discovery), die einer elektronischen Beweisaufnahme vor einem Hauptprozess vor einem US-Gericht gleicht.

13. Rechtliche Rahmenbedingungen

Nehmen wir an, ein Konzern verklagt einen anderen wegen Diebstahl geistigen Eigentums. Der Kläger kann mit einer richterlichen Genehmigung eine Beweismittelaufnahme (nach US-amerikanischem Recht in den USA) in dem beklagten Unternehmen durchführen. Die Beweismittelsicherung umfasst von Papierakten bis hin zu ganzen Anwendungssystemen, die sichergestellt und mitgenommen werden können. Oftmals verlangen die Kläger in solchen Verfahren auch den Zugriff auf die Zentral-IT des Unternehmens (z.B. in Deutschland) außerhalb der USA.

Es wurden sehr viele deutsche Konzerne in den USA angeklagt und verurteilt, Millionen von US-Dollars an Strafen aufgrund von Vergehen oder vermeintlichen Vergehen zu zahlen. Das rückte die Themen Compliance, IT-Recht, Informationssicherheit, Datenschutz, Corporate Risk Management seit diesem Zeitpunkt in ein völlig neues Licht, gab ihnen höchste Wichtigkeit, man etablierte die Corporate Governance, die Security Governance und die Legal Governance. Da alle genannten Abteilungen für das Unternehmen wichtig sind, und sich für wichtig erachten, war es schwierig, einer Abteilung die Federführung für alle Bereiche zu überlassen.

So gibt es heute noch keinen Standard, in welchem Bereich die Federführung für Risikomanagement im Unternehmen zu liegen hat. Einmal ist es die Rechtsabteilung, einmal die Konzernsicherheitsabteilung und einmal das Corporate Risk Management, je nachdem was das Unternehmen produziert, wo es seine Geschäftssitze hat und wer sich letztendlich vor der Geschäftsführung ins rechte Licht setzen – und durchsetzen kann.

Die Geschäftsführungen der großen deutschen Unternehmen versuchen die Konzernsicherheit, die Informationssicherheit, das Corporate Risk Management, den Datenschutz, die Rechtsabteilung, die IT-Governance und die eine oder andere Abteilung mehr oder weniger zu einer großen Abteilung zusammen zu führen, in der das komplette Risikomanagement des Unternehmens von allen Parteien gemeinsam organisiert werden soll.

Anders als die Datenschutzbeauftragten eines Unternehmens in ihrer Funktion, haben die Informationssicherheitsbeauftragten in ihrer Funktion die Verantwortung für eine rechtliche Compliance immer abgelehnt mit der Begründung, sie seien keine Juristen. Die Juristen der Unternehmen sahen sich für den rechtlichen Teil des Themas verantwortlich, haben jedoch IT-Verantwortung für Informationssicherheit, IT-Risikomanagement abgelehnt mit der Begründung, sie seien keine Informatiker und verstünden nichts von der Informationsverarbeitung. Andere wiederum, wie die IT-Governance rissen sich förmlich um die Verantwortung für alles. Öfters spielten sich die Abteilungen den schwarzen Peter zu, bis von einer höheren Instanz im Unternehmen beschlossen wurde, welche Abteilung die Leitung über die Corporate Governance-Funktionen haben sollte, und das Organigramm festgelegt. Alexander Tsolkas hat darüber im Rahmen einer e-Discovery Untersuchung in ganz Deutschland eine Studie durchgeführt, und war erstaunt wie vielseitig die Lösungsansätze in den großen DAX-Unternehmen teilweise sind.

Die Auffassung ist, das Thema bei einem Vorstand für Konzernsicherheit bzw. Corporate Risk Management zusammenlaufen zu lassen. Dies hat sich entgegen der Auffassung der z.B.

Gartner Group in den deutschen DAX-Unternehmen bisher als am besten erwiesen und am stärksten in den untersuchten Unternehmen etabliert.

In diesem Kapitel werden die folgenden Blöcke an Rechtsvorschriften dargestellt:

- Sarbanes Oxley Act (SOX)
- KonTraG
- GoBS
- Datenschutzrechtliche Einflüsse
- Weitere Vorschriften und Richtlinien

13.1 SOX

Es gibt einen witzigen Spruch mit ernstem Hintergrund. „SOX sucks!". Wer SOX gelesen hat, der kann ein Lied davon singen. SOX ist ungefähr so genau in seiner Beschreibung, wie ein Pariser Urmeter, der vierundzwanzig Stunden in einem neapolitanischen Pizzaofen bei 400 Grad Celsius backt. So schnell wie SOX auftauchte, so schnell verhallt es dezent.

Viele Vorschriften in SOX sind wachsweich und werden derzeit entsprechend gelebt. Verbat das Regelwerk anfangs restriktiv, dass z.B. eine Prüfungsgesellschaft eine Beratung zwecks Beseitigung von Audit-Findings, die sie selbst ermittelten, durchführen durfte, so umgehen derzeit US-amerikanische Unternehmen insbesondere dieses Verbot.

Der Sarbanes-Oxley Act aus 2002 hat eigentlich keine größere Auswirkung auf die IT. 2002 machten sich alle deutschen Unternehmen, die Geschäfte in den USA ausübten, verrückt, SOX-compliant zu sein. Die meisten wussten anfangs nicht einmal, ob sie SOX-compliant sein mussten. Einige, die SOX etablieren mussten, vollzogen die Übung, aber verfolgten dies nicht mit reger Nachhaltigkeit.

SOX, das in den USA am 30.7.2002 in Kraft trat und für die EU in adaptierter Form ab dem 17.5.2006 gilt, ist mehr ein Instrument für Buchhalter und Prüfer, CFOs, Internationale Bilanzbuchhalter und all diejenigen, die mit der Rechnungslegung, Abschlüssen bzw. der Bilanz eines Unternehmens zu tun haben.

Es ist ein Instrument für das Finanz-Reporting. SOX regelt die persönliche Verantwortlichkeit und Haftung des Managements (insbesondere des CEO und CFO). SOX gilt für

- US-börsengeführte Unternehmen
- Ausländische (also z.B. deutsche) Unternehmen, die an US-Börsen oder der NASDAQ gelistet sind
- Ausländische (also z.B. deutsche) Töchter von US-Gesellschaften

13. Rechtliche Rahmenbedingungen

SOX hat den Zweck der Verschärfung der Rechnungslegungsvorschriften[1] in Folge von gravierenden Finanzskandalen, wie schon vorher beschrieben wurde.

In Section 404 des Acts fordert die Vorschrift, die Unternehmensprozesse und Kontrollverfahren zu definieren und festzulegen, um das Risiko einer falschen Bilanz zu minimieren. Weiterhin fordert es weitreichende Archivierungspflichten für E-Mails und elektronische Kommunikation.

SOX wird in punkto Informationssicherheit interessant, wenn es um die weitreichenden Einflüsse in die Corporate Governance geht. Dazu gehört ein wirksames internes Kontrollsystem (Aufsichtstrat, Revision und mehr), die IT, die die Finanzberichterstattung erstellt, Datensicherheit und Backup und die Erfüllung der Compliance-Anforderungen. Weiterhin gehören dazu die Integration von operativen Abläufen, der jährliche wiederkehrende Regelbetrieb, die jährliche Bewertung durch eidesstattliche Versicherung (Certification) des CEO und CFO, sowie die Abschlussprüfer, die das Vorgehen des Managements bewerten und ihre Stellungnahme zum internen Kontrollsystem abgeben. Nach der Prüfung müssen die Prüfer und das Management die Fehler im internen Kontrollsystem offen legen.

Für den Leser, der aus dem Informationssicherheitsbereich kommt, und dieses Buch, das von Rollen und Berechtigungen handelt, sind interessant, dass SOX unter anderem eine Dokumentationspflicht, die Berechtigungsvergabe und ein Transaktions-Monitoring fordert, sowie die Funktionstrennung, Schnittstellenüberwachung und allgemeine IT-Kontrollen. Auswertungs- und Berichtsfunktionalitäten werden ebenso zwingend gefordert. Alles andere kann der Leser in Bezug auf den Titel dieses Buches getrost wieder vergessen, wenn es nicht interessiert.

Überwacht wird SOX unter anderem durch die SEC – Securities and Exchange Commission, die Börsenaufsicht der USA, und dem PCAOB – Public Company Accounting Oversight Board, die (auf Grund von SOX geschaffene) privatrechtlich organisierte Aufsicht für Wirtschaftsprüfer. Beide Institutionen veröffentlichen auch Leitfäden und Richtlinien. Eine wichtige Forderung dieser Institutionen war die dreijährige Archivierung von Emails und elektronischer Kommunikation. So musste die Deutsche Bank im Jahre 2004 7,5 Mio. US$ Strafe zahlen, weil sie interne E-Mails nicht rechtzeitig zur Verfügung stellen konnte (Quelle: FAZ vom 27.08.04).

Die EU hat die Regelungen aus dem SOX in adaptierter Form eingeführt. Die EU reagiert damit auf Finanzskandale wie Parmalat oder Ahold. In Jahre 2006 wurde dazu die Richtlinie 2006/43/EG vom 17.5.2006[2] eingeführt. Sie regelt die Abschlussprüfungen von Jahresabschlüssen und konsolidierten Abschlüssen und wird auch als „8. EU-Richtlinie, Abschlußprüfungsrichtline oder Euro-SOX bezeichnet. Die Euro-SOX verpflichtet die EU-Mitgliedsstaaten, ihre SOX-artigen Regeln anzuwenden auf:

---

[1] Ohne Erfolg ☺

[2] Ohne Erfolg ☺

- Börsennotierte Unternehmen
- Banken, Versicherungen
- Monopolunternehmen wie Energieversorger, Post, Bahn usw.

Euro-SOX etabliert einen Prüfungsausschuss (Audit Committee). Der Prüfungsausschuss arbeitet gemeinsam mit den Wirtschaftsprüfern. Hierbei informiert der Abschlussprüfer das Audit Committee über Schwachstellen im internen Kontrollsystem. Der zukünftige Trend bei Euro-SOX geht in die Richtung, dass höhere Anforderungen an das interne Kontrollsystem von betroffen Unternehmen gestellt werden.

Eine Corporate Governance der OECD bzw. das von der OECD empfohlene Regelwerk geht weit über SOX und Euro-SOX hinaus.

Wie die Finanzkrise 2008/2010 eindeutig beweist, haben SOX und Euro-SOX versagt. Man nehme das Thema also nicht so wichtig, und hake es unter der Rubrik „Allgemeinbildung" ab.

13.2 KonTraG

Das Gesetz zur Kontrolle und Transparenz im Unternehmensbereich stellt einen weiteren Ansatz der gesetzlichen Anforderungen an interne Kontrollsysteme dar. Es trat am 1. Mai 1998 als deutscher Beitrag im Zusammenhang mit den Diskussionen um Corporate Governance in Kraft. Die Bundesregierung hatte folgende Gründe zur Veranlassung des Gesetzentwurfs:

- Verbesserung im Rahmen der Arbeit des Aufsichtsrats
- Erhöhung der Transparenz
- Stärkung der Kontrolle durch die Hauptversammlung
- Abbau von Stimmrechtsdifferenzierungen
- Zulassung moderner Finanzierungs- und Vergütungsinstrumente
- Verbesserung der Qualität der Abschlussprüfer und der Zusammenarbeit von Abschlussprüfer und Aufsichtsrat
- Kritische Prüfung des Beteiligungsbesitzes von Kreditinstituten

Nach § 91 II AktG hat ein Vorstand dafür Sorge zu tragen, dass ein angemessenes Risikomanagement sowie ein internes Überwachungssystem im Unternehmen etabliert wird. Kommt es zu einer Krise, so muss der Vorstand den Beweis erbringen, dass er sich sowohl objektiv als auch subjektiv pflichtgerecht verhalten hat. Im Detail hat er nachzuweisen, dass er Maßnahmen zur Früherkennung und zur Abwehr von Risiken getroffen hat. Daher ist die Dokumentation des Risk Management Prozesses in einem Risikohandbuch oder in entsprechenden schriftlichen Richtlinien zwingend. Neben der Risikoverwaltung sollten auch Informationen über die Risikoanalyse (Identifizierung von Risiken und deren Bewertung)

13. Rechtliche Rahmenbedingungen

sowie die über die Auf- und Ablauforganisation dokumentiert werden. Zusätzlich sollten Zuständigkeiten und Verantwortlichkeiten klar und eindeutig definiert werden.

Der Gesetzgeber schreibt nicht vor, wie das System der Früherkennung von Risiken als Teil eines normalerweise umfassenden Risk Management-Systems im Einzelnen auszugestalten ist. Tatsache ist, dass ein Früherkennungssystem / Risk Management-System betriebsindividuell (abhängig von der zugrunde liegenden Wirtschaftsbranche, Unternehmensgröße und der Unternehmensstruktur) ausgestaltet werden muss. In jedem Fall muss es derart ausgestaltet sein, dass eintretende bestandsgefährdende Entwicklungen aus z.B. risikobehafteten Geschäften, Verstößen gegen gesetzliche Vorschriften und nicht korrekte Rechnungslegung mit wesentlichen Auswirkungen auf die Vermögens-, Finanz- und Ertragslage des Unternehmens, rechtzeitig erkannt werden. Dies dient dazu, dass noch entsprechende Gegenmaßnahmen eingeleitet werden können (vgl. Begründung zum Regierungsentwurf, BT-Drucksache, 13/9712, S. 15).

Basierend auf § 90 I Nr. 1 AktG hat der Vorstand den Aufsichtsrat über die zukünftige Geschäftspolitik (im Besonderen der Finanz-, Investitions- und Personalplanung) zu informieren.

KonTraG stellt somit den Vorreiter zu SOX dar, und die Gesetzesunterworfenen in der Finanzkrise 2008/2010 haben genauso kläglich versagt, wie die Gesetzesunterworfenen bei SOX versagten. Es ist im Übrigen anzumerken, dass noch niemals in Deutschland jemals ein Vorstand, der ein Unternehmen ruinierte, danach verurteilt wurde und mit seinem Privatvermögen haftete. Nicht einmal die Vorstände der IKB, der Hypo-Real-Estate oder die der Landesbank HSH Nordbank nach der de facto Pleite der Banken während der Finanzkrise 2008/2010 durch sehr risikobehaftete Spekulationen im Ausland, für die der deutsche Steuerzahler Unmengen an Geld aufbringen musste.

Risikoberichterstattungen an den Vorstand einer AG, angelehnt an das KonTraG sind mitunter der größte Unsinn auf DIN A4-Papier, den es auf unserem Planeten gibt. Erstens sind sie niemals akkurat, zweitens teilweise falsch, und drittens machen die Unternehmen immer wieder den Fehler, die Risiken statisch und nicht dynamisch zu betrachten, wie das z.B. durch Versicherungsmathematiker für Risiken von großen Rückversicherern durchgeführt wird. Weiterhin können die vordefinierten groben Risikobereiche für die Berichterstattung nie mit anderen kleineren, aber dennoch wichtigen Risiken korreliert werden, die nicht auf der Liste stehen. Dann berichtet der eine Risikomanager eines Landes meist seine Risiken zweimal jährlich an den zentralen Risikomanager. Dieser hat aber in der Berichtsperiode meistens mehr Arbeit damit den Risikobericht fertig zu stellen, als sich die Risikoberichte richtig anzuschauen, und daraus Verknüpfungen von Risiken und damit weitere Risiken abzuleiten, oder wenigstens die potentiellen Schadenssumme und Eintrittswahrscheinlichkeiten abzugleichen.

13.3 GoBS

GoBS bedeutet Grundsätze ordnungsmäßiger DV-gestützter Buchführungssysteme. Die GoBS stützen sich auf mehrere Säulen. Die wichtigsten Säulen sind das interne Kontrollsystem, die Datensicherheit und der Dokumentation und Prüfbarkeit. Im Grunde genommen hat diese Verordnung den Sinn, der elektronischen Buchführung den gleichen Stellenwert zu geben, wie den einer manuell erstellten Buchführung. Weiterhin generieren die GoBS, wie SOX und KonTraG, ein weiteres internes Kontrollsystem. Sie dienen der Sicherung und dem Schutz vorhandenen Vermögens und vorhandener Informationen vor Verlusten aller Art. Die GoBS verlangen die Bereitstellung vollständiger, genauer, aussagefähiger und zeitnaher Aufzeichnungen, sowie die Förderung der betrieblichen Effizienz durch Auswertung und Kontrolle der Aufzeichnungen. Die GoBS unterstützen die Befolgung der Regeln der vorgeschriebenen Geschäftspolitik.

GoBS fordern Datensicherheit. Dazu gehört ein Datensicherungskonzept, die Sicherung gegen Datenverlust und alles bitte nach dem aktuellen Stand der Technik. Die GoBS fordern Transparenz und Nachvollziehbarkeit. Aus diesem Grunde verpflichten sie zur Dokumentation und Prüfbarkeit. Weiterhin geht es in den GoBS um Beleg-, Journal- und Kontenfunktionen, die Buchung, Aufbewahrungsfristen, Wiedergabe der auf Datenträgern geführten Unterlagen, und Verantwortlichkeit.

GoBS hat weitreichende Beziehungen zu anderen Regelwerken, auf die wir noch eingehen werden in diesem Kapitel.

13.4 Datenschutzrechtliche Einflüsse

Bei den datenschutzrechtlichen Einflüssen geht es hauptsächlich um die Exponiertheit der personenbezogenen Daten durch die IT-Systeme, Prozesse, Qualität der Verarbeitung, und durch potentiellen Mißbrauch, insbesondere, wenn eine Auftragsverarbeitung vorliegt.

Personenbezogene Daten sind ein sehr schutzwürdiges Gut!

Wichtig ist dem Autor in diesem Kapitel, die rechtliche Stellung aufzuzeigen, um den Compliancebruch im Unternehmen zu verhindern. Dabei geht es um die personenbezogenen Mitarbeiterdaten im Unternehmen, sowie um personenbezogene Daten von Dritten (z.B. Kunden), und das Ganze in Eigendatenverarbeitung oder ausgelagerter Datenverarbeitung, innerhalb bzw. außerhalb der EU. Ein sehr komplexes Thema.

In der letzten Zeit haben die größten Datenschutzskandale, die es jemals in Deutschland gab, dafür gesorgt, dass das BDSG wieder mehr in den Fokus der Politik geraten ist. So wurde das Gesetz prompt im Jahr 2009 novelliert, und wird in Kürze noch einmal novelliert. Bei T-Mobile und der Deutschen Bahn AG wurden Mitarbeiter und Dritte unerlaubt abgehört, an Telefonen sowie an PCs.

Manche Verantwortliche meinen, Sie könnten Datenschutz nach Weltraumrecht etablieren, wie im folgenden Comic dargestellt.

13. Rechtliche Rahmenbedingungen

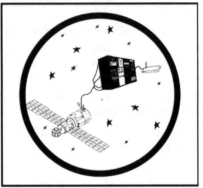

Abbildung 13.1: Laokoon und Kassandra

Eine Auftragsdatenverarbeitung liegt nach §11 BDSG vor, wenn ein externer Dienstleister z.B. Callcenterdienste oder andere Dienste für das Unternehmen anbietet.

Hierbei ist eine Abgrenzung der Funktionsübertragung sehr wichtig, da dies nur mit der Einwilligung des Betroffenen geschehen darf. Entgegen anderer Ansichten bleibt der Auftraggeber Herr seiner Informationen. Auch darf der Auftragnehmer keine Datenverarbei-

13.4 Datenschutzrechtliche Einflüsse

tung zu eigenen Zwecken durchführen. Der verarbeitende Dienstleister wird nicht als Dritter gesehen. Es findet keine Übermittlung von Daten statt.

Wartungsarbeiten und ähnliche Hilfstätigkeiten gehören ebenfalls zur Auftragsdatenverarbeitung.

Für die rechtliche Steuerung von Datenschutz ist eine detaillierte vertragliche Regelung mit dem externen Dienstleister zu etablieren. Die Auftragserteilung befarf der Schriftform. Hierzu sollte es in der Regel einen schriftlichen Hauptvertrag mit dem Dienstleister geben. Darunter fallen z.B. RZ-, Pflege- und Wartungs-, Outsourcing, ASP-, Dienstleistungs-, Werkvertrag, SLA, SSLA etc. Man sollte an den Hauptvertrag einen zusätzlichen Anhang für die Auftragsdatenverarbeitung heften, insbesondere für Datensicherheit und Datenschutz. Der Gegenstand der Auftragsdatenverarbeitung ist die Erhebung, Verarbeitung und Löschung der Informationen.

Verantwortlich bleibt der Auftraggeber auch für die Rechte der Betroffenen. Er bestimmt die Ansprechpartner. Der Auftraggeber hat eine Weisungsbefugnis, was er schriftlich zustellen muss. Der Auftragnehmer hat eine Unterstützungs- und Hinweispflicht, wenn z.B. datenschutzrechtliche Vorschriften nicht eingehalten werden. Sie unterliegt der Schriftform[3]. Die Zweckbindung ist detailliert festzulegen. Weiterhin sind nach §9 BDSG technisch-organisatorische Schutzmaßnahmen einzurichten, was in der administrativen Kontrolle im Kapitel Zugriffskontrolle über Autorisierung schon zum Teil behandelt wurde, wie z.B. Policies, Awarenessprogramme, Code of Conduct, oder Binding Corporate Rules.

Die Anlage zu §9 BDSG verlangt darüber hinaus:

- Dass nach Grundsätzen ordnungsmäßiger DV gearbeitet wird
- Ein technisches Sicherheitskonzept erstellt wird
- Die technische Konkretisierung für u.a.:
    - Zutrittskontrolle, deren räumliche und physische Sicherung
    - Zugangskontrolle, wie z.B. Passwort, Token, ACL, Firewall, Festplattenverschlüsselung, Retinascanner, etc.
    - Zugriffskontrolle, und hierbei die effektive und rollenbasierte Rechtevergabe
    - Weitergabekontrolle mit Verschlüsselung
    - Verfügbarkeitskontrolle durch Virenschutz, IPS, Backup, Web Application Firewall und Archivierung, etc.
    - Protokollierung von wichtigen Events z.B. mittels ArcSight ESM, NetIQ's Security Log Manager, Cisco Mars oder anderen Systemen.

---

[3] §7 III3 LDSG

13. Rechtliche Rahmenbedingungen

Weitere grundlegende Pflichten sind:
- Die Dokumentationspflicht
- Unterrichtungspflichten, wie z.B. bei einem Ausfall oder einer Störung
- Das Erstellen und Führung eines Verfahrensverzeichnisses Datenschutz
- Unterstützungspflichten bei Kontrollen von Aufsichtsbehörden, z.B. Kontrolle durch die Landesdatenschutzbehörde
- Aufbewahrung, Löschung, Vernichtung der Daten (rückinformationssicher gemäß DIN ISO 32757)
- Meldepflichten und der Nachweis für Aufsichtsbehörden
- Bestellung eines betrieblichen Datenschutzbeauftragten

Datenschutzrechtliche Regelungspunkte sind:
- Wahrung des Datengeheimnisses und der Vertraulichkeit
    - Verpflichtung der Mitarbeiter und Subunternehmer nach §5 BDSG
    - Fortbestand des Schutzbedarfs auch nach Vertragsende
- Die Haftung
    - Bei Mitverschuldung von Vergehen
    - Vertragsstrafen sind üblicherweise bemessen bei 10% -15% des Auftragwertes
    - Die Freistellungsklausel
- Beweisregeln
    - Festlegung der autorisierten Beweismittel
    - Einbeziehung von elektronischen Daten
- Kontrollrechte
    - Zutritts-, Zugangs- und Zugriffsrechte zu Dienstzeiten
    - Auskunftsrechte
    - Kontrolle durch den Bundes- bzw. Landesdatenschutzbeauftragten

Subunternehmer
- Bedarf der vorherigen schriftlichen Zustimmung
- Telearbeit (SOHO – Small Offices - Home Offices)
- Pflichtenweitergabe durch Vertrag

Kündigung
- Einhaltung von ordentlichen Fristen
- Fristlose Kündigung bei schwerwiegenden Verstößen

- Zurückbehaltungs- und Herausgaberechte
    - Beendigungsregelung
    - Ausschluss für Auftragnehmer bzgl. Daten
    - Insolvenzregelung
- Schlussbestimmungen
    - Anwendbares Recht
    - Gerichtsstand, Erfüllungsort
    - Schriftform der Änderungen
    - Salvatorische Klausel

13.5 Weitere Vorschriften und Richtlinien

Dieses Kapitel beschäftigt sich mit weiteren wichtigen Rechtsvorschriften, die seit 2004 relevant sind für den ordentlichen und gesetzeskonformen Betrieb der Datenverarbeitung.

13.5.1 Das Internet und die GEZ

Der achte Änderungsstaatsvertrag vom 8.10./15.10.2004 zum Staatsvertrag im vereinten Deutschland hat bestimmte Dinge neu beschlossen. So regelt dieser in Art. 4 §11 Abs.2 die Frage der Gebührenpflicht von Internet-PCs. Damit sind Internet-PCs grundsätzlich gebührenpflichtig, wenn diese mit einer Radio-/TV-Karte ausgestattet sind.

Dabei spielt es keine Rolle, ob der PC an das Internet angeschlossen ist, oder nicht. Allein durch das Vorhandensein eines Radio-/TV-Empfangsteils ist der PC nach dem Staatsvertrag ein Rundfunkgerät. Danach sind neuartige Rundfunkgeräte z.B. Rechner oder andere Geräte (z.B. ein iPhone) ohne eigene herkömmliche Rundfunk-Empfangsmöglichkeit gebührenpflichtig, wenn sie internetfähig sind und damit möglicherweise Rundfunkprogramme (Radio, TV) aus dem Internet empfangen können.

Beispiele dieser Art von neuartigem Rundfunkgeräten sind:

- PC, Server, Laptop, iPhone, iPad, Smartphones, Blackberry, PDA, MDA, Kühlschrank mit Internetzugang, Heimwhirlpool mit eingebauten Touchscreen mit Internetzugang, PC mit DVB-T/S-Karte, PC mit IPTV-Empfang, PC mit VDSL-Empfang, Handys mit eingebautem UKW-Empfangsteil, Radios oder Handys die für Empfangsmöglichkeit über DVB-H oder DMB geeignet sind, etc.

Eine Zweitgerätbefreiung, wenn man z.B. einen Fernseher angemeldet hat, gilt nicht.

Darunter fallen auch PCs ohne Lautsprecher und Soundkarte, da diese eine Sendung dennoch empfangen und aufzeichnen können. Sollte man keinen (A)DSL-Anschluss besitzen, so kann man sich nicht darauf beziehen, keinen Internetanschluss zu haben, da ein Modem genutzt werden könnte. Auch gelten PCs mit einem USB-Anschluss als neuartige

13. Rechtliche Rahmenbedingungen

Rundfunkgeräte, da der Gesetzgeber begründet, dass mit wenig Aufwand ein W-LAN bzw. ein Modem anschließbar wäre.

Ausnahmen gibt es keine. GEZ-Filter einzusetzen, um den Rundfunkempfang zu blockieren, ist als Ausschlußgrund für die Gebühr von der GEZ nicht anerkannt, da ein derartiger Filter mit einfachen Mitteln des Microsoft Windows-Betriebssystems umgangen werden kann.

Die Gundgebühren liegen bei derzeit bei knappen 6€ pro Monat. Diese Gebühr gilt für alle Unternehmen, die bisher noch keine Rundfunkempfangsgeräte (Radio, TV) angemeldet haben und über neuartige Rundfunkgeräte verfügen. Je Betriebsgrundstück muss für nur ein neuartiges Empfangsteil gezahlt werden. Für mehrere Betriebsgrundstücke, Filialen, Standorte, Büros oder Werkstätten muss mehr bezahlt werden. Ist kein herkömmliches Rundfunkgerät angemeldet, muss für alle Standorte mit internetfähigem Gerät eine separate Abgabe gezahlt werden. Für Server, die nur zwecks Update und Wartung einen Internetzugang haben, muss die Abgabe auch entrichtet werden. Hier fällt die Gebühr nur für einen Server an, da die Zweitgeräteregelung für alle weiteren gilt.

Nutzt ein Unternehmen das Angebot des Outsourcings bei einem Dienstleister, so muss der Dienstleister die Abgabe entrichten. Bei einer gemieteten IT-Dienstleistung fällt nur die Gebühr an, wenn der Kunde über das Internet auf den gemieteten Server/Computer zugreift und selbst noch keine Gebühr entrichtet.

Ein Housing-Unternehmen muss nicht für Kundenrechner die GEZ-Gebühr bezahlen, nur für die unmittelbar eigenen, die einen Internetzugang haben und zur Betreuung der Housing-Dienstleistung dienen.

Beim Webhosting einer Webseite bei einem fremden Unternehmen muss der Kunde nicht zahlen, allerdings muss beim Kunden ein Internet-PC angemeldet sein (mit dem er auf die Webseite zugreift).

Bei der Telearbeit vom Mitarbeitern mit z.B. einem gestellten Laptop ist eine Gebühr fällig.

Selbstständige, Freiberufler und Gewerbetreibende mit separatem Büro müssen die Gebühr entrichten, sowie:

- Für den beruflich genutzten Internet-PC im Arbeitszimmer, sofern noch kein beruflich genutztes Rundfunkgerät angemeldet ist
- Ist ein Dienstautoradio angemeldet, entfällt die Gebühr für den PC in einem Büro.

13.5.2 Neue Gesetze

Es gibt für diejenigen, die es immer noch nicht so richtig mitbekommen haben, ein neues Telemediengesetz (März 2007) und einen Staatsvertrag für Rundfunk und Telemedien (der Autor hat beim Stöbern auf so manchen Homepages im Internet einmal recherchiert und festgestellt, dass es die Gesetze, auf die Firmen sich berufen, schon seit teilweise 6 Jahren nicht mehr gibt). Vorsicht, denn hier können Abmahnung drohen. Eine Limited ist mittlerweile auch abmahnbar. Das neue Telemediengesetz sorgt für eine Harmonisierung der Regelungen zu Tele- und Mediendiensten (Telemedien). Dieses neue Gesetz ersetzt das Teledienstegesetz, das Teledienstedatenschutzgesetz sowie den Mediendienstestaatsvertrag. Seitdem gilt eine Erweiterung der Impressumspflichten. Durch das neue Gesetz ist das Teledienstedatenschutzgesetz nicht völlig ignoriert worden, sondern das neue Gesetz hat ein eigenes Kapitel über Datenschutz für Telemedien. Für E-Mail und Internetzugangsprovider gilt ausschließlich der Telekommunikationsdatenschutz. Das neue Gesetz geht leider nicht auf Gütesiegel oder Verhaltenskodizes ein.

Gleichauf gibt es einen neuen Umfang von Pflichtangaben in E-Mails durch gesetzliche Neuregelung (EHUG). Neuerdings gilt für Adressaten, und im speziellen Kaufleute, Firmengesellschaften, Freiberufler und Vereine, die Neuregelung für Geschäftsbriefe, dass sie folgendes in einer E-Mail mit angeben:

- Firma, Sitz der Firma, Registergericht, die Handelsregisternummer, alle Organe der Gesellschaft (GF, Vorstände mit Vor- und Nachnamen, Aufsichtsratsvorsitzender) angeben. Eine Verlinkung auf die Impressumseite ist nicht ausreichend. Verstöße können geahndet und abgemahnt werden.

Im Strafrecht und dessen Gesetzen gab es auch Änderungen. Mit der Einführung des absolut nichtsnutzenden Paragraphen 202c StGB wird nunmehr unter Strafe gestellt das:

- Herstellen
- Verschaffen
- Verkaufen
- Überlassen
- Verbreiten oder Zugänglichmachen von Hacker-Tools

Damit hat der Gesetzgeber endlich geschafft, Analysetools und Analysesoftware und eine ganze Berufssparte (Penetrationstester, System- und Sicherheitsadministratoren) in der Informationssicherheit zu kriminalisieren. Dabei ist die Definition von Hackertools sehr schlecht im Gesetzestext erklärt, und nach meiner Meinung ist die Abgrenzung legaler von illegalen Tools und Praktiken noch ungenügend. Die gute Sache ist, dass kein Großunternehmen ohne Pentests auskommt und der Paragraph derzeit mächtig ignoriert wird. Der Autor hoft, dass sich Bundestag und Bundesrat noch einmal damit beschäftigen.

13.5.3 Informations- und Risikomanagement

Ganzheitliche Informationssicherheit vereint technische Sicherheit, ökonomische Sicherheit, rechtliche Sicherheit und organisatorische Sicherheit. Um dies zu etablieren, wurde seit vielen Jahren an Standards gearbeitet. Die ersten Standards für Informationssicherheit waren das BSI-Grundschutzhandbuch, der BS 7799, und später gesellten sich der ISO IEC 17799 1-2, und die DIN ISO 27001 hinzu.

Der sicherste Weg, lausige Vorstände aus einer Haftung nach dem jeweils gültigen internen Kontrollsystem zu bekommen, war es, einen anerkannten Standard zu etablieren und sich nach diesem zertifizieren zu lassen. Ähnlich wie beim Technischen Überwachungsverein Fahrzeuge geprüft werden, wurde der Nachweis der geprüften Sicherheit nach außen und

13. Rechtliche Rahmenbedingungen

die Vergleichbarkeit mit Standards verlangt. Gleiche Anforderungen wurden durch externe Prüfungsgesellschaften erhoben. Wirtschaftsprüfer orientierten sich am KonTraG, und Banken, die Kredite vergaben, an Basel II. Internationale Standards wurden durch Übereinkunft ins Leben gerufen. Die Zertifizierung nach einem Standard erlangt man in der Regel durch einen Audit eines zertifizierten Auditors.

Anerkannte Standards sind (um einige zu nennen):

- ISO/IEC 13335
- ISO/IEC 17799
- ISO/IEC 27001
- BSI-Standards zur IT-Sicherheit
- BS 25777
- BS25999
- ISO 31000 aus BS 31000

13.5.4 Basel II

"Basel II" bezeichnet ein vom sogenannten Baseler Ausschuss für Bankenaufsicht erarbeitetes, nicht rechtsverbindliches Konvolut von Regeln zur Beaufsichtigung von Banken in der Form eines "internationalen Übereinkommens" der Zentralbankgouverneure und Bankenaufsichtsbehörden der G 10 Staaten. Am 26.6.2004 wurden die neuen Eigenkapitalanforderungen für Banken am Sitz der Bank für internationalen Zahlungsausgleich unter dem Namen "International Convergence of Capital Measurement and Capital Standards: a revised Framework" erlassen. Die derzeit gültige umfassende Version ist auf der Webseite der Bank für Internationalen Zahlungsausglich (BIZ) als "Basel II: International Convergence of Capital Measurement and Capital Standards: A Revised Framework – Comprehensive Version" (http://bis.org/publ/bcbs128.htm) unter dem Stand Juni 2006 abrufbar. Die EU verfolgt seit langem eine Politik der Übernahme der Regeln des Baseler Ausschusses in EU Recht (anders als die USA, die, obwohl maßgeblich im Ausschuss selbst, diese Regeln noch nicht in nationales Recht umgesetzt haben). Für die EU folgte daher schnellstmöglich die Umsetzung in Richtlinien (EU-Richtlinien 2006/48/EG und 2006/49/EG) http://de.wikipedia.org/wiki/Capital Requirements Directivehttp://de.wikipedia.org/wiki/Capital Requirements Directive die seit 2006/2007 in Kraft sind und in Deutschland implementiert wurden.

Für die Umsetzung von Basel II sorgen verschiedene Gesetze und Verordnungen wie die folgenden:

- Das Kreditwesengesetz KWG
- Die Solvabilitätsverordnung

Die Groß- und Millionenkreditverordnung – GroMiKV addressiert daneben Klumpenrisiken und legt Berichtspflichten an die Bankaufsicht für bestimmte Kredite fest.

Die Bankaufsicht funktioniert nach dem Prinzip der Deckung und Begrenzung von Risiken. Risiken sollen durch das unternehmerische Eigenkapital gedeckt sein (das heißt eine Bank in der Form der AG soll erst mit dem Geld der Aktionäre ins Risiko gehen und Kundeneinlagen sollten nicht gefährdet sein). Die Bankenaufsicht stellt weiters Grenzen für Kreditvergabe auf, sogenannte Großkreditlimite. Damit hat der Ansatz folgende Herausforderungen: festlegen und messen, was als Eigenkapital gilt, und festlegen und messen, was als "Risiko" gilt. Daneben und flankierend erlassen Bankaufseher und enthält Basel II eine große Anzahl von Vorschriften, wie Geschäftsabläufe und Risikomanagement zu gestalten sind. Basel II definiert dementsprechend das Eigenkapital von Banken und enthält Regeln zur Risikomessung und Kontrolle. Zur Risikomessung kann sich eine Bank auf ihre internen, aber auch auf externe Risikobemessungsansätze verlassen. Risk rating heißt in diesem Kontext nichts anderes als (quantitative und auch qualitative) Risikobewertung.

Aus der Sicht des Kreditnehmers hat Basel II ganz klar Auswirkungen: seine Kreditkosten sinken mit einem guten und steigen mit einem schlechten Rating. Dabei spielt nicht nur die wirtschaftliche Ertragskraft für das rating eine Rolle, sondern eben auch die in diesem Kapitel beschriebenen Elemente der corporate governance. Eine wichtige Voraussetzung für die Vergabe eines positiven Ratingfaktors eines Unternehmens bei einer Kreditvergabe unter Anwendung der Prinzipien von Basel II ist die Beherrschung von IT-Risiken. Ein hohes Sicherheitsniveau und ein effizientes Risiko- bzw. Sicherheitsmanagement-System, das die Messung von Rest-Risiken erleichtert, führt zu einem besseren rating (im Prinzip). Ein bessseres rating des Kreditnehmers führt dann bei der Bank zu einer reduzierten Eigenkapitalunterlegung (Banken müssen ihre vergebenen Kredite mit Eigenkapital als Sicherheit unterlegen). Basel II kann als genauso ineffizient wie KonTraG und SOX betrachtet werden, wenn man an die vielen Milliarden denkt, die die nach diesen Prinzipien beaufsichtigten Kreditinstitute in der Wirtschaftskrise 2008/2010 versenkt haben. Aber zumindest hat die darin implizit geforderte und etablierte Informationssicherheit nicht die Krise ausgelöst, und zumindest ist der Grundgedanke nicht verkehrt (common sense), dass Banken ihre Prozesse im Griff haben, ihre Risiken messen und erst einmal das Geld ihrer Eigentümer auf das Spiel setzen sollen.

Das vorhandene Sicherheitsniveau kann z.B. durch eine Zertifizierung belegt und dokumentiert werden. Es wird allgemein anerkannt, dass im Rahmen der Ratingfaktoren Risikomanagement, Risikobewertung und Risikocontrolling die IT-Risiken berücksichtigt werden, insbesondere im Rahmen der operationellen Risiken von Unternehmen. Schwächen in diesen Bereichen werden zu höheren Kreditkosten führen, da schlechtere ratings die Eigenkapitalquote der Bank für die Kreditsicherung erhöhen.

Die Mindestanforderungen an das Risikomanagement der Banken ist dazu in MaRisk festgelegt. MaRisk wurde eigens dafür zum qualitativen Regelwerk ausgebaut, das auf der Basis des §25a Abs.1, 1a KWG die Anforderungen an das Risikomanagement zusammenführt.

13.5.5 MaRisk

MaRisk definiert die Mindestanforderungen an das Risikomanagement von Banken und sogenannten „Finanzinstituten" in Deutschland. Es gibt die MaRisk (BA) für Banken und Finanzinstitute und die MaRisk VA für Versicherungsunternehmen. Die BaFin hat die

MaRisk BA als Rundschreiben im Dezember 2005 erlassen. Die MaRisk fordern, dass die Gesamtverantwortung für das Risikomanagement der Geschäftsleitung obliegt. MaRisk fordern ein weiteres internes Kontrollsystem, das die Aufbau- und Ablauforganisation regelt und fordern die Einrichtung von Risikosteuerungs- und -controllingprozessen. Die MaRisk stellen Anforderungen an Organisationsrichtlinien, Dokumentation, technische und organisatorische IT-Sicherheit und setzen Standards wie z.B. BSI oder DIN ISO 27001 voraus. Weiterhin fordern sie die Tests und Abnahme der Standards, ein Notfallkonzept, und regeln viele Punkte unter Berücksichtigung von Risikoaspekten und Verantwortlichkeiten beim Outsourcing. Allerdings nur für die der Aufsicht unterliegenden Unternehmen.

13.5.6 Die Rechtsfolgen von Non-Compliance

Dieses Kapitel möchte die häufigsten Rechtsfolgen von Non-Compliance sehr komprimiert darstellen.

Bezogen auf das **BDSG** sind die Rechtsfolgen Auskunfts-, Berichtigungs-, Sperrungs-, Löschungs-, Unterlassungs-, und Schadensersatzansprüche nach §§ 6,7,34,35 BDSG.

Bei **SOX** kann eine Verletzung der Compliance dazu führen, dass z.B. Wirtschaftsprüfer kein Testat erstellen (§322 HGB), dass keine Entlastung des Vorstandes (120 AktG) erfolgt, dass Bußgelder verhängt werden, eine vorhandene Börsenzulassung entzogen wird.

Beim **KonTraG** verhält es sich wie bei SOX. Zusätzlich gibt es die höchst theoretische Form einer vermutlich potentiellen sehr hypothetischen persönlichen Haftung des Vorstands bei grober Fahrlässigkeit.

Bei **Vergabeverfahren** könnte eine Eigenerklärung oder der Nachweis von IT-Compliance gefordert werden. Es könnte zu einem Ausschluss oder der Nichtberücksichtigung z.B. nach §25 Nr. 2 VOL/A kommen.

Bei **Basel II** wird man als Kreditnehmer sofort mit schlechteren Kreditbedingungen (höhere Zinsen oder Sicherheiten) bestraft. Als Kreditgeber drohen einem die Testatsverweigerung der Wirtschaftsprüfer und ein entsprechendes Bußgeld, der Aufsichtsrat könnte nicht entlastet werden, und es können harte Sanktionen der BaFin drohen. Sanktionen der BaFin sind z.B.:

- Eine Forderung nach Nachbesserung der Verträge §6 Abs.3 KWG
- Das Verhängen von Bußgeld nach §56 Abs.2 Nr. 4 KWG
- Entzug der Bankenerlaubnis nach §35 Abs.2 Nr.6 KWG
- Abberufung des Geschäftsführers nach §36 Abs.1,2 KWG
- Weiterhin können Imageschäden und Auftragsverluste nach Bekanntwerden drohen. Es können auch Nachteile beim Versicherungsschutz auftreten, wie z.B. ein Verlust oder die Leistungskürzung aufgrund mangelnder IT-Compliance.

13.5.7 Strafverfolgung der Emittlungsbehörden

Auch wenn das Personal der Staatsanwaltschaft in unserem Lande eher knapp bemessen ist, gehen die Staatsanwaltschaften immer stärker gegen illegale Handlungen im IT-Bereich vor. Beispiele sind die Verfolgung von illegalen Raubkopien in Tauschbörsen im Internet, illegale Pornographie, Rechtsradikalismus und mehr. Seit Anfang 2005 wurden mehr als 30.000 derartiger Strafverfahren eingeleitet.

Hier stellt sich immer wieder die Frage nach der Mitverantwortlichkeit eines Unternehmens, der Geschäftsführung und der internen und externen Mitarbeiter für illegale und strafbare Handlungen. Die Strafverfolgung hat Auskunftsansprüche bei strafbarem Verhalten. Geschädigte erstatten meist Strafanzeige.

Auch für TK-Anbieter hat die Strafverfolgung Auskunfstansprüche nach §§89 VI, 113 TKG. Diese sind nach der neuen Rechtsprechung anerkannt. So wird über den öffentlichen Provider die IP-Adresse ermittelt, und im Unternehmen erfolgt die persönliche Zuordnung dieser auf den Mitarbeiter.

Bei einer erlaubten privaten Nutzung von Ressourcen im Unternehmen wie z.B. E-Mail oder Internet, ist damit sogar das Unternehmen selbst TK-Anbieter. Hier ist besondere Vorsicht geboten, da dies eine schwierige Situation darstellt. Hier kann eine ungenügende Betriebsvereinbarung, ein nicht abgemahnter Mißbrauch bei Verbot eine stille Duldung darstellen, was im Falle eines Mißbrauchs für das Unternehmen schwerwiegende Folgen haben kann.

Andererseits kann bei einem Verbot durch Policies und keiner Bestrafung bei Mißbrauch der Arbeitnehmer auch den Spieß umdrehen, und den Arbeitgeber verklagen.

13.5.8 Vorratsdatenspeicherung

Eine Eu-Richtlinie zur Vorratsdatenspeicherung wurde am 21.2.2006 vom Ministerrat erlassen. Betroffen sind die Dienste E-Mail, SMS, Telefonie, www-Surfen und Filesharing, sowie VoIP. Angeblich diene die Vorratsspeicherung der Terrorismusbekämpfung.

ISPs und TK-Anbieter wurden verpflichtet, Verbindungs- und Standortdaten sechs bis vierundzwanzig Monate lang zu archivieren.

Der deutsche Bundestag hatte bereits seine Zustimmung gegeben, die Richtlinie voll umzusetzen. Das Bundesverfassungsgericht hielt es erst für verfassungskonform, hat allerdings im März 2010 die Sache verworfen.

Die Begründung lautete, dass die Bedingungen zu ungenau formuliert wurden. Damit ist die Sache nicht gestorben, sondern, bis nachgebessert wurde, nur aufgeschoben. Für TK-Anbieter war die Entscheidung des Bundestages damals ein größeres Abenteuer, da die Datenmengen bei den Internet-basierenden Diensten sehr viel größer sind, als bei reiner Telefonie.

13.5.9 Haftungsfragen

Bei Haftungsfragen interessiert den Autor vornehmlich die Störerhaftung. So gibt es nach §1004 BGB z.B. bei einem ungesicherten W-LAN einen Unterlassungsanspruch. So haftet

13. Rechtliche Rahmenbedingungen

jeder als Störer für eine Schutzrechtsverletzung, der in irgendeiner Art und Weise willentlich, adäquat und kausal an der rechtswidrigen Sache mitgewirkt hat.

Dazu muss jemand, ohne selbst Täter oder Teilnehmer zu sein, die Rechtsverletzung nicht selbst begangen haben. Ein Verschulden (Vorsatz oder Fahrlässigkeit) ist nicht zwingend erforderlich. Wichtig ist, dass es adäquat kausal passiert ist. Nach einem Urteil des BGH NJW 2005, 1420, 1421 m.w.N. heißt es: "...für die Schutzrechtverletzung ist eine Bedingung dann, wenn das Ereignis im Allgemeinen und nicht nur unter dem gewöhnlichen Verlauf der Dinge außer Betracht zu lassenden Umständen geeignet ist, einen Erfolg der fraglichen Art herbeizuführen...".

So verurteilte das Landgericht Hamburg eine Frau, die ein ungesichertes W-LAN betrieb, über das Musikdateien über P2P Gnutella öffentlich zugänglich gemacht wurden, ohne Passwort und Verschlüsselung. Die Frau hatte keine Ahnung davon. Somit entstanden über ihren Router urheberrechtswidrige Down- und Uploads der Musikdateien. Das Gericht bejahte die Störerhaftung, da der Frau Prüfungspflichten zugemutet wurden mit der Begründung: "Wer seine Internetverbindung drahtlos betreibt, muss für die Sicherheit des Routers sorgen". Das Urteil ist für mich in keinster Weise nachzuvollziehen, außer wenn man als Richter berücksichtigen möchte, dass andere mit krimineller Absicht das Gleiche tun, und dann versuchen, die Sache mit Nichtwissen zu begründen.

In diesem Fall hätte, um den Verbraucher zu schützen, das Gericht mehr auf den TK-Anbieter zielen sollen, die die Router vorkonfiguriert zu liefern hätten. Schließlich ist der Router eine Massenware, die jeder kaufen könnte. In den meisten Handbüchern eines W-LAN-Routers wird nicht auf Rechtsfolgen hingewiesen, es steht dort nicht einmal geschrieben, dass z.B. Minderjährige die Konfiguration nicht durchführen dürfen, weil sie nicht oder nur beschränkt geschäftsfähig sind.

Derzeit hält die IP-Technologie und das Internet im Auto Einzug. Bald verfügen alle Fahrzeuge über einen Internetzugang, E-Mail und Surfdienste. Der Autor kann seinem 83-jährigen Vater nicht zumuten, den Zugang adequat abzusichern, obwohl er noch prima Auto fährt. Darüber sollten Richter und Hersteller ein wenig mehr nachdenken. Man kann nicht verlangen, dass Verbraucher sich in allen Technologien adäquat auskennen, bei Fehlern bestraft werden, während Hersteller mit dem Verkauf von unkonfigurierten W-LAN-Routern ein dickes Geschäft machen. Hier hat nach der Meinung des Autors der Hersteller eine Mitwirkungspflicht. Bei einem Medikament stehen in jedem Beipackzettel die Nebenwirkungen. Das ist das Mindeste, was ich von einem Handbuch eines Router-Herstellers erwarten würde.

Derzeit potentiell möglich ist es, dass Kinder über das Auto Ihres des Vaters P2P-Files herunterladen können. Dabei könnte es passieren, dass der Vater verurteilt wird, weil Techniker im Werk sich unzureichend Gedanken über Sicherheit des Internetzugangs im Auto gemacht haben, wie es im Falle des Routers der verurteilten Frau war.

Im Vordergrund der Eigenhaftung der IT-Verantwortlichen steht Schadensersatz. So können Schadensersatzansprüche des Arbeitgebers entstehen, wenn eine Verletzung der arbeitsvertraglichen Nebenpflichten entstanden ist. Dies ist zugegebenermaßen in der Praxis recht selten. Der Arbeitgeber hat eine Schutz-, Mitwirkungs-, Geheimhaltungs-, und Aufklärungspflicht. Bei der Sorgfaltspflicht der Arbeitnehmer hingegen gibt es keinen richtigen Sorgfaltsmaßstab. So gehen die Arbeitgeber mehr von besonnenen Menschen in der Situation des Arbeitnehmers aus, und können höhere Sorgfaltsanforderungen an leitende Mitarbeiter stellen.

In jedem Fall hat der Arbeitgeber bei Haftungsfragen die Beweislast nach § 619a BGB. Weiterhin ist die Frage nach der Fremdbestimmtheit der Arbeitsleistung interessant, und ein Arbeitgeber trägt das Unternehmerrisiko.

Bei Haftungsbeschränkungen hat das Bundesarbeitsgericht Grundsätze zur schadengeneigten Tätigkeit erlassen. So gelten und stehen bei der Haftungsbeschränkung außer Frage:

- Das vorsätzliche / grobfahrlässige Verhalten bei voller Haftung
- Die mittlere Fahrlässigkeit bei Schadensteilung
- Bei leichter Fahrlässigkeit keine Haftung
- Gilt grundsätzlich nur im Verhältnis zum Arbeitgeber
- Gilt im Verhältnis zu geschädigten Dritten, aber es besteht ein Freistellungsanspruch des Arbeitnehmers gegen den Arbeitgeber

Ansprüche von Dritten sind in der Praxis selten, da sich ein Geschädigter doch meistens an den Arbeitgeber hält. Für alle internen Datenschutzbeauftragten gelten die Grundsätze entsprechend, Externe haften voll.

Bei der Strafbarkeit gilt immer der Grundsatz der Eigenverantwortung. Ein Arbeitnehmer macht sich immer selbst strafbar. Eine arbeitsvertragliche Haftungserleichterung ist nicht anwendbar. Das gibt es nur für Vorstände und andere Verantwortungsträger in Form einer Versicherung. Es gibt auch keinen Befehlsnotstand, wenn der Mitarbeiter auf Anweisung seines Vorgesetzten handelt. Die Strafbarkeit sieht nach §206 StGB oder nach BDSG bei einer fahrlässigen Verletzung eine Ordnungswidrigkeit von 250.000 Euro Bußgeld vor nach §43 BDSG. Ein Straftatbestand nach §44 BDSG liegt bei der Übermittlung / beim Abruf gegen Entgelt oder Bereicherungs-/Schädigungsabsicht vor.

Ein Eigenschutz stellt die ordentliche und gewissenhafte Aufgabenerfüllung dar. Dazu gehören die Information der Geschäftsleitung über mögliche Risiken, die Ausarbeitung von Lösungsvorschlägen für Sicherheitsmängel, Sicherheits- und Risikomanagement-Projekte, die angemessene Beantragung von Budgets, das Miteinbeziehung von externen Beratern, und die Verlagerung von Verantwortlichkeiten. Sollte dies, was sehr häufig vorkommt, von der Geschäftsführung abgelehnt oder ignoriert werden, hilft es nur die Risiken erneut aufzuzeigen, die Ablehnung und das eigene Verhalten in der Sache zu protokollieren, und eine schriftliche Bestätigung einzuholen.

Die Leistungsverantwortlichkeit spiegelt sich bei der Haftungsfrage in der persönlichen Haftung des Vorstandes nach §93 II 1 AktG, der Beweislastumkehr nach §93 II2 AktG, was auch im Leitfaden IT-Sicherheit zum KonTraG vom BSI dargestellt ist.

13.5.10 Identitätsdiebstahl

Beispiele von Identitätsdiebstählen sind Phishing und Botnetze. Phishing gehört zu den Mußen des Social Hackings. Beispiele sind gefakte Mails von Absendern wie Banken, Amazon, Ebay und vielen anderen und sie enthalten sehr oft Links zu falschen Webseiten, die aufgemacht sind wie die Originalwebseiten , und dienen zum Fischen von Passwörtern, die der irritierte Benutzer fälschlicherweise im guten Glauben eingibt. Phishing stellt einerseits für geschädigte Benutzer ein großes Risiko dar, doch ist das Risiko auf Unternehmensseite für seriöse Unternehmen, die bephisht werden, durch Reputationsschäden durch die Versendung von illegalen Inhalten, mindestens genauso schwerwiegend.

Beim Identitätsdiebstahl gibt es Strafbarkeitsprobleme. So läßt das Hackerstrafrecht oder die Strafbarkeit von Phishing noch zu wünschen übrig. Bei der zivilrechtlichen Haftung bei Identitätsdiebstahl gilt eine Haftung auch ohne Verschulden und die Beweislastverteilung. So gibt es Rechte und Pflichten im Umgang mit PIN und TAN, und es werden Sorgfaltspflichten des Bankkunden beim Online-Banking vorausgesetzt. Weiterhin werden technische Sicherungsmaßnahmen gefordert.

Es gibt gutartige und bösartige Botnetze. Für den Identitätsdiebstahl interessieren die Autoren nur die bösartigen Botnetze. Bösartige Bots sammeln Mailadressen für Spamzwecke, für das massenhafte illegale Kopieren von Webinhalten, das systematische Ausspionieren von zeroday-Attacks für Hackerangriffe. Ein Botnet funktioniert auf die Art und Weise, dass ein Angreifer mehrere hundert oder tausend oder Millionen Rechner mit einem Bot infiziert. Diese warten dann auf die Kommandos des Botnet-Besitzers, wie z.B. auf den Start von Massenportscans auf hunderttausenden von Computern. Gegenmaßnahmen zu Botnets stellen Honeypots dar. Honeypots sind Fallen für Botnetze, die den Angreifer vom wirklichen Netzwerk oder sensiblen Computern fern halten.

13.5.11 Archivierungspflichten und digitale Betriebsprüfung

Jeder CIO kennt die Problematik innerhalb des Unternehmens. Backup, NAS, SAN, Speicherplatz, Kostenfaktor, mindestens gesetzliche Vorgaben, das Handels- und Steuerrecht und die Umgehung von Kosten. Auf der anderen Seite steht das Steuerrecht, die Aufbewahrungs- und Archivierungspflicht, die ordnungsgemäße Buchführung und andere wichtige Faktoren. Das Finanzamt möchte in der Regel alle kaufmännischen Unterlagen, und andere Unterlagen, soweit sie für die Besteuerung bedeutsam sind (§147 Abs.1 AO). Bei einer Verletzung des Sachverhaltes und keiner ordnungsmäßigen Buchführung droht eine Schätzung der Besteuerungsgrundlage (§162 AO). Handelsbriefe sind 6 Jahre (§147 Abs. 3 AO) aufzubewahren. Buchungsbriefe sind 10 Jahre aufzubewahren. Alle ansonsten steuerrelevante Unterlagen sind 6-10 Jahre aufzubewahren. Man sollte in jedem Fall eine Steuerschätzung vermeiden.

Die GoBS verlangen keine bestimmte Technologie für eine ordnungsgemäße Speicherbuchführung. Hier sind die gängigsten Datenträger erlaubt. Dies gilt nicht für Eröffnungsbilanzen und Jahresabschlüsse. Dabei muss die Unveränderlichkeit der Daten gegeben sein (§146 Abs.4 AO). Es gelten die Grundsätze für Buchhaltung.

Bei der GDPdU und dem Behördenzugriff gibt es andere Anforderungen. Hierzu sind systematische Verzeichnisse anzulegen z.B. nach Tag, Monat, Jahr. Die GDPdU ist ein weiteres inneres Kontrollsystem. Die Daten müssen jederzeit verfügbar und lesbar sein. Es gibt eine Vorlagepflicht auf Verlangen. Hier kann eine Behörde Einsicht nehmen in das System des Steuerpflichtigen. Dazu bekommen Prüfer Leserechte vor Ort, aber es finden keine Teleprüfungen statt. Die GDPdU wurde am 16.7.2001 vom Bundesfinanzministerium erlassen. Prüfer haben nach GDPdU im Grunde genommen drei Zugriffsmöglichkeiten.

- Unmittelbaren Zugriff – Prüfung auf dem System im Unternehmen
- Mittelbaren Zugriff – Das Unternehmen oder ein Dritter wertet die Daten aus
- Datenträgerüberlassung – Überlassen der Daten für einen Prüfer auf einem Medium

Der Prüferzugriff muss nur auf steuerrelevante Unterlagen verfügbar sein.

Eine rechtssichere Trennung bei der Archivierung ist schwierig zu etablieren. Immer besteht der Zwiespalt zwischen Datenschutz und Datensicherheit. Eine Archivierung kann immer mit datenschutzrechtlichen Anforderungen kollidieren bzw. einen Interessenskonflikt auslösen. Dies gilt nicht für eine Archivierung von Buchungsdaten. Hier gibt es wenig Spielraum für personenbezogene interne Daten. Bei der Archivierung der E-Mails ist das schwieriger. Dabei entsteht ein Gemenge aus privaten und geschäftlichen E-Mails. Es gilt ein vollständiges Speicherverbot für private E-Mails. Hier schaffen nur gute Betriebsvereinbarungen Abhilfe mit der Datenschutzproblematik. Weiterhin hilfreich ist eine gute E-Mail-Nutzungsrichtlinie.

Die rechtssichere Trennung von privaten und geschäftlichen Emails ist notwendig, und dazu gibt es grundsätzlich drei Lösungsansätze.

- Komplettarchivierung – archiviert private E-Mails lange mit, doch bietet sie die größte Sicherheit
- Bereinigte (ausgeschwärzte) Archivierung – bei der es ein Verfallsdatum für private E-Mails gibt. Betriebswichtige Mitarbeiter (Betriebsrat, Jugendvertreter, Personalrat, IT-Ausschuss) sollte den Vorgang begleiten.
- Weiterleitung durch Markierung – bietet die geringste Sicherheit gegen Missbrauch. Es ist eine aktive Mitarbeit der Arbeitnehmer erforderlich. Bietet die höchste Datenschutzkonformität.

13.5.12 Elektronische Rechnungen

Nach der GDPdU ist ein Vorsteuerabzug nur mit einer qualifizierten digitalen Signatur mit Anbieterakkreditierung nach §15 Abs.1 SigG erlaubt.Die übliche Geschäftspraxis ist nicht ausreichend. Dies kann unvorhergesehen Folgen mit hohen Kosten haben, da der Prüfer die gezogene Vorsteuer aberkennen könnte. Bei Unzufriedenheit eines Kunden liegt die Haftung beim Kunden.

13. Rechtliche Rahmenbedingungen

Das Signaturgesetz unterscheidet zwischen der einfachen elektronischen Signatur (§2 Nr.1 SigG), der fortgeschrittenen elektronischen Signatur (§2 Nr.2 SigG), der qualifizierten elektronischen Signatur (§2 Nr.3 SigG) und der qualifizierten elektronischen Signatur mit Anbieterakkreditierung (§15 Abs.1 Satz 4 SigG).

13.5.13 Mitarbeiterkontrolle

Beim Thema Mitarbeiterkontrolle steht eine Sache im Vordergrund. Es ist die Internetnutzung am Arbeitsplatz. Bei der Internetnutzung am Arbeitsplatz wird das Persönlichkeitsrecht des Arbeitnehmers mit der Weisungsbefugnis der Arbeitgebers konfrontiert.

Die Risiken, die bei einer Internetbenutzung am Arbeitsplatz entstehen, sind vielfältig. Bei der Erlaubnis, das Internet am Arbeitsplatz zu nutzen, gehen Arbeitszeit und Bandbreite verloren. Weiterhin können nicht gewollte oder sogar illegale Inhalte in das Unternehmensnetzwerk eindringen. Hierbei ist zu beachten, dass dafür der Arbeitgeber haftet. Genauso riskant kann es sein, dass interne Informationen das Unternehmensnetzwerk verlassen können.

Bei der Beschäftigung von minderjährigen Auszubildenden ist darauf zu achten URL-Blocker und Filter einzusetzen. Eine organisatorische Regelung der dos and donts reicht nicht aus. Hier sind Arbeitgeber verpflichtet, massiv Technik einzusetzen.

Bei einer erlaubten Internetbenutzung am Arbeitsplatz ist die legale Auswertung der Logfiles oder auch die Einsichtnahme in die Mail-Box per Betriebsvereinbarung zu regeln. Ebenso zu verfahren ist mit dem Einsatz und der Zulässigkeit der URL-, Content-Filter und eines Intrusion Detection/Protection Systems.

Eine private Nutzung des Internets am Arbeitsplatz sogt für ganz andere Abenteuerreisen zwischen Arbeitgeber und Arbeitnehmer. Bei der Erlaubnis der privaten Nutzung des Internets am Arbeitsplatz wird der Arbeitgeber zum Tk-Anbieter, da dies einen Service gegenüber dem Arbeitsgeber darstellt.

Unter Berücksichtigung der Wahrung des Fernmeldegeheimnisses ist eine Kontrolle unzulässig, da es einen Vertrauenstatbestand gegenüber dem Arbeitnehmer darstellt. Eine Kontrolle darf laut §§88, 100 TKG stattfinden für:

- Abrechnungsdaten
- die Aufrechterhaltung eines sicheren und störungsfreien Ablaufs
- Erhebung zur technischen Informationssicherheit
- Notfallprävention
- Störungsbeseitigung
- Datenschutzkontrolle
- Gefahr im Verzug (Virus Outbreak)
- Konkrete Hinweise zu Straftaten

13.5 Weitere Vorschriften und Richtlinien

Im Falle des Ausscheidens von Mitarbeitern bleiben diese die berechtigten Nutzer. So ist vertraglich die Weiterleitungspflicht des Arbeitgebers zu regeln.

Ist ein Verbot einer privaten Internetnutzung nur pro forma, wird bei einem Vergehen nicht unmittelbar abgemahnt, so geht der Gesetzgeber von einer Duldung der privaten Nutzung aus. Dabei ist an die Wahrung des Fernmeldegeheimnisses zu erinnern. Der Arbeitgeber befindet sich in diesem Fall in einer betrieblichen Übung. Die private Internetnutzung kann einseitig vom Arbeitgeber wieder verboten werden. In diesem Fall gibt es keine Mitbestimmung.

Findet eine private Nutzung bei einem fehlenden Verbot statt, zieht dies eine Erforderlichkeit eines ausdrücklichen Verbots nach (siehe auch BAG 7.7.2005, Az 2 AZR 581/104). Die Arbeitgeber können folgende arbeitsrechtliche Sanktionen bei Verstößen nutzen:

- Abmahnung
- Fristlose Kündigung (siehe auch BAG 12.1.2006, Az 2 AZR 179/95)

So hat das OLG Karlsruhe vom 10.1.2005 als erstes Gericht ein Urteil gefällt, dass ein Filtern von Emails (z.B. automatisierter Spamfilter) ohne Einwilligung strafbar ist. So stehen Mails, die nach außen versandt werden, und von außen eintreffende Emails unter diesem Schutz. Dies gilt für Unternehmen und Behörden. Eine Strafbarkeit ist vorhanden, wenn kein Rechtfertigungsgrund dafür vorhanden ist (z.B. Outbreak eines neuen Virus).

Für eine rein dienstliche und keine private Nutzung des Internets am Arbeitsplatz ist das Fernmeldegeheimnis nicht relevant. Der Arbeitnehmer handelt hierbei im Auftrag und für den Arbeitgeber. Es findet keine Dienstleistung statt. Doch auch hierbei gelten Gesetze, wie das Bundesdatenschutzgesetz. Überwachungsmaßnahmen sollten in diesem Falle vom Arbeitgeber nur verhältnismäßig eingesetzt werden.

Für die dienstliche Nutzung des Internet gilt ein Beweisverwertungsverbot. So kann ein Arbeitnehmer durchaus eine Kündigungsschutzklage gegen Abmahnung und Kündigung einleiten. Eine Datenerhebung verstößt gegen Datenschutzbestimmungen und/oder Mitbestimmungsrechte. Eine rechtswidrige Datenerhebung (wie im Falle von Minister Schäuble und der Steuerdaten-CD aus der Schweiz) führt zu einem Beweiserhebungsverbot in einem Prozess.

Verliert hierbei ein Arbeitgeber die Klage, muss er den verklagten Mitarbeiter weiter beschäftigen oder eine hohe Abfindungssumme zahlen.

Aus diesem Grund ist es ratsam, egal ob eine private Nutzung erlaubt oder nur eine dienstliche Nutzung erlaubt sind, legale Kontrollen in Betriebsvereinbarungen und Dienstvereinbarungen in beiderseitigem Interesse festzuschreiben. Nur rechtssichere Beweismittel sind zulässig in Fällen von Missbrauch.

13.5.14 Einsatz rechtssicherer Spam und Contentfilter

Wann ist es zulässig, den Internetverkehr in Form von https-Scanning aufzubrechen? Aufbrechen bedeutet eine verschlüsselte Verbindung zu entschlüsseln, dann auf Gefahrenpotential zu scannen und wieder zu verschlüsseln und weiterzuleiten.

13. Rechtliche Rahmenbedingungen

Der Anlass für das Aufbrechen muss ein ernstes vorliegendes Risikopotential sein. Hierbei ist meist der Virenschutz und ähnlicher Malicious Code betroffen. Die getroffene Maßnahme muss für die Abwehr von Gefahr erforderlich sein. Dabei ist zu beachten, dass besonders sensible Verbindungen in diese Prozesse nicht mit eingebunden werden sollten, wie z.B. das Electronic Banking. Das Aufbrechen muss in einem geschlossenen System ablaufen, auf das nicht von außen eingewirkt werden kann. So dürfen Inhaltsdaten nur in einer Black Box von einer Antivirensoftware gescannt werden, nicht aber von Personal, auch nicht vom Sicherheitsadministrator. Nutzer sind vor dem Einsatz und während dessen durch klare und verständliche Warnmeldungen oder Hinweise darüber zu informieren, dass der https-Datenverkehr über einen Umweg stattfindet und direkt mit dem angewählten Webserver, und dass der Umweg Scanserver heißt. Wenn es möglich ist, sollten Prozesse wie diese auch in eine Betriebsvereinbarung und Dienstvereinbarung aufgenommen werden. Falls keine BV vorliegt, dann ist es ratsam, eine Einwilligung der Mitarbeiter / IT-Benutzer in z.B. elektronischer Form einzuholen nach §4 Abs. 2,3 TDDSG.

Ein rechtswirksamer Zugang einer E-Mail liegt vor, wenn die E-Mail im Machtbereich des Empfängers ist. Dabei trägt das Transportrisiko der Absender, und das Organisationsrisiko für den Einsatz eines Filters der Empfänger. Ein Absender muss nicht mit einem derartigen System auf der Empfängerseite rechnen. So können im Falle der Filterung einer E-Mail durch einen Spamfilter Aufträge, Mitteilungen und mehr unbemerkt bleiben. Besonders zu beachten ist hier Kaufmannsrecht, da bei einem kaufmännischen Bestätigungsschreiben, das spamgefiltert wurde, Schweigen als Zustimmung gilt.

So handelt man präventiv, wenn im Spamordner auch nur Spams enthalten sind. In allen anderen Fällen sind zusätzliche Kontrollen notwendig. Dabei kann der Arbeitgeber durchaus die Kontrolle auch an den Mitarbeiter delegieren, wenn dieser (was ratsam ist) Zugriff auf den Spamordner im E-Mailsystem hat. Auch kann bei guten Spamfiltern eingestellt werden, dass bei einer spamgefilterten E-Mail der Empfänger eine Meldung zugestellt bekommt, dass das eingetreten ist. Es sollte vermieden werden, Spammails zu unterdrücken. Der Fokus sollte auf Trennung gerichtet sein. Auch wird bei dieser Maßnahme das Etablieren eines zentralen Kontrollorgans unnötig. Mitarbeiter können den Spamordner effizienter nach Mails und Spams untersuchen als das zentrale Kontrollorgan. Auch hierfür sollten Arbeitgeber eine Betriebsvereinbarung abschließen.

13.5.15 Gestaltung von Betriebsvereinbarungen

Die Betriebsvereinbarung sollte folgende Punkte berücksichtigen:

- Der Umfang einer nich erlaubten privaten Nutzung ist zu regeln für Internet und E-Mail
- Es ist zu definieren, was verbotene Nutzungen sind
- Es ist zu definieren, welche Daten für eine Kontrolle erfasst werden müssen
- Dazu gibt es die folgende Technik, die optional der Kontrolle dienen:
    - Monitoring
    - Reporting Tools

- Firewall
  - Proxy
  - Spamfilter
  - IDS/IPS
  - Web Application Firewall
- Eine Regelung bei Abwesenheit von Mitarbeitern ist einzurichten
  - Nachricht über die Abwesenheit
  - Weiterleitung von E-Mails und Stellvertreterregelung
- Kontrollprozesse
  - Stichprobenkontrolle (sollte anonymisiert stattfinden)
  - Personenbezogene Kontrollen bei einer Straftat
  - Betriebsrats-, Datenschutzbeauftragter sollten am Kontrollprozess beteiligt werden
- Unnötige Daten sind wieder zu löschen
- Konsequenzen sollten für den Fall der Nichteinhaltung definiert und publiziert weren im Unternehmen

13.5.16 Abwesentheit von Mitarbeitern

Mitarbeiter haben Urlaub, sind krank, haben Lehrgänge oder Seminare, kündigen oder können gekündigt werden, in jedem Fall geht es dabei um ihre Abwesenheit. In diesem Abschnitt geht es um die Dinge wie die Mailbox, das E-Mailkonto, das Mobiltelefon und die Abwesenheitsregelung. Bei einer Beendigung eines Arbeitsverhältnisses ist es ratsam, das E-Mailkonto nach dem Ausscheiden des Mitarbeiters an den nachfolgenden neuen Mitarbeiter zu übergeben, oder das Konto zu schließen. Geschäftsbedingt ist eine Kontinuität der E-Mailkommunikation wichtig, da Aufträge oder Mitteilungen von Kunden bearbeitet werden müssen, sowie kaufmännische Bestätigungsschreiben beobachtet werden müssen, da Schweigen als eine Zustimmung gilt. Hier ist, wenn nichts anderes vereinbart durch eine Betriebsvereinbarung oder durch Mitarbeitermitbestimmung, die Einsichtnahme in Mailboxen zulässig seitens des Arbeitgebers. Auch können eintreffende wichtige E-Mails an einen Kollegen oder den Vorgesetzten weitergeleitet werden. Eine Regel mit einer Dauerkopie von jeder E-Mail an den Vorgesetzten ist unzulässig, auch bei ausschließlich dienstlicher Nutzung.

Bei einer Abwesenheit kann auch eine automatisierte Nachricht bezüglich der Abwesenheit versandt werden, mit der Zeitdauer der Abwesenheit und einem eventuellen Stellvertreter, wenn vorhanden.

Wird das E-Mailsystem des Unternehmens auch privat genutzt, ist das Fernmeldegeheimnis zu beachten. Ankommende E-Mails dürfen in diesem Falle, solange sie nicht abschließend bearbeitet wurden, auch nicht gelöscht werden. Bei einer privaten Nutzung sollte eine Abwesenheitsregelung in jedem Fall in einer Betriebsvereinbarung vorgesehen werden.

Sachwortverzeichnis

$Key 221
-, Content-Filter 302
4-Wege Handshake 186
Attributbasierte Rechtevergabe 14
Abmahnung 303
Access Control List .... *Siehe* Zugriffskontrollliste
Access Control Lists 162
Access Manager SSO-Server 190
ACE-Server 200
ADFS 278
Agent 253
Anwenderakzeptanz 183
Anwendungsstarter 198
Apache 187
Arbeitsplatzprofil 15
Archivierungspflicht 300
Assertions 268
Asset-Managements 118
asymmetrisches Verschlüsselungsverfahren 207
Attribut 12
Attributed naming 246
Attributsteuerung 93
Authentifizierung 161
Authentifizierung nach Needham - Schroeder 127
Authentifizierungsinformationen .. 170
Authentifizierungsserver 161
Authentisierungsdienste 127
Autorisierung 159
Autosecure 189
Basel II 294
Benutzer Change Management .. 184
Benutzerdatenproblem 230
Benutzerschnittstellen 166
Berechtigung 1, 70
    Ausführungsberechtigung 1
    binäre Berechtigung 7
    indirekte Berechtigung 28
    operative Berechtigung 17
    Wertberechtigungen 7
    Zugriffsberechtigung 1
Berechtigungsgrad 9
Berechtigungskette 9
Berechtigungsobjekt 1
Berechtigungspfad 83
Berechtigungsplan 108
Berechtigungsplanung 8, 9, 19
Berechtigungsprofil .... *Siehe* Profil
Berechtigungsprüfung 17
Berechtigungspunkt 2
Berechtigungssteuerung 1, 81, 215, 217
Berechtigungsstufen 3, 8
    Ändern 4
    Ausführen 4
    Darstellen 3

Sachwortverzeichnis

Entdecken 3
Hinzufügen 4
Lesen 4
Löschen 4
Suchen 3
Vergleichen 3
Berechtigungssystem 239
Berechtigungsvergabe 5
Betriebsvereinbarung 304
bidirektionale Authentifizierung 138
Biometrie 127
Botnetze 300
CA-ACF2 215
Cain_&_Abel 186
CAS 210
Certificate Authority 144
Challenge Response 127
Challenge-Response Authentifizierung 186
Circle of Trust 119
Common Criteria 281
common names 30
Compliance 124
Computer Associates 189
CORBA 267
Corporate Governance 281
Corporate Risk Management 281
Cross-Domain Modell 259
cURL 187
Customer Code 219
Das Kreditwesengesetz KWG 294
Data Set Rules 220
Datenbrüche 115
Datenschutz 287
DCE 141
Desktop Manager 199
DID 209
Diffie-Hellmann 209
digitale Signatur 301
Digitale Zertifikate und Signaturen 127
DIN ISO 27001 293
DIN ISO 32757 290
Directory Information Tree .... *Siehe* Verzeichnisbaum
Distinguished Name 247
Distributed Computing Environment 263
Domain of Control 259
DSML 272
duale Authentifizierung 143
Eavesdropping 279
E-Discovery 281
Einmalpasswörter 128
Electronic Data Interchange 262
Emergencypasswort 133
Envelope 266
eTrust 189
Extended Markup Language 263
Fernmeldegeheimnisses 302
FIDIS 278
Förderierte Identitäten 259
Fragebogen 49
Funktionstrennung 77
GDPdU 301
GEZ-Gebühr 292
Global System Option 223
GoBS 287

Sachwortverzeichnis

Gruppe 14
    Identitätsgruppe 14
    Ressourcengruppe 15
Gruppensteuerung 95
Haftungsbeschränkung 299
Hardwareauthentisierung 170
High Level Data Set Identifier 221
HTScript 198
https-Scanning 303
hybride Verwaltung 172
ICL-Access Manager 189
identifizieren 161
Identität 21, 81
    kontextuelle Identität 24
    logische Identität 24
    organisatorische Identität 28
    physische Identität 23
identitätsbezogenen Zugriffskontrolle ... 162
Identitätsdiebstahl 34, 300
Identitätsgrenze 260
Identitätsinformationen 259
Identitätsmanipulation 34
Identitätsträger 25
Identitätsverkettung 34
Identity-Managements 118
ID-FF 277
Initialpasswörtern 185
Interviews 52
Intrusion Detection 302
IT-Recht 282
JA-SIG Central Authentication Service . 210
Join Engine .... *Siehe* Meta-Engine

Kaufmannsrecht 304
Kennwort-Synchronisierung 187
Key Distribution Center 138
Klassifizierungsstufen 163
Kommunikationsinterface 200
Konfigurationsparameter 242
Konnektor 253
KonTraG 286
Kündigung 303
L0phtcrack 186
LDAP 184, 251
Legacy-Systemen 190
Liberty Identity Federation Framework .. 276
LM-Hashs 186
Logon-Client 198
Logon-Mechnismus 198
Logonprozedur 217
Logon-Routinen 190
Mainframes 186
Malicious Code 304
MaRisk 295
Masterpasswort 133
Master-Slave-Strategie 113
Meta-Directory 229
Meta-Engine 253
Microsoft Active Directory 183
Microsoft Passport 207, 263
Mitarbeiterkontrolle 302
Mitarbeitermitbestimmung 305
Mobile Content Provisioning 116
Mobile Identity Management 36
Mobile Subscriber Provisioning 116

Sachwortverzeichnis

Multi-Master-Strategie 114
Multiple Role Model 67
Multiple Virtual Storage............................... 215
Namen 29
Netzwerk-Anmeldung 182
NIS-Domänen 187
NTLM über http 186
Objekt (RBAC) 70
Objektklasse 247
Open Systems 182
OpenID... 210
OpenID-Foundation 210
OpenID-Identität 210
OpenID-Provider.. 210
OpenID-Server... 210
Opera 187
Operation (RBAC) 70
Ophcrack 186
OS/390 215
OS2 186
PAM-API 198
Parentage 196
Partitioned Data Sets 222
Passwort-Reset 184
Passwortsynchronisierung im Backend...... 188
Passwortzentralisierung 188
Passwortzustellung 184
Permanente Passwörter 128
Personalnummer 32
personelle Identität.. *Siehe* physische Identität
personelle Kontrolle................................... 178
PKI.. 127

Platinum Software *189*
Plattform-Anmeldung *188*
Pluggable Authentication Modules *198*
Policies *177*
Primärauthentifizierung *206*
Profil..16
   Einzelprofil...19
   inkonsistentes Profil 18
Profilkaskade...19
Profil-Template...17
Propagation... *119*
Protokollstack *265*
Provisioning *115*, *240*
Proxima SSO.. *201*
Proxyserver *186*
Pseudonyme 38
Public Key Infrastructure *152*
PUID *208*
Quantenverschlüsselung........................... *279*
RADIUS... *170*
Rainbowcrack *186*
Rechtezuordnung, identitätsbasiert 42
Relative Distinguished Name *247*
Remote Authentication Dial-in User Service
.... *170*
Repository *236*, *239*
Repository der Zugangsdaten.................... *196*
Resource Provisioning 91
Ressource..1
   Funktionsressource 2
   Inhaltsressource......................................2
ressourcenorientierte Zugriffskontrollmodell
.... *162*

Sachwortverzeichnis

Ressource-Rulebase 223
Role Based Access Control 69
Role Mining 55
Rolle 10, 22, 70
    abstrakte Rolle 11
    Business-Rolle 10
    operative Rolle 11
    primäre Rolle 11
    sekundäre Rolle 11
    Sitzungsrolle (RBAC) 71
    technische Rolle 5, 12
rollenbasierenden Zugriffskontrolle 164
Rollenbildung 45
Rollenhierarchie 64, 75
Rollenkonzeptes 117
Rollensteuerung 89
Rollenvererbung 59
RSA-SecureID-Card 143
Rule 98
Rule Engine 99
Ruleset 219
Samba 187
SAML 268
Sammelprofil 19
Sarbanes Oxley Act 283
Schutzrechtverletzung 298
Scripting-Engine 199
Secret-Splitting 133
SecureID Card 200
Security Awareness Training 178
Sensitivity Labels 164
Separation of Duty..... *Siehe* Funktionstrennung

Server Provisioning 116
Service Provisioning 116
Serviceticket 138
SESAME 140
Shibboleth 209
Single Role Model 68
Skriptaufruf 190
Skript-Compiler/-Interpreter 199
Smartcard-Authentifizierungsserver 201
SOAP 265
Solvabilitätsverordnung 294
Spamfilter 304
Specifications 177
Speicherbuchführung 300
Splitted Password 127
SPML 270
Squid 187
SSL 209
SSL – Secure Socket Layer 144
SSO 181
Strafbarkeit 299
Supportprozesse 48
Supportrolle .... *Siehe* sekundäre Rolle
Suspendierung von Benutzern 194
Synchronisierungsmöglichkeit 185
TACACS **170**
Tätigkeitsanalyse 47
Tcl 198
TDDSG 304
technische Identität ..... *Siehe* logische Identität
Telefonie 262
Temporäre Passwörter 128

Sachwortverzeichnis

Terminal Access Controller Access Control System 170
Terminals 194
Testen 179
Ticket 200
Ticket-Granting-Server 138
Ticketsysteme 127
Token 127
Two Factor Authentication 143
Uniform Resource Identifier 209
UNIX-Berechtigungen 5
User Identification String 215
User Provisioning 90, 206
User Session (RBAC) 70
User und Ressource Provisioning 116
Verknüpfungselement 96
Verwaltungsmodell 169
Verzeichnisbaum 246
  Partition 248
Verzeichnisdienst 244
Verzeichniseintrag 245
Verzeichnisschema 247
virtuelle Identität .... *Siehe* logische Identität
Vorratsdatenspeicherung 297
Vulnerability Management 124

Web basierendes SSO 259
-Webseite 210
Webservices 263
Windows LAN-Manager 186
Windows NT 3.1 186
Windows NT 3.1 LAN-Manager 186
Windows-Domänen 187
Win-PopUp 261
WINSOCK 198
W-LAN 298
Workset 15, 102
World Wide Web 262
WSDL 266
WS-Security 276
X.500 250
XACML 275
XTACACS 171
z/OS 215
Zertifikat 144
Zone-Elevations 172
Zugriffskontrolle über Authentifizierung 127
Zugriffskontrollliste 6
Zugriffskontrollmatrix 167
Zugriffskontrollmodell 165

Sind Sie verantwortlich für die IT-Sicherheit?

Sie suchen punktgenaue Lösungen zu den aktuellen Problemen der IT-Sicherheit? Den professionellen Dialog mit Kollegen und Experten? Tipps, wie sich Ihr Budget sinnvoll einsetzen lässt? Warnungen vor den Gefahren von morgen? In <kes> finden Sie, was Sie suchen.

Die Themen in <kes> - Die Zeitschrift für Informations-Sicherheit:

- Hackern ein Schnippchen schlagen - Internet sichern
- Kryptographie - Praktischer Umgang mit der digitalen Signatur
- Mit Knoten leben - Netzwerke sicher gestalten
- Keine Macken - Betriebssysteme optimieren
- Infektionen vorbeugen - Abwehrmittel gegen Computerviren
- Grenzenlose Spannung - Sichere Stromversorgung
- Unter Dach und Fach - Das Rechenzentrum als sichere Festung
- Aus erster Hand - Exklusiv-Informationen des BSI

Sie erhalten ein Gratis-Exemplar direkt unter:
Tel. 06725 9304-0, Fax 06725 5994
E-Mail: vertrieb@secumedia.de, www.kes.info
SecuMedia Verlags-GmbH, Postfach 1234, 55205 Ingelheim

IT-Management und -Anwendungen

■ Ralf Buchsein | Frank Victor | Holger Günther | Volker Machmeier
IT-Management mit ITIL® V3
Strategien, Kennzahlen, Umsetzung
2., akt. und erw. Aufl. 2008. XII, 371 S. mit 93 Abb. und Online-Service
Br. EUR 41,90   ISBN 978-3-8348-0526-3

■ Gernot Dern
Management von IT-Architekturen
Leitlinien für die Ausrichtung, Planung und Gestaltung von Informationssystemen
3., durchges. Aufl. 2009. XVI, 343 S. mit 151 Abb. Br. ca. EUR 49,90
                                                            ISBN 978-3-8348-0718-2

■ Knut Hildebrand | Marcus Gebauer | Holger Hinrichs | Michael Mielke (Hrsg.)
Daten- und Informationsqualität
Auf dem Weg zur Information Excellence
2008. X, 415 S. mit 108 Abb.
Br. EUR 41,90   ISBN 978-3-8348-0321-4

■ Helmut Schiefer | Erik Schitterer
Prozesse optimieren mit ITIL®
Abläufe mittels Prozesslandkarte gestalten - Compliance erreichen und Best Practices nutzen mit ISO 20000, BS 15000 & ISO 9000
2., überarb. Aufl. 2008. VIII, 283 S. mit 80 Abb. und Online-Service
Br. EUR 51,90   ISBN 978-3-8348-0503-4

Abraham-Lincoln-Straße 46
65189 Wiesbaden
Fax 0611.7878-400
www.viewegteubner.de

Stand Januar 2010.
Änderungen vorbehalten.
Erhältlich im Buchhandel oder im Verlag.